KB123539

조선시대

大學圖說

최석기 · 강현진

책머리에

이 책은 조선시대 경서해석의 두드러진 특징 중 하나인 圖說에 주목하여 『대학』을 해석하면서 그린 圖表와 그에 대한 說을 수집하여 번역하고 評說을 붙여 편찬한 책이다.

『대학』은 四書의 하나이다. 사서는 남송 때 朱子가 『예기』에 속해 있던 「大學」과 「中庸」을 별책으로 독립시킨 뒤 分章하고 편차를 개정하여, 『논어』・『맹자』와 합쳐 필독서로 편정한 것이다. 주자가 새롭게 四書五經 체제를 정립함으로써 이후 동아시아 학계는 오경 중심에서 사서 중심의 학문체제로 이행하였다.

주자는 사서 가운데서도 특히 『대학』과 『중용』의 해석에 심혈을 기울여 수십 년 동안 개정을 거듭하였고, 『대학』은 임종하기 3일 전까지 수정하였다. 이런 점을 보면, 주자학의 근원은 『대학』과 『중용』 해석에 있다고 해도 과언이 아니다.

조선시대 학문은 송대의 성리학을 근간으로 하였는데, 차츰 宋學을 집대성한 朱子學으로 획일화되었다. 특히 退溪 李滉 이후 주자학을 종주로 하는 인식이 확산되어 구한말까지 지속되었으며, 주자학을 정통으로 여기는 사상계의 추이는 변함이 없었다.

주자학에서는 사서를 『대학』-『논어』-『맹자』-『중용』의 순서로 읽는다. 그리고 주자는 『대학』을 모든 학문의 間架로 여겨 사대부 학문의 根幹으로 인식했다. 그리하여 『대학』에는 사대부가 갖추어야 할 공부의 규모가 다 들어 있다고 판단했다. 즉 格物·致知의 지적탐구에 해당하는 知, 誠意·正心·修身의 자기 실천에 해당하는 行, 齊家·治國·平天下의 사회적 실천에 해당하는 推行이 다 들어 있기 때문에, 진리를 탐구하고 자신을 수양하여 도덕적 인격을 완성한 뒤 사회적으로 확산하여 태평지치를 구현하는 이념이 모두 이 속에 포함된다고 본 것이다.

『대학』이 학자의 일을 말한 책이라면, 『중용』은 도를 전한 책으로 성인의 일이라 한다. 요컨대 『중용』은 성인 孔子가 인간으로서 도를 얻어 天의 경지에 합한 책으로 인식했다. 『중용』에는 天道와 人道가 다 들어 있기 때문에 天·命·性 등 형이상학적인 논리를 포함하고 있다. 그래서 인간과 사회의 문제만을 다루지 않고 보다 근원적인 이치를 언급하기 때문에 가장 뒤에 배워야 할 책으로 본 것이다.

조선시대 학자들은 이런 주자학의 정신에 충실하여 사서 가운데서도 『대학』과 『중용』에 진력하였다. 南冥 曺植의 문인 德溪 吳健은 선생을 찾아가 배움을 청하기 전에 『중용』을 3천 번이나 읽었다고 한다. 그래서 『중용』에 대해 토론을 하면 아무도 그를 당할 사람이 없었다고 한다. 즉 『중용』에서 득력을 한 것이다.

이와 같은 조선시대 학풍 속에서 『대학』과 『중용』에 대한 학설이 그 어느 경서보다 많이 생산되었다. 그런데 이 『대학』·『중용』은 『논어』·『맹자』와 달리 한 편의 논리적인 구조를 가진 글이다. 그러므로 전체적으로 논리구조를 파악하는 것이 필수적이다. 그러기에 조선시대 학자들은 이 두 책을 연구할 적에 도표를 그려 구조와 요지를 파악하면서 자신의 견해를 드러내는 경우가 많았다. 이는 중국이나 일본의 경학사에서 찾아볼 수 없는 조선 경학만의 고유한 특징이다.

조선시대 학자들이 『대학』을 해석하면서 그린 도표는 100여 개가 넘는다. 그리고 어떤 경우는 圖에 설을 붙여 설명해 놓은 것도 있다. 조선의 학자들이 100여 개 이상의 大學圖를 그렸다는 사실은 정밀한 해석을 추구한 결과이다. 분량이 그리 많지 않은 한 편의 글에 대해 서로 다른 100여 개의 도표를 그렸다는 것은 연구가 정밀하고 심오했음을 말해준다. 이런 점에서 조선시대 생산된 대학도는 『대학』 해석을 단적으로 드러내주는 특징이라 하겠다.

이 책은 이런 다양한 조선시대 학자들의 『대학』 해석에 대한 도설을 정리해 그 특징과 흐름을 일별해 보기 위해 기획하였다. 이 책을 통해 조선시대 『대학』 해석의 전체적인 면모가 다 드러나지는 않겠지만, 적어도 『대학』 해석의 주요 특징, 특히 『대학』의 구조와 요지를 다양하게 파악한 것에 대해서 한눈에 살펴볼 수 있을 것이다. 또한 이 책을 통해 각 시기마다 요지를 파악하는 것이 달라지고 있는 『대학』 해석사의 흐름도 이해할 수 있을 것이다. 특히 『대학』 해석사의 측면에서 보면, 눈에 띄는 특징을 발견할 수 있으리라 본다.

필자는 이 책을 기획한 지 벌써 15년이나 된다. 그 동안 조선시대 학자들이 생산한 大學圖와 그에 대한 說을 가능한 모두 수집하려고 백방으로 노력하였다. 그러나 미처 수집하지 못한 것이 아직도 더 있으리라 본다. 앞으로도 발견되는 대로 수집하여 추가할 생각이다.

이 책은 우선 도설을 생산한 작자에 대해 앞부분에 간략히 소개한 뒤, 도표를 싣고, 그 도표에 관한 설이 있으면 그 다음에 번역해 싣고, 마지막으로 도표의 특징을 간추려 소개하는 평설을 붙였다. 평설은 특징적인 점을 드러내는 데 주력하여 세세한 부분까지 소상하게 언급하지는 않았다. 그러나 評說과 圖說을 함께 보면, 이해하는 데 어려움이 없을 것이다.

요즘은 사서를 정독하는 사람이 거의 없다. 그저 기초과정에서 한두 번 읽고 넘어갈 뿐이다. 그래서 한문학을 공부하는 사람들도 경학을 기피하며, 모두 어렵다고 한다. 기실 각 경서에 대해 기초적인 소양이 없으면,

아무리 좋은 해석이라도 무슨 의미가 있는지 읽어낼 수 없다. 다산 정약용이 시대를 뛰어넘는 인식으로 새로운 해석을 가하였다고 해도, 주자의 주석과 무엇이 다른지, 역대 학자들의 설과 다른 어떤 주장을 하고 있는지를 파악해 내기란 쉽지 않다. 그러나 조금 깊이 들여다보기 시작하면, 그 다른 점이 보인다. 그것을 보면, 조선시대 학술이 시기별로 어떻게 변천하고 있는지도 미루어 알 수 있다. 이런 점에서 경서해석을 연구하는 것은 그 시대의 정신을 읽는 중요한 지표라 하겠다.

이 책이 비록 『대학』의 도설에 한정된 설이기는 하지만, 적어도 선현의 설을 무조건 추종하지만 않고 독자적으로 깨달음을 추구하면서 자신의 견해를 드러낸 탐구정신이 어떻게 변화하고 있는지를 파악할 수 있다. 그러므로 이를 통해 조선시대 학술의 특징과 학술사의 흐름을 일별할 수 있을 것이다.

조선시대는 모든 학문의 중심이 경학이었고, 경학 가운데서도 사서학이었으며, 그 가운데서도 『대학』에 관한 해석이었다고 필자는 확신한다. 따라서 이 책에 실린 해석의 특징과 흐름은 타 분야의 연구에도 충분히 도움이 될 수 있다고 믿는다.

이 책의 출판을 흔쾌히 수락해 주신 보고사 김흥국 사장님과 직원분들에게 감사를 드린다. 그리고 이 책이 나올 때까지 여러 차례 꼼꼼하게 확인하고 교정을 한 공저자 강현진 군에게 감사의 말을 전한다.

2012년 5월 1일
남명학관 山海室에서 崔錫起가 삼가 씀.

차 례

조선시대 大學圖說 目錄

번호	姓名	大學圖	출전	圖說有無
01	權 近 (1352-1409)	大學指掌之圖	『入學圖說』 권1 한국경학자료집성 1	○
02	朴 英 (1471-1540)	大學圖	『松堂集』 권2 한국문집총간 018	×
03	李 滉 (1501-1570)	第四大學圖	『退溪集』 권7 聖學十圖 한국경학자료집성 2	○
04	曹 植 (1501-1572)	小學大學圖	『學記類編』	×
		誠圖	〃	×
		易書學庸語孟一道圖	〃	×
05	曺好益 (1545-1609)	誠幾圖	『大學童子問答』 한국경학자료집성 2	○
		絜矩圖	〃	○
06	張顯光 (1554-1637)	大學改正之圖	『易學圖說』 권6	×
07	朴仁老 (1561-1642)	大學敬圖	『蘆溪集』 권1 한국문집총간 065	○
08	金 烋 (1597-1638)	大學圖	『敬窩集』 권5 朝聞錄 한국문집총간 100	×
		湯銘日新又新圖	〃	×
		大學誠意章圖	〃	×
		大學修身章圖	〃	×

09	高汝興 (1617-1678)	大學之圖	『鬧隱集』권1 聞見錄 국립중앙도서관 청구기호 3648-03-21	○
10	尹鑴 (1617-1680)	大學之圖	『白湖全書』권35 雜著 경상대학교 문천각 D3BH윤97ㅂv.1-3	○
11	金萬休 (1625-1694)	大學三綱領八條目相爲 體用圖	『魯魯齋集』권3 국립중앙도서관 청구기호 BA-3648-10-439	○
12	申應泰 (1643-1728)	庸學淵源圖	『四書提要圖說』권하 한국학중앙연구원 청구기호 A9A 8	○
		誠敬學淵源圖	〃	×
		大學入德門圖	〃	○
		綱領合一圖	〃	×
		磨鏡復明圖	〃	○
		條目分配圖	〃	×
		格物致知圖	〃	○
		誠意自修圖	〃	○
		凡聖界分圖	〃	×
		愼獨工夫圖	〃	○
		主敬工夫圖	〃	○
		絜矩圖	〃	○
		綱條緊要圖	〃	○
		庸學用功切要圖	〃	○
13	金幹 (1646-1732)	大學圖	『厚齋集』권22	×
14	鄭齊斗 (1649-1736)	大學經文二截圖	『霞谷集』권13 한국문집총간 160	×
15	李衡祥 (1653-1733)	三綱八條圖	『四書訓蒙-大學』 문천각(『甁窩全書』) D3BH이94ㅂv.1-10	○

		明明德圖	〃	○
		新民圖	〃	○
		止於至善圖	〃	○
		格致圖	〃	○
		誠意圖	〃	○
		正心圖	〃	○
		修身圖	〃	○
		齊家圖	〃	○
		治國圖	〃	○
		平天下圖	〃	○
		絜矩圖	〃	○
16	李泰壽 (1658-1724)	三綱八條圖	『止谷遺稿』大學 五圖 한국경학자료집성 3	○
		綱領旨趣圖	〃	○
		修身圖	〃	○
		齊家治國圖	〃	○
		絜矩圖	〃	○
17	李萬敷 (1664-1732)	明德圖	『息山集』속집 권9 국립중앙도서관 청구기호 BC-占朝46-가989	○
18	金春澤 (1670-1717)	大學三綱領八條目總圖	『北軒集』권15 한국문집총간 185	○
19	權 榘 (1672-1749)	大學就正錄幷圖	『屛谷集』권4 한국문집총간 188	○
20	尹鳳九 (1681-1767)	大學圖	『屛溪集』권35 한국문집총간 204	○
21	李 瀷 (1681-1763)	大學圖	성호기념관 소장	×
22	韓元震 (1682-1751)	大學圖	『經義記聞錄』권1 한국경학자료집성 4	○
23	蔡之洪 (1683-1741)	大學工夫功效次第之圖	『鳳巖集』권11 한국문집총간 205	○

24	林象德 (1683-1719)	知所止得所止圖	『老村集』 권10 大學箚錄 한국경학자료집성 4	○
		知止定靜安慮得圖	〃	○
		三綱八條經文正義圖	〃	○
		合看圖	〃	○
		直看戴看合圖	〃	○
25	金謹行 (1712-1782)	序六節圖	『庸齋集』 권10 大學箚義 한국경학자료집성 4	○
		經一章圖	〃	○
		經一傳十總合圖	〃	○
		傳九章圖	〃	○
		傳十章圖	〃	○
		南塘傳十章圖	〃	○
		三綱八目摠會圖	〃	○
		八條樞紐圖	〃	○
26	白鳳來 (1717-1799)	四書通理之圖	『九龍齋集』-『四書通理』 (한국경학자료집성 4)	○
		大學爲學規模之圖	〃	○
		經傳爲大學大全之圖	〃	○
		三綱八條體洛用河之圖	〃	○
		新民爲本不踰矩之圖	〃	○
		修身爲本左右規之圖	〃	○
		日敬爲學大旨之圖	〃	○
		君子絜矩之圖	〃	○
		三引詩申明絜矩能不能 之圖	〃	○
		引秦誓再申明南山節南 山圖	〃	○
		慎獨爲庸學存心之圖	〃	○
		特書曾子曰之圖	〃	○
		寧有盜臣爲篇終之圖	〃	○

27	李宗洙 (1722-1797)	誠意章圖說	『后山集』 권13 한국역대문집총서 917	○
28	權 炳 (1723-1772)	大學傳十章胡雲峯 分節辨	『約齋集』 권8 국립중앙도서관 청구기호 3648-07-98	○
29	金壽民 (1734-1811)	三綱領圖	『明隱稿』 권8 경상대학교 문천각 古D3B H김57ㅁ v.1	○
		八條目圖	〃	○
		明德新民渾合圖	〃	○
		逆推工夫圖	〃	○
		順推功效圖	〃	○
		絜矩圖	〃	○
30	金相進 (1736-1811)	大學圖	『濯溪集』 권3 大學經義 한국경학자료집성 4	○
		明德圖	〃	×
31	姜鼎煥 (1741-1816)	明明德圖	『典庵集』 권7 국립중앙도서관 청구기호 BC-古朝46-가354	○
		新民圖	〃	○
		止至善圖	〃	○
32	鄭 崑 (1741-1807)	大學圖	『好裔集圖』 한국학중앙연구원 청구기호 D3B 1643	○
33	裵相說 (1759-1789)	大學圖	『槐潭四書纂要』 한국경학자료집성 5	×
34	申顯仁 (1762-1832)	大學圖	『三洲文集』 권2 국립중앙도서관 청구기호 BA-3648-40-83-1	○
35	丁若鏞 (1762-1836)	三綱領圖	『大學公議』 권1 한국경학자료집성 6	○
		格致圖	〃	○
36	權宅模 (1774-1829)	大學首章圖	『晚修齋集』 권2 국립중앙도서관 청구기호 BA-3648-07-34	○

37	朴慶家 (1779-1841)	經綱領第一圖	『鶴陽集』 권8 大學章句圖 한국경학자료집성 6	×
		經綱領第二圖	〃	×
		經綱領第三圖	〃	×
		經第四本末圖	〃	×
		經第五條目圖	〃	×
		經第六條目圖	〃	×
		傳一章明明德圖	〃	×
		傳二章新民圖	〃	×
		傳三章止至善圖	〃	×
		傳四章本末圖	〃	×
		傳五章格物致知圖	〃	×
		傳六章誠意圖	〃	×
		傳七章正心修身圖	〃	×
		傳八章修身齊家圖	〃	×
		傳九章齊家治國圖	〃	×
		傳十章絜矩圖	〃	×
38	李晦慶 (1784-1866)	大學圖	『鶴南集』 권5 국립중앙도서관 청구기호 BC-古朝46-가2252	×
39	崔象龍 (1786-1849)	大學圖	『鳳村集』 권6 국립중앙도서관 청구기호 c1-3648-82-45	○
40	金翊東 (1793-1860)	大學圖	『直齋集』 권4 한국국학진흥원 소장	○
		明明德圖	〃	×
41	李章贊 (1794-1860)	大學圖	『鄕隱集』 권4 국립중앙도서관 청구기호 d1-3648-62-279	○
42	金作洛 (1798-1860)	大學明德圖	『養蒙齋集』 권4 한국역대문집총서1639	○
43	柳致儼 (1810-1876)	大學圖	『萬山集』 권4	×

44	李震相 (1818-1886)	明德總括之圖	『求志錄-大學箚義』 문천각(『寒洲全書』) D3BH이79ㅎa	○
		止至善標的之圖	〃	○
		綱條共貫圖	〃	○
45	柳重教 (1832-1893)	大學古今本圖	『省齋集』 권24 국립중앙도서관 청구기호 B2-古朝46-가1126	×
		大學綱目圖	〃	×
		小大學合圖	〃	×
46	崔世鶴 (1822-1899)	大學之物有本末事有終 始圖	『惺巖文集』 권4 국립중앙도서관 BA-3648-82-96-1-4	×
47	趙顯翼 (1826-1902)	大學圖	『竹軒集』 권3 국립중앙도서관 청구기호 BC-古朝46-가1489	×
		三八緊要圖	〃	×
48	金興洛 (1827-1899)	程子格致說圖	『西山集』 권13 한국역대문집총서2751	○
		朱子格致說圖	〃	×
49	申鍾浩 (1827-1906)	大學序分爲六節圖	『泗隱集』 권2 국립중앙도서관 청구기호 BA-3648-40-38	×
50	朴東奕 (1829-1889)	大學經一章圖	『病窩遺稿』 권1 국립중앙도서관 청구기호 BA-3648-25-274	○
51	洪智修 (1835-1897)	大學圖說上	『栗山集』 권3 한국역대문집총서2777	○
		大學圖說下	〃	○
52	姜柄周 (1839-1909)	大學經一章圖	『斗山居士文集』 권3	×
		傳十章圖	〃	×
53	李明翊 (1848-1903)	情志意應圖說	『勿軒文鈔』 국립중앙도서관 청구기호 3648-62-792-BA	○

54	金載璐 (1850-1928)	大學圖	『白愚集』권4 국립중앙도서관 청구기호 c1-3648-10-111	○
55	鄭灝鎔 (1855-1935)	大學圖	『竹逸集』권2 국립중앙도서관 청구기호 BA-3648-70-58	○
56	金秉宗 (1871-1931)	第三大學經一章圖	『秀山集』권5 국립중앙도서관 BA-3648-10-479-1-5	○
57	薛泰熙 (1875-1940)	體用極則圖說	『大學新講義』 국립중앙도서관 古朝09-가14	○
		八次序區別圖說	〃	○
58	金 梡 (1896-1978)	第九大學圖· 大學經傳新圖	『重齋集』권43	×
59	未 詳 (? - ?)	大學章圖(총 28圖)	『大學章圖』 한국경학자료집성 8	×

권근(權近)의 대학도

【명칭】 대학지장지도(大學指掌之圖)

【출전】 『입학도설(入學圖說)』 권1

【작자】 권근(權近, 1352-1409) : 초명은 진(晉), 자는 가원(可遠)·사숙 (思叔), 호는 양촌(陽村), 본관은 안동이다. 부친은 고려조에 좌정승을 지낸 권희(權僖)이다. 1368년 성균시에 합격하였고, 이듬해 대과에 급 제하여 춘추관 검열, 성균관 직강, 예문관 응교 등을 역임하였다. 조선 왕조가 개국한 뒤 출사하여 예문관 태학사 등을 지냈고, 사신으로 명나 라에 다녀왔다. 뒤에 개국원종공신으로 화산군(花山君)에 봉해졌으며, 태종 때 길창군(吉昌君)에 봉해졌고 찬성사에 올랐다. 왕명으로 경서의 구결(口訣)을 정하고, 하륜(河崙) 등과 『동국사략』을 편찬하였다.

저술로는 40권 분량의 『양촌집(陽村集)』과 『입학도설(入學圖說)』·『오 경천견록(五經淺見錄)』 등이 있다. 경학 관계 자료로는 『입학도설』에 실린 「대학지장지도(大學指掌之圖)」·「중용수장분석지도(中庸首章分釋之圖)」· 「논맹대지(論孟大旨)」·「오경체용합일지도(五經體用合一之圖)」와 『오경천 견록』에 실린 「시천견록(詩淺見錄)」·「서천견록(書淺見錄)」·「주역천견록 (周易淺見錄)」·「예기천견록(禮記淺見錄)」·「춘추천견록(春秋淺見錄)」 등이 있다.

【도표】 대학지장지도(大學指掌之圖)

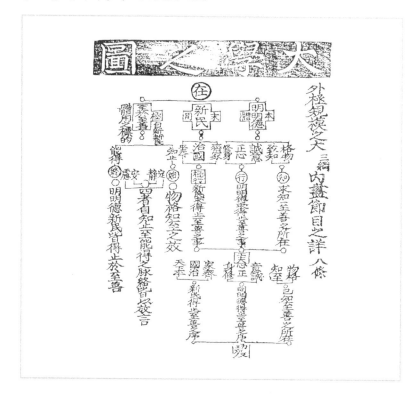

【도설】 愚按 大學一書 綱領備而節目詳 文簡而易知 理切而易明 爲學之
序 用力之方 至爲精密 在初學者 尤爲當務之急 然初學之士 其於體用本末
知行功效 多不能察 語之雖勤 識之不易 今爲此圖 使之先觀 一經全體 瞭然
在目 然後卽是書而讀之 則不煩指誨 而自知其節次矣 苟能常目在之 潛心
熟玩 則一部大學 在胸中矣

내가 살펴보건대, 『대학(大學)』은 강령(綱領)이 갖추어지고 절목(節目)
이 상세하다. 문장이 간결하여 알기 쉽고 이치가 절실하여 밝히기가
쉽다. 학문하는 차례와 힘을 쓰는 방법이 지극히 정밀하니, 초학자들에

게는 더욱 힘써야 할 급선무가 된다. 그러나 처음 배우는 사람은 그
체용(體用)과 본말(本末), 지행(知行)과 공효(功效)에 대해 대부분 잘 살필
수 없다. 그래서 설명을 부지런히 해주어도 알게 하기가 쉽지 않다.
　내가 지금 이 그림을 그린 것은, 배우는 자들로 하여금 이 도표를
먼저 보고서『대학』한 책의 전체 요지가 눈에 환히 들어오게 한 뒤,
이 책에 나아가 문장을 읽게 하려고 한 것이다. 그러면 지적하고 가르쳐
주기를 번거롭게 하지 않아도 그들 스스로 그 절차를 알게 될 것이다.
진실로 눈을 항상 여기에 두고 잠심하여 익숙히 완미하면,『대학』한
책이 늘 마음속에 있게 될 것이다.

　學者問曰 先賢董公嘗以大學經中 自知止而後有定 至則近道矣兩節 爲格
物致知之傳 黃氏亦取之矣 是果能得朱子之所未得者歟 曰愚嘗觀此 服其用
意之深 而所見之卓 服膺不忘 蓋亦有年 以今考之 有未安者 夫所謂知止者
物格知至以後之效 而格物致知者 大學最初用力之地也 諸傳自誠意章而下
皆以工夫而言 不應於此遽先以效言之也 所謂能得者 明明德新民皆得所止
之事 不應遽及於致知之傳也 且以此節爲致知之傳 則聽訟章 又無所着落矣
朱子於此 豈不處之審哉 但所謂格物爲窮理之事 而非扞格外物者 則不必證
以他書 而於此節文勢 可尋而知之矣 旣曰物有本末事有終始知所先後則近
道矣 又曰致知在格物 則物非外物 格非扞格 而與致知 非爲兩事者 意甚明
白 其傳雖闕 而於經文 自有上文語緖之可尋者矣
　어떤 학자가 묻기를 "선현 동괴(董槐)[1]가 일찍이『대학』경문(經文) 중

1　동괴(董槐) : ? - 1262. 자는 정식(庭植), 호는 구당(槼堂), 시호는 문청(文淸)이며,
　호주(濠州) 사람이다. 1213년 진사가 되어 우승상에 올랐다. 주희의 문인 보광(輔廣)에
　게 수학하였다. 주희의『대학장구』를 일부 개정하여 경문(經文)의 '지지(知止)' 이하
　42자를 청송장(聽訟章)과 합쳐 격물치지전(格物致知傳)으로 삼았다. 섭몽정(葉夢鼎)・

에서 '지지이후유정(知止而后有定)'으로부터 '즉근도의(則近道矣)'까지 2
절을 격물치지전(格物致知傳)으로 삼았는데, 황씨(黃氏)[2]도 그 설을 취하
였습니다. 이는 과연 주자(朱子)가 터득하지 못한 점을 터득한 것입니
까?"라고 하여, 내가 다음과 같이 답하였다.

"내가 일찍이 이 설을 보고, 그 생각이 깊고 소견이 탁월함에 탄복하
여 마음속에 새겨두고 잊지 않은 지 여러 해가 되었습니다. 그런데 지금
이 설을 다시 보니, 온당치 못한 점이 있습니다. 이른바 '지지(知止)'란
'물격지지(物格知至)' 이후의 공효(功效)이고, 격물치지는 『대학』에서 가
장 먼저 힘을 써야 할 곳입니다. 전문(傳文) 성의장(誠意章) 아래는 모두
공부(工夫)로써 말했으니, 이들의 설처럼 갑자기 공효를 먼저 말하는
것은 적절치 않습니다. 또 이른바 '능득(能得)'이란 명명덕(明明德)·신민
(新民)이 모두 그칠 바를 얻는 일이니, 응당 치지(致知)의 전문을 갑자기
언급하지는 않았을 것입니다. 게다가 이 절을 격물치지전으로 삼는다
면, 청송장(聽訟章)은 또한 둘 곳이 없게 됩니다. 주자가 이 점에 대해
어찌 살피지 않았겠습니까? 다만 격물(格物)이라는 것은 이치를 궁구하
는 일이지, 외물(外物)을 막는 것[扞格外物][3]이 아니라는 점은, 다른 글로
증명할 필요도 없이 이 절의 문세(文勢)에서 찾아 알 수 있습니다. 이미
'물(物)'에는 본말(本末)이 있고, 일[事]에는 종시(終始)가 있으니, 먼저 해

왕백(王柏) 등이 그의 설에 동조하였다.

2 황씨(黃氏) : 황진(黃震, 1213-1280)을 말함. 자는 동발(東發), 호는 유월(兪越)이며,
   자계(慈谿) 사람이다. 주희의 삼전 문인 왕문관(王文貫)을 사사하였으며, 하기(何基)
   등과 함께 절강성 지역에서 주자학을 계승한 인물이다. 저술로『동발일초(東發日鈔)』·
   『고금기요(古今紀要)』 등이 있다.

3 이 설은 송나라 때 사마광(司馬光)이 '격물(格物)'의 뜻을 해석한 말이다. 즉 '격(格)'을
   한어(扞禦)로, '물(物)'을 외물로 보아, 외물을 막아야 능히 지극한 도를 알 수 있다는
   의미이다.

야 할 것과 나중에 해야 할 것을 알면 도에 가까울 것이다.'라고 하였고,
다시 '치지(致知)는 격물(格物)에 있다.'고 하였으니, 물(物)은 외물이 아
니고, 격(格)은 한격(扞格)이 아니며, 치지(致知)와 더불어 두 가지 일이
아니라는 점은 매우 명백합니다. 격물치지전이 비록 빠졌더라도 경문
(經文)에서 저절로 윗글의 단서를 찾을 수 있을 것입니다."

日子以知止爲物格知至以後之效 不應先言於用力之初者 似矣 然以傳之
結語考之 則日此謂知之至也 則其上闕文 必以知至之效言者也 此節於經
亦在八目工夫之前 其序 不亦舛乎 日傳之結語 以效而言 則其上闕文 必是
知至之效 然必先言其功 而後及其效 有如補傳之意矣 不應不言其功 而遽
及其效 故雖將此節爲傳 知止之上 又當別有闕文也 此節於經 雖在八目之
前 是乃承章首綱領之工夫 而言知止之效 以言明明德新民 得止於至善也
故經一章以工夫功效 相間言之 三綱領以功言 而此節以效言 物有本末一節
兼功效而結之 八目前一節以功言 而後一節以效言 自天子一節以功結之 而
本亂一節以效而反結之 以是而觀 則知止一節 雖在八目工夫之前 其立言自
有序矣 且三綱領明德雖重 而止至善亦其體要也 八目釋明德新民 而無此一
節 則至善雖兼二者 無所不在 亦不容無一言以釋之也 若循綱領三言之序
置釋至善之語於八目之後 則是止至善 若在平天下之後 而別爲一事也 故宜
繼綱領而言之於八目之前 夫言其功 則先分本末而後 及其體要 言其效 則
專提體要 而兼統其本末 其立言亦可謂有法矣

어떤 학자가 또 묻기를 "그대가 '지지(知止)'는 '물격지지(物格知至)'이
후의 공효이니 처음의 노력보다 먼저 말하는 것은 적절치 못하다고 하
는 말은, 그럴 듯합니다. 그러나 전문(傳文)의 결어를 살펴보면, '이것을
일러 앎이 지극하다고 하는 것이다.[此謂知之至也]'라고 하였으니, 그 앞

의 궐문(闕文)은 반드시 지지(知至)의 공효를 말해야 합니다. 이 절은 경문에 팔조목(八條目) 공부의 앞에 있으니, 그 순서가 잘못된 것이 아니겠습니까?"라고 하여, 내가 다음과 같이 답하였다.

"전문의 결어를 공효로써 말했으니, 그 앞의 궐문은 반드시 지지(知至)의 공효일 것입니다. 그러나 반드시 공부를 먼저 말한 후에 공효를 언급해야 하니, 보전(補傳)을 지은 뜻과 같을 것입니다. 공부를 말하지 않고 갑자기 공효를 언급하는 것은 마땅치 않습니다. 그러므로 비록 이 절을 가지고 전문을 삼더라도 '지지(知止)'의 앞에는 다시 별도의 궐문이 있어야 합니다.

이 절은 경문에 팔조목의 앞에 있지만, 이는 곧 경일장 첫머리의 강령(綱領) 공부를 이어 지지(知止)의 공효를 말함으로써 명명덕(明明德)·신민(新民)이 지어지선(止於至善)을 얻는 것을 말한 것입니다. 그러므로 경일장은 공부와 공효를 서로 번갈아가며 말했습니다. 삼강령은 공부로써 말했고, 이 절은 공효로써 말했습니다. '물유본말(物有本末)' 1절은 공부와 공효를 겸하여 결론지은 것입니다. 팔조목의 앞 1절은 공부로써, 뒤 1절은 공효로써 말했습니다. '자천자(自天子)' 1절은 공부로써 매듭지었고, '본란(本亂)' 1절은 공효로써 돌이켜 결론지었습니다. 이로써 보면 '지지(知止)' 1절은 팔조목 공부의 앞에 있지만, 그 입언(立言)에는 저절로 차례가 있는 것입니다.

또한 삼강령의 명명덕이 비록 중요하지만, 지어지선(止於至善)이 또한 이 책의 체요(體要)입니다. 팔조목이 명명덕·신민을 풀이하면서도 이 절에 대해서는 언급이 없으니, 지어지선이 두 가지를 겸하여 해당되지 않는 곳이 없더라도, 한 마디도 해석하지 않았을 리가 없습니다. 만약 삼강령의 순서를 따라 지어지선을 풀이하는 말을 팔조목 뒤에 둔

다면, 이는 지어지선이 평천하(平天下)의 뒤에 있게 되어 별도로 하나의
일이 됩니다. 그러므로 삼강령을 이어서 팔조목의 앞에 말하는 것이
마땅합니다. 무릇 그 공부를 말하면 먼저 본말(本末)을 나눈 뒤에 그
요점을 말해야 하고, 그 공효를 말하면 오로지 요점을 들어서 그 본말을
아울러야 그 입언이 또한 법도가 있다고 할 수 있을 것입니다."

○ 大學立傳 變文以分知行本末厚薄三節辨議 / 『대학』의 전(傳)을 지
을 때 문투를 바꾸어 지행(知行)·본말(本末)·후박(厚薄) 3절로 나눈 것
에 대한 변의(辨議)

• 誠意章 獨作一傳 / 성의장(誠意章)은 독자적으로 하나의 전문을 만
  들었다.
▷ 上不連致知者 所以分知行 下不接正心者 以其自修之首 其功不止於
  正心 先賢已有明辨矣
  성의장이 위로 치지(致知)와 연결하지 않은 것은 지(知)·행(行)을
  나누었기 때문이며, 아래로 정심(正心)과 이어지지 않은 것은 그것
  이 수신(修身)의 시작이고 그 공부가 정심에서 끝나지 않기 때문이
  다. 선현이 이미 명백하게 분별한 것이 있다.

• 修身齊家章之結語 不曰齊其家 在修其身 而變文曰身不修 不可以齊
  其家 / 수신제가장(修身齊家章)의 결어에 "그 집안을 가지런히 함은
  그 몸을 닦는 데 달려있다."고 하지 않고, 문투를 바꾸어 "몸이 닦여
  지지 않으면 그 집안을 가지런히 할 수 없다."고 하였다.
▷ 愚按 此承經文結語 而分本末也 經曰自天子以至於庶人 壹是皆以修
  身爲本 其本亂而末治者 否矣 故傳承之曰此謂身不修 不可以齊其家

내가 살펴보건대, 이는 경문의 결어를 이어서 본말을 나눈 것이
다. 경문에 "천자로부터 서인에 이르기까지 모두 수신으로 근본을
삼는다. 그 근본이 어지러우면서도 말단이 다스려진 적은 아직까
지 없었다."고 하였다. 그러므로 전문은 그것을 이어 "이것을 일러
몸이 닦여지지 않으면 그 집안을 가지런히 할 수 없다고 하는 것이
다."라고 한 것이다.

- 齊家治國章之發端 不日治國在齊其家 而變文曰治國必先齊其家者
  其家不可教 而能教人者 無之 / 제가치국장(齊家治國章)의 발단에
  "나라를 다스림은 그 집안을 가지런히 하는 데 달려있다."고 하지
  않고, 문투를 바꾸어 "나라를 잘 다스리려 하는 사람은 반드시 먼저
  그 집안을 가지런히 해야 한다. 자기 집안사람들을 교화시키지 못
  하면서 능히 남을 교화시키는 경우는 없다."고 하였다.

▷ 愚按 此亦承經文結語 而分厚薄也 經日 其所厚者薄 而所薄者厚 未之
  有也 故傳承之日 所謂治國 必先齊其家者 其家不可教 而能教人者 無
  之 此兩節 必承經文結語而觀之 則傳者立文之意 可見矣
  내가 살펴보건대, 이 또한 경문의 결어를 이어 후(厚)·박(薄)을
  나눈 것이다. 경문에서 "그 후하게 할 바에 박하게 하고, 박하게
  할 바에 후하게 하는 경우는 아직까지 없었다."고 하였다. 그러므
  로 전문은 그것을 이어 "이른바 나라를 다스림은 반드시 먼저 그
  집안을 가지런히 해야 한다. 자기 집안사람들을 교화시키지 못하
  면서 능히 남을 교화시키는 경우는 없다."고 한 것이다. 이 2절은
  반드시 경문의 결어를 이어서 보아야 하니, 그러면 전문을 지은
  사람이 글을 쓴 뜻을 알 수 있을 것이다.

□ 學者問曰 誠意章自作一傳 以分知行 其於本末厚薄 不別爲傳 而變文
    見意 何也 曰知行二者 如車兩輪 學者所當交致其力 而竝進者也 分明
    是兩件工夫也 若夫本末雖有體用之殊 而擧而措之 實一物也 厚薄雖
    有親疎之別 而推以及之 實一事也

어떤 학자가 묻기를 "성의장은 독자적으로 하나의 전문으로 만들어
지(知)·행(行)을 나누었는데, 본말(本末)·후박(厚薄)에 대해서는 따로
전문을 만들지 않고 문투를 바꾸어 뜻을 나타낸 것은 어째서입니까?"라
고 하여, 내가 답하기를 "지·행 두 가지는 수레의 두 바퀴와 같아서
배우는 자가 마땅히 그 힘을 번갈아 쏟으면서 함께 나아가야 하는 것입
니다. 분명 이는 두 가지 공부입니다. 이를테면 본말은 비록 체(體)·용
(用)의 다름이 있지만, 그것을 거행해 조처할 적에는 실제로 하나의 물
(物)이며, 후박은 비록 친(親)·소(疎)의 구별이 있지만 미루어 나갈 적에
는 실제로 하나의 일입니다."라고 하였다.

□ 曰齊家治國章 言孝悌慈 而其下引康誥之文 但以慈幼而結之 何也 曰
    此以最切而要者言之也 以家言之 則孝悌或有不謹 而慈幼之心 無不
    切 先賢已嘗言之矣 以國言之 則事君事長 皆知所謹 而使衆之道 多所
    忽 苟能以慈幼之心 而觸孝悌 則孝悌無不至矣 以慈幼之心 而推使衆
    則使衆知所謹矣

어떤 학자가 또 묻기를 "제가치국장(齊家治國章)에서 효(孝)·제(悌)·
자(慈)를 말하면서 그 아래에 『서경』「강고(康誥)」의 글을 인용하여 다만
어린아이를 사랑하는 것으로써 결론을 맺은 것은 어째서입니까?"라고
하여, 내가 답하기를 "이는 가장 절실하고도 중요한 것으로써 말한 것
입니다. 집으로써 말한다면 효(孝)·제(悌)는 간혹 삼가지 않음이 있으

나, 어린아이를 사랑하는 마음은 절실하지 않음이 없으니, 선현이 일찍이 그 점을 말하였습니다. 나라로써 말한다면 임금을 섬기고 어른을 섬기는 것은 모두 삼갈 바를 알지만, 여러 사람을 부리는 도리에는 소홀함이 많습니다. 진실로 능히 어린아이를 사랑하는 마음으로써 효(孝)·제(悌)를 접한다면 효·제가 지극하지 않음이 없게 될 것입니다. 어린아이를 사랑하는 마음으로써 여러 사람을 부리는 것으로 미루어 나가면, 사람을 부릴 때 삼갈 바를 알게 될 것입니다."라고 하였다.

□ 曰子引經文以證傳八九章變文之意 以爲分本末厚薄者 似矣 然卽本傳觀之 則八章上文旣言親愛等之偏 又引諺莫知子惡之言 故其結語曰此謂身不修不可以齊其家者 是承其傳上文語緖而然 不必遠承經文以爲傳之結語也 九章發端之言 亦承八章結語 亦不是遠承經文也 今子之言 無乃附會之甚邪 曰子卽本傳文勢而言者 可謂切矣 然第七章言正心修身 亦言忿懥等之不得其正 及心不在焉之病 而其結語不曰心不正不可以修其身 直曰修身在正其心 蓋此二章立文命意 大抵相似 而獨其結語不同 豈無意乎 夫經旣陳八目 而又提身與家以結之者 身爲明德之極而天下之本 家爲新民之始而天下之則故也 傳者於此 豈不致意哉

어떤 학자가 또 묻기를 "그대가 경문을 인용하여 전 제8장·제9장의 변문(變文)의 뜻이 본말(本末)·후박(厚薄)을 분별한 것임을 증명한 것은 그럴 듯합니다. 그러나 그 전문에 나아가 보면, 제8장 앞부분에 이미 친애(親愛) 등의 치우침에 대해 말했고, 또 '자기 자식의 악함을 알지 못한다.'는 속담을 인용하였습니다. 그래서 그 결어에 '이것을 일러 몸이 닦여지지 않으면 그 집안을 다스릴 수 없다고 하는 것이다.'라고 한 것입니다. 이는 그 전문 앞부분의 말끝을 이어서 그렇게 한 것이니, 굳이 멀리 경문을 이어서 전문의 결어로 삼을 필요는 없습니다. 제9장을 일으키는 말도 역시 제8장의 결어를 이은 것이니, 또한 멀리 경문을 이은 것은 아닙니다. 그대의 말은 견강부회가 너무 심하지 않습니까?" 라고 하여, 내가 다음과 같이 답하였다.

"그대가 그 전문의 문세에 나아가 말한 것은 절실하다고 할 수 있습니다. 그러나 제7장에서 정심·수신을 말하면서 또 마음의 분노[忿懥] 등이 그 바름을 얻지 못함과 마음이 그곳에 있지 않은 병폐 등을 말했고, 그 결어에 '마음이 바르지 않으면 그 몸을 닦을 수 없다.'고 하지 않고, 곧장 '몸을 닦음이 그 마음을 바르게 하는 데 있다.'고 하였습니다. 대개 이 두 장은 문장과 의미가 서로 비슷하지만 유독 그 결어는 같지 않으니, 어찌 의도가 없는 것이겠습니까? 무릇 경문에 팔조목을 나열한 뒤 다시 '신(身)'과 '가(家)'를 들어 결론지은 것은, 몸은 명덕의 지극함이면서 천하의 근본이고, 집은 신민의 시작이면서 천하의 본보기이기 때문입니다. 전문을 지은 사람이 여기에 어찌 뜻을 다하지 않았겠습니까?"

□ 曰此書之作 朱子於序 以爲孔子誦而傳之 曾子作爲傳義 於經之後 言 蓋不敢質爲夫子之言 其傳則曾子之意 而門人記之 其言先後不同 何 也 曰朱子以經之言非聖人不能及 故以爲夫子之言 又無左驗 或意古 昔先民之言 故疑之而不敢質 愚則妄謂夫子傷時之嘆 屢稱古以言之 如曰古之學者爲己 古之愚也直 古者言之不出之類 是也 此經亦曰古 之欲明明德於天下 言古以嘆今之不然 夫子之前 未有聖人不得位者 則言古嘆今 正吾夫子之事 是足爲證以爲孔子之言也

어떤 학자가 또 묻기를 "이 책이 지어진 것에 대해 주자는 서문에서

'공자가 외워서 전하였고, 증자(曾子)가 전의(傳義)를 지었다.'[4]고 하였고, 경문의 장하주(章下註)[5]에서는 '아마도[蓋]'라고 하여 공자의 말씀임을 감히 질정하지 못하였으며, '그 전문은 증자의 뜻을 문인이 기록한 듯하다.'고 하였습니다. 이처럼 그 말의 앞뒤가 같지 않은 것은 어째서입니까?"라고 하여, 내가 다음과 같이 답하였다.

"주자는, 경문의 말은 성인이 아니면 미칠 수 없는 것이라고 생각하였습니다. 그래서 공자의 말씀으로 여긴 것입니다. 또 증거가 없기 때문에 '혹 옛 선현의 말'이라고도 생각하였습니다. 그래서 의심하면서도 감히 질정하지 않은 것입니다. 내가 망령되이 생각하건대, 공자께서는 시대를 근심하는 탄식에 자주 '옛날[古]'이라고 말씀하셨으니, 예를 들면 '옛날의 배우는 자는 자신을 위한 학문을 하였다.'[6], '옛날의 어리석은 사람은 정직했다.'[7], '옛사람은 말을 쉽게 내뱉지 않았다.'[8]고 한 것이 그것입니다. 이 책의 경문에도 '옛날 천하 사람들로 하여금 그들의 명덕을 각자 밝히게 하려고 했던 사람'[9]이라고 하며 '옛날'을 말함으로써 지금은 그렇지 않음을 탄식하였습니다. 공자 이전에는 성인으로서 지위를 얻지 못한 분이 없었으니, '옛날을 말하여 지금을 탄식한 것'이 바로 우리 공자의 일입니다. 이 점이 공자의 말씀이라고 여길 만한 충분한 증거가 됩니다."

4 『대학장구』「대학장구서」에 "於是 獨取先王之法 誦而傳之……三千之徒 蓋莫不聞其說 而曾氏之傳獨得其宗 於是 作爲傳義 以發其意"라고 하였다.

5 『대학장구』 경일장 장하주에 "右 經一章 蓋孔子之言而曾子述之 其傳十章 則曾子之意而門人記之也"라고 하였다.

6 『논어』「헌문(憲問)」에 "古之學者 爲己"라고 하였다.

7 『논어』「양화(陽貨)」에 "古之愚者 直"이라고 하였다.

8 『논어』「이인(里仁)」에 "古者 言之不出"이라고 하였다.

9 『대학장구』 경일장에 "古之欲明明德於天下者"라고 하였다.

□ 其傳十章所引詩書之文 及立傳釋經之意 皆曾子平日嘗以語門人之言
　　但其傳文有稱曾子曰者 則非曾子之手筆也 故以爲門人記之 雖門人
　　記之 非其自言 則是猶曾子作之也 諸傳旣皆曾子之言 獨於十目一節
　　特加曾子曰者 諸傳皆是直釋經文之意而已 唯此一節 曾子因愼獨之
　　言 而特發本章言外之意 以警門人 故門人亦特稱曾子曰以表之 以爲
　　千萬世學者之警策 至今讀之 竦然自有惶愧處 其與中庸莫現莫顯之
　　意 互相發明 此乃子思有得於曾子者 學者所當體念 而深省者也

10개의 전문에 인용한 『시경』·『서경』의 글 및 전문을 지어 경문의
뜻을 해석한 의미는 모두 증자가 평소 문인들에게 했던 말이다. 다만
전문에 '증자왈(曾子曰)'이라고 일컬은 것이 있으니, 증자가 손수 기록한
것이 아니므로 그의 문인들이 기록한 것이라 생각한 것이다. 비록 문인
이 기록하였더라도 문인 스스로 말한 것이 아니라면, 이는 증자가 지은
것과 마찬가지이다. 전문이 모두 증자의 말씀인데 유독 '십목소시(十目
所視)' 한 절에만 특별히 '증자왈' 자를 덧붙인 것은, 여러 전문은 모두
경문의 뜻을 그대로 해석하였을 뿐이지만 오직 이 한 절은 증자가 '신독
(愼獨)'을 인하여 특별히 이 장의 내용 이외의 뜻을 말하여 문인들을
경계시켰기 때문이다. 그러므로 문인들도 특별히 '증자왈'이라 일컫고
이를 드러내 오랫동안 학자들의 경계로 삼은 것이다. 지금에 와서도
그 문구를 읽으면 놀라 절로 두려운 마음이 있게 된다. 이는 『중용』의
"은미한 것보다 더 잘 드러나는 것은 없으며, 미세한 것보다 더 잘 나타
나는 것은 없다."[10]고 한 뜻과 상호 발명이 된다. 이는 바로 자사(子思)가
증자에게서 얻어들은 것이니, 배우는 자가 마땅히 깊이 생각하고 살펴
보아야 할 것이다.

---

10 『중용장구』 제1장에 "莫見乎隱 莫顯乎微"라고 하였다.

【도표 해설】 권근의 「대학지장지도」는 우리나라에서 『대학』의 요지를 최초로 도표화한 것일 뿐만 아니라, 동아시아『대학』해석사에서 볼 적에도 주희의 대학도(大學圖 :『주자어류』에 보임) 이후『대학』전체의 요지를 한 장의 도표로 그린 최초의 그림이라는 점에서 그 의의가 매우 크다. 권근의 이 그림 이전에는『대학』전체의 요지를 한 장으로 그린 도표를 찾아볼 수 없다.

이 그림은 주희가 평생 정력을 기울여 해석한『대학장구』의 요지를 한 눈에 들어오도록 그렸다는 점에서, 조선에서 주자학을 자기화한 학문적 성과물로서 그 의미가 매우 높다. 또한 이 그림은 주희의 대학도와 비교해도 전혀 손색이 없고, 오히려 그보다 더 일목요연하게 만들었다는 점에서, 14세기 후반 조선의 경학이 이미 주자학에 대해 심화된 인식을 보이고 있음을 말해준다.

❖ 참고 :『주자어류』의 대학도

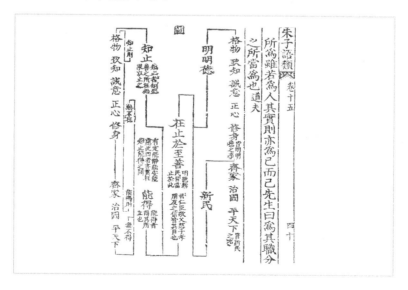

권근의 이 그림은 삼강령을 맨 위에 제시하고, 명명덕·신민 밑에
팔조목을 나누어 배치하였으며, 삼강령의 공효로 보는 경일장 제2절의
지지(知止)로부터 능득(能得)에 이르는 육사(六事)를 시(始)·종(終)으로
보아 삼강령의 지어지선(止於至善) 밑에 배열하고 있다. 그리고 팔조목
의 격물·치지 밑에 '지(知)'를, 성의·정심·수신 밑에 '행(行)'을, 제
가·치국·평천하 밑에 '극행(極行)'을 표기하여, 사물의 이치에 대한
앎, 그것을 자신이 체득하여 실천하는 문제, 그리고 그것을 사회적으로
확대시켜 나가는 논리를 표현하였다. 또한 격물·치지 등 팔조목의 '공
부(工夫)'와 그런 공부를 통해 얻어지는 '공효(功效)'를 네모 속에 표기하
여 공부를 통해 얻어지는 공효를 드러내고 있다. 『대학』은 학자의 일로
공부에 주안점이 있는데, 삼강령·팔조목을 분석해 이 점을 간명하게
보여주고 있다.

권근의 대학도는 16세기 이황(李滉)이 몇 글자를 바꾸어 거의 그대로
수용하였다. 이런 점을 통해 볼 때, 주자학에 정통했던 이황도 권근의
대학도를 인정하였음을 알 수 있다. 다만 17세기부터 주자학에 대한
인식이 심화되면서 권근·이황의 대학도와는 달리 지어지선을 명명
덕·신민 밑의 중앙에 위치시키는 도표가 등장한다.

박영(朴英)의 대학도

【명칭】 대학도(大學圖) · 대학경일장연의(大學經一章演義)

【출전】 『송당집(松堂集)』 권2

【작자】 박영(朴英, 1471-1540) : 자는 자실(子實), 호는 송당(松堂), 본관은 밀양(密陽)이다. 부친은 이조 참판을 지낸 박수종(朴壽宗)이고, 모친은 전주 이씨(全州李氏)로 양녕대군(讓寧大君)의 딸이다. 어려서부터 무예가 출중하였다. 1492년 무과에 급제하여 선전관이 되었다. 무인으로 유식한 군자가 되지 못한 것을 한탄하다가, 1494년 고향으로 돌아가 학문에 전념하였다. 김굉필(金宏弼)의 문인 신당(新堂) 정붕(鄭鵬)에게 『대학』을 배웠고, 박경(朴耕)에게도 영향을 받았다. 뒤에 황간현감 · 강계부사 · 의주목사 등을 역임하였다. 1519년 병조 참판에 임명되었으나 병을 핑계로 사직하였다. 성절사로 명나라에 다녀옴으로써 기묘사화 때 화를 면하였다. 문인으로 이항(李恒) · 신계성(申季誠) · 박소(朴紹) · 김취문(金就文) 등이 있다.

저술로는 4권 2책의 『송당집(松堂集)』이 있다. 경학 관계 자료로는 문집 잡저에 실린 「대학도(大學圖)」 · 「대학경일장연의(大學經一章演義)」가 있다.

〔도표〕 대학도(大學圖)

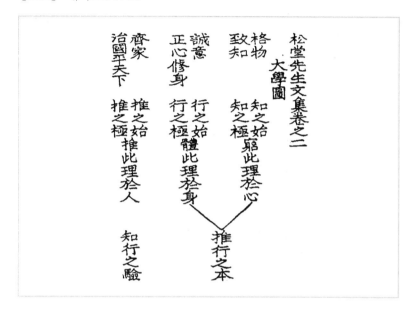

〔도표 해설〕 박영의 「대학도」는 삼강령을 제외하고, 팔조목만을 가지고 지(知)·행(行)·추행(推行)의 관점에서 도표로 만든 것이다. 상단 오른쪽에 격물·치지를 배치하고서 그 밑에 '지지시(知之始)'·'지지극(知之極)'을 표기한 뒤, 마음으로 이치를 궁구하는 것이라 하였다. 상단 중간에 성의와 정심·수신을 나누어 배치하고서 그 밑에 '행지시(行之始)'·'행지극(行之極)'을 표기한 뒤, 몸으로 이 이치를 체득하는 것이라 하였다. 상단 왼쪽에는 제가와 치국·평천하를 배치하고서 그 밑에 '추지시(推之始)'·'추지극(推之極)'을 표기한 뒤, 남들에게 이 이치를 미루어나가는 것이라 하였다. 그리고 하단에는 지·행을 합하여 추행의 근본이라 하고, 추행 밑에는 지·행의 징험이라 하였다.

이 그림은 『대학』의 요지를 지·행·추행에 중점을 두어 도표화한 것에 그 의미가 있다. 실천을 중시하던 15세기 후반의 학문 풍토로 볼 때, 앎의 자기화와 실천, 그리고 그것을 사회적으로 미루어나가는 문제가 사회의 중요한 이슈였고, 그것이 공부의 핵심으로 인식되어 만들어진 그림이라 하겠다.

【도표】 대학경일장연의(大學經一章演義)

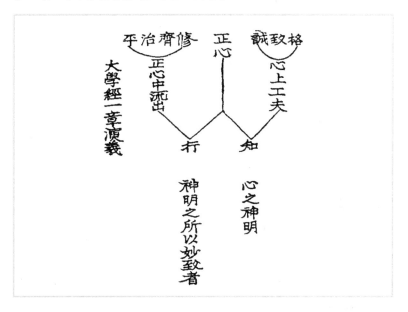

【도표 해설】 박영의 「대학경일장연의」는 『대학장구』 경일장의 요지를 정심(正心)으로 보아 중앙 상단에 배치하고, 격물·치지·성의를 마음의 공부로, 수신·제가·치국·평천하를 정심으로부터 유출되어 나오는 것으로 보아, 격물부터 정심까지를 지(知)로, 정심부터 평천하까지를 행(行)으로 나누어 도표화한 것이 특징이다. 역시 지·행의 문제, 다시 말해 정밀하게 알고 그것을 자신에게 실천하고 남들에게까지 확대

해 나가는 논리를 『대학』의 요지로 파악하여 자기화한 그림이다. 정심
을 핵심으로 보고, 그 전후를 지·행으로 본 것이 독창적이다.

　주희의 『대학장구』 정심장에는 심지용(心之用)에 대해서만 말하고,
심지체(心之體)에 대해서는 언급하지 않았는데, 정심을 중심 개념으로
파악한 것이 박영의 『대학』 해석의 특징을 단적으로 드러내준다.

이황(李滉)의 대학도

【명칭】 제사대학도(第四大學圖)

【출전】 『퇴계집(退溪集)』 권7

【작자】 이황(李滉, 1501-1570) : 자는 경호(景浩), 호는 퇴계(退溪)·퇴도
(退陶), 본관은 진보(眞寶)이다. 부친은 진사 이식(李埴)이고, 모친은 춘천
박씨(春川朴氏)로 박치(朴緇)의 딸이다. 1501년 안동 예안현(禮安縣) 온계
리(溫溪里)에서 출생하였다. 생후 7개월 만에 부친이 세상을 떠나 편모슬
하에서 자랐다. 12세 때부터 숙부 송재(松齋) 이우(李堣)에게 배웠다.
27세 때인 1528년 진사시에 합격하여, 성균관에 들어가 공부하였다.
34세 때 문과에 급제하여 승문원 부정자가 되었다. 39세 때 홍문관
수찬이 되었고, 이어 사가독서하였다. 을사사화 후에는 벼슬을 사퇴하
고 고향으로 돌아가 학문에 전념하려 하였다. 그러나 뜻대로 되지 않아
풍기군수와 성균관 대사성 등을 역임하였다. 뒤에 홍문관 부제학 등에
제수되었으나 나아가지 않았다.

　1560년 도산서당을 짓고 독서와 저술에 전념하면서 문도들을 가르쳤
다. 68세 때 대제학·지경연의 중임을 맡아 선조에게 「무진육조소(戊辰
六條疏)」를 올렸으며, 「성학십도(聖學十圖)」를 저술하여 바쳤다. 69세에
이조 판서에 임명되었으나, 사양하고 고향으로 돌아갔다. 문하에 수많

은 학자들이 배출되었고, 그 영향이 후세까지 지속되어 퇴계학파가 형성되었다.

저술로는 1896년 후손 및 유생들이 중간한 97권 75책의『도산전서(陶山全書)』와『사서석의(四書釋義)』·『삼경석의(三經釋義)』·『계몽전의(啓蒙傳疑)』·『송계원명이학통록(宋季元明理學通錄)』·『주자서절요(朱子書節要)』 등이 있다. 경학 관계 자료로는『사서석의』·『삼경석의』·『계몽전의』와 문집「성학십도」에 실린 대학도(大學圖) 등이 있다. 이 외에도 편지글 등에 다수의 경학 관계 자료가 있다.

【도표】 제사대학도(第四大學圖)

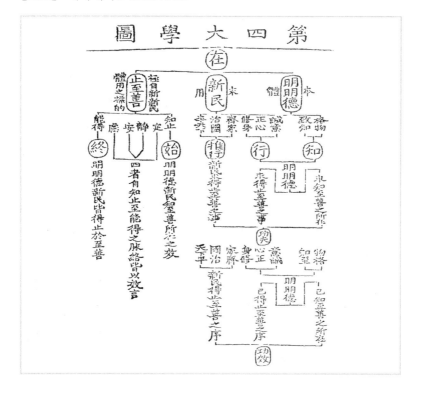

【도설】 대학경(大學經)

大學之道 在明明德 在新民 在止於至善 知止而后有定 定而后能靜 靜而后能安 安而后能慮 慮而后能得 物有本末 事有終始 知所先後 則近道矣 古之欲明明德於天下者 先治其國 欲治其國者 先齊其家 欲齊其家者 先修其身 欲修其身者 先正其心 欲正其心者 先誠其意 欲誠其意者 先致其知 致知在格物 物格而后知至 知至而后意誠 意誠而后心正 心正而后身修 身修而后家齊 家齊而后國治 國治而后天下平 自天子以至於庶人 壹是皆以修身爲本 其本亂而末治者 否矣 其所厚者薄 而其所薄者厚 未之有也

대학의 도는 명덕(明德)을 밝히는 데 있고, 백성을 새롭게 하는 데 있고, 지선(至善)에 이르러 머무는 데 있다. 머물 곳을 안 뒤 마음에 정해진 방향이 있게 되니, 마음에 정해진 방향이 있게 된 뒤 마음이 함부로 움직이지 않고 능히 고요해지며, 마음이 고요해진 뒤 마음이 능히 편안해지고, 마음이 편안해진 뒤 능히 일을 조처하는 것이 정밀해지고, 일을 조처하는 것이 정밀해진 뒤 능히 그칠 바를 얻게 된다.

사물[物]에는 본(本)·말(末)이 있고, 일[事]에는 종(終)·시(始)가 있으니, 먼저하고 뒤에 할 바를 알면 도(道)에 가까울 것이다. 옛날 천하 사람들로 하여금 그들의 명덕을 밝히게 하려고 했던 사람은, 먼저 자기 나라를 잘 다스리고, 자기 나라를 잘 다스리고자 한 사람은 먼저 자기 집안사람들을 균평하게 대하였고, 자기 집안사람들을 균평히 대하려 한 사람은 먼저 자기 몸을 닦았고, 자기 몸을 닦고자 한 사람은 먼저 자기 마음을 바루었고, 자기 마음을 바루고자 한 사람은 먼저 자기의 마음속에 싹튼 생각을 선으로 가득 채웠고, 마음속에 싹튼 생각을 선으로 가득 채우고자 한 사람은 먼저 자기의 앎을 극진히 하였으니, 앎을 극진히 하는 것은 사물의 이치를 궁구하는 데 있다.

사물의 이치가 내게 이른 뒤에 앎이 지극해지고, 앎이 지극해진 뒤 마음속에 싹튼 생각이 선으로 가득 차게 되고, 싹튼 생각이 선으로 가득 찬 뒤 마음이 바루어지고, 마음이 바루어진 뒤 몸이 닦여지고, 몸이 닦여진 뒤 집안사람들이 균평히 대우를 받게 되고, 집안사람들이 균평히 대우를 받은 뒤 나라가 잘 다스려지고, 나라가 잘 다스려진 뒤 천하가 공평하게 다스려진다.

천자로부터 서인에 이르기까지 일체의 사람이 모두 수신(修身)을 근본으로 삼는다. 근본이 어지러우면서도 말단이 잘 다스려지는 경우는 아직까지 없었다. 후하게 대접할 사람에게 박하게 대하고, 박하게 대접할 사람에게 후하게 대하는 경우는 아직까지 없었다.[1]

或曰 敬 若何以用力耶 朱子曰 程子嘗以主一無適言之 嘗以整齊嚴肅言之 門人謝氏之說 則有所謂常惺惺法者焉 尹氏之說 則有其心收斂 不容一物者焉云云 敬者 一心之主宰 而萬事之本根也 知其所以用力之方 則知小學之不能無賴於此以爲始 知小學之賴此以始 則夫大學之不能無賴於此以爲終者 可以一以貫之而無疑矣 蓋此心旣立 由是 格物致知 以盡事物之理 則所謂尊德性而道問學 由是 誠意正心 以修其身 則所謂先立其大者 而小者不能奪 由是 齊家治國 以及乎天下 則所謂修己以安百姓 篤恭而天下平 是皆未始一日而離乎敬也 然則敬之一字 豈非聖學始終之要也哉

혹자가 묻기를 "경(敬)은 어떻게 힘을 써야 합니까?"라고 하자, 주자는 말씀하기를 "정자(程子)[2]는 일찍이 '한 마음을 주로 하여 다른 데로 옮겨감이 없도록 하는 것[主一無適]'이라 하였고, 또 '몸과 마음을 정돈

하고 가지런히 하고 장엄하고 정숙하게 하는 것[整齊嚴肅]'이라 하였다. 그의 문인 사씨(謝氏)³의 설에는 이른바 '항상 마음을 깨어있게 하는 법 [常惺惺法]'이 있고, 문인 윤씨(尹氏)⁴의 설에는 '그 마음을 수렴하여 하나의 사물도 용납하지 않는다.[其心收斂 不容一物]'는 말이 있다. 경(敬)은 일심(一心)의 주재(主宰)이고, 만사(萬事)의 근본이다. 그 힘을 쓰는 방법을 알게 되면『소학』이 이 경에 의지해 시작하지 않을 수 없음을 알게 될 것이고,『소학』이 이 경에 의지해 시작함을 알게 되면『대학』이 이 경에 의지해 끝맺음을 하지 않을 수 없다는 것에 대해서도 하나로 꿰뚫어 의심이 없을 것이다.

　대개 이 마음이 확립된 뒤 이를 말미암아 격물치지(格物致知)하여 사물의 이치를 극진히 하면, 이것이 이른바 '덕성을 드높이고 학문을 말미암는다.[尊德性而道問學]'⁵는 것이다. 또 이를 말미암아 성의(誠意)하고 정심(正心)하여 수신(修身)하면, 이것이 이른바 '먼저 그 큰 대체를 세우면 작은 것이 빼앗을 수 없다.[先立其大者而小者不能奪]'⁶는 것이다. 또 이를 말미암아 제가(齊家)하고 치국(治國)하여 평천하(平天下)에까지 미치면, 이것이 이른바 '자신을 닦아 백성을 편안하게 한다.[修己以安百姓]'⁷는 것이고, '공경함을 돈독히 하여 천하가 공평하게 다스려진다.[篤恭而

3　사씨(謝氏) : 북송 때 학자 사량좌(謝良佐, 1050-1103)를 말함. 상채(上蔡) 출신이다. 이정(二程)의 문하에서 배웠으며, 유작(游酢)·여대림(呂大臨)·양시(楊時)와 함께 '정문사선생(程門四先生)'으로 일컬어졌다. 저술로『상채어록(上蔡語錄)』·『논어해(論語解)』가 있다.

4　윤씨(尹氏) : 북송 때 학자 윤돈(尹焞, 1071-1142)을 말함. 자는 언명(彦明), 호는 화정(和靖)이며, 낙양(洛陽) 사람이다. 이정(二程)에게 수학하였다. 저술로『논어해(論語解)』·『맹자해(孟子解)』·『화정집(和靖集)』 등이 있다.

5　이 말은『중용장구』제27장에 보인다.

6　이 말은『맹자집주』「고자 상(告子上)」제15장에 보인다.

7　이 말은『논어집주』「헌문」제45장에 보인다.

天下平]'⁸는 것이다. 이 모두가 애초 하루도 경(敬)을 벗어나지 않는다. 그렇다면 '경(敬)' 한 글자가 어찌 성학(聖學)의 처음과 끝의 요점이 아니겠는가?"라고 하였다.⁹

○ 右 孔氏遺書之首章 國初臣權近作此圖 章下所引或問 通論大小學之 義 說見小學圖下 然非但二說當通看 并與上下八圖 皆當通此二圖而看 蓋 上二圖 是求端擴充體天盡道 極致之處 爲小學大學之標準本原 下六圖 是 明善誠身崇德廣業 用力之處 爲小學大學之田地事功 而敬者 又徹上徹下 著工收效 皆當從事而勿失者也 故 朱子之說如彼 而今兹十圖 皆以敬爲主 焉 －太極圖說 言靜不言敬 朱子註中 言敬以補之－

○ 위의 「대학경」은 공자(孔子)가 남긴 『대학』의 경일장(經一章)입니다. 국초에 신(臣) 권근(權近)이 이 「대학도」를 그렸습니다. 경일장 밑에 인용한 『대학혹문』의 글은 『대학』·『소학』의 뜻을 통합해 거론한 것인데, 그 설이 「소학도(小學圖)」 밑에 보입니다. 그러나 이 「소학도」·「대학도」의 두 설만을 통합해 볼 것이 아니라, 이 두 그림 위아래에 있는 나머지 여덟 개의 그림도 모두 이 두 그림과 통합해 보아야 합니다. 대개 맨 위의 두 개의 그림¹⁰은 단서를 찾아 확충하고 천(天)을 본체로 하여 도를 극진히 하는 것으로 극치의 경지이니, 『소학』·『대학』의 표준과 본원이 됩니다. 이 「대학도」 아래에 있는 여섯 개의 그림¹¹은 선을

---

8 이 말은 『중용장구』 제33장에 보인다.

9 이상은 『대학혹문』 「총론」에 보이는 내용을 이황이 간추려 놓은 것이다.

10 두 개의 그림 : 「성학십도」 처음에 보이는 두 개의 그림, 즉 「태극도(太極圖)」·「서명도 (西銘圖)」를 가리킨다.

11 여섯 개의 그림 : 「제4대학도」 밑에 있는 「백록동규도(白鹿洞規圖)」·「심통성정도(心統 性情圖)」·「인설도(仁說圖)」·「심학도(心學圖)」·「경재잠도(敬齋箴圖)」·「숙흥야매잠 도(夙興夜寐箴圖)」를 가리킨다.

밝히고[明善] 자신을 진실되게 하며[誠身] 덕을 높이고 학업을 넓히는
것으로 힘을 쓰는 지점이니, 『소학』과 『대학』의 터전[田地]과 일[事功]이
됩니다. 그리고 경(敬)은 또 위로도 통하고 아래로도 통하니[徹上徹下],
공부를 하고 공효를 거두는 것이 모두 여기에 종사하여 잃지 말아야
할 것입니다. 그러므로 주자의 설이 저와 같습니다. 지금 이 10도는
모두 경(敬)을 주로 삼았습니다. -『태극도설』에는 정(靜)을 말하고 경(敬)을
말하지 않았는데, 주자의 주에는 경(敬)을 말하여 보충하였습니다. -

【도표 해설】 이황의 「대학도」는 선조에게 올린 「성학십도」의 하나로
「소학도」 다음에 있는 네 번째 그림이다. 이황은 『소학』과 『대학』을
밀접하게 연관시켜 해석하면서 경(敬)을 특별히 거론하고 있다.

　이 이황의 「대학도」는 권근의 「대학지장지도」를 거의 그대로 수용한
것이다. 다른 점은 명명덕·신민·지어지선의 삼강령 권역 안에 표기했
던 본(本)·체(體)·말(末)·용(用)·극(極)을 권역 밖으로 빼내고, '극행
(極行)'을 '추행(推行)'으로 고치고, 공효(功效)의 물격·지지·의성·심
정·신수 다섯 조목을 묶어 '명명덕'으로 연결시킨 점 등이다.

　대체로 권근의 「대학지장지도」를 이황이 부분적으로 고쳐 그대로 수
용함으로써 권근·이황이 그린 대학도는 17세기까지 『대학』을 이해하
는 기준이 되었다. 특히 삼강령을 상단에 횡으로 나란히 배열한 것에
대해 문제점을 인식하게 된 것은 18세기에 이르러서이다. 따라서 그
이전까지는 이황의 그림이 두루 통용되었다고 해도 과언이 아니다.

조식(曺植)의 대학도

【명칭】 소학대학도(小學大學圖) · 성도(誠圖) · 역서학용어맹일도도(易書學庸語孟一道圖)

【출전】 『학기류편(學記類編)』

【작자】 조식(曺植, 1501-1572) : 자는 건중(健仲), 호는 남명(南冥), 본관은 창녕(昌寧)이다. 부친은 승문원 판교를 지낸 조언형(曺彦亨)이고, 모친은 인천 이씨(仁川李氏)로 충순위를 지낸 이국(李菊)의 딸이다. 1501년 경상도 삼가현(三嘉縣) 토동(兎洞)에서 출생하였다. 젊어서 과거에 응시하였다가 낙방하였다. 그 뒤 『성리대전』을 읽다가 원나라 때 학자 허형(許衡)의 말에 감동을 받고 성리학에 전심하였다. 중년에 처가가 있는 김해로 이주하여 산해정(山海亭)을 짓고 학문에 진력하였으며, 1548년 삼가현 토동에 뇌룡정(雷龍亭)을 짓고 학문을 연구하며 제자들을 가르쳤다. 1555년 단성현감에 제수되었으나 나아가지 않았다.

1561년 지리산 덕산동(德山洞)에 들어가 산천재(山天齋)를 짓고 만년을 보냈다. 조식은 반궁체험(反躬體驗)과 지경실행(持敬實行)을 내세우며 이론적인 탐구보다는 실천적인 학풍을 수립하였고, 학문의 요체로 경(敬) · 의(義)를 내세웠다. 이황과 함께 쌍벽을 이룬 학자로, 문하에 정인홍(鄭仁弘) · 최영경(崔永慶) · 오건(吳健) · 하항(河沆) · 정구(鄭逑) · 김우옹

(金宇顒) 등 수많은 제자들이 배출되었다.

저술로는 14권 8책의 『남명집(南冥集)』과 『학기류편(學記類編)』이 있다. 경학 관계 자료로는 『학기류편』에 실린 「소학대학도(小學大學圖)」·「성도(誠圖)」·「충서일관도(忠恕一貫圖)」·「역서학용어맹일도도(易書學庸語孟一道圖)」 등이 있다.

【도표】 소학대학도(小學大學圖)

```
        學 大              學 小

  人 修 心  窮  察義理      收 放 心
  己    理      對進退  禮樂射  洒掃應
  治    正      御書數

  業事諸措    性    德其養

  行 知 修 進        行 智 本 涵
  之 之 業 德        之 之 源 養
  大 深              小 淺

          敬        明
       格致誠正 修    新
          齊治平      止
          行  知
             誠        性
          賢隱智仁勇    道
        天道人道        教

                    性 智 仁 勇

                    性 道 教
```

【도표 해설】 조식의 「소학대학도」는 『소학』・『대학』을 학문의 요체
로 보아 함께 연관시켜 해석한 그림이다. 조식은 『소학』의 요지를 덕성
을 기르는 것[養其德性]으로, 『대학』의 요지를 사업에 조처하는 것[措諸
事業]으로 보고, 그에 해당하는 '수방심(收放心)'・'쇄소응대진퇴(灑掃應
對進退)'・'예악사어서수(禮樂射御書數)'를 『소학』 밑에 써 넣고, '찰의리
(察義理)'・'궁리정심(窮理正心)'・'수기치인(修己治人)'을 『대학』 밑에 표
기하였다. 이를 보면, 조식은 『소학』을 방심을 거두어들이는 것으로,
『대학』은 의리를 살피는 것으로 파악하고 있음을 알 수 있다. 그래서
그는 『소학』 밑에 '본원을 함양한다[涵養本源]'는 말을 써 넣고, 『대학』
밑에 '덕에 나아가고 학업을 닦는다[進德修業]'는 말을 써 넣었다.

「소학대학도」 하단에는 『대학』의 요지를 '경(敬)'으로 보고 삼강령・
팔조목을 그 밑에 배치한 그림과 『중용』의 요지를 '성(誠)'으로 보고 사
방에 성도교(性道敎)・지행(知行)・지인용(智仁勇)・비은(費隱)・천도인도
(天道人道)를 표기한 그림이 있다. 이 두 그림은 『대학』・『중용』의 요지
를 도표화한 것이다. 『대학』의 요지를 경(敬)으로 드러내 표기한 대학도
는 조식의 「소학대학도」가 최초이다.

따라서 조식의 「소학대학도」는 『소학』・『대학』의 연관성을 그린 상
단의 그림과 『대학』・『중용』의 관계를 정리한 하단의 그림으로 나누어
볼 수 있다. 이런 점에서 이 그림은 한 개의 그림이 아니라 두 개의
그림인 것이다. 그런데 『대학』이 모두 연관되어 있다는 점에서, 조식은
『대학』의 요지를 그 자체적으로만 파악하지 않고, 『소학』・『중용』과의
연관성 속에서 파악하려고 했음을 알 수 있다. 즉 『대학』의 요지를 『중
용』의 성(誠)과 연관하여 경(敬)으로 파악한 점, 『대학』의 성격을 『소학』
의 본원함양과 연관하여 진덕수업으로 파악한 점, 『소학』의 내용이 '수

방심(收放心)'인 것과 연관하여『대학』의 내용을 '찰의리(察義理)'로 파악한 점 등이 그의『대학』해석의 특징이다.

조식의 이 그림은『소학』과『대학』을 학문의 차례로 보아,『소학』은 지(知)가 얕고 행(行)이 작은 것으로,『대학』은 지가 깊고 행이 큰 것으로 파악한 것도 독특하다.

【도표】 성도(誠圖)

〔**도표 해설**〕 조식의 「성도(誠圖)」는 '성(誠)'을 주제어로 보아 흑색 동그라미 속에 넣어 중심에 두고 사방에 『대학』의 '물격(物格)'·'지지(知至)'·'의성(意誠)'과 『주역』의 '한사존기성(閑邪存其誠)'·'경이직내(敬以直內)'·'수사입기성(修辭立其誠)'을 표기한 뒤, 그와 관련된 세부적인 요점을 그 주변에 써 넣은 그림이다. 이 그림은 사방의 네 주제어가 모두 중앙의 '성(誠)' 자로 모이게 되어 있다. 따라서 성(誠)에 관한 그림이라고 보는 것이 타당하다. 다만 그 성의 한 부분에 『대학』의 물격·지지·의성으로 이어지는 팔조목 공효의 한 대목을 써 넣었다는 점에서, 그의 『대학』 해석의 일부분을 엿볼 수 있다.

조식은 격물치지를 통한 진리탐구, 즉 지(知)를 혼몽한 상태와 지각의 상태로 나뉘는 관문임을 뜻하는 '몽각관(夢覺關)'으로 표기하여 그 경계를 중시하고 있다. 그리고 그런 앎을 자신의 몸에 직접 실천하여 마음속에 싹튼 생각을 선으로 가득 채우는 행(行)의 시작인 성의(誠意)를 인간과 귀신이 나뉘는 관문임을 뜻하는 '인귀관(人鬼關)'으로 표기하여 매우 중시하는 의미를 드러내었다. 남명의 학문정신은 진리를 자신의 몸에 실천하여 도덕적 주체를 세우는 데 있다. 그러므로 그는 실천의 첫 관문에 해당하는 의성(意誠)을 가장 위에 표기한 것이다. 다만 행(行)은 지(知)를 전제로 하기 때문에 그 밑에 물격·지지를 먼저 써 넣은 것이다. 이런 점에서 이 그림은 그의 실천을 중시하는 학문관을 그대로 드러내고 있다.

【도표】 역서학용어맹일도도(易書學庸語孟一道圖)

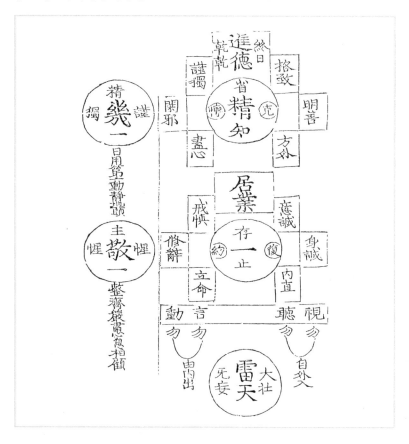

【도표 해설】 조식의 「역서학용어맹일도도」는 『주역』·『서경』·『대
학』·『중용』·『논어』·『맹자』의 요지가 하나의 도로 관통함을 나타낸
그림이다. 이는 조식의 경학관을 엿볼 수 있는 중요한 도표로, 사서
와 삼경을 하나의 논리로 통합해 보려는 시각을 드러내고 있다. 성인
의 심법(心法)이라고 하는 『서경』「대우모」의 정(精)·일(一)을 공부의
두 축으로 보아 중심에 두고 그 주위에 여러 경서의 요지를 써 넣었

다. 그리고 왼쪽 상단에는 마음이 동하면 그 기미를 살펴 신독(愼獨)
하는 것을, 하단에는 마음이 움직이기 전 미발시(未發時)의 주경공부
(主敬工夫)를 별도로 그려 넣었다.

이 그림도 조식의 학문관을 잘 보여주는 것으로, 그는 '정(精)'의 권역
에 지(知)를 표기하여 격물치지의 진리탐구를 드러냈지만, 또 성찰(省
察)·극기(克己) 등을 표기하여 마음의 기미를 살피고 사욕을 극복하는
실천적인 측면까지 포함시켰다. 이는 앞의 「소학대학도」에 『대학』의
요지를 '찰의리(察義理)'로 파악하고 그 옆에 '궁리정심(窮理正心)'을 표기
한 것과 유관한 인식이다.

이 그림에서 『대학』과 관련된 것은 '격치(格致)'·'의성(意誠)'에 불과
하지만, 왼쪽 상단의 '기(幾)'의 권역은 『대학』의 팔조목 중 '성의(誠意)'
와 밀접한 연관성을 갖는다.

조호익(曹好益)의 대학도

【명칭】 성기도(誠幾圖)·혈구도(絜矩圖)

【출전】 『대학동자문답(大學童子問答)』

【작자】 조호익(曹好益, 1545-1609) : 자는 사우(士友), 호는 지산(芝山), 본관은 창녕(昌寧)이다. 부친은 조윤신(曹允慎)이고, 모친은 인동 장씨(仁同張氏)로 선략장군(宣略將軍)을 지낸 장중우(張仲羽)의 딸이다. 1545년 창원부 지개동(芝介洞)에서 출생하였다. 17세 때 이황에게 나아가 배웠다. 1592년 임진왜란 직후 특별히 의금부 도사에 임명되었다. 소모관으로 군민(軍民)을 규합하여 중화(中和)·상원(祥原) 등지에서 전공을 세웠고, 평양 전투에서도 공을 세웠다. 그 뒤 대구부사·성주목사·성천부사 등을 역임하다가, 1597년 이후에는 병으로 사직하고 은거하였다. 정구(鄭逑)·유성룡(柳成龍)·장현광(張顯光) 등과 교유하였으며, 문하에 김육(金堉)·이유성(李惟聖) 등이 배출되었다.

저술로는 5권 2책의 『지산집(芝山集)』과 『대학동자문답(大學童子問答)』·『심경질의고오(心經質疑考誤)』·『가례고증(家禮考證)』·『주역석해(周易釋解)』·『역상설(易象說)』 등이 있다. 경학 관계 자료로는 『대학동자문답』·『역상설』 및 문집 잡저에 실린 「중용장도(中庸章圖)」·「논어장도(論語章圖)」·「곡례수장도(曲禮首章圖)」 등이 있다.

【도표】 성기도(誠幾圖)

【도설】 趙致道問於朱子曰 周子曰 誠無爲 幾善惡 此明人心未發之體而指
已發之端 蓋欲學者致察於萌動之微 知所決擇而去就之 以不失乎本然之體
而已 遂妄以己意揣量爲圖 善惡雖相對 當分賓主 天理人欲雖分派 必省宗
孼 自誠之動而之善 則如木之自本而榦 自榦而末 上下相達者 則道心之發
見 天理之流行 此心之本主 而誠之正宗也 其或旁榮側秀若寄生尤贅者 雖
亦誠之動 則人心之發見 而私欲之流行 所謂惡也 非心之固有 蓋客寓也 非
誠之正宗 蓋庶孼也 苟辨之不早 擇之不精 則客或乘主 孼或代宗矣 學者能
於萌動幾微之間 察其所發之向背 凡其直出者爲天理 旁出者爲人欲 直出者
爲善 旁出者爲惡 而於直出者利導之 旁出者遏絕之 功力旣至 則此心之發
自然出於一途 而保有天命矣 於此可以見未發之前有善無惡 而程子所謂不
是性中元有此兩端 相對而生者 蓋謂此也 朱子曰 得之

　조치도(趙致道)[1]가 주자(朱子)에게 아래와 같이 질문하였다.

　"주자(周子)[2]가 말씀하기를 '성(誠)은 무위(無爲)지만, 기미[幾]는 선악

1　조치도(趙致道) : 주희의 손서(孫婿)이자 문인이다.

2　주자(周子) : 주돈이(周敦頤, 1017-1073)를 말함. 자는 무숙(茂叔), 호는 염계(濂溪)이

이 있다.'고 하였습니다. 이는 인심(人心)이 미발(未發)한 상태의 본체를
밝히고, 이발(已發)한 단서를 가리킵니다. 대체로 학자들로 하여금 싹이
움직이는 기미(幾微)를 자세히 살펴 결단하여 택할 바를 알아서 버리고
취하여 본연의 체(體)를 잃지 않게 하고자 한 것입니다. 그래서 망령되
이 제 생각으로 헤아려 도표를 만들었습니다. 선·악이 상대하지만 빈
(賓)·주(主)로 나누어야 하고, 천리(天理)·인욕(人欲)이 나뉘지만 반드
시 종(宗)·얼(孼)을 살펴야 합니다. 성(誠)이 움직여서 선(善)으로 가는
것은 마치 나무가 뿌리에서 줄기로, 줄기에서 가지로 자라는 것처럼
상하가 서로 통달하는 것입니다. 도심(道心)이 발현하고 천리가 유행하
는 것은, 이 마음의 본래 주인이고 성(誠)의 정종이기 때문입니다. 혹
기생하는 혹처럼 곁가지에 꽃이 피고 이삭이 나는 것은, 비록 성(誠)이
움직일지라도 인심이 발현하고 사욕이 유행하기 때문이니, 이른바 악
이라는 것입니다. 이는 마음이 본디 가지고 있는 것이 아니고 대개 나그
네처럼 빌붙어 지내는 것이며, 성(誠)의 정종이 아니고 대개 서얼인 것
입니다.

　만약 일찍 그것을 분변하지 못하고, 정밀하게 그것을 가려내지 못하
면 나그네가 혹 주인에게 올라타기도 하고, 서얼이 혹 정종을 대신하기
도 합니다. 학자들은 능히 기미가 싹트는 시점에서 그것이 발하는 향배
를 살펴야 합니다. 무릇 그것이 곧장 나온 것은 천리가 되고, 곁으로
나온 것은 인욕이 되며, 곧장 나온 것은 선이 되고, 곁으로 나온 것은
악이 됩니다. 그러니 곧장 나오는 것에 대해서는 이롭게 여겨 인도하고,
곁으로 나오는 것에 대해서는 막아 끊어버려야 합니다. 그런 노력이
지극해지면 이 마음이 발하는 것이 자연스럽게 한 길에서 나와 천명을

다. 저술로 『태극도설(太極圖說)』·『통서(通書)』 등이 있다.

보존할 수 있을 것입니다. 여기에서 마음이 발하기 전에는 선만 있고 악이 없음을 알 수 있습니다. 정자(程子)가 이른바 '본성 중에는 원래 이 두 단서가 있어 상대해 생기는 것이 아니다.'[3]라고 한 것이 아마도 이를 말하는 듯합니다."

그러자 주자가 "그 뜻을 얻었다."고 답하였다.[4]

○ 篁墩程氏曰 周子之所謂誠 雖與大學指異 然其所謂幾善惡 與朱子所謂謹獨而審其幾 一也 此圖極有益于誠意之學者云云 今并其說 載于此 使學者 有所考而知所用力焉

○ 황돈 정씨(篁墩程氏)[5]가 말하기를 "주자(周子)가 이른바 '성(誠)은 무위'라고 한 말은 『대학』에서 말한 '성(誠)'과는 다르다. 그러나 이른바 '기(幾)에는 선·악이 있다'고 한 것은 , 주자(朱子)가 이른바 '혼자만 아는 것을 삼가 그 기미를 살핀다.[謹獨而審其幾]'고 한 것과 한 가지 뜻이다. 이 도표는 마음속에 싹튼 생각을 선으로 가득 채우려는 학자들에게 지극히 유익함이 있다."고 하였다. 지금 그의 설을 이곳에 함께 실어 학자들로 하여금 살펴보게 하여 힘쓸 바를 알게 하고자 한다.

【도표 해설】 조호익의 「성기도」는 명나라 초기에 만든 『성리대전』 권2 『통서(通書)』에 보이는 그림과 거의 유사하다. 따라서 조호익이 독창적으로 그린 그림이라 할 수 없다.

---

3 이 말은 『이정유서(二程遺書)』 권1 「단백부사설(端伯傳師說)」에 보인다.
4 이상은 주희의 『회암집(晦庵集)』 권59 「답조치도(答趙致道)」에 보인다.
5 황돈 정씨(篁墩程氏) : 명나라 때 학자 정민정(程敏政, 1445-1499)을 가리킴. 황돈은 그의 호이다.

❖ 참고 : 『성리대전』에 수록된 『통서』의 「성기도」

【도표】 혈구도(絜矩圖)

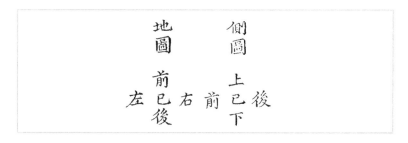

【도설】 朱子答江德功書曰 絜矩之說 蓋以己之心度物之心 而爲所以處之之道爾 來喩不可曉 今以鄙說畫爲兩圖 合而觀之 則方正之形 隱然在目中矣 今載此圖于此 使小子輩 庶幾知絜矩之形而用力焉

　주자가 강덕공(江德功)에게 답한 편지에 "혈구(絜矩)에 대한 설은 대개
자기의 마음으로 남의 마음을 헤아려 그에 대처하는 바의 도를 삼는
것이다. 그대가 보내온 편지의 설은 분명하지 않다. 지금 나의 설로
두 개의 그림을 그렸으니, 합해서 보면 방정(方正)한 형태가 은연중에
눈에 들어올 것이다."[6]라고 하였다. 지금 이 그림을 여기에 실어서 젊은
이들로 하여금 혈구의 형태를 알아 거기에 힘쓰게 하고자 한다.

【도표 해설】 위의 「혈구도」역시 조호익의 독창적인 그림이 아니고,
주희가 그린 것을 그대로 수록해 놓은 것이다.

❖ 참고 : 『주자대전』권44의 「혈구도」

---

6 이 말은 주희의 『회암집(晦庵集)』권44 「답강덕공(答江德功)」에 보인다.

장현광(張顯光)의 대학도

【명칭】 대학개정지도(大學改正之圖)

【출전】 『역학도설(易學圖說)』 권6

【작자】 장현광(張顯光, 1554-1637) : 자는 덕회(德晦), 호는 여헌(旅軒), 본관은 인동이다. 부친은 이조 판서에 추증된 장렬(張烈)이고, 모친은 경산 이씨(京山李氏)로 이팽석(李彭錫)의 딸이다. 경상도 인동에서 성장하였다. 어려서 장순(張峋, 1532-1571)에게 배웠다. 1595년 보은현감에 제수되어 부임하였다가, 여러 번 사직을 청한 뒤 허락을 받지 않고 고향으로 돌아갔다. 1597년 그를 누차 천거한 유성룡을 만나 정식으로 그의 제자가 되었다. 1636년 병자호란이 일어나자 군현에 통문을 보내 의병을 일으키게 하고 군량미를 모아 보냈다. 그러나 1637년 항복했다는 소식을 듣고 입암산(立嵓山)에 들어가 반년을 지내다, 이해 9월 졸하였다. 장현광은 성리설에서 독자적인 이체기용설(理體氣用說)·이경기위설(理經氣緯說) 등을 주장하였다.

저술로는 12권 6책의 『여헌집(旅軒集)』과 『역학도설(易學圖說)』·『용사일기(龍蛇日記)』 등이 있다. 경학 관계 자료로는 9권 9책의 『역학도설』이 있는데, 역학에 관한 선유의 설을 광범하게 채록하여 총괄편(總括篇)·본원편(本原篇)·교저편(巧著篇)·체용편상(體用篇上)·체용편하(體

用篇下)·유구편(類究篇)·조술편(祖述篇)·방행편(旁行篇)·말규편(末窺篇) 등 9편 총 355건으로 분류한 뒤 자신의 견해를 곁들여 놓은 것이다. 이 『역학도설』 속에 사서에 관한 도표가 들어 있다.

〔도표〕 대학개정지도(大學改正之圖)

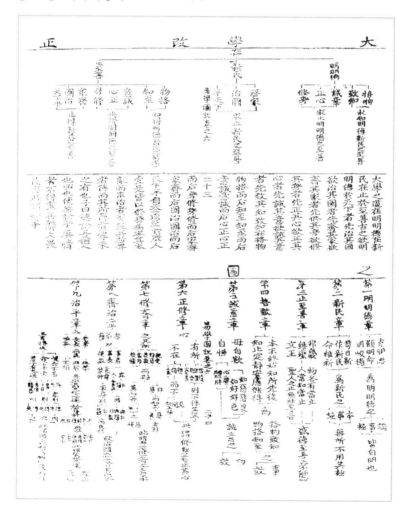

【**도표 해설**】 장현광의 「대학개정지도」는 권근·이황의 대학도를 일부 개정하여 그린 것이다. 앞에 이황의 대학도가 있고, 뒤에 자신이 개정한 도표가 있다. 장현광의 「대학개정지도」는 권근·이황의 대학도를 따르되 지어지선 밑에 지지(知止)로부터 능득(能得)에 이르는 이른바 삼강령의 공효를 빼고, 대신 팔조목의 공효를 배열한 것이 첫 번째 특징이다.

　두 번째 특징은 경문과 전문을 분리해 두 개의 그림으로 그렸다는 점이다. 경문은 권근·이황의 대학도에 비해 간결하며, 전문은 각 장별로 요지를 적출해 그렸다.

　세 번째 특징은 『대학장구』경일장 제2절을 뒤로 옮겨 전 제4장 본말전 및 전 제5장의 결어와 합해서 격물치지전을 새로 만들었다는 것이다. 즉 이언적의 설을 계승하여 『대학장구』를 새로 개정한 것이다. 장현광의 문제의식은, 1)청송절은 격물치지장과 분리될 수 없다는 것, 2)청송절을 '물유본말(物有本末)……' 다음에 두고, 그 뒤에 '지지이후유정(知止而后有定)……'을 배열하며, 3)주희가 격물치지전의 결어로 본 '차위지본 차위지지지야(此謂知本 此謂知之至也)'를 맨 뒤에 두되 '지본(知本)'을 '물격(物格)'으로 바꾸면 더욱 그 뜻이 합당하다고 생각한 데 있다.[1]

1　장현광, 『여헌집』속집 권5 「녹의사질(錄疑俟質)」에 "今以愚見 則此一節固當不離格致章之中 而似次於章首物有節之下 繼之以知止節 終之此謂物格 此謂知之二節 則尤爲治當焉 試爲排定如左"라고 하였다.

박인로(朴仁老)의 대학도

【명칭】 대학경도(大學敬圖)

【출전】 『노계집(蘆溪集)』 권1

【작자】 박인로(朴仁老, 1561-1642) : 자는 덕옹(德翁), 호는 노계(蘆溪)·무하옹(無何翁), 본관은 밀양이다. 부친은 승의부위(承議副尉) 박석(朴碩)이고, 모친은 주씨(朱氏)로 주순신(朱舜臣)의 딸이다. 1561년 경상도 영천(永川) 도천리(道川里)에서 출생하였다. 1592년 임진왜란 때 의병장 정세아(鄭世雅)의 막하에서 별시위(別侍衛)가 되어 무공을 세웠고, 수군절도사 성윤문(成允文)의 발탁으로 종군하였다. 1599년 무과에 급제하여 수문장·선전관을 지내고, 이어 조라포 수군만호(助羅浦水軍萬戶)가 되었다. 퇴관 후 고향에 은거하며 학문에 전념하였다. 1630년 수직(壽職)으로 용양위 부호군이 되었다. 이덕형(李德馨)과 의기가 투합하여 종유하였고, 조호익(曺好益)·장현광(張顯光)·정구(鄭逑)·정사철(鄭師哲)·정연길(鄭延吉)·최기남(崔起南) 등과 교유하였다.

저술로는 3권 2책의 『노계집(蘆溪集)』이 있다. 경학 관계 자료로는 문집 도(圖)에 실린 「중용성도(中庸誠圖)」·「대학경도(大學敬圖)」·「소학충효도(小學忠孝圖)」가 있다.

[도표] 대학경도(大學敬圖)

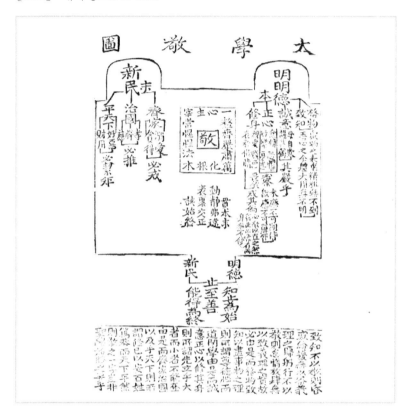

[도설] 致知不以敬 則昏惑紛擾 無以察義理之歸 躬行不以敬 則怠惰放肆 無以致義理之實 故必由是而格物致知 以盡事物之理 則所謂尊德性而道問學 由是而誠意正心 以修其身 則所謂先立乎大者而小者不能奪 由是而齊家治國 以及乎天下 則所謂修己以安百姓 篤恭而天下平 然則敬之一字 豈非聖學始終之要乎

  치지(致知)를 경(敬)으로써 하지 않으면 혼매하고 미혹하고 어지러워져 의리의 귀결을 살필 방법이 없다. 궁행(躬行)을 경으로써 하지 않으면 태만하고 방자하여 의리의 실체를 이룩할 방법이 없다. 그러므로 반드시 경을 말미암아 격물치지하여 사물의 이치를 극진히 하면 이른 바 '덕성을 높이고 학문을 말미암는다.[尊德性而道問學]'¹라는 것이며, 이를 말미암아 성의(誠意)하고 정심(正心)하면 이른바 '먼저 큰 것을 세우면 작은 것이 빼앗지 못한다.[先立其大者 而小者不能奪]'²는 것이며, 이를 말미암아 제가(齊家)하고 치국(治國)하여 평천하(平天下)에까지 미치면 이른바 '자기 몸을 닦아서 백성을 편안하게 한다.[修己以安百姓]'³는 것과 '공경함을 돈독히 하여 천하가 고르게 다스려진다.[篤恭而天下平]'⁴는 것이다. 그러하니 '경(敬)' 한 글자가 어찌 성학(聖學)의 시작과 끝이 되는 요점이 아니겠는가.

【도표 해설】 박인로의 「대학경도」는 삼강령 중 명명덕·신민을 상단에 두 축으로 제시하고, 지어지선을 하단 중앙에 표기하여 명명덕-지어지선, 신민-지어지선으로 선을 그어 연결시킨 것이 종래의 대학도와 변별된다. 권근·이황의 영향으로 대부분 삼강령을 상단에 나란히 병렬하였는데, 지어지선을 하단으로 내리고, 명명덕·신민을 각기 지어지선에 선으로 연결시켰다는 점에서 삼강령에 대한 해석이 종래 권근·이황의 설과 다르다는 것을 말해준다.

이는『대학』을 해석하는 데 있어서 매우 중요한 변화가 일어난 것을 의미한다. 박인로의 이「대학경도」처럼 지어지선이 명명덕·신민과 연결되어야 주희의『대학장구』해석과 같은 뜻이 된다. 즉 명명덕도 지어

1 이 말은『중용장구』제27장에 보인다.
2 이 말은『맹자집주』「고자 상」제15장에 보인다.
3 이 말은『논어집주』「헌문」제45장에 보인다.
4 이 말은『중용장구』제33장에 보인다.

지선에 이르고, 신민도 지어지선에 이른다는 것을 보다 명확히 드러낼 수 있다. 이런 점에서 박인로의 이「대학경도」는『대학』해석사에서 매우 중요한 위치에 있다.

박인로의 이 그림은 제목에서 암시하듯이『대학』을『소학』과 함께 성학(聖學)의 성시성종(成始成終)으로 보아 그 요지를 경(敬)으로 파악한 것이 가장 큰 특징이다.『대학』은 해석하는 사람에 따라 학자의 일을 말한 책으로 보기도 하고, 학문의 규모를 말한 것으로 보기도 한다. 그러므로 이 책의 요지를 한 글자로 드러내기가 쉽지 않다. 흔히『중용』의 요지는 성(誠)이라 한다. 그러나 조선후기에는『대학』의 요지를 경이라고 단정한 경우가 흔히 보이지만, 조선전기에는 그렇지 않았다. 그런데 박인로는『대학』의 요지를 경으로 단정하여 위와 같이 도표의 한 가운데 '경(敬)' 자를 배치하고 있다. 즉 대학도에 경을 요지로 표기한 것은 조식에게 처음 나타나고, 그 다음 박인로의 대학도에 보인다.

이 두 가지 특징이 박인로의『대학』해석에서 매우 중요한 점이다. 그가 비록『대학』해석에 관한 설을 별도로 남긴 것은 없지만, 이 점만으로도 그의 설은『대학』해석사에서 중요한 위치에 있다고 하겠다.

김휴(金烋)의 대학도

【**명칭**】 대학도(大學圖)·탕명일신우신도(湯銘日新又新圖)·대학성의장
도(大學誠意章圖)·대학수신장도(大學修身章圖)

【**출전**】 『경와집(敬窩集)』 권5

【**작자**】 김휴(金烋, 1597-1638) : 자는 자미(子美)·겸가(謙可), 호는 경
와(敬窩), 본관은 의성이다. 부친은 김시정(金是楨)이고, 모친은 예안
김씨(禮安金氏)로 김륵(金玏)의 딸이다. 장현광(張顯光)의 문하에서 수학
하였다. 1627년 진사시에 합격하였으나, 벼슬길에 나아갈 뜻을 버리
고 학문에 전념하였다. 1637년 조경(趙絅)의 천거로 강릉 참봉(康陵參
奉)에 임명되었다. 스승 장현광의 학설을 계승하는 한편, 사서오경 등
주요 경전의 요지를 도표로 만들었는데, 모두 31개나 된다.

　저술로는 8권 4책의 『경와집(敬窩集)』·『해동문헌총록(海東文獻總錄)』
이 있다. 경학 관련 자료로는 문집 조문록(朝聞錄)에 실린 「대학도(大學
圖)」·「탕명일신우신도(湯銘日新又新圖)」·「대학성의장도(大學誠意章圖)」
·「대학수신장도(大學修身章圖)」·「중용수장도(中庸首章圖)」·「중용졸장
도(中庸卒章圖)」·「덕무상사장도(德無常師章圖)」·「성여천도장도(性與天道
章圖)」·「오도일관장도(吾道一貫章圖)」·「증자삼성도(曾子三省圖)」·「조
문도석사가도(朝聞道夕死可圖)」·「호덕여호색도(好德如好色圖)」·「시전빈

지초연도(詩傳賓之初筵圖)」·「빈연시여억시상류도(賓筵詩與抑詩相類圖)」
·「인심도심장도(人心道心章圖)」·「오자지가문언훈도(五子之歌文言訓圖)」
·「겸괘도삼도(謙卦圖三圖)」 등이 있다.

【도표】 대학도(大學圖)

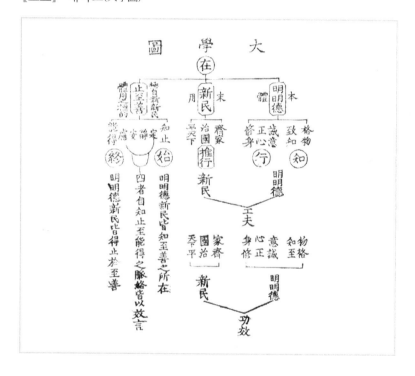

【도표 해설】 김휴의 「대학도」는 이황(李滉)의 대학도를 거의 그대로
수용한 것으로 독자적인 특징을 찾아볼 수 없다. 따라서 이 그림은 권
근·이황의 대학도 계열에 있는 도표의 하나라고 하겠다.

　이 도표 밑에 주희의『대학장구』경일장(經一章)의 본문과 주석을 그
대로 인용하고 있는데, 여기서는 생략하였다.

【도표】 탕명일신우신도(湯銘日新又新圖)

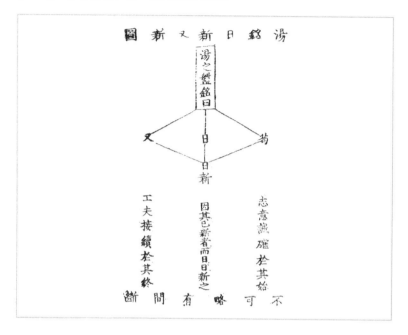

【도표 해설】 이 도표는 『대학장구』 전 제2장 신민을 해석한 전문의 요지를 도표화한 것이다. '구일신 일일신 우일신(苟日新 日日新 又日新)'의 '일신(日新)' 앞에 있는 '구(苟)'·'일(日)'·'우(又)' 3자를 앞으로 빼내 그 의미를 드러냈다. 그리고 '일신' 밑에는 주희의 주에 있는 '인기이신자이 일일신지(因其已新者而日日新之)'와 '불가약유간단(不可略有間斷)'이라는 문구를 써 넣었다. 또한 그 옆에는 자신의 견해로 '지의성확어기시(志意誠確於其始)'와 '공부접속어기종(工夫接續於其終)'을 써 넣었다.

이 그림은 탕(湯)임금의 반명(盤銘)에 나오는 3구의 연속적 의미를 '구(苟)'·'일(日)'·'우(又)'로 도표화했다는 점에서 참신한 느낌을 주며, 또한 전 제2장에 대한 최초의 그림이라는 점에서 그 의의가 있다.

【도표】 대학성의장도(大學誠意章圖)

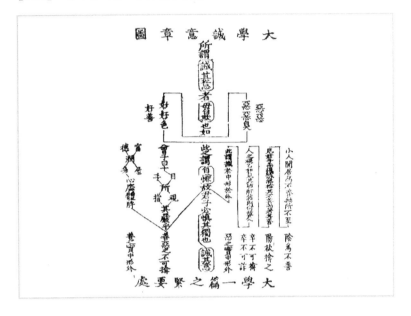

【도표 해설】 이 「대학성의장도」는 김휴가 『대학장구』 전 제6장 성의장의 요지를 도표로 만든 것이다. 저자 김휴는 성의장의 주제어인 '성기의(誠其意)'·'무자기(毋自欺)'·'자겸(自慊)'을 요지로 파악해 도표 중앙에 세로로 배치하고 있다. 그리고 좌우에 성의장의 차례대로 문구를 배열하여 유기적인 관계를 선으로 연결시키고 있다. 그리고 저자는 '『대학』 한 책의 긴요처[大學一篇之緊要處]'라는 말을 하단 밑에 횡으로 써 넣었다. 이 말은 『대학장구대전』 성의장 소주에 보이는 쌍봉 요씨(雙峰饒氏)의 설이다.

이 도표 밑에도 『대학장구』 성의장의 본문과 주희의 주를 그대로 옮겨 놓았는데, 여기서는 생략하였다.

이 그림 역시 성의장의 요지를 최초로 도표화한 것이라는 점에서 그

의의를 부여할 수 있다. 성의장은 자신의 심신을 수양하는 첫 관문으로
서 송대 학자들은 이를 인귀관(人鬼關)이라 하였다. 인륜의 도리를 아는
인간이 되느냐, 그렇지 않고 음양의 형질만을 가진 존재[귀신]가 되느냐
하는 경계선을 의미한다. 그래서 도덕과 윤리를 중시한 조선시대 학자
들은 특히 이 성의를 중시하였다.

　성의(誠意)는 '생각을 성실하게 한다'는 범범한 말이 아니다. 마음속에
서 처음 싹트는 생각을 악으로 흐르지 않고 선으로 가득 채우는 것을
의미한다. 그래서 '성(誠)'은 '성실하다'는 의미가 아니라, '가득 채우다'
라는 의미로 보아야 한다. 이런 해석이 바로 인간다운 존재가 되느냐,
그렇지 않고 금수 같은 존재가 되느냐 하는 경계선을 뜻한다.

【도표】 대학수신장도(大學修身章圖)

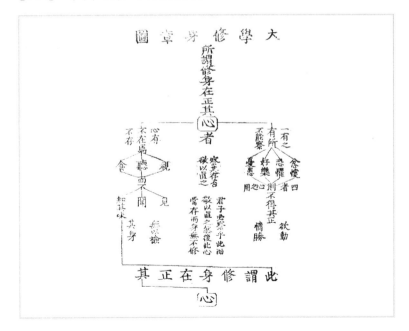

【도표 해설】이「대학수신장도」는『대학장구』전 제7장 정심수신장 (正心修身章)의 요지를 도표로 만든 것이다. 그림 상단 중앙에 '수신재정 기심(修身在正其心)'을 쓰고 특별히 '심(心)' 자에 동그라미를 그려 강조하 였다. 그것은 이 심(心)이 이 장의 요체임을 드러낸 것이다. 그리고 그 '심' 자의 좌우에 이 장의 요지를 정리하여 도표화하였다. 맨 밑에는 이 장 마지막 구인 '차위수신재정기심(此謂修身在正其心)'을 횡으로 써 넣 고, '심' 자만 행을 나누어 하단 중앙에 위치시켰다. 이 역시 이 장의 요체를 심으로 파악하는 관점을 반영한 것이다.

정심장 주희의 주에 의하면, 이 장은 '심지용(心之用)'만 말하고 '심지 체(心之體)'는 말을 하지 않았다고 하였다. 즉 마음이 발한 뒤에 욕동정 승(欲動情勝)하여 마음이 중도를 유지하지 못해 분치(忿懥)·공구(恐懼)· 호요(好樂)·우환(憂患) 등이 있게 되면 마음의 작용이 바르게 될 수 없다 는 것이다. 그러므로 그 속뜻은 '정기심(正其心)'하는 데 있기 때문에 이 장을 해석하는 사람들은 심지체까지 포함해 말하는 것으로 본다.

김휴의 이 그림은 이런 점을 모두 수용하여 그린 것으로 보인다. 그가 특별히 '심(心)'을 강조하여 도표 중앙 상하의 동그라미 권역 속에 넣은 것을 보면, 그 속에는 심의 작용과 본체를 모두 포함하는 뜻이 담겨 있다.

이 도표 밑에서 전 제7장의 원문과 주희의 주를 그대로 옮겨 놓았는 데, 여기서는 생략하였다.

고여홍(高汝興)의 대학도

【명칭】 대학지도(大學之圖)

【출전】 『요은집(鬧隱集)』 권1

【작자】 고여홍(高汝興, 1617-1678) : 자는 빈거(賓擧), 호는 요은(鬧隱), 본관은 제주이다. 부친은 고수겸(高守謙)이고, 모친은 김해 김씨로 김계남(金繼男)의 딸이다. 전라도 고창 출신으로, 어려서 모친을 여의고 외조모 밑에서 자랐다. 노서(魯西) 윤선거(尹宣擧)의 문하에서 수학하였다.

저술로는 4권 2책의 『요은집(鬧隱集)』이 있다. 경학 관련 자료로는 문집 문견록(聞見錄)에 실린 「오경대지도(五經大旨圖)」·「대학지도(大學之圖)」·「중용지도(中庸之圖)」·「대학집요(大學輯要)」 등이 있다. 이 외에도 「심통성정도(心統性情圖)」·「천인리기도(天人理氣圖)」 등 성리학 관계 도설과 『주자가례』를 해석한 「가례석의(家禮釋義)」가 있다.

【도표】 대학지도(大學之圖)

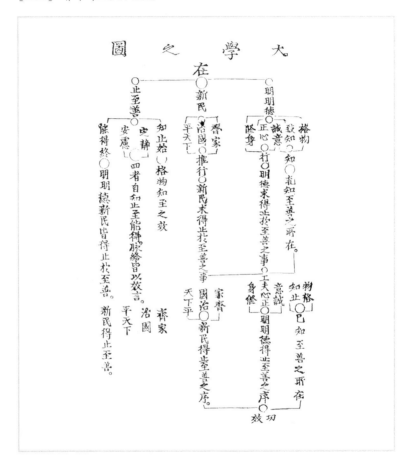

【도설】 按大學一書 綱領備而節目詳 文簡而易知 理切而易明 爲學之序
用力之方 至爲精密 在初學者 尤爲當務之急 然初學之士 其於體用本末知
行功效 多不能察 語之雖勤 而識之不易 今爲此圖 使之先觀 一經全體 瞭然
在目 然後卽是書而讀之 則不煩指誨 而自知其節次矣 苟能常目在之 潛心
熟玩 則一部大學 常在胸中矣

살펴보건대, 『대학』 한 책은 강령이 갖추어지고 절목이 상세하다. 문장이 간결하여 알기 쉽고, 이치가 절실하여 밝히기 쉽다. 학문하는 차례와 힘을 쓰는 방법이 지극히 정밀하다. 초학자에게는 더욱 힘써야 할 급선무가 된다. 그러나 초학자들은 그 체와 용, 본과 말, 지(知)와 행(行), 공부와 공효에 대해 대부분 능히 살피지 못하여, 열심히 일러주어도 알기가 쉽지 않다. 지금 이 그림을 그려 그들로 하여금 먼저 보게 하여 경문(經文) 전체가 환히 눈에 익게 한 뒤 이 책에 나아가 읽게 하면, 번거롭게 가르치지 않아도 스스로 그 절차를 알게 될 것이다. 항상 눈을 여기에 두고 잠심하여 익숙히 완미하면『대학』 한 책은 항상 마음속에 있게 될 것이다.[1]

【도표 해설】 이「대학지도」는 권근·이황의 대학도 계열에 있는 그림이다. 삼강령의 명명덕·신민·지어지선을 상단에 횡으로 배열하고, 명명덕·신민 밑에 팔조목의 공부를 배열한 뒤 그 아래 팔조목의 공효를 배열하였다. 그리고 지어지선 밑에는 삼강령의 공효에 해당하는 '지지(知止)'로부터 '능득(能得)'에 이르기까지를 배열하였다. 이런 점에서 권근·이황의 대학도와 유사하다. 다만 '지어지선' 하단에 '제가·치국·평천하'를 표기하고, 그 옆에 다시 '신민득지지선(新民得止至善)'을 표기한 것은 권근·이황의 대학도에 없는 것이다. 이를 특별히 표기한 이유에 대해 저자의 언급이 없기 때문에 자세한 의도를 알 수 없다.

　이 그림은 17세기 기호 율곡학파 계열의 학자인 고여흥에게서 이황의 대학도와 유사한 그림이 발견된다는 점에서 그 의의를 찾을 수 있다. 즉 이 시기까지는 권근·이황의 대학도가 학계에 전반적으로 영향을

1　이 내용은 권근의 「대학지장지도」의 도설을 그대로 옮겨놓은 것이다.

미치고 있었음을 알 수 있다. 그러다 18세기로 넘어가면 이익(李瀷)·한원진(韓元震) 등의 대학도에 지어지선이 명명덕·신민의 하단 중앙에 위치하는 도표가 등장한다. 그런 점에서 보면, 이 시기까지『대학』의 요지파악이 학계에서 어떻게 진행되고 있었는지를 알 수 있는 중요한 자료라 하겠다.

고여흥은「대학지도」외에『대학』에 관한 저술로『대학집요』를 남겼다. 이 책은『대학장구』를 저본으로 하여, 난해한 어구를 간결하게 풀이한 책이다. 그는 이 책의 첫머리에 "『대학』의 대지는 경(敬)으로, 주일무적(主一無適)을 말한다.[大旨敬 主一無適之謂]"라고 하여,『대학』의 대지를 경으로 파악하고 있으며, 또 그 경의 의미를 정이(程頤)가 말한 주일무적으로 보고 있다. 이는 조선전기 도학의 영향을 반영하고 있는 것으로,『대학』을 학자의 일 가운데서도 특히 도덕적 수양을 중시한 책으로 보는 시각을 반영한 것이다.

윤휴(尹鑴)의 대학도

【명칭】 대학지도(大學之圖)

【출전】 『백호전서(白湖全書)』 권35

【작자】 윤휴(尹鑴, 1617-1680) : 자는 희중(希仲), 호는 백호(白湖)·하헌 (夏軒), 본관은 남원이다. 부친은 대사헌을 지낸 윤효전(尹孝全)이고, 모 친은 경주 김씨로 첨지중추부사를 지낸 김덕민(金德民)의 딸이다. 1617 년 부친의 임지인 경주 관아에서 출생하였다. 소년 시절 시국이 순탄치 않아 여주·보은·공주 등지를 전전하다가, 28세 때 여주 백호(白湖)의 옛 집으로 돌아가 은거하였다. 이 시기에 송시열·송준길 등 서인계 학자들과 폭넓은 교유를 가졌다.

1659년 기해예송이 일어나자, 기년복을 주장하는 서인에 반대하여 삼년복을 주장하였다. 이때부터 서인과 멀어지고 남인의 당색을 갖게 되었다. 1675년 유일로 천거되어, 경신환국 때까지 대사헌 등 요직을 두루 거쳤다. 1680년 서인이 집권한 뒤 사문난적으로 몰려 사사되었다.

윤휴는 벼슬길에 나간 5~6년을 제외하고는, 학문 연구로 일생을 보 낸 학자로서 많은 저술을 남겼다. 그는 주희를 높이 평가하면서도 다른 해석을 시도하여 주자학에 경도되어 가던 당시의 학풍을 새롭게 전환시 키려 하였다.

저술로는 30권 18책의 『백호문집(白湖文集)』과 『독서기』가 있다. 경학 관계 자료로는 문집 잡저에 실린 「대학지도(大學之圖)」·「중용지도(中庸之圖)」·「공자달도달덕구경지도(孔子達道達德九經之圖)」와 『서경』·『춘추』에 관한 설과 『독서기』에 실린 「대학」·「중용」·「고시경고(古詩經攷)」·「고시대서(古詩大序)」·「고시(古詩)」·「독상서(讀尙書)」·「홍범경전통의(洪範經傳通義)」·「독예기(讀禮記)」·「독춘추(讀春秋)」·「효경」 및 「효경외전(孝經外傳)」·「효경외전속(孝經外傳續)」 등이 있다.

【도표】 대학지도(大學之圖)

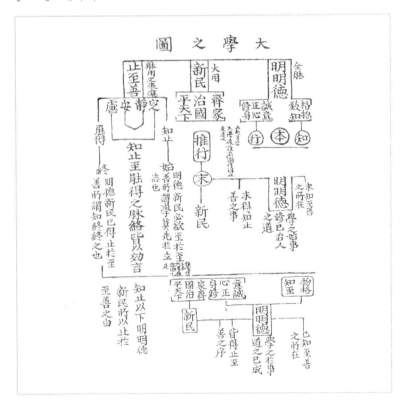

【도설】 經曰 明明德於天下 旣自明其明德 又推以及人 使天下皆有以明其
明德 此道之所以爲大也 究本末始終之所在 而知所先後 此學之所以近道也
知至善之可止 而必欲止乎是 此又明德新民之所以得止於至善者也 言古者
欲其觀於先聖 言天子庶民者 言其達于上下 實其意者 正修之主也 正其家
者 治平之則也 故曰 必誠其意 必先齊其家

　경문에 '천하 사람들에게 그들의 명덕을 밝히게 하고자 했던 사람은
[明明德於天下者]'이라고 하였으니, 이미 자신의 명덕을 스스로 밝힌 것
이고, 또 그것을 미루어 남에게 미쳐 천하 사람들로 하여금 모두 그들의
명덕을 밝히게 함이 있는 것이다. 이 점이 도가 위대한 까닭이다. 본말
과 시종의 소재를 궁구해서 그 먼저 할 바와 나중에 할 바를 아는 것이
니, 이것이 바로 학문이 도에 가까운 까닭이다. 지선의 그칠 바를 알아
반드시 거기에 머물고자 하니, 이 또한 명명덕·신민이 지선의 경지에
머물게 됨을 얻는 까닭이다. '고자(古者)'를 말한 것은 옛날 훌륭했던
성인에게서 그 점을 보고자 한 것이며, '천자(天子)'·'서민(庶民)'을 말한
것은 그것이 상하에 도달함을 말한 것이다. 싹튼 생각을 선으로 가득
채우는 것은 정심·수신의 주인이고, 자기 집안사람들을 바르게 다스리
는 것은 치국·평천하의 법칙이다. 그러므로 '반드시 싹튼 생각을 선으
로 가득 채운다.[必誠其意]'·'반드시 먼저 자기 집안사람들을 균평하게
다스린다.[必先齊其家]'고 말한 것이다.

【도표 해설】 윤휴의 「대학지도」는 큰 틀에서 권근·이황의 대학도와
같은 계열에 있다. 그는 주희의 『대학장구』를 따르지 않고, 『고본대학』
을 취하여 새로운 해석을 하였지만, 주희를 폄하하지 않았으며, 상당
부분 주희의 설을 따르고 있다. 이런 점에서 이 그림은 권근·이황의

대학도를 새롭게 개정한 것이라 볼 수 있다.

이 도표는 상단에 삼강령을 배치하고, 명명덕·신민의 밑에 팔조목의 공부를 배치한 뒤, 격물·치지의 지(知)와 성의·정심·수신의 행(行)을 본(本)으로, 제가·치국·평천하의 추행(推行)을 말(末)로 보아 동그라미 속에 넣어 강조하고 있다. 이런 점에서 주희의 해석과 동일하다. 다만 명명덕·신민을 팔조목의 공부 밑에 다시 그린 뒤, 명명덕의 밑에 '학지시사 수기치인지도(學之始事 修己治人之道)'라고 써 넣어 명명덕을 강조하고 있는 것이 그의 새로운 견해이다. 그는 이런 관점에서 팔조목의 공효 뒤에도 명명덕·신민을 다시 그린 뒤, '명명덕'의 권역 밑에 '학지종사 도지이성(學之終¹事 道之已成)'이라고 써 넣었다. 이는 16~17세기 도덕적 수양을 강조하는 실천유학자의 성향을 반영한 것으로, 『대학』을 학자의 일로 파악하면서도 치국·평천하의 추행보다는 성의·정심·수신의 명명덕에 더 중점을 두는 인식을 그대로 드러낸 것이다.

윤휴는 지어지선 밑에도 "'지지(知止)'로부터 '능득(能得)'에 이르는 맥락은 모두 공효로써 말한 것이다."라는 의미를 써 넣고 있는데, 이 역시 이황이 경문 제2절을 삼강령의 공효로 보는 설과 다르지 않다.

윤휴의 이 그림은 이황의 대학도와 크게 다르지 않고, 또 주희의 설을 거의 수용하는 입장에서 자신의 독자적인 견해를 드러낸 것을 알 수 있다. 예컨대 명덕을 본(本)으로 신민을 말(末)로 본 것, 시종(始終)을 지지(知止)에서부터 능득(能得)까지로 본 것은 주희의 설과 같다. 다만 명명덕을 강조한 것이 조금 다를 뿐이다. 따라서 이 그림만을 가지고 보면, 그의 경학은 반주자학적인 측면이 거의 없다고 하겠다.

---

1 원문에는 '於' 자로 되어 있는데, 이는 '終' 자의 오자인 듯하다.

윤휴는 이 도표 뒤에 간단한 해설을 위와 같이 하고 나서, 그 뒤에
『고본대학』의 경일장에 해당하는 원문을 그대로 옮겨 놓았다. 주희의
『대학장구』경일장과 비교해 볼 때, 맨 뒤의 '차위지본 차위지지지야
(此謂知本 此謂知之至也)' 1구가 더 있을 뿐이다. 주희는 이 1구를 뒤로
옮겨 전 제5장의 결어로 삼고 그 앞에 격물치지에 관한 내용을 보충
해 넣었다.

김만휴(金萬烋)의 대학도

【명칭】 대학삼강령팔조목상위체용도(大學三綱領八條目相爲體用圖)

【출전】 『노노재집(魯魯齋集)』 권3

【작자】 김만휴(金萬烋, 1625-1694) : 자는 사일(士逸), 호는 노노재(魯魯齋), 본관은 의성(義城)이다. 부친은 동지중추부사를 지낸 김유음(金有音)이고, 모친은 영천 이씨(永川李氏)로 통덕랑을 지낸 이무(李茂)의 딸이다. 경상도 의성 출신으로, 예안에서 살았다. 처음에는 김엄(金淰)에게 배웠고, 뒤에는 김응조(金應祖)의 문하에서 수학하였다. 1660년 생원시에 합격하였다. 외증조 이덕홍(李德弘)의 『기선록(記善錄)』에 석의(釋義)를 붙여 간행하였고, 『간재집(艮齋集)』에서 뽑아 『대학질의(大學質疑)』・『맹자질의(孟子質疑)』를 간행하였다. 1679년 성균관 좨주에 임명되었다.

저술로는 4권 2책의 『노노재집(魯魯齋集)』이 있다. 경학 관계 자료로는 잡저에 실린 「대학삼강령팔조목상위체용도(大學三綱領八條目相爲體用圖)」・「중용인심도심도(中庸人心道心圖)」・「중용공부차제도(中庸工夫次第圖)」・「구경도(九經圖)」・「존덕성도문학도(尊德性道問學圖)」 등이 있다.

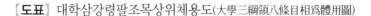

【도표】 대학삼강령팔조목상위체용도(大學三綱領八條目相爲體用圖)

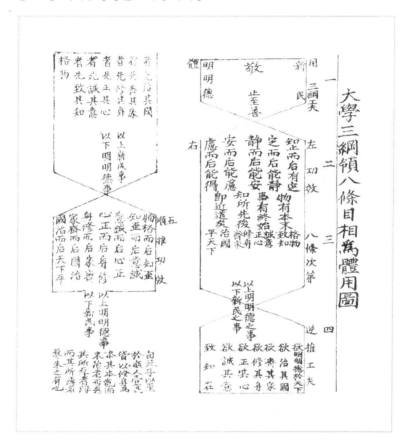

【도설】 大學經一章 兼言三綱領八條目 三綱領 卽明明德新民止至善 是也
當有體用焉 以明明德爲體而居右 以新民爲用而居左 推其明明德新民之事 止
於至極之地 而居於明德新民之間者 謂之止至善也 八條目 卽格物致知誠意
正心修身齊家治國平天下 是也 當有順逆焉 逆推 則以明明德於天下先治其
國者 作頭而居左 順推 則以格物而后知至 作頭而居左 如條目分列之序也
明明德之所以明明德 新民之所以新民 止至善之所以止至善 旣爲三綱之工

夫 則知止而后有定 定而后能靜 靜而后能安 安而后能慮 慮而后能得 皆是
三綱之功效也

　『대학』 경일장은 삼강령·팔조목을 겸하여 말했다. 삼강령은 명명
덕·신민·지어지선이 그것이다. 거기에는 마땅히 체·용이 있으니, 명
명덕은 체가 되어 오른쪽에 위치하고, 신민은 용이 되어 왼쪽에 위치한
다. 명명덕·신민의 일을 미루어 나가 지극한 경지에 머물러 명명덕·
신민의 사이에 위치한 것을 지어지선이라고 한다. 팔조목은 격물·치
지·성의·정심·수신·제가·치국·평천하가 그것이다. 거기에는 마
땅히 순(順)·역(逆)이 있다. 역추(逆推)는 '명명덕어천하자 선치기국(明
明德於天下者 先治其國)'으로 첫머리를 삼아 왼쪽에 위치하고, 순추(順推)
는 '물격이후지지(物格而后知至)'로 첫머리를 삼아 왼쪽에 위치하니, 이
는 팔조목이 나란히 늘어선 차례와 같다.

　명명덕이 명덕을 밝히는 것, 신민이 백성을 새롭게 하는 것, 지어지
선이 지극한 선의 경지에 머무르는 것은, 이미 삼강령의 공부(工夫)가
된다. 그러니 그칠 바를 안 뒤에 정해진 방향이 있고, 의지가 정해진
뒤에 능히 마음이 고요하고, 마음이 고요한 뒤에 능히 편안하고, 편안
한 뒤에 능히 생각하고, 생각한 뒤에 능히 그칠 바를 얻는 것은, 모두
삼강령의 공효(功效)이다.

　結辭所謂物有本末 事有終始 知所先後 卽[1]近道矣者 豈非明德爲本 新民
爲末 知止爲始 能得爲終 本始所先 末終所後 而一箇先字下 起逆推六先字
一箇后字下 起順推七后字也歟 欲明明德於天下以下 爲八條之逆推工夫 則
物格而后知至以下 是八條之順推功效也 結辭所謂自天子以至於庶人 壹是

---

1 卽 : '즉(則)'의 오자이다.

皆以修身爲本 其本亂而末治者 否矣 其所厚者薄 而其所薄者厚 未之有也
者 豈非修身以上爲明明德事 齊家以下爲新民事 一箇修身 上包明明德事
一箇齊家 下包新民事 而治亂有差 厚薄不同也歟 三綱之止至善 旣在明明
德新民之後 而八條之修身齊家 且兼明明德新民之事 則止至善之意 豈專在
於三綱 而不獨在於八條哉

    삼강령의 공부와 공효를 맺는 말에 "사물에는 본·말이 있고, 일에
는 종·시가 있으니, 먼저 할 바와 나중에 할 바를 알면 도에 가까울
것이다.[物有本末 事有終始 知所先後 則近道矣]"라고 한 것이, 어찌 명덕이
본이 되고 신민이 말이 되며, 지지(知止)가 시(始)가 되고 능득(能得)이
종(終)이 되어, 본·시는 먼저 할 바이고, 말·종은 나중에 할 바로서
하나의 '선(先)' 자가 아래로 역추의 여섯 개 '선' 자를 일으키고, 하나
의 '후(后)' 자가 아래로 순추의 일곱 개 '후' 자를 일으키는 것이 아니
겠는가.

    '욕명명덕어천하(欲明明德於天下)' 이하가 팔조목의 역추공부가 되니,
'물격이후지지(物格而后知至)' 이하는 팔조목의 순추공효이다. 이를 맺는
말에 "천자로부터 서인에 이르기까지 일체 모든 사람들이 수신을 근본
으로 삼는다. 그 근본이 어지러우면서도 말단이 잘 다스려지는 경우는
아직까지 없었다. 후하게 할 바에 박하게 하고, 박하게 할 바에 후하게
하는 경우도 아직까지 있지 않았다.[自天子 以至於庶人 壹是皆以修身爲本
其本亂而末治者 否矣 其所厚者薄 而其所薄者厚 未之有也]"라고 한 것이, 어찌
수신 이상은 명명덕의 일이 되고 제가 이하는 신민의 일이 되어, 하나의
수신이 위로 명명덕의 일을 포괄하고, 하나의 제가가 아래로 신민의
일을 포괄하여, 치란(治亂)에 차등이 있고 후박(厚薄)이 같지 않다는 것
이 아니겠는가. 삼강령의 지어지선이 명명덕·신민의 뒤에 있고, 팔조

목의 수신·제가도 명명덕·신민의 일을 겸하니, 지어지선의 의미가 어찌 오로지 삼강령에만 있고 유독 팔조목에는 있지 않은 것이겠는가.

蓋嘗論之 明德新民之相爲體用 先儒已論之 而分居左右 亦當以心學圖推之矣 今以明明德爲體 居右 而與八條修身以上格致誠正 亦當爲一體 故自右邊明明德 轉向左邊 與格致誠正相會 而又轉向逆推之末端 又與致知在格物相會 而又轉向順推之初頭 與物格而后知至相合 而終居於右[2]邊 以新民爲用 居左 而與八條齊家以下治平 當爲一體 故自左邊新民 轉向右邊 與治平相會 而又轉向逆推之初頭 又與欲明明德於天下先治其國者相會 而又轉向順推之末端 與國治而后天下平相合 而終居於右邊 三綱八條 互相體用者 三也 互相左右者 三也 而其實亦非有兩事也

대개 내가 일찍이 이 점을 논해 보았다. 명덕·신민이 서로 체·용이 되는 것에 대해서는 선유들이 이미 논하였다. 명명덕·신민을 좌우로 나누어 배치한 것은 또한 「심학도(心學圖)」[3]로 미루어 헤아린 것이다.

지금 명명덕은 체(體)가 되어 오른쪽에 위치하였는데, 팔조목 수신이상의 격물·치지·성의·정심과 더불어 마땅히 한 체가 되어야 한다. 그러므로 오른쪽의 '명명덕'으로부터 왼쪽으로 방향을 바꾸어 격물·치지·성의·정심과 만나게 하였다. 또 역추의 말단으로 방향을 바꾸어 '치지재격물(致知在格物)'과 만나게 하였고, 다시 순추의 첫머리로 방향을 바꾸어 '물격이후지지(物格而后知至)'와 합하게 하여 끝에는 왼쪽[4]에

---

2 右 : '좌(左)'의 오자이다.

3 심학도(心學圖) : 원나라 때 학자 정복심(程復心)이 그린 도표로, 상단에는 '심(心)' 자를 중심으로 좌우·상하에 관련 용어를 그려 넣었고, 하단에는 '경(敬)' 자를 중심으로 주위에 관련 용어를 그려 넣은 것이다. 이황의 「성학십도(聖學十圖)」 제8도에도 들어 있다.

4 왼쪽 : 원문에는 '우변(右邊)'으로 되어 있는데, 이는 '좌변(左邊)'의 오류인 듯하다.

위치하게 하였다.

신민은 용(用)이 되어 왼쪽에 위치하였는데, 팔조목 제가 이하의 치국·평천하와 마땅히 한 체가 되어야 한다. 그러므로 왼쪽 '신민'으로부터 오른쪽으로 방향을 바꾸어 치국·평천하와 만나게 하였다. 또 역추의 첫머리로 방향을 바꾸어 '욕명명덕어천하 선치기국(欲明明德於天下先治其國)'과 서로 만나게 하였고, 다시 순추의 말단으로 방향을 바꾸어 '국치이후천하평(國治而后天下平)'과 합하여 끝에는 오른쪽에 위치하게 하였다.

삼강령·팔조목이 서로 체·용이 된 것이 세 번이고, 서로 오른쪽·왼쪽이 된 것이 세 번이다. 그러나 실제로는 또한 두 가지 일이 있는 것이 아니다.

序所謂外有以極其規模之大 內有以盡其節目之詳者 眞可謂的確之論 而其所以修治者 惟在於敬 不以是敬而能得大學之道者 吾未之信也 先儒有言曰 入道莫如敬 欲學大學者 可不勉哉

「대학장구서」에 이른바 "밖으로는 그 규모의 큰 것을 극진히 하고, 안으로는 그 절목의 상세함을 극진히 하였다."고 한 것은, 참으로 적확한 논의라 할 만하다. 수기치인하는 것은 오직 경(敬)에 달려 있다. 경으로써 하지 않고 『대학』의 도를 능히 터득한다는 것에 대해서, 나는 믿지 못하겠다. 선유들이 말하기를 "도에 들어가는 방법은 경만 한 것이 없다."[5]고 하였으니, 『대학』을 배우고자 하는 자는 이를 힘쓰지 않을 수 있겠는가.

뒤의 '신민'을 설명한 데에 '우변(右邊)'이라고 하였으며, 도표를 보아도 '좌변(左邊)'에서 끝을 맺고 있음을 확인할 수 있다.

5 『이정유서(二程遺書)』 권3 「사현도기억평일어(謝顯道記憶平日語)」. "入道莫如敬 未有能致知而不在敬者 ……"

【도표 해설】 김만휴의 「대학삼강령팔조목상위체용도」는 위의 설에서 보이듯, 삼강령과 팔조목이 서로 체·용이 되는 것으로 파악해 상호 연관성을 파악한 것이 특징이다.

우선 이 그림은 다음과 같이 몇 가지로 정리할 수 있다. 첫째, 권근· 이황의 대학도와는 달리 지어지선을 명명덕·신민의 아래 중앙에 배치 하고 있는 점이 특이하다. 앞에서 살펴보았듯이, 박인로의 그림에서 그 단초가 보이는데, 김만휴에 이르러 삼강령의 지어지선이 명명덕·신 민 두 축의 목표로 귀결되도록 하였다.

둘째, 명명덕을 오른쪽에 신민을 왼쪽에 배열하는 것이 일반적인데, 이 그림은 명명덕을 왼쪽에 신민을 오른쪽에 배치한 것이 독특하다. 이에 대해 저자의 설명은 없다. 일반적인 상식으로 미루어 보건대, 중앙 에 주재자가 위치할 경우에는 중앙의 왼쪽이 오른쪽보다 서열이 높다. 그러나 중앙에 주재자가 없을 경우에는 앉은 자리의 오른쪽부터 서열이 높은 순으로 배열한다. 이 그림은 지어지선이 명명덕의 목표이자 신민 의 목표로서 하단에 위치하고, 상단 맨 위에 '대학지도(大學之道)'라는 어구도 써 넣지 않았기 때문에 왼쪽에 체에 해당하는 명명덕을 배치하 고, 오른쪽에 용에 해당하는 신민을 배치한 것으로 보인다.

셋째, 이 그림은 경일장 전체의 구조를 삼강령의 공부와 공효, 팔조 목의 공부와 공효로 말한 것으로 파악하여 서로 체·용이 되는 구조를 설명한 것이 특이하다.

넷째, 도설의 마지막 부분에서 저자가 언급하였듯이, 수기치인은 경 (敬)을 통하지 않고서는 불가능하기 때문에 명명덕·신민이 모두 경을 토대로 해야 한다는 점을 강조하기 위해 '경(敬)' 자를 상단 명명덕·신 민 사이에 써 넣었다. 『대학』의 요지를 경으로 파악하는 경우는 앞 시대에 이미 제기된 것이다. 그런데 김만휴의 생각은 『대학』의 요지를 경으로 파악하는 것이 아니라, 『대학』의 도를 능히 터득하기 위해 경이 필요하다는 논조이다.

다섯째, 경일장의 구도를 삼강령의 공부, 삼강령의 공효, 팔조목의 차서, 역추공부, 순추공부, 이렇게 다섯 가지로 파악하여 도표 옆에 숫자를 표기한 것도 독특하다.

여섯째, 삼강령 중 명명덕·신민 위주로 파악하고 있다는 점이다. 지어지선은 명명덕·신민의 궁극적인 도달처로 제시하고 있을 뿐, 별다른 언급이 없다.

이런 몇 가지 특징을 통해, 김만휴의 이 그림은 『대학』 해석의 새로운 전기를 마련하였다는 점에서, 그 의의를 찾을 수 있다. 즉 이황의 대학도와 달리 삼강령의 구조를 새롭게 설정한 점, 경일장의 논리구조를 새롭게 정리한 점 등이 『대학』 해석사에서 이 그림이 차지하는 위상이라 하겠다.

신응태(申應泰)의 대학도

【명칭】 용학연원도(庸學淵源圖)·성경학연원도(誠敬學淵源圖)·대학입
덕문도(大學入德門圖)·강령합일도(綱領合一圖)·마경복명도(磨鏡復明
圖)·조목분배도(條目分配圖)·격물치지도(格物致知圖)·성의자수도(誠意
自修圖)·범성계분도(凡聖界分圖)·신독공부도(愼獨工夫圖)·주경공부도
(主敬工夫圖)·혈구도(絜矩圖)·강조긴요도(綱條緊要圖)·용학용공절요도
(庸學用功切要圖)

【출전】 『사서제요도설(四書提要圖說)』 권하

【작자】 신응태(申應泰, 1643-1728) : 초명은 응개(應漑), 자는 길래(吉
來), 호는 용애(龍崖), 본관은 아주(鵝州)이다. 부친은 신심(申鐔)이고, 모
친은 광주 반씨(光州潘氏)로 반봉익(潘鳳翼)의 딸이다. 충청도 청주 출신
이다. 송시열의 문하에서 수학하였다. 향시에는 여러 번 합격하였으나
대과에 합격하지 못하자, 과거를 포기하고 학문에 전념하였다. 역학과
성리학에 조예가 깊었다.

저술로는 4권 1책의 『용애문집(龍崖文集)』과 2권 1책의 『사서제요도
설(四書提要圖說)』이 있다. 경학 관계 자료로는 『사서제요도설』이 있는
데, 이 책은 사서의 주요한 부분에 대해 도표화하고 해설하는 형식으로
되어 있다. 그 가운데는 대학도(大學圖) 14개, 중용도(中庸圖) 16개, 논어

도(論語圖) 156개, 맹자도(孟子圖) 55개 및 근사록도(近思錄圖) 23개가 수록되어 있다.

【도표】 용학연원도(庸學淵源圖)

【도설】 堯典康誥 乃大學宗祖 禹謨湯誥 乃中庸宗祖 而誠敬又爲庸學之宗旨 故今爲庸學之圖 而先作此二圖 以爲庸學圖之開端焉

『서경』「요전(堯典)」·「강고(康誥)」는『대학』의 종조(宗祖)이고,「대우모(大禹謨)」·「탕고(湯誥)」는 『중용』의 종조이다. 그리고 '성(誠)'·'경 (敬)'은 또한『중용』·『대학』의 종지(宗旨)이다. 그러므로 지금 용학도(庸 學圖)를 그리면서 이 두 그림을 먼저 그려 용학도의 시작으로 삼는다.

【도표 해설】 이 도표는『대학』과『중용』이 모두『서경』에서 연원한 것 을 두 개의 그림으로 드러낸 것이다. 조선 후기 학자들 가운데『대학』은 『주역』에서 나왔다고 주장하는 사람도 있고,『서경』에서 나왔다고 주 장하는 사람도 있다. 그런데 신응태는『대학』·『중용』이 모두『서경』에 서 연원한 것이라고 보는 독특한 관점을 제시하고 있다.

우선 그는『서경』「요전」의 '극명준덕(克明峻德)'을 수신으로, '이친구 족(以親九族)'을 제가로, '평장백성(平章百姓)'을 치국으로, '협화만방(協 和萬邦)'을 평천하로 파악하고 있으며,「강고」의 '극명덕(克明德)'과 '작 신민(作新民)'에서 명명덕과 신민이 연원한 것으로 파악하고 있다. 즉 『대학』은 이를 조술한 것이라는 것이다.

그는 공자가 경일장(經一章)을 지었고, 증자가 전십장(傳十章)을 지었 다고 보았다. 그리고『논어』의 '일이관지(一以貫之)'와 '충서(忠恕)'를 중 앙에 배치한 뒤, 수신 이상은 체가 되니 그것은 충(忠)과 일(一)이 체가 되기 때문이며, 제가 이하는 행(行)이 되니 그것은 서(恕)와 관(貫)이 용 이 되기 때문이라고 하였다.

또한 저자는『대학』과『중용』을 표리관계로 보아 명덕은 천명지성(天 命之性)으로, 명명덕은 솔성지도(率性之道)로, 신민은 수도지교(修道之敎) 로 연관시켜 파악하였으며,『대학』의 지선(至善)은『중용』의 도(道)·교 (敎)의 이치를 극진히 한 것으로,『대학』의 성의장은『중용』의 '신독(愼 獨)'을 말한 것으로 보았다.

　왼쪽은『중용』이『서경』「대우모(大禹謨)」와「탕고(湯誥)」에 연원을
두고 있음을 밝힌 것이다.「대우모」의 "인심유위 도심유미 유정유일
윤집궐중(人心惟危 道心惟微 惟精惟一 允執厥中)"은 요(堯)・순(舜)・우(禹)
가 서로 전해준 심법(心法)이다. 그러므로 주희는「중용장구서」의 첫머
리에서 이 점을 집중적으로 거론했다. 그러기에「대우모」의 이 심법과
「탕고」의 '강충우하민 약유항성(降衷于下民 若有恒性)'은,『중용장구』제1
장 제1절의 '천명지위성 솔성지위도 수도지위교(天命之謂性 率性之謂道 修
道之謂敎)'의 연원이 된다는 주장이다.
　저자 신응태는 '중용(中庸)'이라는 말이 공자로부터 비롯되었다고 말
한다.『서경』에는 '중(中)'만 말하고 '용(庸)'을 말하지 않았다는 점, 그리
고 후세에 중을 행하기 어려웠기 때문에 공자가 '중' 자에 '용' 자를 덧붙
였다는 것이다.
　또 저자는 '중화(中和)'는 자사(子思)가 처음 한 말로 보고 있다. 희노
애락의 정(情)이 발하여 절도에 맞게 된 화(和)는 공자가 말한 '시중(時
中)'의 중이므로, 중용의 중은 중화의 의미를 겸하고 있다는 것이다.
　저자는 자사가『서경』「강고」의 '강충우하민 약유항성(降衷于下民 若有
恒性)'이라고 한 말을 조술해 성(性)・도(道)・교(敎)의 혈맥이 관통됨을
밝히고 명의(名義)가 정당하게 되도록 만들었기 때문에 옛 성현이 발명
하지 못한 점을 발명한 것으로 보았다. 또『중용』에 보이는 명선(明善)
은『대학』의 근본이고, 성신(誠身)은『중용』의 요체로 파악하였다.

【도표】 성경학연원도(誠敬學淵源圖)

誠敬學淵源圖

乾九二言誠　坤六二言敬　乾畫單實則誠立　坤畫坼虛則敬生　誠敬二字始於包羲心畫　而實天地自然之理也　先儒誠敬之學起於此

六經言敬目多　與欽明文思皆中庸　著一誠字貫盡
敬者也至于賢千言萬語不本於此

大學　敬始於
聖學　戒懼愼獨之謂程
子曰主一之謂敬無適之謂
一朝氏說常惺惺法尹氏
說其心收斂不容一物朱子
合而言之曰主一無適之謂敬

誠　著一誠字貫盡

敬　要之要

心之法

【도표 해설】 이 「성경학연원도」는 성경지학(誠敬之學)의 연원을 도표화한 것이다. 이 도표에 기록된 문구를 번역하는 것으로 도표에 대한 해설을 대신한다.

제1단 : 乾九二言誠　坤六二言敬　乾畫單實則誠立　坤畫坼虛則敬生　誠敬二字始於包羲心畫　而實天地自然之理也　先儒誠敬之學起於此

건괘의 구이효에는 성(誠)을 말하고, 곤괘의 육이효에는 경(敬)을 말
했다. 건괘의 획은 한 줄로 꽉 찼으니 성(誠)이 성립되고, 곤괘의 획은
끊어져 비었으니 경(敬)이 생긴다. '성(誠)'·'경(敬)' 두 자는 포희(包
羲)¹의 심획(心畫)에서 시작되었으니, 실로 천지자연의 이치이다. 선
유들의 성경(誠敬)의 학문이 여기에서 일어났다.

제2단 : 六經言敬 自堯典欽明文思始 欽敬也 聖賢千言萬語 大事小事
莫不本於此 / 六經並言誠敬 自伊尹言上帝無親克敬惟親鬼神無常享享
于克誠始

육경에서 경(敬)을 말한 것은 「요전」의 '공경하고 통명하고 문채나고
생각하심이[欽明文思]'²로부터 시작된다. 이 '흠(欽)'은 경(敬)의 뜻이
다. 성현들의 천만 마디 말과 크고 작은 일이 이 경에 근본하지 않은
것이 없다.

육경에서 성(誠)과 경(敬)을 함께 말한 것은 이윤(伊尹)이 "하늘³은 친
히 하는 사람이 없어서 능히 공경하는 자를 친히 하며, 귀신은 일정하
게 흠향하는 바가 없어 능히 정성스러운 자에게서 흠향한다.[上帝無親
克敬惟親 鬼神無常享 享于克誠]"⁴고 한 말에서 비롯되었다.

제3단 : 中庸誠爲主 着一誠字鎖盡 / 大學敬爲要 聖學始終之要
『중용』은 성(誠)을 주로 삼는다. 하나의 '성(誠)' 자를 두어 굳게 잠

---

1 포희(包羲) : 복희(伏羲)의 별칭이다.
2 『서경』, 우서(虞書), 「요전」. "日若稽古帝堯 日放勳 欽明文思 安安 允恭克讓 光被四表
  格于上下"
3 이 글에는 '상제(上帝)'로 되어 있으나, 『서경』에는 '유천(惟天)'으로 되어 있다.
4 『서경』, 상서(商書), 「태갑 하(太甲下)」. "伊尹申誥于王曰 嗚呼 惟天無親 克敬惟親 民罔
  常懷 懷于有仁 鬼神無常享 享于克誠 天位艱哉"

갔다. 『대학』은 경(敬)을 요점으로 삼는다. 성학(聖學)의 시작과 끝
의 요점이다.

제4단 : 漢儒皆不識誠字 宋李邦直謂不欺之謂 徐仲車謂不息之謂 程子
始曰無妄之謂 朱子加眞實二字 誠之說 盡矣 / 秦漢以來 無人識敬字 程
子始以整齊嚴肅言之 又曰主一之謂敬 無適之謂一 謝氏說常惺惺法 尹
氏說其心收斂 不容一物 朱子合而言之曰 主一無適之謂敬

한(漢)나라 학자들은 모두 '성(誠)' 자를 알지 못했다. 송나라 이방직
(李邦直)은 "속이지 않는 것을 말한다."고 하였고, 서중거(徐仲車)는
"그치지 않는 것을 말한다."고 하였다. 정자(程子)가 비로소 "망령됨
이 없음을 말한다."고 하였는데, 주자가 '진실(眞實)' 두 자를 덧붙임
으로써 '성(誠)' 자에 관한 설이 극진해졌다.

진한(秦漢) 이래로 '경(敬)' 자에 대해 아는 이가 없었다. 정자(程子)가
처음 '정제엄숙(整齊嚴肅)'으로써 말하였고, 또 "한 마음을 주로 하는
것을 경(敬)이라 하고, 다른 데로 달아남이 없는 것을 일(一)이라고
한다.[主一之謂敬 無適之謂一]"고 하였다. 사량좌(謝良佐)[5]는 '항상 정신
이 깨어있는 법[常惺惺法]'을 말하였고, 윤돈(尹焞)[6]은 '그 마음을 수렴
하여 하나의 사물도 용납하지 않음[其心收斂 不容一物]'을 말하였다.
주자는 이를 합하여 "한 마음을 주로 하여 다른 데로 달아남이 없는
것을 경(敬)이라 한다.[主一無適之謂敬]"고 하였다.

---

5 사량좌(謝良佐) : 1050-1103. 자는 현도(顯道), 시호는 문숙(文肅)이며, 상채(上蔡) 사
   람이다. 이정(二程)의 문하에서 배웠으며, 유작(游酢)・여대림(呂大臨)・양시(楊時)와
   함께 '정문사선생(程門四先生)'으로 일컬어졌다.
6 윤돈(尹焞) : 1071-1142. 자는 언명(彦明)・덕충(德充), 호는 화정(和靖)이며, 낙양(洛
   陽) 사람이다. 정호(程顥)에게 수학하였다.

제5단 : 誠之體爲仁 誠之用爲智 誠之實體可據 曰德 誠之實理可由 曰道
/ 敬者 一心之主宰 萬事之根本 百聖傳心之法

성(誠)의 체는 인(仁)이고, 성의 용은 지(智)이다. 성의 실체가 근거할
수 있는 것은 덕(德)이고, 성의 실리(實理)가 말미암을 수 있는 것은
도(道)이다. 경(敬)은 일심의 주재이고 만사의 근본이니, 여러 성현들
이 마음을 전한 법이다.

【도표】 대학입덕문도(大學入德門圖)

【도설】 大學一書 乃初學入德之門 學者要當以此爲發程路 頭始透夢覺關
又透人鬼關 則道理明白 地步愈闊 上面工夫 節節易了 故欲求聖道者 必自
大學始 而次次尋向上去 會其極於中庸 則此所謂下學上達漸入佳境者也 玆
爲此圖 以自勉焉

　『대학』 한 책은 초학자들이 덕에 들어가는 문으로, 학자들은 마땅히
이로써 출발점을 삼아야 한다. 처음에 몽각관(夢覺關)을 뚫고 들어가
다시 인귀관(人鬼關)을 뚫고 지나가면 도리가 명백해지고 가는 길이 더
욱 넓어져서 그 다음의 공부는 단계마다 쉽게 이루어진다. 그러므로
성인의 도를 구하고자 하는 자는 반드시 『대학』에서 시작하여 차례차례
위쪽을 향해 가 『중용』에서 그 지극한 경지를 이해하면, 이것이 이른바
'하학상달(下學上達)'·'점입가경(漸入佳境)'일 것이다. 이에 이 그림을 그
려 스스로 면려한다.

【도표 해설】 이 그림은 거꾸로 그린 것이다. 그것은 맨 밑의 하학공부
로부터 시작해서 맨 위의 상달공부에 이르는 것을 보여주기 위해서 그
렇게 만든 것이다. 이 그림에 대한 해설도 그림에 있는 어구를 번역하는
것으로 대신한다. 각 단락마다 중앙에 하학상달의 차서를 쓰고 그 좌우
에 관련된 내용을 표기하였는데, 여기서는 중앙의 차서를 먼저 쓰고,
그 다음에 좌우의 내용을 번역해 실었다.

　하 제1단 : 大學之書 入德之門 / 規模廣大 本末不遺 節目詳明 終始不
紊 學者所當最先講明
　규모가 광대하여 본말이 빠짐없으며, 절목이 상세하고 명확하여 시작과
끝이 어지럽지 않다. 학자들은 마땅히 가장 먼저 강명해야 할 것이다.

하 제2단 : 夢覺關 致知 / 透得致知之關則覺 不然則夢
치지(致知)의 관문을 뚫고 들어가면 지각이 있게 되고, 그렇지 못하면
혼몽하게 된다.

하 제3단 : 人鬼關 誠意 / 透得誠意之關則人 不然則鬼
성의(誠意)의 관문을 뚫고 들어가면 사람이고, 그렇지 못하면 귀신
이다.

하 제4단 : 過此二關 則上面工夫 一節易一節 至治國平天下 地步愈闊
이 두 관문을 지나면 그 다음의 공부는 한 단계씩 나아가기가 쉬워지
고, 치국·평천하에 이르면 걸어가는 길이 더욱 넓어진다.

하 제5단 : 先讀大學 / 群經綱領 以定規模 熟讀大學 作間架 却以他書
塡補去
『대학』은 여러 경전의 강령으로써 규모를 정한다. 『대학』을 익숙히
읽어 여러 칸을 만들고, 다른 경서의 내용으로 그 칸을 채워나간다.

하 제6단 : 次讀論語 / 操存涵養 以立根本 不先乎大學 無以提挈綱領
而盡論孟之精微
마음을 붙잡고 보존하며 길러 근본을 세운다. 『대학』을 먼저 읽지
않으면 강령을 제시하여 『논어』·『맹자』의 정미한 부분을 극진히 할
방법이 없다.

하 제7단 : 次讀孟子 / 體驗充廣 以觀發起 不參之論孟 無以融貫會通
而極中庸之歸趣

체험하고 확충하여 마음이 발하는 바를 살핀다. 『논어』·『맹자』를
참고하지 않으면 융회관통하여 『중용』의 귀취를 극진히 할 방법이
없다.

하 제8단 : 次讀中庸 / 會其有極 以求微妙 不會極於中庸 則又何以建立
大本經綸大經 而讀天下之書
도에 극이 있음을 깨달아 미묘함을 구한다. 『중용』에서 극을 이해하
지 못하면 어떻게 대본(大本)을 세우고 대경(大經)을 경륜하여 천하의
책을 읽겠는가.

[도표] 강령합일도(綱領合一圖)

[도표 해설] 이 그림은『대학』삼강령을 하나로 합하여 그린 것인데,
명명덕·신민·지어지선의 삼강령 앞에 명덕(明德)에 관한 정의를 먼저
도표로 그리고, 그 밑에 명명덕·신민·지어지선을 차례로 배열하고,
좌우에 그 요지를 적어 넣은 것이다. 이 그림은 명덕과 명명덕에 초점을
맞추어 해석한 것이 특징이다.

[도표] 마경복명도(磨鏡復明圖)

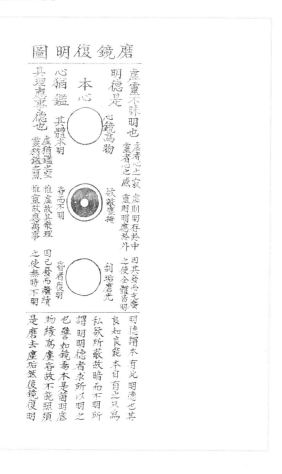

【도설】 明德謂本有此明德也 其良知良能 本自有之 只爲私欲所蔽 故暗而
不明 所謂明明德者 求所以明之也 譬如鏡焉 本是簡明底物 緣爲塵昏 故不
能照 須是磨去塵垢 然後鏡復明

　　명덕은 본래 이 밝은 덕이 있음을 말한다. 그 양지(良知)·양능(良能)
은 본래 저절로 있는 것이다. 다만 사욕에 가려지기 때문에 어두워 밝지
않은 것이다. 이른바 '명명덕'이란 그것을 밝히는 방법을 구하는 것이
다. 비유하자면 거울과 같다. 거울은 본디 밝은 물건인데, 먼지로 인해
흐려지기 때문에 사물을 비출 수 없다. 모름지기 그 먼지를 닦아 제거한
뒤에 거울은 밝음을 회복한다.

【도표 해설】 이 그림은 명덕을 거울에 비유하여 티끌을 제거함으로써
그 밝음을 다시 회복하는 것을 말한 것이다. 저자는 명덕을 심(心)으로
보고 거울과 같다고 하였다. 그리고 주희가 말한 '허령불매(虛靈不昧)'는
명(明), '구중리(具衆理)'·'응만사(應萬事)'는 덕(德)으로 보았다. 본심(本
心)은 거울과 같아 본래 밝은 것임을 상징해 상단에 원을 그렸고, 중간
에는 그것이 티끌에 덮여 어두워지게 된 것을 표현하였으며, 그 아래는
티끌을 제거하여 다시 밝아진 것을 표현하였다.

　　이 그림은 주희의 설에 입각하여 그린 것으로 별다른 특징이 발견되
지 않는다. 다만 명덕을 거울에 비유하여 다시 밝히는 점을 도표로 드러
낸 점에서 그 의의를 찾을 수 있다.

[도표] 조목분배도(條目分配圖)

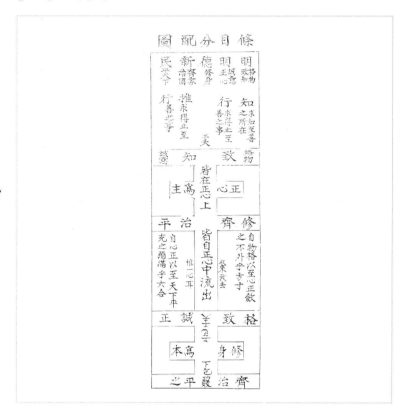

[도표 해설] 이 그림은 『대학』의 팔조목을 분배한 것이다. 상단에는 삼강령의 명명덕·신민 밑에 팔조목을 나누어 분배하였는데, 격물·치지의 지(知), 성의·정심·수신의 행(行), 제가·치국·평천하의 추행(推行)으로 나누었다. 이는 이황 이래의 보편적인 해석이다.

그 아래 팔조목의 격물·치지·성의를 한 열에 나란히 배열하고 그 밑에 정심을 배치하였다. 그리고 '정심이 주가 된다.[正心爲主]'고 하여, 정심을 격물·치지·성의·정심의 중심으로 보았다. 그리고 그 아래 수

신·제가·치국·평천하를 한 열에 나란히 배열하였는데, 이 네 조목이
모두 정심으로부터 흘러나온다고 하였다.

그 다음에 격물·치지·성의·정심을 한 열에 배열하고, 그 밑에 수신
을 배치한 뒤 '수신이 본이 된다.[修身爲本]'고 하여, 수신을 제가·치국·
평천하의 근본으로 보는 뜻을 드러냈다.

이 그림의 특징은 첫째 팔조목을 격물·치지·성의·정심과 수신·제
가·치국·평천하로 나누어 본 것, 둘째 격물·치지·성의·정심에서
정심을 주로 삼은 것, 셋째 수신·제가·치국·평천하에서 수신을 근본
으로 삼은 것으로 정리할 수 있다. 이처럼 정심·수신을 특별히 강조하
고 있는 것은, 17세기 심성수양론을 강조하는 학문성향을 반영한 것으
로 보인다.

【도표】 격물치지도(格物致知圖)

〔도설〕

□ 學莫先於致知 能致其知 則思日益明 至於久 而後有覺爾

학문을 하는 데는 치지(致知)보다 먼저 할 것이 없다. 능히 자기의 앎을 극진히 하면 생각이 날로 더욱 밝아진다. 이런 노력을 오랫동안 기울인 뒤에야 깨달음이 있게 된다.

□ 天下之理 不先知之 未有能勉而行者也 故先致知後誠意 其等有不可
　躐者

천하의 이치는 먼저 그것을 알지 못하고서 능히 힘써 실천할 수 있는 경우는 없다. 그러므로 먼저 앎을 극진히 한 뒤에 생각을 선으로 꽉 채워야 한다. 그렇게 하는 단계는 뛰어넘을 수 없는 점이 있다.

□ 此兩條 皆言格物致知所以當先不可後之意

이 두 조항은 모두 격물·치지를 먼저 해야지 뒤로 할 수 없다는 뜻을 말한 것이다.

□ 凡有一物 必有一理 窮而至之 所謂格物 或讀書講明義理 或論古今人
　物 別其是非 或應接事物 處其當否 皆窮理也

무릇 하나의 사물에는 반드시 하나의 이치가 있으니, 그 이치를 궁구하여 거기에 이르는 것이 이른바 격물이다. 책을 읽고서 의리를 강명하거나, 고금의 인물을 논하여 그들의 옳고 그름을 분별하거나, 사물을 응접하면서 그것이 마땅한지의 여부를 조처하는 것 등이 모두 이치를 궁구하는 것이다.

□ 今日格一物 明日又格一物 積習既多 脫然有貫通處

오늘 한 사물의 이치에 이르고, 내일 또 한 사물의 이치에 이르러

익힌 것을 축적한 것이 많아지면 환히 관통하는 경지가 있게 된다.

□ 自一身之中 以至萬物之理 理會得多 自當豁然有箇覺處

내 몸속으로부터 만물의 이치에 이르기까지 이해함이 많아지면 저절로 확 트여서 깨달음의 경지가 있게 된다.

□ 窮理 非謂必盡窮天下之理 又非謂只窮一理便到 但積累多後 自當有
　悟處

궁리(窮理)는 반드시 천하의 이치를 모두 궁구해야 함을 말한 것도 아니고, 단지 한 사물의 이치만 궁구하여 도달함을 말한 것도 아니다. 다만 쌓인 것이 많은 뒤에라야 저절로 깨달음의 경지가 있게 된다.

□ 格物 非欲盡窮天下之物 但於一事上窮盡 其他可以類推 盖萬物各具
　一理 萬理同出一原 此所以可推而無不通

격물(格物)은 천하의 사물을 모두 궁구하고자 하는 것이 아니라, 한 사물에 대해 궁구하여 극진히 하는 것이다. 그 외의 일은 이것으로 유추해 볼 수 있다. 대개 만물은 각각 하나의 이치를 갖추고 있고, 온갖 이치는 모두 한 근원에서 나오니, 이것이 유추하여 통하지 않음이 없을 수 있는 까닭이다.

□ 物必有理 皆所當窮 若天地之所以高深 鬼神之所以幽顯 是也

사물에는 반드시 이치가 있으니, 모두 마땅히 궁구해야 할 바이다. 하늘이 높고 땅이 깊은 까닭, 귀신이 숨거나 드러나는 까닭 같은 것이 그것이다.

□ 物我一理 纔明彼卽曉此 此合內外之道也 語其大 則天地之所以高厚
　語其小 則一物之所以然 皆當致思

　사물과 나는 하나의 이치이니, 저쪽을 밝히자마자 곧 이쪽도 환하게 된다. 이는 안팎의 도가 합치되는 것이다. 그 이치의 큰 점을 말하면 하늘이 높고 땅이 두터운 이유이고, 그 이치의 작은 점을 말하면 한 사물이 그러한 이유이니, 모두 생각을 극진히 하여야 한다.

　□ 致知之要 當知至善之所在 如父止於慈 子止於孝之類

　치지(致知)의 요점은 마땅히 지극한 선이 있는 바를 아는 것이다. 예컨대 아버지가 자애로움에 머무는 것, 아들이 효에 머무는 것과 같은 유형이다.

　□ 求之情性 固切於身 然一草一木 亦皆有理 不可不察 ○格物 莫若察之
　　於身 其得之尤切

　정(情)·성(性)에서 구하는 것은 참으로 내 몸에 절실하다. 그러나 풀 한 포기, 나무 한 그루도 모두 이치가 있으니 살피지 않아서는 안 된다. ○격물은 내 몸에서 살피는 것만 한 것이 없으니, 그렇게 해서 얻는 것이 더욱 절실하다.

　□ 此九條者 皆言格物致知所當用力之地 與其次第工程

　이 아홉 항목은 모두 격물·치지의 힘써야 할 점과 그 차례·공정을 말한 것이다.

　□ 格物窮理 但立誠意 以格其遲速 則在乎人之明暗耳 ○入道莫如敬 未
　　有能致知而不在敬者 ○涵養須用敬 進學則在致知 ○致知在乎所養
　　養知莫過於寡欲 ○格物者適道之始 思欲格物 固已近道矣 是何也 以
　　收其心 而不放也

　사물에 나아가 이치를 궁구하는 것은 단지 성의를 세우는 것일 뿐이

다. 격물궁리하여 그 이치에 빨리 이르고 더디게 이르는 것은 그 사람의
지혜가 밝느냐 어두우냐에 달려 있다. ○도에 들어가는 방법은 경(敬)만
한 것이 없다. 능히 앎을 지극히 하고서도 경에 마음을 두지 않은 자는
아직까지 없다. ○함양할 때는 모름지기 경을 써야 하고, 진학(進學)은
치지(致知)에 달려 있다. ○앎을 극진히 하는 것은 함양한 바에 달려
있다. 함양과 치지는 욕심을 적게 하는 것보다 더 나은 것이 없다. ○사
물의 이치를 궁구하는 것은 도에 나아가는 시작이니, 사물의 이치를
궁구하고자 생각하면 참으로 이미 도에 가까워진 것이다. 어째서 그런
가? 그 마음을 거두어서 놓지 않기 때문이다.

　□ 此五條 又言涵養本原之功 所以爲格物致知之本
　이 다섯 항목은 또한 본원을 함양하는 공부를 말하는 것이니, 격물·
치지의 근본이 되는 것이다.

　□ 若其用力之方 則或考之事爲之著 或察之念慮之微 或求之文字之中
　　或索之講論之際 使於[7]身心性情之德 人倫日用之常 以至天地鬼神之
　　變 鳥獸草木之宜 自其一物之中 莫不有以見其所當然而不容已 與其
　　所以然而不可易者
　힘을 쓰는 방법에 있어서는, 일이나 행동의 드러난 것에서 고찰하기
도 하고, 생각의 은미한 데에서 살피기도 하고, 글 속에서 구하기도
하고, 강론할 적에 찾기도 한다. 심신의 성정(性情)의 덕과 일상생활의
떳떳한 인륜으로부터 천지·귀신의 변화 및 조수(鳥獸)·초목의 마땅함
에 이르기까지 저절로 그 한 사물 안에는 그 소당연(所當然)을 드러내

7　使於 : 문세로 볼 때, 이 두 자는 말이 되지 않는다. 뒤의 '이지(以至)'로 보면, '자(自)'
　자가 되어야 한다. 그렇지 않다면 이 두 자 뒤에 어떤 구절이 빠진 것으로 보인다.

보여 그침을 용납하지 않고, 그 소이연(所以然)을 부여하여 바꿀 수 없는
점이 있지 않음이 없다.

　□ 必其表裏精粗 無所不盡 而又益推其類以通之 至於一日脫然而貫通
　　焉 則於天下之物 皆有以究其義理精微之所極 而吾之聰明睿智 亦皆
　　有以極其心之本體而無不盡矣

반드시 그 표리정조(表裏精粗)에 대해 어느 것이든 극진하지 않음이
없고, 또 그 유형을 더욱 미루어나가 꿰뚫어서 어느 날 환히 관통하는
데 이르면, 천하의 사물에 대해 모두 그 의리의 정미한 극처를 궁구하게
되어 나의 총명예지(聰明睿智)도 모두 그 마음의 본체를 지극히 하여 다
하지 않음이 없는 경지가 있게 될 것이다.

　□ 格物致知之學 首見於大學之書 章句明之 或問盡之 爲學者最初用力
　　之地 學者苟能卽夫事物之中 而因其所知之理 推而究之 至於一日脫
　　然而貫通焉 則於天下之物 皆有以知其義理精微之極 而吾之聰明睿
　　智 亦有以極其心之本體而無不盡矣 其爲學顧不大歟 故謹取朱子補
　　亡章之說 而爲之圖 又取或問中所引程子之說 而節其要語 附見于圖
　　之下 方以示用力之方云

격물치지의 공부는 『대학』에 처음 보이는데, 『대학장구』에서는 그것
을 밝혔고, 『대학혹문』에서는 그 뜻을 극진히 하였으니, 학자들이 최초
로 힘을 써야 할 지경이 된다. 학자들이 능히 저 사물 속에 나아가 자기
가 알고 있는 바의 이치를 인하여 미루어 궁구해서, 어느 날에 환히
관통하는 데 이르면, 천하의 사물에 대해 모두 그 의리가 정미한 극처를
알게 되어, 나의 총명예지도 그 마음의 본체를 지극히 하여 다하지 않음
이 없게 될 것이다. 그러니 이러한 공부는 위대하지 않은가? 그러므로

주자의 보망장의 설을 취해 도표를 그렸고, 또 『대학혹문』 중에 인용된 정자(程子)의 설을 취해 그 요점이 되는 말을 뽑았고, 도표 아래에 나의 견해를 덧붙여 힘을 쓰는 방법을 나타냈다.

【도표 해설】 이 「격물치지도」는 주희의 『대학장구』와 『대학혹문』에 있는 말을 취해 그린 것이다. 즉 『대학장구』 경일장 주 및 보망장, 『대학혹문』에서 격물치지에 대해 설명한 내용을 중심으로 만든 것이기 때문에 주희의 격물치지설을 도표화한 것이라 할 수 있다.

【도표】 성의자수도(誠意自修圖)

【도설】 이 그림은『대학장구』성의장의 주제어를 도표 중앙에 세로로
배열하고 좌우에 그에 관한 자신의 설을 적어 넣은 것이다. 그 내용을
번역하면 아래와 같다. 앞의 진하게 표시한 것은 주제어이다.

□ **誠其意** / 進德基本 著實爲善 著實去惡 自表而裏 眞實如一 自修之首
　 兼正心修身而言

이는 덕으로 나아가는 기본이다. 착실하게 선을 행하고, 착실하게
악을 제거하되 겉으로부터 안까지 진실로 한결같아야 한다. 성의는 자
수(自修)의 첫머리로, 정심·수신을 겸해 말한 것이다.

□ **毋自欺** / 誠意工夫 自字 與意字 相應 欺字 與誠字 相反 外面如此
　 中心實有不如此 便是二心 誠僞所由分

이는 성의 공부이다. '무자기(毋自欺)'의 '자(自)' 자와 성의(誠意)의 '의
(意)' 자가 상응하고, '기(欺)' 자와 '성(誠)' 자가 상반된다. 외면은 이와
같지만 마음속은 실로 이와 같지 않은 점이 있으니, 이것이 바로 두
마음으로 성(誠)·위(僞)가 말미암아 나누어지는 바이다.

□ **如惡惡臭 如好好色** / 誠意之實 眞知善之可好而好之 眞知惡之可惡
　 而惡之 此意自是實

이는 성의(誠意)가 꽉 찬 것이다. 진실로 선이 좋아할 만한 것임을
알아서 그것을 좋아하고, 진실로 악이 미워할 만한 것임을 알아서 그것
을 미워하는 것이니, 이것이 의(意)가 저절로 꽉 차는 것이다.

□ **自慊** / 自欺之反 誠意之效 在兩箇自字上用功 外面如此 中心也是如
　 此 表裏一般

자겸은 '자기(自欺)'의 반대로 성의의 공효이니, 두 개의 '자(自)' 자 위에서 공부를 하는 데 달려 있다. 외면도 이와 같고, 마음속도 이와 같아 표리가 한결같은 것이다.

□ 愼其獨 / 誠意要旨 誠意地頭 用功之要 在愼獨上 能於獨處 致謹 方是 誠意. 兩言愼獨 尤當痛自警省

이는 성의의 요지이고, 성의의 첫머리이다. 공부를 하는 요점은 신독 (愼獨)에 있다. 능히 혼자만 아는 상태에서 신독을 극진히 해야 바야흐로 생각을 선으로 가득 채울 수 있다. '신독'을 두 번 말했으니, 그 점을 더욱 통렬히 스스로 경계하고 살펴야 할 것이다.

□ 掩不善 / 小人爲惡之驗 形容自欺之狀 自欺敗露之可畏 將虛假之善 盖眞實之惡 自欺以欺人

이는 소인이 악을 행한 증험으로, 스스로를 속인 정황을 형용한 것이다. 스스로 자신을 속여 잘못이 드러나는 것은 두려워할 만하다. 그래서 거짓의 선을 가지고 진실의 악을 덮어버리려 한다. 이는 자신을 속이고서 남을 속이는 것이다.

□ 十目所視 十手所指 / 爲善於獨者 不求人知 而人自知之 爲惡於獨者 惟恐人知 而人必知之 可畏之甚

혼자만 아는 상태에서 선을 행하는 사람은 남이 알아주기를 구하지 않아도 남이 저절로 알게 된다. 혼자만 아는 상태에서 악을 행하는 사람은 오직 남들이 알까 두려워하지만 남들은 반드시 그것을 알게 되니, 매우 두려워할 만하다.

□ **心廣體胖** / 君子爲善之驗 形容自慊之德 自慊快足之可樂 上說小人
　實有是惡 故其惡形見於外 此說君子實有是善 故其善亦形見於外

이는 군자가 선을 행한 증험으로, '자겸(自慊)'의 덕을 형용한 것이다.
스스로 만족하여 쾌족한 것은 즐거워할 만하다. 위에서는 소인이 실로
이 악을 가지고 있기 때문에 그 악이 밖으로 드러난 것을 말하였고,
여기에서는 군자가 실로 이 선을 가지고 있기 때문에 그 선이 밖으로
드러난 것을 말하였다.

□ 始言謹獨 誠意之方 中言小人之意不誠 所以爲戒 終言誠意之驗 所以
　爲勸 傳者說得極痛切

처음에 근독(謹獨)[8]을 말한 것은 성의의 방법이고, 중간에 소인의 의
(意)가 불성(不誠)함을 말한 것은 경계로 삼은 것이고, 마지막에 성의의
증험을 말한 것은 권면한 것이니, 전문을 지은 사람의 설이 매우 통렬하
고 절실함을 얻었다.

□ 爲大學之敎 必首之以格物致知之目 以開明其心術 使旣有以識夫善惡
　之所在 與其可好可惡之必然 至此而復進之以必誠其意之說 則又欲
　其謹之於幽獨隱微之奧 以禁止其苟且自欺之萌 凡其心之所發 如曰
　好善 則必由中及外 無一毫之不好也 如曰惡惡 則必由中及外 無一毫
　之不惡也

대학에서의 가르침이 되는 것은 반드시 격물·치지의 조목으로 첫머
리를 삼아 배우는 자들의 심술을 열어 밝혀야, 선악이 있는 곳과 좋아할

---

8 근독(謹獨) : 신독(愼獨)을 말함. '신(愼)' 자가 송나라 효종(孝宗)의 이름자였으므로
　주희가 이를 피하여 '근(謹)' 자를 씀으로써 후대에 그대로 따라 쓰게 되었다.

만하고 미워할 만한 것의 반드시 그러함을 알게 함이 있게 된다. 여기에 이르러 다시 '필성기의(必誠其意)'의 설로써 그들을 진취시킨 것은, 또한 깊숙이 혼자만 아는 은미한 마음가짐을 삼가서 구차하게 자기를 속이는 것이 싹틈을 막고자 한 것이다. 무릇 그 마음이 발할 적에 선을 좋아한다고 말하면 반드시 안으로부터 말미암아 밖에 이르기까지 터럭 하나만큼도 좋아하지 않음이 없어야 하고, 만약 악을 미워한다고 말하면 반드시 안으로부터 말미암아 밖에 이르기까지 터럭 하나 만큼도 미워하지 않음이 없어야 한다.

> □ 夫好善而中無不好 則是其好之也 如好好色之眞 欲以快乎己之目 初
> 非爲人而好之也 惡惡而中無不惡 則是其惡之也 如惡惡臭之眞 欲以
> 足乎己之鼻 初非爲人而惡之也 所發之實 旣如此矣 而須臾之頃 纖芥
> 之微 念念相承 又無敢有少間斷焉 則庶乎內外昭融 表裏澄澈 而心無
> 不正 身無不修矣

무릇 선을 좋아하여 마음속에 좋아하지 않음이 없다면, 이것은 그것을 좋아함이 아름다운 이성을 좋아하듯이 진실되어 자기의 눈을 즐겁게 하고자 하는 것이니, 애초 남을 위해 그것을 좋아한 것이 아니다. 악을 미워하여 마음속에 미워하지 않음이 없다면, 이것은 악취를 싫어하듯이 진실되어 자기의 코를 만족시키고자 하는 것이니, 애초 남을 위해 그것을 미워한 것이 아니다. 마음이 발한 바의 진실됨이 이미 이와 같아서 잠깐 사이, 또는 지푸라기처럼 미미한 것에 대해서도 생각하고 또 생각하여 조금도 끊어짐이 없게 되면, 거의 안팎이 밝고 표리가 맑아서 마음이 바르지 않음이 없고, 몸이 닦여지지 않음이 없을 것이다.

傳之諸章 皆可爲圖 而獨提格致誠意兩章爲圖者 以格致乃大學最初用功
處 誠意乃自修之首 皆大學一篇之最緊要也 況誠意上該格物致知之工夫 下
包正心修身齊家治國平天下之功效 苟得其要 則自可推類以盡其餘 所謂序
不可亂 而功不可闕者也 故特擧此爲圖焉

전십장(傳十章)도 모두 그림으로 그릴 수 있지만 유독 격물치지·성의
두 장만 도표로 그린 것은, 격물치지는『대학』에서 최초로 힘을 써야
할 곳이고, 성의는 자수(自修)의 첫머리로서 모두『대학』한 책의 가장
긴요한 부분이기 때문이다. 하물며 성의는 위로 격물치지의 공부를 갖
추고, 아래로 정심·수신·제가·치국·평천하의 공효를 포괄한다. 진
실로 그 요점을 얻으면 유형을 미루어 그 나머지를 극진히 할 수 있으
니, 이른바 "순서를 어지럽힐 수 없고, 공부를 빠뜨릴 수 없다."[9]는 것이
다. 그러므로 특별히 이 두 장을 그림으로 그린 것이다.

[도표 해설] 이 「성의자수도」는 성의장의 요지를 도표화한 것이다. 주
제어를 한 가운데 세로로 배열하고, 그 좌우에 저자의 견해를 기록한
뒤, 하단 밑 좌측에 전체적으로 자신의 설을 덧붙여 놓았다.

---

9 이 말은『대학장구』성의장 주에 보인다.

【도표】 범성계분도(凡聖界分圖)

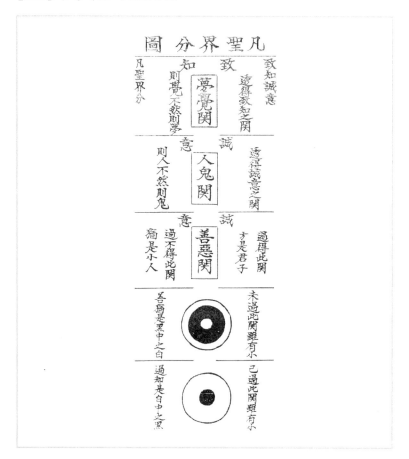

【도표 해설】「범성계분도」는 주희가 "격물은 몽각관(夢覺關)이고, 성의
는 인귀관(人鬼關)이다."[10]라고 한 말에 의거하여 그린 것이다. 저자는
인귀관 밑에 선악관(善惡關)을 하나 더 설정하여 이를 통과해야 군자가
될 수 있다고 하였다. 그리고 "이 관문을 지나기 전에는 작은 선을 가지

---

10 이 말은 『대학장구대전』 경일장 소주에 보인다.

고 있을지라도 이는 흑 속의 백과 같으며, 이 관문을 지난 뒤에는 작은 허물이 있을지라도 그것은 백 속의 흑과 같다."고 하여, 이 선악관을 매우 중시하고 있다. 이는 저자의 견해가 주희의 설에서 진일보한 면을 보여주는 것이다.

【도표】 신독공부도(愼獨工夫圖)

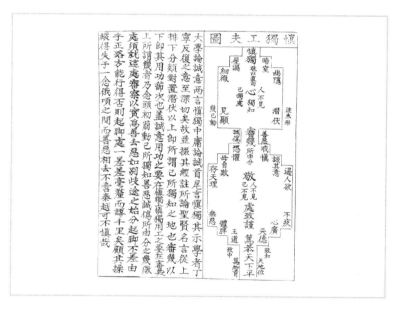

【도설】 大學論誠意 兩言愼獨 中庸論誠 首尾言愼獨 其示學者丁寧反復之意 至深切矣 故並掇其經註所論聖賢名言 從上排下 分類對置 潛伏以上 卽所謂己所獨知之地也 審幾以下 卽其用功節次也 蓋誠意用功之要 在愼獨上 愼獨用工之要 在審幾上 所謂幾者 乃念頭初萌動己所獨知 善惡誠僞 所由分之幾微處 須就這處審察 以實爲善去惡 如別歧途之始分 起脚不差 由乎正路 方能行得 否則起脚處一差 差毫釐 而謬千里矣 顧其操縱得失于一念

俄頃之間 而善惡相去 不啻秦越 可不愼哉

『대학』에서 성의를 논하면서 '신독(愼獨)'을 두 번 말하였고, 『중용』에서 성(誠)을 논하면서 제1장과 제33장에 '신독'을 말하였으니,[11] 학자들에게 간곡하게 반복하는 뜻을 보인 것이 매우 깊고도 절실하다. 그러므로 경전과 주에서 논한 성현의 명언을 모아 위에서부터 아래로 나열하면서 분류하고 대치시켰다.

'잠복(潛伏)' 이상은 이른바 '자기 혼자서만 아는 경지[己所獨知之地]'이다. '심기(審幾)' 이하는 공부의 절차이다. 대개 성의 공부의 요점은 신독에 있고, 신독 공부의 요점은 심기(審幾)에 있다. 이른바 '기(幾)'란 생각이 처음 싹터 자기 혼자서만 아는 것으로, 선악(善惡)·성위(誠僞)가 말미암아 나누어지는 바의 기미처이다. 모름지기 그곳에 나아가 살펴서 선을 행하고 악을 제거하는 마음을 꽉 채워야 한다. 이는 갈림길이 처음 나누어지는 곳에서 발걸음을 떼는 것이 어긋나지 않아야 바른 길을 말미암아 바야흐로 제대로 목표지점으로 갈 수 있는 것과 같다. 그렇게 하지 않으면 발을 떼는 곳이 한 번 어긋나는 것은 털끝만큼의 차이지만 결국 천 리나 되도록 멀어지게 된다. 다만 그 잠깐 사이에서 붙잡기도 하고 놓아버리기도 하며 얻기도 하고 잃어버리기도 하여 선악의 거리가 진(秦)나라·월(越)나라의 거리처럼 멀 뿐만이 아니게 된다. 그러니 삼가지 않을 수 있겠는가?

【도표 해설】「신독공부도」는 『대학』 성의장의 '신독(愼獨)'과 『중용』에

---

11 『중용장구』 제1장에 '신기독야(愼其獨也)'라고 하였고, 제33장에 '시운 잠수복의 역공지소 고군자내성불구(詩云 潛雖伏矣 亦孔之昭 故君子內省不疚)'라 하였고, 또 '시운 상재이실 상불괴우옥루(詩云 相在爾室 尙不愧于屋漏)'라고 하였다.

보이는 '신독'을 함께 거론하여 도표화한 것이다. 저자는 신독 공부의 요점을 '심기(審幾)'에 있다고 보아, 상단에는 신독에 관한 표제어를 써 넣었고, 하단에는 심기에 관한 표제어를 써 넣었다. 상단의 '유은(幽隱)'·'세미(細微)'·'잠복(潛伏)'·'현현(見顯)'은『중용』에서 따온 것이다. 하단의 '계신(戒愼)'·'공구(恐懼)'·'불구(不疚)'·'무오(無惡)'도『중용』에서 따온 것이다.

저자는 기미를 살펴서 신독을 하고 신독을 통해 성의를 해서 궁극적으로『중용』에 보이는 '독공이천하평(篤恭而天下平)'하는 경지를 최종 목표로 설정해 놓고 있다.

【도표】 주경공부도(主敬工夫圖)

【도설】愼獨是誠意之要旨 主敬是愼獨之要旨 其工程節次 實相貫通 故以愼獨圖 附之誠意之下 主敬圖附之愼獨之下 而其節目之多而不厭者 以見聖學心法 非止一端 皆不可不用力云爾 其從上排下 只以淺深生熟之大槩言之 非謂如格物致知誠意正心之有先後次序也 雖不能逐件用力 若於一目上着工 猶不失爲吉人修士 玆爲此圖 以自警焉

　　신독(愼獨)은 성의의 요지이고, 주경(主敬)은 신독의 요지이다. 그 공부의 절차는 서로 관통한다. 그러므로 「신독공부도(愼獨工夫圖)」를 「성의자수도(誠意自修圖)」의 아래에 붙였고, 「주경공부도(主敬工夫圖)」를 「신독공부도(愼獨工夫圖)」의 아래에 두었다. 그 절목이 많지만 싫증나지 않는 것은, 성학(聖學)의 심법을 드러낸 것이 한 가지 단서에서 그치지 않기 때문이니, 모두 힘을 쓰지 않을 수 없는 것이라고 하겠다. 위에서부터 아래로 배열한 것은 얕고 깊고 생소하고 익숙함의 대강으로 말한 것이지, 격물·치지·성의·정심처럼 선후의 차례가 있음을 말한 것은 아니다. 능히 항목마다 힘을 쓸 수는 없지만, 한 조목에 대해 공부를 하면 오히려 길인(吉人)·수사(修士)가 되는 것을 잃지 않을 것이다. 이에 이 그림을 그려 스스로를 경계한다.

【도표 해설】이 그림은 주경 공부를 중심으로 도표화한 것이다. 『대학』 성의장에 신독이 보이는데, 신독은 성의의 요지이고, 또 주경이 신독의 요지이기 때문에 이를 「신독공부도」 다음에 그린 것이다.

　　이 그림은 상단 중앙에 『논어』 「헌문(憲問)」에 보이는 '수기이경(修己以敬)'을 두어 경공부의 중요성을 드러내고, 그 주변에 그와 관련된 문구를 써 넣되 정시공부(靜時工夫)에 해당하는 것들을 뽑아놓았다. '경(敬)'은 성학(聖學)의 성시성종(成始成終)'이라는 의미를 살펴, '성시(成始)'를 중앙에 써 넣었다.

그 밑에는 동시공부(動時工夫)에 해당하는 말을 사방에 배열하되 동정을 모두 포함하고 있는 정자(程子)의 '주일무적(主一無適)'을 써 넣어 서로 연결되게 하였다. 그리고 중앙에 '성종(成終)'을 써 넣었다.

하단 중앙의 '사천향제(事天饗帝)'라는 말은 하늘을 섬기며 상제에게 흠향하게 한다는 뜻으로, 경천사상(敬天思想)을 드러낸 것이다.

【도표】 혈구도(絜矩圖)

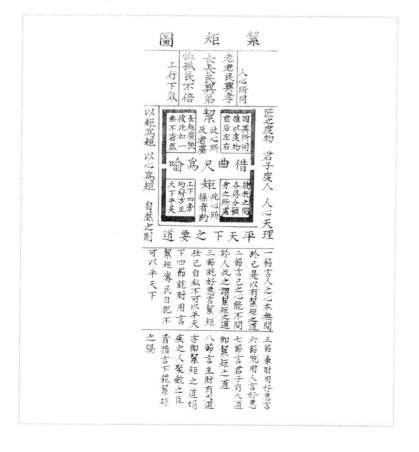

【도설】 一節言人之心本無間於己　是以有絜矩之道　二節言己之心能不間
於人　此之謂絜矩之道　三節就好惡　言絜矩　任己自私　不可以平天下　四節就
財用　言絜矩　瘠民自肥　不可以平天下　五節兼財用好惡言　六節就用人言好
惡　七節言君子有大道　卽絜矩之道　八節言生財有大道　亦卽絜矩之道　媢疾
之人　聚斂之臣　皆指言不能絜矩之禍

　　전 제10장 제1절은 다른 사람의 마음은 본래 내 마음과 차이가 없기
때문에 혈구지도(絜矩之道)가 있음을 말한 것이다. 제2절은 나의 마음이
능히 다른 사람의 마음과 다르지 않으니 이를 혈구지도라고 한다는 점
을 말한 것이다. 제3절[제3절~제5절]은 호오(好惡)에 나아가 혈구를 말한
것으로, 자기 멋대로 사사롭게 해서는 평천하할 수 없다는 점을 말한
것이다. 제4절[제6절~제11절]은 재용(財用)에 나아가 혈구를 말한 것으
로, 백성을 야위게 하고 자신을 살찌워서는 평천하할 수 없음을 말한
것이다. 제5절[제12절~제13절]은 재용(財用)·호오(好惡)를 겸하여 말한
것이다. 제6절[제14절~제17절]은 용인(用人)에 나아가 호오(好惡)를 말한
것이다. 제7절[제18절]은 군자에게는 대도(大道)가 있음을 말했으니, 즉
혈구지도이다. 제8절[제19절~제23절]은 재물을 생산함에 대도가 있음을
말했으니, 이 또한 혈구지도이다. 재능이 있는 사람을 시기하고 질투하
는 사람과 세금을 가혹하게 거두는 신하는 모두 능히 혈구하지 못한
화를 가리켜 말한 것이다.

【도표 해설】 이 「혈구도」는 『대학장구』 전 제10장의 요지를 혈구(絜矩)
에 맞추어 도표로 만든 것이다. 도표 중간 중앙에 '혈구(絜矩)' 두 자를
세로로 표기하고, 횡으로 이는 곡척(曲尺)을 빌어 비유한 것이라는 의미
의 '차곡척위유(借曲尺爲喩)'라는 말을 써 넣었다. 그리고 좌우 "장인이

사물을 헤아릴 적에 곡척으로 법도를 삼듯이, 군자가 사람을 헤아릴 적에는 심(心)으로써 법도를 삼는다."는 말을 표기하여, 혈구의 의미를 심을 비유한 것으로 보았다.

그리고 진한 네모의 권역 안쪽 '혈(絜)' 자 밑에 '이 마음이 미치는 바는 넓다.[此心所及者廣]'는 말을, '구(矩)' 자 밑에는 '이 마음이 잡는 바는 요약된다.[此心所操者約]'는 말을 표기하여, 혈구의 의미를 더 심화시켰다.

신응태는 소주에 보이는 운봉 호씨(雲峰胡氏)의 설에 따라 전 제10장의 단락을 나누고 요지를 파악하였다. 참고로 운봉 호씨의 설을 제시하면 다음과 같다.

단락	범위	요지
제1단락	제01절	言所以有絜矩之道
제2단락	제02절	言此之謂絜矩之道
제3단락	제03절-제05절	就好惡上言絜矩
제4단락	제06절-제11절	就財用言絜矩
제5단락	제12절-제13절	當連上文善與不善者看……兼財用好好惡言也
제6단락	제14절-제17절	就用人言
제7단락	제18절	不分言好惡與財用之絜矩 但言君子有大道
제8단락	제19절-제23절	生財大道 亦卽絜矩之道

【도표】 강조긴요도(綱條緊要圖)

綱三　明明德　顧諟明命

條綱　八　格物所以知　知之始

緊緊　致知益知至悟　知之極　誠意愼其獨行之始

要要　新民　日新又新

緊　用功之方　正心存之悟　知之極

要　修身辨察至　知之極　行之始　行以知爲先知之精則行愈達　知之極

圖慮　止至善　辟照敬止切磋琢磨　正心　修身存之悟　行之極

退溪答李咸亨曰 大學一書 朱子以爲有行程節次 然論其用功則 各有緊要 蓋學必知要 而後可以盡博而守約也 故取以爲圖 且知行二者 該盡一部大學 是亦爲學之緊要 而大學用力之方也 故又以知之始知之極行之始行之極推行之始推行之極補之 使學者知其緊要之所在 而勉其用力焉

【도설】 退溪答李咸亨曰 大學一書 朱子以爲有行程節次 然論其用功處 則各有緊要 蓋學必知要 而後可以盡博而守約也 故取以爲圖 且知行二者 該盡一部大學 是亦爲學之緊要 而大學用力之方也 故又以知之始知之極行之始行之極推行之始推行之極補之 使學者知其緊要之所在 而勉其用力焉

퇴계 선생이 이함형(李咸亨)에게 답한 편지에 "『대학』한 책은 주자께서 행정절차(行程節次)12가 있다고 여기셨다. 그러나 그 힘써야 할 곳을

---

12 행정절차(行程節次) : 공정을 실천하는 데 절차가 있다는 말이다.

논하자면 각각 긴요함이 있다."고 하였다.[13] 대개 배울 적에는 반드시
요지를 안 뒤에야 극진함이 넓고 지킴이 요약될 수 있다. 그러므로 그
점을 취해 그림을 그린 것이다. 또한 지(知)·행(行) 두 가지가 『대학』
한 책에 모두 갖추어져 극진하니, 이 또한 학문을 하는 긴요한 부분으
로, 대학에서 힘을 쓸 방법이다. 그러므로 또한 '앎의 시작[知之始]'·'앎
의 극처[知之極]'·'실천의 시작[行之始]'·'실천의 극처[行之極]'·'추행의
시작[推行之始]'·'추행의 극처[推行之極]'로 그 뜻을 보충하여, 학자들로
하여금 그 긴요함이 있는 곳을 알아서 그 곳에 힘쓰는 것을 면려한 것
이다.

[도표 해설] 이 도표는 『대학』의 삼강령·팔조목 가운데 긴요한 부분
을 뽑아 지·행·추행의 시작과 극치로 분류해 도표화한 것이다. 상단
에는 삼강령의 긴요처를 뽑아 놓았는데, 명명덕은 '고시천지명명(顧諟
天之明命)'을, 신민은 '일신 우일신(日新又日新)'을, 지어지선은 '집희경지
(緝熙敬止)'·'절차탁마(切磋琢磨)'를 추출해 놓았다. 다음에는 팔조목의
긴요처를 뽑아 놓았는데, 격물은 '인기소지(因其所知)'를, 치지는 '익궁
지극(益窮至極)'을, 성의는 '무자기(毋自欺)'·'신기독(慎其獨)'을, 정심수
신은 '찰사유(察四有)'·'존삼무(存三無)'를, 수신제가는 '찰오벽(察五僻)'
·'거이편(去二偏)'을, 제가치국은 '효제자(孝悌慈)'·'인양충서(仁讓忠恕)'
를, 치국평천하는 '혈구(絜矩)'를 추출해 놓았다. 팔조목의 긴요처로 뽑
은 어구는 거의 주희의 『대학장구』에 보이는 것이다.
　　이 그림은 도설에 보이듯, 이황의 설에 따라 지·행·추행으로 나누
어 그 시초와 극치를 드러낸 것이 특징이다.

13 이황, 『퇴계집』 권37 「답이평숙문목대학(答李平叔問目大學)」.

【도표】 용학용공절요도(庸學用功切要圖)

□ 大學第五章 明善之要 明明德之端

『대학장구』전 제5장은 명선(明善)[14]의 요점으로, 명명덕의 단서이다.

【도설】 도표 안에 기록한 것을 위로부터 차례대로 번역하면 다음과 같다.

14 명선(明善) : 『중용장구』제20장에 보인다.

□ 大學第六章 誠身之本 明明德之實

『대학장구』전 제6장은 성신(誠身)[15]의 근본으로, 명명덕의 실체이다.

□ 道之浩浩 何處下手 學者用工至要 不過明善誠身而已 明善卽致知也
　誠身卽力行也 始而致知 所以明萬理於心 使之無所疑 終而力行 所以
　復萬善於己 使之無不備 知不致 則眞是眞非莫辯 而後何所適從 行不
　力 則雖精義入神 徒爲空言 此明善誠身 所以爲用工之至切至要

도는 넓고 넓으니, 어느 곳으로부터 손을 쓰겠는가? 학자들이 공부하는 지극한 요점은 명선(明善)·성신(誠身)에 불과할 뿐이다. 『중용』의 명선은 곧 『대학』의 치지(致知)이며, 『중용』의 성신은 곧 『대학』의 역행(力行)이다. 처음에 앎을 극진히 하는 것은 마음속에서 온갖 이치를 밝혀 의심하는 바가 없게 하려는 것이고, 마지막에 힘써 행하는 것은 자기에게 온갖 선을 회복하여 갖추어지지 않음이 없게 하려는 것이다. 앎을 극진히 하지 않으면 참으로 옳고 그른 것을 분변할 수 없으니, 뒤에 무엇을 따라 가겠는가? 실천을 힘쓰지 않으면 의리를 정밀히 하여 신묘한 경지에 들어가더라도 단지 빈 말이 될 뿐이다. 이것이 명선·성신이 공부의 지극히 절실하고 중요한 것이 되는 까닭이다.

□ 大學中庸所以相表裏者 在此 曾子子思所以相授受者 亦在此 故朱子
　揭此以示學者急先之當務云

『대학』과 『중용』이 서로 표리가 되는 이유가 여기에 있다. 증자와 자사가 서로 주고받은 이유도 여기에 있다. 그러므로 주자가 이 점을 들어 학자들에게 급선무를 보인 것이다.

15　성신(誠身) : 『중용장구』제20장에 보인다.

□ 明善誠身 中庸言之 孟子又言之 其說元自大學致知誠意章來 乃子思 所聞於曾子 而孟子所受乎子思者

명선·성신은『중용』에서 말한 것인데,『맹자』에서 다시 말했다.[16] 그 설은 원래『대학』의 치지장(致知章)·성의장(誠意章)에서 나온 것이다. 이는 자사가 증자에게 들은 것이고, 맹자가 자사에게서 전해 받은 것이다.

□ 中庸明善 卽大學致知之事

『중용』의 명선(明善)은 곧『대학』의 치지(致知)의 일이다.

□ 中庸誠身 卽大學誠意之功

『중용』의 성신(誠身)은 곧『대학』의 성의(誠意)의 공부이다.

□ 要其指歸 其理則一

그 귀추점을 구하면, 그 이치는 하나이다.

□ 察於人心天命之本然 而眞知至善所在

인심(人心)과 천명(天命)의 본연을 살펴서 진실로 지극한 선이 있는 곳을 안다.

□ 欲誠其意 先致其知 不明乎善 不誠其身

떠오르는 생각을 선으로 가득 차게 하려면 먼저 그 앎을 극진히 해야 하니, 선을 밝히지 못하면 자신을 성실하게 할 수 없다.

□ 反求諸身 而所存所發 皆能眞實而無妄

---

16 『맹자』「이루 상(離婁上)」, "孟子曰 居下位而不獲於上 民不可得而治也 …… 誠身有道 不 明乎善 不誠其身矣."

내 몸에서 돌이켜 구하여 보존되고 발현되는 것이 모두 능히 진실하
여 망령됨이 없다.

□ 善者天命率性之本然 須是格物致知 眞知至善之所在 否則好善不能
　 如好好色 惡惡不能如惡惡臭 雖欲誠身 而身不可得而誠矣 故必明善
　 乃能誠身

선(善)은 천명(天命)과 솔성(率性)의 본연으로, 격물치지하여 진실로
지극한 선이 있는 곳을 아는 것이다. 그렇지 않으면 선을 좋아함이 능히
아름다운 이성을 좋아하는 것과 같지 않고, 악을 미워함이 능히 악취를
싫어하는 것과 같지 않을 것이다. 그래서 자신을 성실하게 하고자 하더
라도 자신이 성실해질 수 없게 될 것이다. 그러므로 반드시 선을 밝혀야
능히 자신을 성실하게 할 수 있는 것이다.

明善誠身 乃庸學之要旨 大學發其端 中庸盡其說 而先儒以爲用工切要
之地 故今爲此圖 而爲庸學之際接 以備上下參考之資

명선(明善)·성신(誠身)은 곧 『중용』과 『대학』의 요지이다. 『대학』은
그 단서를 일으켰고, 『중용』은 그 설을 극진히 하였다. 선유들은 그것
이 공부를 하는 데 절실하고 긴요한 점이라고 여겼다. 그러므로 지금
이 그림을 그려 『중용』과 『대학』을 접할 때 상하 참고할 자료로 갖추어
둔다.

[도표 해설] 이 「용학용공절요도」는 『대학』과 『중용』을 공부할 적에
절실하고 긴요한 부분을 명선과 성신으로 파악하여 표리관계를 도표화
한 것이다.

김간(金榦)의 대학도

〔명칭〕 대학도(大學圖)

〔출전〕 『후재집(厚齋集)』 권22

〔작자〕 김간(金榦, 1646-1732) : 자는 직경(直卿), 호는 후재(厚齋), 본 관은 청풍(淸風)이다. 부친은 의흥현감(義興縣監)을 지낸 김도(金濤)이 고, 모친은 청주 한씨로 한담(韓曇)의 딸이다. 김간은 백부 김수(金洙) 에게 입양되었다. 1646년 광주(廣州) 사천촌(沙川村)에서 출생하였다. 송준길(宋浚吉)·송시열(宋時烈)·박세채(朴世采) 등의 문하에서 수학하 였다. 학행으로 천거되어 사헌부 지평 등을 역임하였고, 사헌부 대사 헌에 이르렀다. 70세 이후에는 관직을 사양하고 경학 연구에 전념하 였다. 경학과 예학에 조예가 깊었다. 이희조(李喜朝)·김창흡(金昌翕) 등과 교유하였고, 문인으로 윤형로(尹衡老) 등이 있다.

저술로는 46권 25책의 『후재집(厚齋集)』과 『동유예설(東儒禮說)』이 있 다. 경학 관계 자료로는 문집 답문경의(答問經義)에 실린 「대학」·「중용」 ·「논어」·「맹자」, 차기(箚記)에 실린 「대학」·「중용」·「논어」·「맹자」 ·「예기」, 잡저에 실린 「사계경서변의중기의(沙溪經書辨疑中記疑)」 등이 있다.

[도표] 대학도(大學圖)

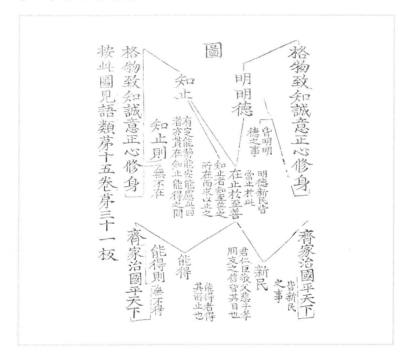

[도표 해설] 김간은 기호학파에 속한 학자인데, 박세채의 영향을 크게 받았다. 이 대학도는 종래의 그림과 달리 오른쪽에서 왼쪽으로 전개하고 있는 것이 특이하다. 이는 『주자어류』에 보이는 주희의 대학도를 그대로 수용한 것이다. 주희의 대학도와 대조해 보면, 연결하는 선이 조금 다를 뿐 전체적으로 대동소이하다. 또한 그림 왼쪽에 "살펴보건대 이 그림은 『주자어류』제15권 제31판에 보인다."고 써 넣었으니, 주희의 설을 그대로 따른 것임을 알 수 있다.

  그렇다면 김간은 왜 주희의 그림을 그대로 따랐을까? 이는 권근·이황 이래의 대학도를 따르지 않겠다는 의미를 내포하고 있다. 권근·이황 이래 우리나라에서 통용되던 대학도는 상단에 삼강령을 배치하고, 명명덕·신민 밑에 팔조목을 배열하여 공부와 공효로 나누어 그린 것이다. 그런데 이는 위에서 아래로 내려오는 논리구조를 갖고 있다. 반면 주희의 대학도는 오른쪽 상단에 명명덕에 해당하는 팔조목의 격물·치지·성의·정심·수신을, 하단에 신민에 해당하는 팔조목의 제가·치국·평천하를 세로로 배열하고, 그 다음에 그것들을 묶어 명명덕·신민에 연결시키고, 다시 명명덕·신민을 지어지선에 연결시키고, 다시 지어지선으로부터 지지(知止)로부터 능득(能得)에 이르는 것을 연결시켰다.

김간의 대학도에는 설이 없기 때문에 그 의도를 다 알 수 없지만, 적어도 위와 같은 점을 그는 분명히 인식한 것으로 추정된다. 그러나 주희의 설을 그대로 수용하면서 자신의 독자적인 견해를 개입하지 못하고 있는 한계점이 있다.

정제두(鄭齊斗)의 대학도

【명칭】 대학경문이절도(大學經文二截圖)

【출전】 『하곡집(霞谷集)』 권13

【작자】 정제두(鄭齊斗, 1649-1736) : 자는 사앙(士仰), 호는 하곡(霞谷), 본관은 연일(延日)이다. 정몽주의 후손으로 부친은 진사 정상징(鄭尙徵) 이고, 모친은 한산 이씨(韓山李氏)로 호조 판서를 지낸 한기조(韓基祚)의 딸이다. 한양에서 출생하였다. 어려서 송준길·송시열의 문인인 이찬한 (李燦漢)·이상익(李商翼)에게 수학하였다. 20여세 때부터 박세채(朴世采) 의 문하에서 수학하였다. 처음에는 주자학을 공부하였으나, 양명학에 심취하여 그 이론을 체계화하였고, 우리나라에서 양명학파를 확립하였 다. 양명학에 관한 설은 「학변(學辨)」·「존언(存言)」 등에 잘 나타나 있다.
   만년에 강화로 옮겨 살았기 때문에 그의 영향을 받은 사람들이 뒤에 '강화학파'를 형성하게 되었다. 몇 차례 과거 시험에 실패한 뒤, 과거공 부를 그만두고 학문에 전념하였다. 32세 때 영의정 김수항(金壽恒)의 천거로 사포서 별제에 임명되었고, 그 뒤 종부시 주부, 사헌부 집의 등을 역임하였다. 61세 때 강화도 하곡(霞谷)으로 이주하였다. 이어 강 원도 관찰사, 사헌부 대사헌 등을 지냈다. 78세 때 양명학을 한다고 배척을 받았으나, 영조의 보호로 관직에서 물러나지 않았다.

정제두의 양명학은 정후일(鄭厚一)·이광사(李匡師)·이광려(李匡呂)·이광신(李匡臣) 등을 거쳐 신작(申綽)·이영익(李令翊)·이충익(李忠翊) 등으로 이어졌고, 이면백(李勉伯)·이시원(李是遠)을 통해 이건창(李建昌)·정원하(鄭元夏) 등에게 전해졌다.

저술로는 22권 22책의 『하곡집(霞谷集)』이 있다. 경학 관계 자료로는 문집 내집에 실린 「대학」·「중용」·「논어」·「맹자」·「시차록습유(詩箚錄拾遺)」·「서차록습유(書箚錄拾遺)」·「춘추차록습유(春秋箚錄拾遺)」와 외집에 실린 「기삼백설(朞三百說)」·「선원경학통고-역(璇元經學通攷-易)」·「하락역상(河洛易象)」 등이 있다. 이 외에 『경학집록(經學集錄)』과 『심경집의(心經集義)』에도 경학 관계 내용이 다수 있다.

【도표】 대학경문이절도(大學經文二截圖)

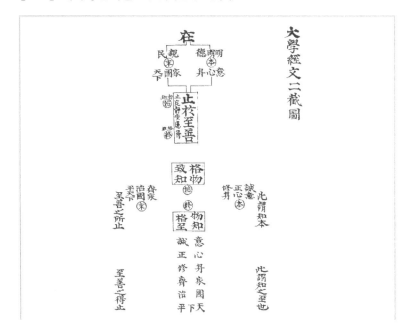

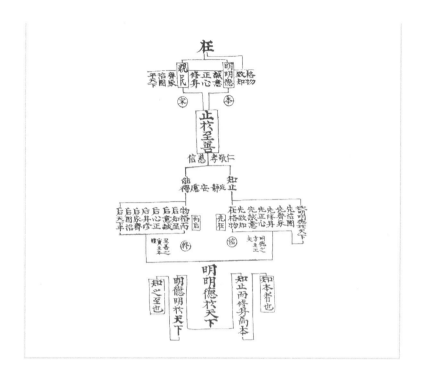

【도표 해설】 이 「대학경문이절도」는 『대학장구』 경일장을 두 개의 도표로 그린 것이다.

첫 번째 도표는 두 개로 되어 있다. 위의 도표는 대학의 도가 명명덕 (明明德)과 친민(親民)에 있음을 본·말로 나누어 그린 뒤, 그 두 축을 지어지선에 합한 것이다. 명명덕을 본으로, 친민을 말로, 지지(知止)를 시(始)로, 능득(能得)을 종(終)으로 본 것은 주희의 설과 같다. 그런데 정제두는 주희가 말한 팔조목 가운데 격물·치지를 빼어 하단에 별도로 그렸다. 이는 격물·치지에 대한 해석이 주자학과 다르기 때문이다. 요컨대 주희는 명명덕에 격물·치지·성의·정심·수신을 포함시켰는데, 정제두는 명명덕에 성의·정심·수신만을 써 넣었다.

그 밑의 도표는 격물·치지를 별도로 분리하여 그린 것이다. 격물·치지 밑의 동그라미 속에 '시(始)'를 표기하고, 공효에 해당하는 물격(物格)·지지(知至) 위에 '종(終)'을 표기하여 공부와 공효를 시종으로 표기한 것이 특이하다. 또 격물·치지의 왼쪽에 성의·정심·수신을 표기하고 동그라미 속에 '본(本)'을, 오른쪽에는 제가·치국·평천하를 표기하고 동그라미 속에 '종(終)'을 써 넣었다.

두 번째 도표는 명명덕·친민을 두 축으로 하여 본·말로 보고, 그 둘을 지어지선에 연결한 뒤, 다시 지어지선 밑에 지지(知止)로부터 능득(能得)에 이르는 과정을 그리고, 그 밑에 팔조목의 역추(逆推)·순추(順推)를 그린 것이다. 이는 경문 전체의 구도를 도표화한 것인데, 『고본대학』에 의거 '차위지본 차위지지지야(此謂知本 此謂知之至也)'를 연결시켜 해석한 것이 특징이다.

이형상(李衡祥)의 대학도

【명칭】 삼강팔조도(三綱八條圖)·명명덕도(明明德圖)·신민도(新民圖)·
지어지선도(止於至善圖)·격치도(格致圖)·성의도(誠意圖)·정심도(正心
圖)·수신도(修身圖)·제가도(齊家圖)·치국도(治國圖)·평천하도(平天下
圖)·혈구도(絜矩圖)

【출전】 『사서훈몽(四書訓蒙)−대학(大學)』

【작자】 이형상(李衡祥, 1653-1733) : 자는 중옥(仲玉), 호는 병와(瓶窩)·
순옹(順翁), 본관은 전주이다. 효령대군의 10세손으로 부친은 진사 이주
하(李柱厦)이고, 모친은 파평 윤씨로 윤세구(尹世耉)의 딸이다. 1653년
인천 소암촌(疎巖村)에서 출생하였다. 1678년 생원시에 합격하였고,
1680년 별시 문과에 급제하였다. 처음에는 호조 좌랑 등을 역임하며
내직에 있다가, 뒤에는 성주목사·동래부사·경주부윤·제주목사 등
지방 수령으로 봉직하면서 선정과 교화를 펴는 데 주력하였다. 그 뒤
관직을 사양하고 영천(永川) 호연정(浩然亭)에 은거하여 학문을 연구하
고 후진을 양성하였다. 뒤에 한성부윤에 오르고 청백리에 녹선되었다.
　저술로는 18권 9책의 『병와문집(瓶窩文集)』과 『선후천(先後天)』·『악학
편고(樂學便考)』·『악학습령(樂學拾零)』·『강도지(江都誌)』·『남환박물지
(南宦博物誌)』·『탐라순력도(耽羅巡歷圖)』·『둔서록(遯筮錄)』·『부부류목

(覆瓿類目)』·『정안여분(靜安餘噴)』·『동이산략(東耳刪略)』 등이 있다. 한
국학중앙연구원에서 1982년 저자의 저술을 모아『병와전서(瓶窩全書)』를
간행하였다. 경학 관계 자료로는『병와전서』제4~5책에 실려 있는 병와
강의(瓶窩講義)가 있는데, 사서오경에 관한 것으로「대학」·「사서훈몽―대
학(四書訓蒙―大學)」·「중용」·「논어」·「맹자」·「모시」·「상서」·「주역」
·「연역주해(衍易注解)」·「문주연(文周衍)」·「선후천(先後天)」·「춘추」 등
과「의례」·「성리자의(性理字義)」 등이 있다. 또한 문집 잡저에「격물물격
변(格物物格辨)」·「선형설(璿衡說)」·「선기옥형(璿璣玉衡)」·「역위복서서
설(易爲卜筮書說)」·「시역동이(詩易同異)」 등이 있다.

【도표】 삼강팔조도(三綱八條圖)

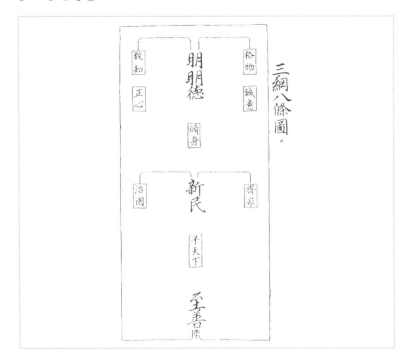

【도설】 物之相反者 莫如本末 而相資者 亦莫如本末 綱目異於網 而綱擧
目張 根條別於木 而根培條達 斯理也 亦勢也 余觀大學 經說三綱 傳釋八條
綱者何 明德新民至善是已 條者何 格致誠正修齊治平是已 自修身言之 明
德爲誠正之綱 而格致爲之用焉 就天下論之 治平爲新民之條 而齊家爲之體
焉 推而極之 或知或行 則至善爲明德新民之摠 而明明德又爲一書之樞 玆
豈非體用之相須 而知行之互兼者乎

　사물[物]이 상반되는 것으로는 본·말만 한 것이 없고, 사물이 서로
의지하는 것으로도 본·말만 한 것이 없다. 강령과 조목이 그물에서는
각기 다르지만 강령이 들리면 조목은 펼쳐지고, 뿌리와 가지가 나무에
서는 구별되지만 뿌리를 북돋으면 가지까지 통한다. 이것이 이치이고
형세이다. 내가『대학』을 보니, 경문(經文)은 삼강령을 말한 것이고, 전
문(傳文)은 팔조목을 풀이한 것이다. 강령이란 무엇인가? 명명덕·신
민·지어지선이 그것이다. 조목이란 무엇인가? 격물·치지·성의·정
심·수신·제가·치국·평천하가 그것이다. 수신으로부터 말하면, 명
명덕은 성의·정심의 강령이 되고, 격물·치지는 그 작용이 된다. 평천
하에 나아가 논하면, 치국·평천하는 신민의 조목이 되고, 제가가 그
본체가 된다. 미루어 끝까지 궁구하면 지(知)가 되기도 하고 행(行)이
되기도 하니, 지어지선이 명덕·신민의 총결이 되고, 명명덕은 다시
『대학』한 책의 핵심이 된다. 이것이 어찌 체·용이 서로 필요로 하고,
지·행이 서로 겸하는 것이 아니겠는가?

　蓋嘗論之 天生德於聖人 旣自明其明德 則治平乃其分事 而本之於身 其
所以身之者 必先正心 而致知乃爲其目 細而分之 則八條自相知行 反而約
之 則三綱各有體用 空寂何道也 德其所德 歌鳳何人也 身而不民 假仁何術

也 亦不求於至善 甚至寄命於耳目 騰理于口舌 喚體爲用 認知爲行 身何以
爲身 國何以爲國 天下何以自平乎

　대개 내가 일찍이 이에 대해 논해 보았다. 하늘이 성인에게 덕을 내
려[1] 이미 스스로 자기의 명덕을 밝히게 하였으니, 치국·평천하는 곧
그의 분수 안의 일로서 그 몸에 그것을 근본하게 된다. 그가 그것을
자기 몸에 간직하는 방법은 반드시 정심(正心)을 먼저 하는 것이니, 치
지(致知)는 그 조목이 된다. 자세히 나누어보면 팔조목은 저절로 서로
지·행이 되고, 돌이켜 요약해 보면 삼강령에는 각각 체·용이 있다.
그러니 텅 비고 고요한 것이 어찌 도이겠는가?[2] 자기가 부여받은 덕을
덕스럽게 하는 것이니, '봉황이여'라고 노래한 자[3]가 어찌 사람인가?[4]
내 몸으로 다 체득하고 남에게 빌리지 않는 것이니, 인(仁)을 빌리는
것[5]이 어찌 방술이겠는가? 또한 지선(至善)에서 구하지 않고, 심지어
이목(耳目)에다 천명을 붙여두고 구설로 천리를 말하며,[6] 체를 용이라
하고 지(知)를 행(行)이라 하니, 몸이 무엇으로 수신을 할 것이며, 나라
가 어떻게 나라꼴이 될 것이며, 천하가 무엇으로 평치되겠는가?

1　『논어』「술이(述而)」에 "子曰 天生德於予 桓魋其如予何"라고 하였다.
2　이 말은 불교와 도교의 허무적멸이 실체가 없는 것이므로 도가 아니라는 말이다.
3　『논어』「미자(微子)」에 "楚狂接輿歌而過孔子曰 鳳兮鳳兮 何德之衰 往者不可諫 來者猶可
追 已而已而 今之從政者殆而"라고 한 것에서 따온 말로, 봉황을 노래한 자는 바로 초나
라 광인 접여(接輿)를 가리킨다.
4　이 말은 공자처럼 부여받은 덕을 밝혀 덕체로 만드는 것이 유학의 길이니, 초나라 광인
접여처럼 자신을 닦지 않는 것은 인간다운 길이 아니라는 뜻으로 한 말인 듯하다.
5　『맹자』「공손추 상(公孫丑上)」에 "以力假仁者霸 霸必有大國 以德行仁者王 王不待大"라
고 한 말에서 따온 것이다.
6　이는 정민정(程敏政)의 『황돈문집(篁墩文集)』 권30 「심경부주서(心經附註序)」에 "寄命
於耳目 騰理于口舌"이라고 한 말에서 취한 것으로, 귀로 성리설을 듣고 입으로 천리를
말하는 것을 가리킨다.

噫 超三層之級 賁育以爲勇 而觀者知其爲躐 奏九成之韶 鄭衛以爲慢 而
聽者樂其有序 物不格而欲先於誠正 身不修而欲至於治平 是張目而自頹其
綱 培條而自壅其根也 何本末之可論乎 然則如之何其可也 不過曰學問而已

아! 삼층의 계단을 뛰어넘는 것을 맹분(孟賁)·하육(夏育)[7]은 용감하
다고 여길 것이나, 보는 사람들은 그것이 엽등(躐等)임을 안다. 아홉
곡을 연주하는 순임금의 음악 소(韶)를 정(鄭)나라·위(衛)나라 사람들은
지루하다고 여길 것이지만,[8] 듣는 사람들은 그 음악에 순서가 있음을
즐거워한다. 사물의 이치가 이르지 않았는데 성의·정심을 먼저 하려
하고, 수신이 되지 않았는데 치국·평천하에 이르고자 하는 것은, 조목
을 펼치려고 하면서 스스로 그 강령을 무너뜨리고, 가지를 북돋으려
하면서 스스로 그 뿌리를 차단하는 것과 같다. 그러니 어찌 본말을 논할
수 있겠는가. 그렇다면 어떻게 해야 옳은가? "학문을 해야 한다."고 말
하는 것에 불과하다.

【도표 해설】 이「삼강팔조도」는『대학』의 삼강령·팔조목을 도표화한
것이다. 저자는 도표 상단 중앙에 명명덕을 쓰고 그 주변에 격물·치
지·성의·정심·수신을 네모 속에 넣어 표기하였다. 그런데 수신이 명
명덕 밑의 중앙에 위치하게 하여, 다섯 조목을 모두 포함하고 있음을
드러냈다. 그리고 중간 중앙에 신민을 표기한 뒤 좌우와 밑에 제가·치
국·평천하를 써 넣었다. 그리고 하단 중앙에 지어지선(止於至善)의 지
선(至善)을 써 넣고, 그 밑에 '학(學)' 자를 첨부하였다. 그림의 뜻은 도설
에 들어 있으므로 췌언하지 않는다.

---

7 맹분(孟賁)·하육(夏育) : 춘추전국시대 역사(力士)들이다.
8 정나라·위나라 사람들은 음란한 음악을 좋아했기 때문에 그렇게 말한 것이다.

【도표】 명명덕도(明明德圖)

【도설】 天道流行 發育萬物 其理也形而上 其本也眞而靜 當其賦與之初
只可謂之命 而器不著焉 及其稟受之後 理墮於形氣之中 卽所謂在人曰性也
惟其率性而行也 有道之名焉 惟其道得於心也 有德之稱焉 至精者理也 繼
之者善也

　　천도가 유행하여 만물을 발육시키니,[9] 그 이치는 형이상이고, 그 근
본은 진실되고 고요하다.[10] 그것이 부여되는 처음은 단지 명(命)이라

---

　9 『대학혹문』에 "曰 然則此篇所謂在明明德在新民在止於至善者 亦可得而聞其說之詳乎 曰
　　天道流行 發育萬物 其所以爲造化者 陰陽五行而已"라 하였다.
　10 『근사록』 권2에 "天地儲精 得五行之秀者爲人 其本也 眞而靜 其未發也 五性具焉"라 하
　　였다.

말할 수 있을 뿐, 형질은 붙지 않은 상태이다. 천명을 품부 받은 뒤에는 리(理)가 형기(形氣) 속으로 떨어지니, 이른바 "사람에게 있어서는 성(性)이라고 한다."[11]라는 것이다. 오직 본성을 그대로 따라 행하면 도(道)라는 명칭을 갖게 되고, 오직 그 도를 마음으로만 얻은 것은 덕(德)이라고 일컬어진다. 지극히 정미한 것이 리이고, 그것을 계승하는 것이 선(善)이다.

原其正 則有善而無惡 論其體 則有明而無昏 如水之源淸則流潔也 耳目之於聲色也 口鼻之於臭味也 局於形氣 偏於嗜欲 或流而爲濁 雖其漸染有多寡 不可謂之非水也 有近而還澄者 有遠而始潔者 雖其復初有遲速 不可謂之非才也 以其奔逸而流蕩 故昏濁 雖如此 以其淸明者本體 故其端自發

그 바름을 근원하면 선만 있고 악은 없다. 그 본체를 논하면 밝음만 있고 어두움은 없다. 마치 물의 근원이 맑으면 흘러가는 것이 깨끗한 것과 같다. 귀와 눈이 소리와 빛에 있어서와 입과 코가 냄새와 맛에 있어서는, 형기(形氣)에 구애되고 기욕(嗜欲)에 치우치니, 혹 흘러가다가 흐려지게 된다. 비록 그것이 점점 오염되는 데에는 많고 적음이 있지만, 그렇다고 그것이 물이 아니라고 할 수는 없다. 탁한 것을 가까이해도 다시 맑아지는 경우가 있으며, 탁한 것을 멀리 해야만 비로소 깨끗해지는 경우도 있다. 그것이 처음을 회복하는 데에는 더디고 빠름이 있지만, 그것을 타고난 자질이 아니라고 말할 수는 없다. 제멋대로 행동하고 마구 흘러 방탕해지기 때문에 혼탁해진다. 이와 같더라도 그 청명한

---

11 『주자어류』 권95에 "問人生而靜以上不容說一段 曰人生而靜以上 卽是人物未生時 人物未生時 只可謂之理 說性未得 此所謂在天曰命也 纔說性時 便已不是性者 言纔謂之性 便是人生以後 此理已陷在形氣之中 不全是性之本體矣 故曰 便已不是性也 此所謂在人曰性也"라 하였다.

것이 본체인 까닭에 그 단서가 저절로 드러난다.

赤子入於井 則其有不惻之者乎 飮食蹴於人 則其有不羞之者乎 因其惻
而長之 以發於親親愛物 則仁不可勝用也 因其羞而廣之 以到於忠君惡惡
則義不可勝用也 推而及於應事接物 皆明也 又推而至於修己治人 皆德也
則初非自外而換也 蓋自本體而全之耳 不曰鏡乎 磨而復明 不曰火乎 吹則
便著 惡乎 本在克復

어린 아이가 우물에 들어가려 하면 측은해 하지 않을 사람이 있겠는
가?[12] 남에게 음식을 발로 차면서 주면 부끄러워하지 않을 사람이 있겠는
가?[13] 그 측은해 하는 마음을 인하여 길러서 친한 이를 친하게 여기고
남을 사랑하는 것에까지 발현되면, 인(仁)을 이루 다 쓸 수 없게 될 것이
다. 그 부끄러워하는 마음을 인하여 넓혀서 임금에게 충성하고 악한 것을
미워하는 데까지 이르면, 의(義)를 이루 다 쓸 수 없을 것이다. 이를 미루
어 일에 응하고 남을 만나는 데까지 미치는 것이 모두 명(明)이고, 또
이를 미루어 자신을 닦고 남을 다스리는 데까지 이르는 것이 모두 덕(德)
이다. 그러니 애초 밖으로부터 바꾸는 것이 아니라, 대개 마음의 본체로
부터 그것을 온전히 하는 것일 따름이다. 거울[鏡]을 말하지 않았던가?
닦으면 다시 밝아진다고. 불[火]이라 말하지 않았던가? 불면 다시 불이
붙는다고. 아! 근본은 사욕을 극복하고 본성으로 회복하는 데 있다.

【도표 해설】이「명명덕도」는 삼강령의 명명덕을 전문과 연관하여 도
표로 만든 것이다. 도표 상단의 '명(明)'은 전문에 보이는 '고시천지명명

---

12 『맹자』「공손추 상」에 "今人乍見孺子將入於井 皆有怵惕惻隱之心"이라 하였다.
13 『맹자』「고자 상」에 "一簞食 一豆羹 得之則生 弗得則死 爾而與之 行道之人弗受 蹴爾而與
之 乞人不屑也"라 하였다.

'(顧諟天之明命)'에 연결시켜 천도의 본래 밝음을 드러냈다. 그 밑에 '명덕'을 중앙에 배치하고 '천지명명(天之明命)'과 '극명준덕(克明峻德)'을 좌우로 배치하였다. 위의 '명(明)'과 이 '명덕(明德)'을 합하여 '명명덕(明明德)'을 말한 것이다. 하단에는 명명덕을 통해 지선(至善)의 경지에 이름을 드러냈다. 그 주변에는 '극명(克明)'을 써 넣었고, 아래에는 '극기복례(克己復禮)'의 '극복(克復)'을 써 넣었다.

이 그림은 지선의 경지에 이르는 것이 극기복례에 달려 있다고 본 것에 의미가 있다. 이 점이 저자가 강조하고 있는 내용이다. 저자는 '지선(至善)'을 준적(準的)으로 여겨 삼강령·팔조목에 모두 표기하고 있는데, 이 역시 이형상의 대학도에 나타나는 특징적인 점이다.

【도표】 신민도(新民圖)

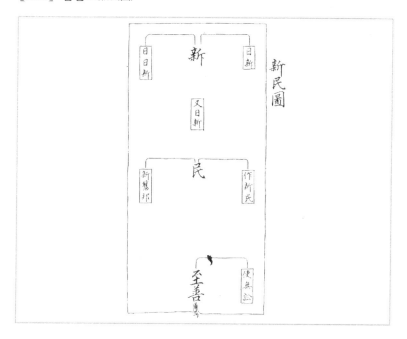

【도설】 傳不云乎 君子治小人 先覺覺後覺 況以乾坤稱父母 則民吾同胞也
又以高卑別貴賤 則君爲宗子 而大臣者乃其家相也 由上下而有君民之別 由
粹駁而有賢愚之殊 旣居其位 且賢其智 則下焉而賤 蠢然而愚者 豈非宗子
之所當治而敎者乎 所謂明德者 是父母之長物 非我之獨私也

　전하는 기록에 말하지 않았던가? 군자가 소인을 다스리고, 선각자가
뒤에 깨닫는 사람을 깨우치는 것이라고.[14] 더구나 하늘과 땅을 부모라
고 칭한다면 백성들은 나의 동포가 된다. 또 지위가 높고 낮음으로써
귀하고 천함을 구별한다면 임금은 종자(宗子)가 되고 대신은 그 국가의
정승이 된다. 신분의 상하를 말미암아 임금과 백성의 구별이 있게 되고,
순수함과 박잡함을 말미암아 현명하고 어리석은 차이가 있게 된다. 이
미 높은 지위에 있고 그 지혜를 훌륭히 타고 났다면, 그보다 아래에
있으면서 천하거나 무지하여 어리석은 자들은, 어찌 종자가 다스리고
가르쳐야 할 대상이 아니겠는가? 이른바 '명덕(明德)'이란 바로 부모가
길러 준 것이지, 나 혼자 사사로이 할 수 있는 바가 아니다.

　　君臣異於位 而其理則同 父子均於倫 而其道不偏 夫婦也 長幼也 朋友之
交也 雖各有分 槪而言之 初非二物 我旣不賤而爲君子 當治小人也 我旣不
昏而爲先覺 當覺後覺也 如有所立 不可不與民同立 如有所達 不可不與民
俱達 惟其兼善也 使無失所 惟其自明也 俾新厥德

　임금과 신하는 지위에 있어서는 다르지만 그 이치는 같고, 아버지와
아들은 윤리에 있어서는 균등하지만 그 도는 치우치지 않는다. 부부
사이, 어른과 아이 사이, 벗들의 사귐은 각각 분수가 있지만 개괄하여

---

14 『맹자』 「만장 상」에 "天之生此民也 使先知 覺後知 使先覺 覺後覺也 予天民之先覺者也
　予將以斯道 覺斯民也 非予覺之 而誰也"라고 하였다.

말한다면 애초 두 가지가 아니다. 내가 이미 천하지 않아서 군자가 되었다면 소인을 다스려야 하고, 내가 이미 혼미하지 않아 선각자가 되었다면 늦게 깨닫는 자를 깨우쳐주어야 한다. 수립한 바가 있으면 백성들과 더불어 함께 서지 않아서는 안 되고, 도달한 바가 있으면 백성과 더불어 함께 도달하지 않아서는 안 된다. 오직 선을 남과 함께 하여야 백성들로 하여금 제자리를 잃지 않게 하고, 오직 스스로 명덕을 밝혀야 백성들로 하여금 그들의 덕을 새롭게 하게 할 수 있다.

彼賢其秀者 兄弟之超出于等夷者也 愚而昏者 兄弟之同胎於父母者也 吾何忍獨善而獨安乎 是故 承父母之家 育父母之子 而友之如弟 愛之如子 敦家法 所以塞吾體也 恤孤弱 所以帥吾性也

저 현명하여 자질이 빼어난 자도 여러 사람 중에서 뛰어난 형제이고, 어리석고 혼미한 자도 부모에게서 같이 태어난 형제이니, 내가 어찌 차마 혼자만 선하고 혼자만 편안하겠는가? 그러므로 부모의 집을 받들고 부모의 자식을 길러서 아우처럼 우애하고 자식처럼 사랑하는 것이다. 집안의 법도를 돈독하게 하는 것은 나의 몸에 천지의 기운을 가득 채우는 것이고, 고아와 노약자를 구휼하는 것은 나의 본성을 따르는 것이다.

舊而汚染皆新 新而明德益明 則治小人者 繼父母之志也 覺後覺者 述父母之事也 畏天而自保者 非敬親之至乎 樂天而不憂者 非愛親之純乎 存吾順事 沒吾寧也 而與物同體之義 於是乎得矣 不有影乎 表正則影直 不有響乎 聲發而響應 愚於躬率之說 尤有所受之也

교화가 오래되면 더럽혀지고 오염된 것이 모두 새로워지고, 새로워지면 밝은 덕이 더욱 밝아지니, 소인을 다스리는 것은 부모의 뜻을 계승하는 것이고, 늦게 깨닫는 자를 깨우치는 것은 부모의 일을 이어서 펴는 것이다. 천명을 두려워하여 스스로 자신을 보전하는 것은 어버이를 공경하는 지극함이 아니겠는가? 천명을 즐거워하여 근심하지 않는 것은 어버이를 사랑하는 순수함이 아니겠는가? 살아있을 적에 나는 하늘을 순순히 섬기고, 죽어서 나는 편안할 것이다.[15] 그러니 '만물과 더불어 한 몸이 된다.[與物同體]'[16]라는 뜻을 여기에서 터득할 수 있다. 그림자가 있지 아니한가? 그 모양이 곧으면 그림자도 곧다. 메아리가 있지 아니한가? 소리가 발하면 메아리가 응답한다. 나는 '몸소 천성을 따라야 한다.'는 설에 대해, 더욱 전해들은 바가 있다.

【도표 해설】 이 「신민도」는 삼강령의 신민에 대해 전문과 연관하여 도표로 만든 것이다. 도표 상단 중앙에 '신(新)'을 쓰고 좌우와 밑에 '일신(日新)'·'일일신(日日新)'·'우일신(又日新)'을 쓴 것은 전 제2장 제1절을 도표화한 것이다. 그 아래 '작신민(作新民)'·'신구방(新舊邦)'은 전 제2장 제2절을 도표로 그린 것이다. 이 「신민도」도 밑에 '지선(至善)'을 표기하여 신민의 준적(準的)이 지어지선에 있음을 드러냈다.

이 「신민도」의 특징은 주희의 『대학장구』 전 제4장(청송장)의 '사무송(使無訟)'을 이 그림 하단의 '지선(至善)'에 연결시키고 있다는 것이다. 이는 청송장의 요지를 '사무송'으로 파악하고, 이를 신민의 공효로 본 것이다. 그래서 지어지선의 경지에 이른 사례로 여긴 것이다. 그렇다면

---

15 이 말은 장재(張載)의 『장재전서(張子全書)』 권1 「서명(西銘)」에 보인다.
16 이 말은 『이정유서(二程遺書)』 권2 상 「원풍기미여여숙동견이선생어(元豐己未呂與叔東見二先生語)」에 보인다.

이형상은 주희가 본말을 해석한 것으로 본『대학장구』전 제4장을 없애고 신민전에 합한 것이라고 추정해 볼 수 있다. 이러한 해석은 역대의 설에서 찾아볼 수 없는 그만의 독창적인 설이다.

또한 이「신민도」의 도설에 보이는 내용이 장재(張載)의「서명(西銘)」에 근거하여 풀이하고 있다는 점도 눈여겨 볼 만하다.

【도표】지어지선도(止於至善圖)

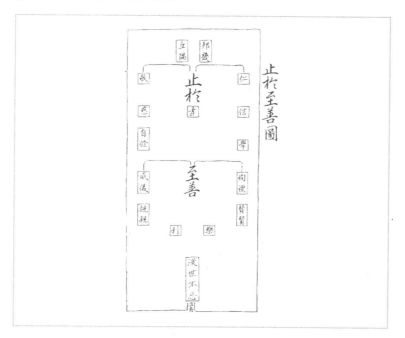

【도설】 物莫不極 屋支椽而極樑 車依輪而極輻 裘綴毛而極領 劍奏刃而極脊 以至思之於睿 禮之於節 樂之於和 皆各有至善之地 微物尚然 況於最靈之人乎 小事尚然 況於至大之道乎

사물[物]은 극(極)이 있지 않음이 없다. 집은 서까래에 지탱하되 들보

를 극으로 하고, 수레는 바퀴에 의지하되 바퀴살을 극으로 한다. 갖옷
은 털을 모은 것이로되 옷깃을 극으로 하고, 칼은 칼날을 모은 것이로되
칼등을 극으로 한다. 심지어 생각이 밝음에 대해서, 예가 절도에 대해
서, 음악이 조화에 대해서도 모두 각기 지선의 경지가 있다. 미물도
오히려 그러한데, 하물며 가장 신령스러운 사람에 있어서이겠는가. 작
은 일도 오히려 그러한데, 하물며 지극히 큰 도에 있어서이겠는가.

是以 格物者 所以致知 而不至於誠正 則非極也 修身者 所以齊家 而不至
於治平 則非極也 君而不仁 臣而不敬 子不止於孝 父不止於慈 友不止於信
則止其所止 非吾所謂至也 若夫學不及乎瑟僩赫喧 澤不及乎賢賢親親 則譬
猶山不仞九 井不及泉 曷足謂之樂其樂利其利乎

그러므로 격물(格物)은 치지(致知)하는 것이지만 성의·정심에 이르지
않으면 극이 아니다. 수신(修身)은 제가(齊家)하는 것이지만 치국·평천
하에 이르지 않으면 극이 아니다. 임금으로서 어질지 않고, 신하로서
공경하지 않고, 자식이 효도하는 데 머물지 않고, 아버지가 자애로운
데 머물지 않고, 벗이 미더움에 머물지 않으면, 그 머물러야 할 바에
머문다는 것은 내가 말하는 지극함이 아니다. 학문이 엄밀하고 굳세고
빛나고 성대함[17]에 미치지 못하고, 은택이 어진 이를 어질게 여기고
친한 이를 친히 하는 데[18] 미치지 못하면, 비유컨대 산을 만들다 아홉
길을 채우지 못하고[19] 우물을 파다가 샘에 미치지 못하는 것[20]과 같으
니, 어찌 "선왕이 즐겁게 해준 것을 즐거워하고 선왕이 이롭게 해 준

---

17 이는 『대학장구』 전 제3장에 제4절에서 취한 것이다.
18 이는 『대학장구』 전 제3장 제5절에서 취한 것이다.
19 이 말은 『서경』 「여오(旅獒)」에 보인다.
20 이 말은 『맹자』 「진심 상」에 보인다.

것을 이롭게 여긴다."[21]고 말할 수 있겠는가?

嗟 夫角雖切矣 磋以鑪錫 方可謂鍊也 玉雖琢矣 磨以沙石 亦可謂光也
武非不美 而善不如韶 學非不聖 而利不如安 吾何爲貪小成之粗 安不到於
極妙之處乎 自謂受廛而居 不邦畿 自謂知歸而止 不丘隅 則及門而未室也
陟高而未巓也 安可謂之止止乎 故曰立志要高

아! 뿔을 잘라 냈더라도 줄[鑪錫]로 갈아야 바야흐로 제련했다 할 수
있고, 옥을 쪼개 냈더라도 모래로 갈아야 또한 빛난다고 할 수 있다.
무왕(武王)의 음악이 아름답지 않은 것은 아니지만, 선은 순임금의 음악
만 못하였다.[22] 배우는 바가 성인의 학문이 아닌 것은 아니지만, 이롭게
여기는 것은 편안하게 여기는 것만 못하니, 내가 어찌 작은 성공의 조악
함을 탐하겠으며, 어찌 지극히 오묘한 곳에 이르지 않겠는가? 스스로
'집터를 받아서 산다.'[23]고 말하지만 직접 통치하는 경내가 아니고, 스
스로 돌아갈 곳을 알아서 그쳤다고 하지만 꾀꼬리가 머문 '구우(丘隅)'와
같은 곳이 아니라면, 이는 문간에는 미쳤지만 아직 방안에는 들어가지
못하고, 높은 곳에는 올랐지만 아직 꼭대기에는 이르지 못한 격이니,
어찌 그 머무를 바에 머물렀다고 말할 수 있겠는가? 그러므로 "뜻을
세울 적에는 높기를 구해야 한다."[24]라고 한 것이다.

[**도표 해설**] 이 「지어지선도」는 삼강령의 지어지선에 대해 전문과 연

---

21 이 말은 『대학장구』 전 제3장 제5절에 보인다.
22 이 말은 『논어』 「팔일」의 "子謂韶 盡美矣 又盡善也 謂武 盡美矣 未盡善也"에서 취한
    것이다.
23 이 말은 집터를 받아 백성이 된다는 뜻으로, 『맹자』 「등문공 상」에서 취한 것이다.
24 이 말은 『성리대전(性理大全)』 권33 「성리(性理)」5에 보인다.

관해서 도표로 만든 것이다. 전 제3장 지어지선장의 핵심이 되는 어구를 뽑아 '지어지선' 주위에 배치하였는데, 간혹 주희의『대학장구』주에 있는 용어를 쓰기도 하였다.

【도표】 격치도(格致圖)

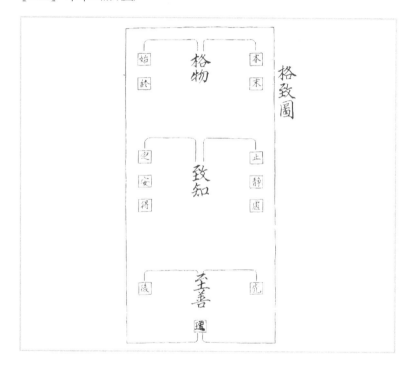

【도설】 凡所謂疑者 非有所未見也 必有所未知也 目見之 心知之 又何執於疑也 木有本而水有末 胎有始而絲有終 使不識者 驟而聞之 豈不蹙然驚怪乎 亘古今 薄宇宙 不以爲疑者 見於目也 但其所以本末所以終始之由 則鮮有不訟者 以其心之未知耳 聖人周於智 非其性之異於人 本無可疑之理也

　　이른바 '의심[疑]'이라고 하는 것은 보지 못한 바가 있는 것이 아니라,

반드시 알지 못한 바가 있는 것이다. 눈으로 보고 마음으로 알고서 또한 어찌 의심에 집착하겠는가? 나무에는 근본[本]이 있고 물에는 끝[末]이 있으며, 태(胎)에는 처음[始]이 있고 실[絲]에는 끝남[終]이 있다. 알지 못하는 자들을 몰아서 그것을 듣게 하면, 어찌 화들짝 놀라고 이상하게 여기지 않겠는가? 고금을 통틀어 온 우주에서 의심하지 않는 것은 눈에 보이기 때문이다. 다만 그 본말과 시종의 이유가 되는 것에 대해 논쟁을 하는 것은 그들의 마음으로 알지 못하기 때문이다. 성인이 지혜에 두루 통하는 것은 그의 본성이 일반인과 다르기 때문이 아니라, 본래 의심할 만한 이치가 없기 때문이다.

目之所覩 謂之形 心之所接 謂之理 人皆知有其目 而不知有其心 皆知究其所未知者 而不知究其所已知者 何事物之可格乎 近者 遠之本也 卑者 高之始也 日用飲食之際 雖至愚之人 必有所已知者 而以其卑近而忽之 反欲窮之於高遠 何其眩於蹊徑也

눈으로 보는 것을 형(形)이라 하고, 마음으로 접하는 것을 리(理)라 한다. 사람들은 모두 자기 눈이 있는 것은 알지만 자기 마음이 있는 것은 알지 못하고, 모두 알지 못하는 것을 궁구할 줄은 알지만 이미 알고 있는 것을 궁구할 줄은 모르니, 어찌 사물의 이치가 이를 수 있겠는가? 가까운 것은 먼 것의 근본이고, 낮은 것은 높은 것의 시작이다. 일상생활에서 먹고 마실 적에 지극히 어리석은 사람이라 할지라도 반드시 이미 알고 있는 것이 있는데, 낮고 가깝다고 하여 소홀히 하고서 도리어 높고 먼 것에서 이치를 궁구하고자 하니, 어찌 그리 지름길에 현혹된단 말인가.

子張學干祿 夫子告之以言行 樊遲請學稼 夫子警之以禮義 二子之心 以
爲言行我所學也 而所未學者仕也 禮義我所明也 而所未明者稼也 不思反觀
之術 有此分外之問 噫 敎無大小 理無淺深 學則俱學 明則俱明 安有學於此
而不學於彼者乎 亦安有明於己而不明於物者乎

자장(子張)이 벼슬[祿]을 구하는 것을 배우자 공자(孔子)는 언행으로써
일러주었고,[25] 번지(樊遲)가 농사를 배우길 청하자 공자는 예의로써 경계
시켰다.[26] 두 사람의 마음은, '언행은 내가 배웠지만 아직 못 배운 것은
벼슬살이이고, 예의는 내가 밝지만 아직 밝지 못한 것은 농사이다'라고
생각한 것이다. 돌이켜서 살펴보는 방법을 생각하지 않아서 이러한 분수
밖의 질문을 하게 된 것이다. 아! 가르침에는 크고 작음이 없고, 이치에
는 얕고 깊음이 없다. 배울 것은 모두 배우고 밝힐 것은 모두 밝혀야지,
어찌 이것에 대해서는 배우고 저것에 대해서는 배우지 않음이 있으며,
또한 어찌 자기에게는 밝고 사물에는 밝지 않는 점이 있겠는가?

果學言行 則必無祿之干 果明禮義 則必無農之問 觀其祿之干 可知其未
學言行也 觀其農之問 可知其未明禮義也 是故 夫子特擧已學已明者 以鞭
策之 此邵子之言曰 觀之以理 朱子所謂推其已明者 而無非大學格致之要道
也 愚於此 知所以先後也

과연 언행을 배웠다면 반드시 벼슬을 구하는 일은 없었을 것이고,
과연 예의에 밝았다면 반드시 농사에 대한 질문은 없었을 것이다. 벼슬

---

25 『논어』 「위정」에 "子張學干祿 子曰 多聞闕疑 愼言其餘則寡尤 多見闕殆 愼行其餘則寡悔
言寡尤 行寡悔 祿在其中矣"라고 하였다.
26 『논어』 「자로」에 "樊遲請學稼 子曰 吾不如老農 請學爲圃 曰吾不如老圃 樊遲出 子曰 小人
哉 樊須也 上好禮則民莫敢不敬 上好義則民莫敢不服 上好信則民莫敢不用情 夫如是則四
方之民 襁負其子而至矣 焉用稼"라고 하였다.

구하려는 것을 살펴보면 아직 언행을 배우지 않았음을 알 수 있고, 농사에 대한 질문을 살펴보면 아직 예의에 밝지 않음을 알 수 있다. 이 때문에 공자께서 특별히 '이미 배우고 이미 밝은 것'을 거론하여 그들을 분발하게 한 것이다. 이것이 소자(邵子)[27]가 말한 "이치로써 본다."[28]는 것이고, 주자가 말한 "이미 밝힌 덕을 미루어 나간다."는 것이니, 『대학』의 격물치지의 중요한 도리 아닌 것이 없다. 나는 여기서 먼저하고 나중에 할 바를 알게 되었다.

[도표 해설] 이 「격치도」는 상단 중앙에 '격물(格物)'을 중간 중앙에 '치지(致知)'를 배열하고, 하단 중앙에 다른 도표와 마찬가지로 '지선(至善)'을 배치하여 그렸다.

이 그림은 격물치지를 나타낸 것인데, 주희의 『대학장구』 전 제5장의 내용을 기본으로 하면서도 격물치지에 대한 해석이 독자적인 성격을 갖는다. 우선 상단 '격물' 옆에 배치한 '본(本)'·'말(末)'·'시(始)'·'종(終)'을 주목해 볼 필요가 있다. 주희는 이 명명덕을 본으로 신민을 말로 보았고, 지지(知止)를 시로, 능득(能得)을 종으로 보았다. 그런데 이형상은 사물의 이치에 이르는 것을 '본말을 궁구하고 시종을 극진히 아는 것'으로 정의하고 있다.

또 '치지(致知)' 주변에 써 넣은 것은 『대학장구』 경일장 제2절의 삼강령의 공효라고 하는 지지(知止)·정(定)·정(靜)·안(安)·려(慮)·능득(能

---

27 소자(邵子) : 소옹(邵雍, 1011-1077)을 가리킴. 자는 요부(堯夫), 호는 백원(百源), 시호는 강절(康節)이며, 범양(范陽) 사람이다. 『주역』에 정밀하였는데, 역전(易傳)에 의거하여 팔괘를 해석하였고, 도가사상을 참고하여 상수학을 개창하였다. 주요 저술로 『황극경세서(皇極經世書)』가 있다.
28 이 말은 소옹의 『황극경세서』 권11 「관물편」에 보인다.

得)이다. 이황의 그림에서 보이듯, 이 여섯 가지 일은 지선(至善)에 이르는 공효를 말한 것으로, 지지(知止)를 시(始)로 능득(能得)을 종(終)으로 보는 것이 보편적인 설이다. 그런데 이형상은 이 육사(六事)를 치지에 연결시켜 해석하여 앎을 극진히 하는 과정으로 본 것이다. 또한 다른 도표와 마찬가지로 하단에 '지선(至善)'을 배열하였는데, 좌우에 '선'·'후'를 써 넣어 선후를 중시하는 사유를 드러냈다.

【도표】 성의도(誠意圖)

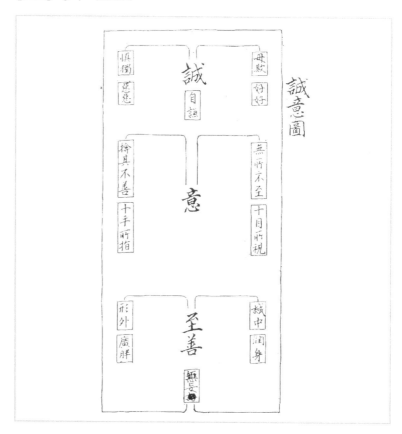

【도설】 將以正心者 必先誠意. 此吾儒之本指也. 心之所發 謂之意. 意非所以本於心者 而反爲之原 其故何哉 嘗見於周子通書矣. 曰誠無爲 幾善惡 以其無爲也 故雖欲涵養 以其善惡也 故尤謹省察. 蓋明與顯 人之所畏也 幽與獨 人之所忽也. 惟其畏也 雖小人 猶知自飾 惟其忽也 雖君子 不能無疵. 噫 待人之際 衆目在前 應事之初 萬口伺後 朝失色於堂上 暮傳笑於國中 有如一捧一條痕 一摑一掌血 人情豈不能勉强於須臾乎

　장차 마음을 바르게 하려는 자는 반드시 먼저 마음속 생각을 선으로 가득 채워야 하니, 이것이 우리 유학의 본지이다. 마음이 발한 것을 '의(意)'라 하는데, 의는 마음에 근본한 것이 아니라, 도리어 그 근원이 된다. 그 이유는 무엇인가? 일찍이 주자(周子)[29]의 『통서(通書)』를 보니, "성(誠)은 무위이고, 기(幾)는 선악으로 나뉜다.[誠無爲 幾善惡]"[30]고 하였다. 성은 무위이기 때문에 오직[31] 함양하려 하고, 그 기미는 선악으로 나뉘기 때문에 더욱 신중히 성찰하는 것이다. 대개 밝고 드러난 것은 사람이 두려워하는 바이고, 그윽하고 혼자만 알고 있는 것은 사람들이 소홀히 하는 바이다. 오직 두려워하기 때문에 소인이라도 오히려 스스로 수식할 줄 알고, 오직 소홀히 하기 때문에 군자라도 흠이 없을 수 없다. 아! 남을 대할 때 여러 사람들의 눈이 앞에서 보고, 일에 응하는 초기에 많은 사람들의 입이 뒤에서 엿본다. 아침에 당(堂) 위에서 얼굴빛을 잃으면, 저녁에 온 나라 사람들에게 비웃음을 받는다. 마치 막대기로 한 번 때리자 한 줄기의 흔적이 남고, 주먹으로 한 번 치니 한

29　주자(周子) : 주돈이(周敦頤, 1017-1073)를 가리킴. 자는 무숙(茂叔), 호는 염계(濂溪)이다. 이정(二程)의 스승으로 송대 성리학의 시조로 일컬어진다. 저술로 『태극도설(太極圖說)』과 『통서(通書)』 등이 있다.

30　이 말은 주돈이(周敦頤)의 『통서』 「성기덕(誠幾德)」 제3에 보인다.

31　오직 : 원문에는 '수(雖)' 자로 되어 있으나, 이는 문맥상 '유(惟)'의 오자인 듯하다.

움큼의 피를 토한다[32]고 한 것과 같은 점이 있으니, 인정을 어찌 잠시라
도 힘쓰지 않을 수 있겠는가?

雖然 幽獨得肆之地 嚮晦宴息之頃 前無見者 後無聞者 逸豫萌焉 怠忽乘
之 苟非反情而盡性者 孰知神目之如電乎 雖然 此特言其明顯之不可揜耳
抑有甚焉 螳蜋彈雀之心 豈形於琴者 而聽者知其爲殺 目動言肆之人 豈見
於心者 而觀者知其有懼 肝病治肝 種下生種者 孰傳而孰使乎 雖然 此特論
其幽獨之不可忽耳

비록 그렇지만 그윽하고 혼자만 알아 제멋대로 할 수 있는 곳이나
날이 저물어 편안히 쉴 적에는, 앞에서 보는 자가 없고 뒤에서 듣는
자도 없으니, 안일한 생각이 싹트고 게으름과 소홀함이 그 틈을 타게
된다. 정(情)을 돌이켜보고 성(性)을 극진히 하는 자가 아니라면, 누가
'신의 눈은 번개와 같다.'[33]는 것을 알겠는가? 그렇지만 이는 단지 밝게
드러난 것을 가릴 수 없음을 말한 것일 뿐이니, 또한 이보다 더 심한
경우가 있다. 사마귀가 매미를 잡으려는 마음을 어찌 거문고에 나타냈
겠는가마는 거문고 소리를 들은 사람은 거문고 타는 사람에게 살벌한
마음이 있음을 알았고,[34] 눈동자를 굴리고 말을 함부로 하는 사람이
어찌 마음에 그것을 드러냈겠는가마는 보는 사람은 그에게 두려움이

---

32 이 말은 『심경부주(心經附註)』 권4 「정자시청언동사잠(程子視聽言動四箴)」에 보인다.

33 이는 『명심보감』 「천명편(天命篇)」에 보이는 말이다.

34 이는 『후한서보일(後漢書補逸)』 권15 「채옹(蔡邕)」에 나오는 고사를 인용한 것인데,
    '작(雀)' 자는 '금(琴)' 자의 오자인 듯하다. 채옹이 진(陳) 땅에 있을 적에 어떤 사람의
    거문고 소리를 듣고 살벌한 마음이 있기에 물었더니, 그가 말하기를 조금 전에 사마귀
    가 매미를 잡아먹으려는 것을 보았다고 하였다. 『이정유서(二程遺書)』에는 이 고사를
    인용해 『중용장구』 제1장의 '막현호은 막현호미(莫見乎隱 莫顯乎微)'의 의미를 설명하
    였다.

있음을 안다. 간이 병들면 간을 치료하고, 씨앗을 뿌리면 씨앗이 나는
것을, 누가 전하고 누가 시킨 것이겠는가? 그렇지만 이는 다만 그윽하
고 혼자만 알고 있는 것을 소홀히 할 수 없다는 것을 말할 뿐이다.

抑有甚焉 破屋無垣 寇敵四至 若不由東 即必由西 若逐一人 即必致三
苟不處幽猶顯 視獨如衆 其何以存天理於未發 遏人欲於將萌乎 此誠意之
所以必先於正心也 此所以爲善惡關也 此所以有勿字旗也 此所以終身可行
者也 此無妄所以爲本於誠也

이보다 더 심한 경우도 있다. 집이 무너져서 담장이 없으면 도적이
사방에서 이르게 된다. 동쪽에서 오지 않으면 반드시 서쪽에서 오고,
한 사람을 쫓아가면 반드시 세 사람이 달려온다. 그윽한 곳에 처하여
드러난 곳처럼 여기고, 혼자만 아는 것을 보기를 여러 사람이 보는 것처
럼 하지 않으면, 어떻게 아직 발하지 않은 상태에서 천리를 보존하고,
장차 싹트려 하는 상태에서 인욕을 막을 수 있겠는가? 이것이 성의가
반드시 정심보다 앞서야 하는 이유이고, 이것이 성의가 선악의 관문이
되는 이유이고, 이것이 물자기(勿字旗)[35]가 있게 된 이유이고, 이것이
종신토록 행할 만한 이유이다. 이 그림의 '무망(無妄)'은 성(誠)에 근본이
된다.

【도표 해설】 이 「성의도」는 『대학장구』 제6장 성의장을 도표화한 것이
다. 여타 그림과 마찬가지로 하단 중앙에 '지선(至善)'을 배치하고 있는
데, 그 밑에 '무망(無妄)'을 써 넣었다. 그것은 설에 보이듯, 성(誠)에

---

35 물자기(勿字旗) : 사물(四勿)의 기(旗)를 말한다. 『논어』 「안연(顔淵)」의 "예가 아니면
   보지 말고, 예가 아니면 듣지 말고, 예가 아니면 말하지 말고, 예가 아니면 움직이지
   말라.[非禮勿視 非禮勿聽 非禮勿言 非禮勿動]"라고 한 내용을 가지고 만든 깃발이다.

근본이 되기 때문이다.

그리고 위의 설에 보이듯, 팔조목 가운데 성의가 정심보다 앞에 나오
는 이유에 대해 잘 비유하고 있는데, 선악의 기미가 처음으로 나뉘는
지점에서 악을 제거하고 선을 가득 차게 하는 것이 근본임을 드러내었
다. 이는 주희의 설을 그대로 따른 것이다.

【도표】 정심도(正心圖)

【도설】 凡人之心 兩不能相無 則不得不合 兩不可相有 則不得不分 淸濁
之兩 存於稟賦 不能相無者也 公私之兩 出於酬應 不可相有者也 於不能相
無之中 而省察乎兩間者 謂之聖 於不可相有之中 而依違於兩間者 謂之愚

握氷而操火 同一手也 揖客而擊賊 同一臂也 手有反覆 臂有屈伸 將何所折
衷而操舍乎

　무릇 사람의 마음은 두 가지가 서로 없을 수 없으니 합하지 않을 수
없고, 두 가지가 서로 있어서는 불가하니 나누지 않을 수 없다. 청(淸)·
탁(濁) 두 가지는 품부 받을 때 보존되어 서로 없을 수 없는 것이고,
공(公)·사(私) 두 가지는 서로 수응하는 데에서 나오니 서로 있어서는
불가한 것이다. 서로 없을 수 없는 가운데에 둘 사이에서 성찰하는 것을
'성(聖)'이라 하고, 서로 있어서는 불가한 가운데에 둘 사이에서 망설이
는 것을 '우(愚)'라고 한다. 얼음을 쥐거나 불을 잡는 것은 같은 손이고,
손님에게 읍을 하거나 적을 치는 것은 같은 팔이다. 손은 뒤집거나 엎을
수 있고, 팔은 굽히거나 펼 수 있으니, 장차 무엇으로 절충하여 잡거나
놓겠는가?

　噫 怒生於忿懷而難正 慾出於好樂而易偏 恐爲腎之志 則可愼者非恐乎
憂爲肺之志 則可謹者非憂乎 以至視聽也飮食也 無非發於情者 而反之則爲
天理 流之則爲人欲 所謂天理者 微妙而難見 所謂人欲者 危殆而不安 氣聽
命於心 則微可使著 心聽命於氣 則危益不安 是故 聖人以心御氣 而不爲氣
所御 以心養氣 而不爲氣所養

　아! 노여움은 성내는 데에서 생겨나 바루기가 어렵고, 욕심은 좋아하
는 데에서 나와 치우치기가 쉽다. 두려움은 신장(腎臟)의 뜻이니, 삼갈
만한 것은 두려움이 아니겠는가? 근심은 폐의 뜻이니, 삼갈 만한 것은
근심이 아니겠는가? 심지어 보고 듣고 마시고 먹는 것들은 정(情)에서
발하지 않은 것이 없으나, 그것을 돌이키면 천리가 되고, 그것을 함부
로 흘러가게 하면 인욕이 된다. 이른바 천리라는 것은 미묘하여 보기

어렵고, 인욕이라는 것은 위태로워 편안하지 않다. 기(氣)가 마음에서
명을 들으면 미묘해도 드러나게 할 수 있고, 마음이 기에서 명을 들으면
위태로워 더욱 편안하지 않게 된다. 이 때문에 성인은 마음으로써 기를
제어하고 기에게 제어당하지 않으며, 마음으로써 기를 기르고 기에게
길러지는 바가 되지 않는다.

懲忿如摧山 窒慾如塡壑 不恐不憂 公視公聽 風恬而水止矣 雷復而鏡明
矣 此顏子之廝殺也 仲弓之堅壁也 龜山所以旨訣於門徒也 程子所以諄復
乎季明也 然則使破屋修垣 賊無敢乘者 果何道而能之乎 吾欲問之惺惺翁

산을 무너뜨리듯이 성냄을 징계하고 골짜기를 메우듯이 욕심을 막아
두려워하지 않고 근심하지 않으며 공평하게 보고 공평하게 들으면, 바
람이 고요하여 물결이 잔잔해지고, 복괘(復卦)가 되어 거울이 밝아질
것이다. 이것이 안자(顏子)의 즉석에서 물리치는 것이며, 중궁(仲弓)의
벽을 견고히 하는 것이다.[36] 또한 구산(龜山)[37]이 문도들에게 지결(旨訣)
을 전한 것이고, 정자(程子)가 계명(季明)[38]에게 여러 번 되풀이하여 말
한 것이다. 그렇다면 부서진 집에 담장을 수리하여 적이 감히 담을 넘지
못하게 하는 것은 과연 무슨 방법으로써 능히 할 수 있는가? 나는 성성
옹(惺惺翁)[39]에게 그것을 묻고 싶다.

---

36 『주자어류』권41「안연문인장(顏淵問仁章)」에 "聖人便敎他素性克去 譬如賊來 顏子是進
　步 與之廝殺 敎仲弓以敬恕 是敎他堅壁淸野 截斷路頭 不敎賊來"라고 하였다.

37 구산(龜山) : 양시(楊時, 1053-1135)를 가리킴. 자는 중립(中立), 구산은 그의 호이다.
　정호(程顥)·정이(程頤)에게 배웠으며, 사량좌(謝良佐)·유작(游酢)·여대림(呂大臨)과
　함께 '정문사선생(程門四先生)'으로 불리었다. 그의 학문이 나종언(羅從彦)·이통(李
　侗) 등을 거쳐 주희(朱熹)에게로 이어졌다.

38 계명(季明) : 소병(蘇昞)을 가리킴. 계명은 그의 자이다. '무공선생(武功先生)'이라 일컬
　어졌다. 장재(張載)에게 오랫동안 수학하였고, 정호·정이 형제에게도 수학하였다.

39 성성옹(惺惺翁) : 마음을 가리킴. 마음이 어둡지 않고 항상 깨어 있음을 말한 것이다.

【**도표 해설**】 이「정심도」는『대학장구』전 제7장 정심수신장을 도표로
그린 것이다. 심지용(心之用)에 해당하는 분치(忿懥)·공구(恐懼)·호요
(好樂)·우환(憂患)을 배열하고, 그 밑에 제2절의 '시이불견 청이불문 식
이부지기미(視而不見 聽而不聞 食而不知其味)'의 첫 글자를 뽑아 기록하여
마음이 대상에 있지 않았을 때의 상황을 별도로 드러냈다.

　이 그림 역시 하단에 '지선(至善)'을 써 넣어 준적으로 삼았는데, 그
밑에 '경(敬)' 자를 써 넣어 궁극적으로 정심의 공부가 경(敬)으로써 하는
것임을 드러냈다.

【**도표**】 수신도(修身圖)

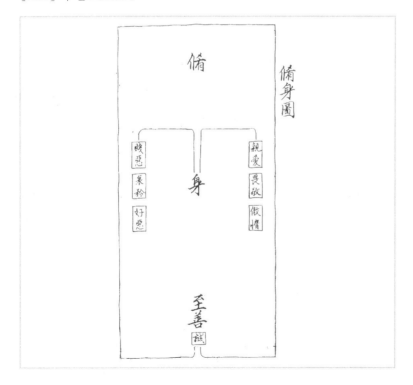

【도설】 觀人在身 檢身在心 人者身之主也 身者心之宇也 主之所失 同室
或可相輔 而宇之所剝 工倕亦不能掩 此善觀人者之所以必先心而後身也
躡函丈而見春溫之色 則明道之身 可想也 詰工夫而聞去矜之說 則上蔡之
心 可知也

　남을 관찰하는 것은 내 몸에 달려 있고, 내 몸을 단속하는 것은 내
마음에 달려 있다. 사람은 몸의 주인이고, 몸은 마음의 집이다. 주인의
실수는 집안사람들이 서로 도와줄 수 있지만, 집이 부서지면 공수(工
倕)40도 어찌할 수가 없다. 이는 사람을 잘 관찰하는 자가 반드시 마음
을 먼저 보고 몸을 나중에 보는 까닭이다. 스승 앞에 나아가 봄날 같은
온화한 얼굴빛을 본다면 정명도(程明道)41의 몸가짐을 상상할 수 있을
것이고, 공부에 대해 물어서 자만심을 제거하는 말을 듣는다면 사상채
(謝上蔡)42의 마음을 알 수 있을 것이다.

　攀登泰岳 前傾後仄 鞭策醉漢 左扶右欹 必其峻坂無平 醉心難醒也 情親
而可愛 則有溺愛之辟 位賤而可惡 則有憎惡之辟 過恭於君親 則辟於畏敬
太柔於惻怛 則辟於哀矜 非親非賤 無畏無哀 則又不平於傲惰

　넝쿨을 부여잡고 태산에 오를 적에는 몸이 앞뒤로 기우뚱거리고, 취
한 자에게 채찍질할 적에는 좌우로 비틀거린다. 이는 필시 높은 언덕에
는 평탄함이 없고, 취한 사람의 마음은 깨어나기가 어렵기 때문이다.
친한 이에게 정을 주어 사랑할 만하면 사랑에 빠지는 편벽됨이 있게
되고, 지위가 낮아서 싫어할 만하면 증오하는 편벽됨이 있게 된다. 임

40　공수(工倕) : 요(堯)임금 때의 장인(匠人)으로, 춘추시대의 공수반(公輸班)과 함께 교묘
　　한 솜씨를 지닌 기술자의 대명사로 일컬어진다.
41　정명도(程明道) : 정호(程顥)를 말함. 명도는 그의 호이다.
42　사상채(謝上蔡) : 정자의 문인 사량좌(謝良佐)를 말함. 상채는 그의 호이다.

금과 어버이에게 지나치게 공손하면 외경(畏敬)함에 편벽되고, 가엾은 이에게 너무 부드러우면 불쌍히 여김에 편벽된다. 친한 이도 아니고 천한 이도 아니며 두려움도 없고 슬픔도 없다면, 또한 거만하고 게으름에 대해 평평하지 못하게 된다.

吁 權衡一懸 輕重同得 水鑑才空 姸醜自別 由其稱也 何偏何頗 由其照也 孰昏孰明 比之鞭辟 歇處始安 方諸藤葛 纏解當升 心何以不正 身何以不修乎 於此有屋焉 有其主然後 門庭可掃也 統其緒然後 事務可頓也 升堂入室 寧不齊整 而無主則特一荒廬耳 不然 晦翁何以曰 身如一屋子 心爲一家主乎

아! 저울에 한 번 달면 경중이 같아지고, 밝은 거울이 텅 비면 미(美)·추(醜)가 절로 구별된다. 저울질한 것을 말미암으니 무엇이 치우치겠으며, 그것이 비추는 것을 말미암으니 무엇이 어둡고 무엇이 밝겠는가? 채찍질에 비유하자면 멈출 때에 비로소 편안하고, 등나무·칡넝쿨에 비유하면 얽힌 것이 풀릴 때 마땅히 위로 올라간다. 그러면 마음이 어찌 바르게 되지 않겠으며, 몸이 어찌 닦여지지 않겠는가? 여기에 집이 있다고 하자. 그 주인이 있은 뒤에라야 문과 마당을 청소할 수 있을 것이고, 그 실마리를 통솔한 뒤에라야 일이 정돈될 수 있다. 마루에 오르고 방에 들어감에 어찌 정제하지 않겠는가마는, 주인이 없으면 다만 한 채의 황량한 집일 뿐이다. 그렇지 않다면 회옹(晦翁)[43]이 어찌 "몸은 한 채의 집과 같고, 마음은 한 집안의 주인이 된다."라고 하였겠는가?[44]

---

43 회옹(晦翁) : 주희(朱熹)를 말함. 주희의 호가 회암(晦庵)이기 때문에 그렇게 칭한 것이다.

44 『주자어류』 권59 『맹자』 「인인심야장(仁人心也章)」에 "學問之道 無他 求其放心而已 諸公爲學 且須於此着切用工夫 且學問固亦多端矣 而孟子直以爲無他 蓋身如一屋子 心如一

嗟 夫玉蘊山輝 珠藏澤媚者 理勢之必然 誠中形外 粹面盎背者 古今之通論 撐船用篙 喫飯使匙 三千三百 梧棘可分 活潑平周 則其有不心者乎 敬義挾持 則其有不身者乎 傳曰 反身而誠 愚於是說得焉

아! 옥이 있어서 산이 빛나고, 구슬이 감춰져 못이 아름다운 것[45]은, 이치와 형세가 반드시 그러한 것이다. 마음속에 그것이 가득 차면 밖으로 드러나고,[46] 얼굴에 드러나고 등에 넘쳐흐르는 것[47]은, 고금에 통용되는 의논이다. 배를 저을 때는 상앗대를 이용하고 밥을 먹을 때는 숟가락을 사용하니, 3천 조의 곡례(曲禮)와 3백 조의 경례(經禮)[48]로 오동나무와 가시나무를 구분할 수 있다. 활발하게 두루 움직이는 것에는 심(心)이 그리하지 않는 것이 있겠는가? 경(敬)·의(義)를 함께 지니고 있는 것에는 몸[身]이 그렇게 하지 않는 것이 있겠는가? 전하는 기록에 "자신에게 돌이켜보아 성실하다."[49]고 하였으니, 나는 이 설에서 터득한 바가 있다.

【도표 해설】 이 「수신도」는 『대학장구』 전 제8장 수신제가장을 도표로 그린 것이다. '친애(親愛)' 등 오벽(五僻) 외에 '호오(好惡)'도 같은 격으로 표기한 것이 이채롭다. 이 그림에도 하단에 '지선(至善)'을 준적으로 삼고 있으며, 그 밑에 '성(誠)'을 써 넣어 『중용』의 '성신(誠身)'의 의미를 드러냈다.

家主 有此家主然後 能灑掃門戶 整頓事務 若是無主 則此屋不過一荒屋爾 實何用焉"이라고 하였다.
45 이 말은 육기(陸機)의 「문부(文賦)」에 보인다.
46 이 말은 『대학장구』 전 제6장에 보인다.
47 이 말은 『맹자』 「진심 상」에 보인다.
48 이 말은 『중용장구』 제27장에 보인다.
49 이 말은 『맹자』 「진심 상」에 보인다.

【**도표**】 제가도(齊家圖)

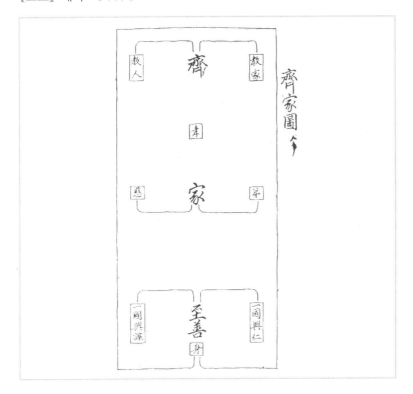

【**도설**】 至情所在 可以心遇 而不可以權接 可以誠感 而不可以機應 詳於
子而略於人者 以其爲親疎也 昵於子而飾於人者 以其有厚薄也 病疾憂患在
人則忽之 飮食言語待子則密焉 情有所鍾 愛有所施 則無意而相接 無約而
相應 油然有心 藹然有誠 夫豈有權機於其間哉

　지극한 정(情)이 있는 것은, 마음으로는 만날 수 있지만 권모(權謀)로
는 접할 수 없고, 정성으로는 감동시킬 수 있지만 기심(機心)으로는 응
할 수 없다. 자식에게는 자상하면서 남에게는 건성으로 하는 것은 그
관계가 친하거나 소원하기 때문이고, 자식에게는 친근히 하면서 남에

게는 가식적으로 하는 것은 그 정에 후하고 박함이 있기 때문이다. 질병과 우환이 남에게 있으면 소홀히 여기지만, 음식과 말로 자식을 대할 때에는 친밀하게 한다. 정은 모이는 바가 있고 사랑은 베푸는 바가 있으니, 의도하지 않아도 서로 접하고, 기약하지 않아도 서로 응한다. 부단히 마음에 있고 가득히 정성을 갖게 되니, 어찌 그 사이에 권모와 기심이 있겠는가?

四海九州之人 卒然相逢 權辭而接之 機辭而應之者 或有之矣 家人父子則不然 恩深而義篤 飢同而飽均 內無所隱 故其心也眞 外無所假 故其誠也慤 以心待心 以誠遇誠 標準統率之柄 顧不在於家長乎

온 세상 사람이 갑자기 서로 만나면 임기응변으로 접하고 기심으로 응하는 자가 혹 있다. 그러나 집안사람들과 부자(父子)의 경우는 그렇지 않아서 은혜가 깊고 의리가 돈독하며 굶주림도 함께 하고 배부름도 함께 한다. 안으로는 숨기는 것이 없기 때문에 그 마음이 진실하고, 밖으로는 거짓이 없기 때문에 그 정성이 성실하다. 마음으로 마음을 기다리고 정성으로 정성을 만나니, 표준이 되며 통솔하는 권한이 도리어 가장에게 있지 않겠는가?

噫 言行者 君子之樞要也 機權者 士夫之惡念也 況於一室之內 有民人焉 有社稷焉 父子而有君臣之嚴 祭祀而有蒸嘗之義 弟者 所以事長也 慈者 所以御衆也 一心涉於權 則是喪百經也 一誠流於機 則是失百眞也 下之奉上 將以僞也 我何爲而制之 幼之事長 將以詐也 我何爲而禁之 是故 善於家者 以心而不以權 以誠而不以機 寬裕恭遜 謹其所接 齋莊敬肅 愼其所感 使我所作爲 一出於公 無愧於吾心 而不歉於衆目 然後父父子子 而職分定矣 事

事物物 而敎令行矣 近而宗族化之 遠而俗效之矣 嗚呼 此豈可外於身哉

아! 언행은 군자의 핵심이고, 기심(機心)과 권모는 사인(士人)의 나쁜 생각이다. 하물며 한 집안에는 백성도 있고, 사직도 있음에랴. 부자간에도 군신간의 엄격함이 있고, 제사지내는 데에는 증상(烝嘗)[50]의 의미가 있다. 공경은 어른을 섬기는 방법이고, 자애는 백성을 다스리는 방법이다. 한 마음이 권모와 관계되면 온갖 법도를 잃게 되고, 한 정성이 기심으로 흐르면 온갖 진실함을 잃게 된다. 아랫사람이 윗사람을 받들 때 거짓으로써 하려 하면 내가 어떻게 그것을 막겠으며, 어린아이가 어른을 섬길 때 속임수로써 하려 하면 내가 어떻게 그것을 금하겠는가? 그러므로 집안사람들을 잘 다스리는 사람은 진심으로써 하고 권모로써 하지 않으며, 정성으로써 하고 기심으로써 하지 않는다. 관대하고 너그럽고 공손하고 겸손한 것은 만나는 사람에 대해 삼가는 것이고, 정중하고 장엄하고 공경하고 엄숙한 것은 감응하는 대상에 대해 신중히 하는 것이다. 가령 내가 행하는 것이 한결같이 공정한 데서 나와 내 마음에 부끄러움이 없고, 여러 사람들의 눈에 부족함이 없는 뒤에야, 아버지는 아버지답고 자식은 자식다워서 직분이 정해지고, 모든 사물에 교령(敎令)이 행해질 것이다. 가깝게는 종족이 교화될 것이고 멀게는 백성들의 풍속이 그것을 본받을 것이다. 아! 이것이 어찌 내 몸에서 벗어날 수 있겠는가?

【도표 해설】 이「제가도」는『대학장구』전 제9장 제가치국장의 제가에 초점을 맞추어 그림으로 그린 것이다. 상단의 좌우에 쓴 '교가(敎家)'·

---

50 증상(烝嘗) : 증상은 종묘(宗廟)에서 지내는 제사의 이름으로, 증(烝)은 겨울 제사, 상(嘗)은 가을 제사이다.

'교인(敎人)'은 전 제9장 제1절에서 따온 것이고, 그 아래의 '효(孝)'·'제
(弟)'·'자(慈)'도 제1절에서 나온 것이다. 하단 중앙의 '지선(至善)' 옆에
'일국흥인(一國興仁)'·'일국흥양(一國興讓)'은 제3절에서 따온 것이다.

【도표】 치국도(治國圖)

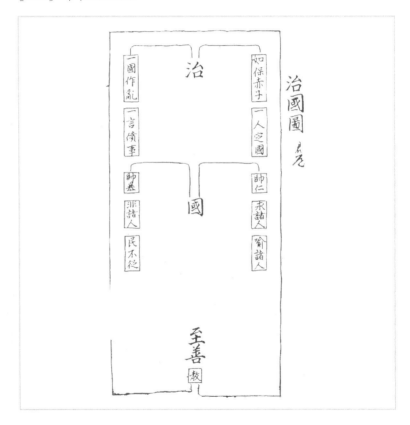

【도설】 天下之物 有本同而末異者 有本異而末同者 本同而末異者 其形不
得不散 本異而末同者 其勢不得不合 合者 何也 四瀆之會于東海是也 散者
何也 崑崙之分爲五岳是也 今夫山勢周遭縈紆於夷夏之郊 分而爲泰華衡岱

嵩高 又散而爲三危積石太行王屋岷峨諸山 如明德之大 而爲格致誠正修齊
治國 小而爲止定靜安慮得無欺愼獨好惡喜怒愛懼憂樂敬惰孝弟慈仁也 河
洛江漢衛河沁河淇水汝水之屬 派合灌輸於東海者 卽所謂格物致知誠意正
心修身齊家之收效於治國也

천하의 사물에는, 근본은 같으나 말단이 다른 경우가 있고, 근본은
다르나 말단이 같은 경우가 있다. 근본은 같으나 말단이 다른 것은 그
형태가 흩어지지 않을 수 없고, 근본은 다르나 말단이 같은 것은 그
형세가 합하지 않을 수 없다. 합한다는 것은 무엇인가? 사독(四瀆)[51]이
동해에서 모이는 것이다. 흩어진다는 것은 무엇인가? 곤륜산이 오악
(五岳)으로 나누어지는 것이다. 지금 산세가 두루 흘러 오랑캐 지역과
중화 지역의 교외까지 뻗어나가 얽혀 있다. 나누어져서 높은 태산(泰
山)·화산(華山)·형산(衡山)·대산(岱山)[52]·숭산(嵩山)이 되고, 또 흩어
져서 삼위산(三危山)·적석산(積石山)·태항산(太行山)·왕옥산(王屋山)·
민아산(岷峨山) 등이 되었다. 이는 마치 명덕의 큰 것은 격물·치지·성
의·정심·수신·제가·치국이 되는 것과 같고, 명덕의 작은 것은 지
지(知止)·유정(有定)·능정(能靜)·능안(能安)·능려(能慮)·능득(能得)·
무자기(毋自欺)·신독(愼獨)·호(好)·오(惡)·희(喜)·노(怒)·애(愛) ·구
(懼)·우(憂)·요(樂)·경(敬)·타(惰)·효(孝)·제(弟)·자(慈)·인(仁) 등
이 되는 것과 같다. 하수(河水)·낙수(洛水)·장강(長江)·한수(漢水)·위
하(衛河)·심하(沁河)·기수(淇水)·여수(汝水) 등의 물이 합해 동해로 흘
러가는 것이 곧 격물·치지·성의·정심·수신·제가가 치국에서 공효

---

51 사독(四瀆) : 사독은 중국에 있는 네 개의 큰 강, 즉 양자강(揚子江)·황하(黃河)·회수
(淮水)·제수(濟水)를 가리킨다.
52 대산(岱山) : 이는 항산(恒山)의 오류인 듯하다.

를 거두는 것과 같다.

　山無地絡之連 孰知崑崙之爲祖也 國無心身之用 孰知明德之爲綱也 比之治水 一淵奔逆 諸河皆溢者 猶一人貪戾 一國作亂也 一孔竭澤 一石防川者 猶一言僨事 一人定國也 決東則東流 決西則西流 而壅之則潰者 如帥仁而仁 帥暴而暴 反其所好 則不從之類也

　산에 지맥의 연결이 없으면 곤륜산이 조산(祖山)임을 누가 알겠으며, 나라에 심신(心身)의 작용이 없으면 명덕이 강령임을 누가 알겠는가? 치수(治水)에 비유컨대, 한 연못이 역류하면 온 강이 모두 넘치는 것은, 한 사람이 탐하고 어긋나면 온 나라 사람들이 난을 일으키는 것과 같다. 구멍 하나가 못을 마르게 하고, 돌 하나가 시내를 막는 것은, 한 마디 말이 일을 그르치고, 한 사람이 나라를 안정시키는 것과 같다. 물길을 동쪽으로 내면 동쪽으로 흘러가고, 서쪽으로 내면 서쪽으로 흘러가다가 그것을 막아버리면 무너지는 것은, 인(仁)으로써 거느리면 인을 행하고, 포악함으로써 거느리면 포악해져서 임금이 평소 좋아하던 것을 반대로 하면 백성들이 따르지 않는 것과 같다.

　是故 善觀水者 護堤如愛 導流如歸 推吾性而順水之勢 反吾心而治水之逆 探本認末 見始知終 向非山脈之厚 衆岳何由而發 向非水流之駛 諸派何由而達乎 觀其明德之善 可知其治國之本 觀其治國之效 可知其明德之終 寧可岐而分之哉 噫 自動靜而有陰陽 由流峙而有山水 散爲萬殊 末復合一者 理之變也 吾故於心而身而家而國也 亦曰德之敎也

　그러므로 물을 잘 살피는 자는 둑을 보호하기를 사랑하듯이 하고, 물길을 인도하기를 돌아갈 곳이 있는 것처럼 한다. 그래서 나의 본성을 미루어 물의 형세에 순응하고, 내 마음을 돌이켜 물의 역류를 다스린다. 근본을 탐구하고 말단을 알며 처음을 보고 끝을 아니, 이전에 산맥이 두텁지 않았다면 여러 산악들이 무엇을 말미암아 뻗어나갔으며, 이전에 물의 흐름이 빠르지 않았다면 여러 물줄기들이 무엇을 말미암아 바다에 도달하겠는가? 명덕의 선(善)을 보면 치국의 근본을 알 수 있고, 치국의 공효를 보면 명덕의 끝을 알 수 있으니, 어찌 갈라져서 나누어질 수 있겠는가? 아! 동(動)·정(靜)에서 음(陰)·양(陽)이 생기고, 물이 흐르고 땅이 솟아난 것을 말미암아 산과 강이 있게 되었다. 흩어지면 만 가지로 다르지만 끝에는 다시 하나로 합하는 것은 이치의 변화이다. 나는 이 때문에 정심수신·수신제가·제가치국에 대해 또한 '덕의 가르침'이라고 말하는 것이다.

【도표 해설】 이 「치국도」는 『대학장구』 전 제9장 제2절의 '여보적자(如保赤子)'·제3절의 '일국작란(一國作亂)'·'일언분사(一言僨事)'·'일인정국(一人定國)'과 제4절의 '솔인(帥仁)'·'솔포(帥暴)'·'구저인(求諸人)'·'비저인(非諸人)'·'유저인(喻諸人)'·'민부종(民不從)' 등을 취해 만든 것이다.

【도표】 평천하도(平天下圖)

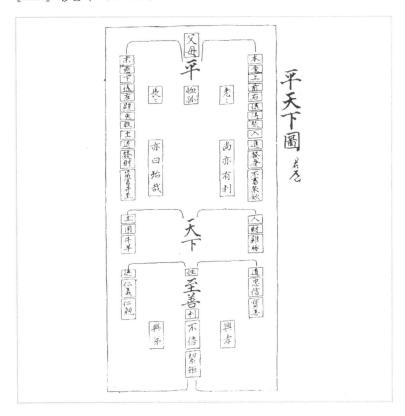

【도설】 治天下有道 親賢遠奸 明而已矣 治天下有法 信賞必罰 斷而已矣
治天下有本 禮樂敎化 順而已矣 此非先儒之統論於史斷者乎 況以四海之衆
萬機之煩 萃之於一人之心 內有嗜欲逸豫之萌 外有財寶服御之玩 昧本末之
機而不知聚散 溺好尙之偏而狃于功利 莫不隨其君之得失而治亂之

　천하를 다스리는 데에는 도가 있으니, 어진 이를 친히 하고 간사한
자를 멀리할 적에 분명히 할 뿐이다. 천하를 다스리는 데에는 법이 있으
니, 공이 있는 사람에게는 반드시 상을 주고 죄가 있는 사람에게는 반드

시 벌을 줄 적에 결단성 있게 할 뿐이다. 천하를 다스리는 데에는 근본
이 있으니, 예악으로 교화시킬 적에 순리대로 할 뿐이다.[53] 이는 선유가
사단(史斷)[54]에서 통론(統論)한 것이 아닌가. 하물며 천하의 백성들과 정
사의 번거로움이 한 사람의 마음에 모여 있으니, 안으로는 기욕(嗜欲)과
안일의 싹이 있고, 밖으로는 재물과 보배, 의복과 거마의 즐거움이 있
다. 본말의 기미에 어두워 모이고 흩어짐을 알지 못하고, 좋아하고 숭
상하는 편벽에 빠져 공로와 이익을 탐하니, 임금이 잘하고 잘못함에
따라 잘 다스려지거나 어지러워지지 않음이 없다.

天下之生久矣 豈有長否而長泰者乎 三皇以道化之 其民無爲如也 五帝
以德敎之 其民凞凞如也 三王以功勸之 其民皥皥如也 五伯以力率之 其民
懂虞如也 漢德而不足 晉力而有餘 蜀吳魏力之魁者也 十六國力之效者也
南五代秦穆之居停也 北五朝楚莊之逆旅也 隋者晉之子也 唐者漢之弟也 宋
者隋唐之梟楚也 下此則桀紂也 又下而呂政 又下而夷狄矣

　천하가 생긴 지 오래되었으니, 어찌 오랫동안 운이 막히거나 오랫동
안 태평한 경우가 있겠는가? 삼황(三皇)은 도로써 백성들을 교화하여
그 시대 백성들은 인위적으로 함이 없는 듯하였다. 오제(五帝)는 덕으로
써 백성들을 교화하여 그 시대 백성들이 화목한 듯하였다. 삼왕(三王)은
공(功)으로써 백성들을 권면하여 그 시대 백성들이 편안한 듯하였고,
오패(五覇)는 힘으로써 백성들을 통솔하여 그 시대 백성들은 즐거운 듯
하였다.[55] 한(漢)나라는 덕을 폈지만 부족하였고, 진(晉)나라는 힘으로

53　이 말은 반영(潘榮)의 『신안문헌지(新安文獻誌)』 권95 하의 「반절재영전(潘節齋榮傳)」
　　에 보인다.
54　사단(史斷) : 사단은 역사책에 어떤 사건의 말미에 비평으로 단안(斷案)을 내린 글이다.
55　이 말은 『맹자』 「진심 상」에서 취한 것이다.

써 하였는데 오히려 남음이 있었고, 촉(蜀)·오(吳)·위(魏)나라는 힘으로써 한 것 중 으뜸이었고, 16국은 힘으로 다스리는 것을 본받은 나라였다. 남조의 오대(五代)는 진 목공(秦穆公)이 머무는 듯했고, 북조의 오조(五朝)는 초 장왕(楚莊王)이 묵어가는 듯했다. 수(隋)나라는 진(晉)나라의 아들 같았고, 당(唐)나라는 한나라의 아우 같았다.[56] 송(宋)나라는 수나라·당나라의 말류였다. 이보다 하등은 걸(桀)·주(紂)와 같고, 또 그 아래는 여정(呂政)[57]과 같고, 또 그 아래는 이적(夷狄)과 같다.

今欲效三皇之所化 則人畜俱下 不可以無爲也 效五帝之德敎 則有如顏无父之御馬矣 馬知上有人而愛之 效三王之功勸 則有如顏淪之少衰矣 馬知上有人而敬之 效五伯之力率 則有如顏夷之又衰矣 馬知上有人而畏之 漢晉以下 不可效也 桀紂呂政夷狄 又不可言 而觀其愛也敬也畏也 可知其人和之淺深矣 若夫忠信仁義 固所以利之 而本之則父母也 要之則絜矩也 凡爲天下國家者 可不勉哉

지금 삼황이 교화시킨 바를 본받고자 하는 것은, 사람이나 짐승이나 모두 하등이어서 무위(無爲)할 수가 없기 때문이다. 오제의 덕교를 본받고자 하는 것은, 안무보(顏无父)[58]가 말을 모는 것과 같기 때문이니, 말이 자기의 등에 사람이 타고 있다는 것을 알고 그를 좋아하는 것과 같다. 삼왕이 공으로써 권면한 것을 본받고자 하는 것은, 안륜(顏淪)의 말몰이가 조금 쇠한 것과 같기 때문이니, 말이 등에 사람이 타고 있다는 것을 알고 그를 공경하는 것과 같다. 오패가 힘으로써 통솔한 것을 본받

56 이 말은 소옹(邵雍)의 『황극경세서』 권12 「관물편」에 보인다.
57 여정(呂政) : 진시황(秦始皇)의 이름이 영정(嬴政)인데, 여불위(呂不韋)의 소생이라 하여 '여정'이라 부른다.
58 안무보(顏无父) : 안륜(顏淪)·안이(顏夷)와 함께 중국 고대의 말을 잘 부리던 사람이다.

고자 하는 것은, 안이(顏夷)가 또 쇠한 것과 같기 때문이니, 말이 등에 사람이 타고 있다는 것을 알고 그를 두려워하는 것과 같다.[59]

한(漢)나라·진(晉)나라 이하는 본받을 수 없고, 걸·주·여정·이적은 또한 말할 수 없으니, 그 사랑하고 공경하고 두려워하는 것을 보면, 인화(人和)의 얕고 깊음을 알 수 있다. 충신(忠信)·인의(仁義)는 참으로 이롭게 여겨야 할 바이니, 그것에 근본하면 만백성의 부모가 되고, 그것을 요약하면 혈구(絜矩)가 된다. 그러니 천하의 국가를 다스리는 모든 자들이 힘쓰지 않을 수 있겠는가?

【도표 해설】 이「평천하도」는『대학장구』전 제10장의 요지를 뽑아 도표로 만든 것이다. 역대의 정치를 열거한 뒤 삼황·오제·삼왕의 정치를 본받아 충신·인의로써 다스려야 만백성의 부모가 될 수 있다는 점을 강조하고 있다.

---

59 말을 모는 데 비유한 말은『한시외전』권2에 보인다.

【도표】 혈구도(絜矩圖)

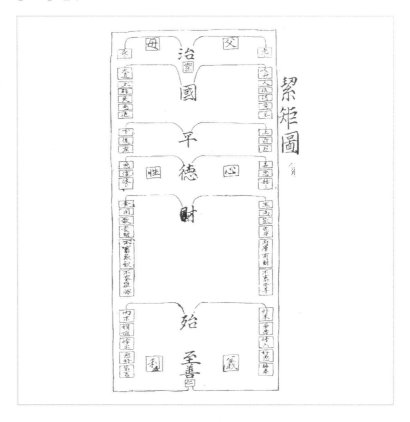

【도설】 好惡之均于物 猶勞佚之形於心也 一心之役 偏於所使耳目口鼻 雖各有勞佚 寧有不役于心者哉 好惡之在於物也 亦然 在身欲便 在德欲善 在財欲富 以至遇危 則欲安 遇家國 則欲治 遇天下 則欲平 事雖萬殊 理未嘗不一也 好榮惡枯 乃物之性 而人之性 卽同於物 舍勞就佚 亦人之情 而我之情不異於人

　좋아하고 싫어함이 사물에 균평하게 적용되는 것은 수고로움과 편안함이 마음에 나타나는 것과 같다. 한 마음의 부림이 이목구비를 부리는 바에 치우치게 되어, 각각 수고로움과 편안함이 있을지라도 어찌 마음에 부림을 받지 않음이 있겠는가? 좋아하고 싫어함이 사물에 있어서도 마찬가지이다. 몸에 있어서는 편안하려 하고, 덕에 있어서는 선하려 하고, 재물에 있어서는 부유하려 한다. 위태로움을 만나면 안정되려 하고, 집과 나라를 만나면 다스리려 하고, 천하를 만나게 되면 평치하려 한다. 일은 만 가지로 다르지만, 이치는 하나가 아닌 적이 없다. 영화로움을 좋아하고 시듦을 싫어하는 것은 사물의 본성이다. 사람의 본성은 곧 다른 생명체의 본성과 같다. 수고로움을 버리고 편안함에 나아가는 것 또한 사람의 정이니, 나의 정은 다른 사람의 정과 다르지 않다.

　性旣同也 情又不異 則其所好所惡者 顧安有彼此之殊乎 是故 所好於我者 必不惡於人 所惡於人者 必不好於物 推而及於上下四方 皆同 又推而至於心身家國 不異 同願同欲 或就或舍 推其性也 好惡曷嘗偏 推其情也 勞佚曷不均哉

　본성이 이미 같고 정 또한 다르지 않다면 좋아하는 것과 싫어하는 것에 있어 어찌 피차의 다름이 있겠는가? 이 때문에 나에게 좋은 것은 반드시 남에게도 싫지 않고, 남에게 싫은 것은 반드시 다른 생명체에게도 싫은 것이다. 이것을 상하 사방에 미루어 나갈 적에도 모두 같고, 또 내 몸과 마음 및 집안·국가에 미루어 나아가도 다르지 않다. 원하는 것을 같이 하고 바라는 것을 같이 하여 편안한 데로 나아가기도 하고 수고로움을 버리기도 하지만, 그 본성을 미루어보면 좋아하고 싫어함에 어찌 일찍이 치우치겠으며, 그 정을 미루어보면 수고로움과 편안함이 어찌 고르지 않겠는가.

噫 春溫煦於時 則物我同得 飢寒切於身 則人己俱喪 我欲立而立人 我欲
達而達人者 非君子反觀之術乎 己所不欲 夫子勿施 他人有心 雖聖度之 網
解三面 湯德及於禽獸 方長不折 柴也推之草木 此泛論其推恕之道耳

아! 봄날 따뜻한 바람이 제때에 불어오면 나와 다른 생명체가 그 기운
을 함께 얻고, 굶주림과 추위가 몸에 절실하면 남과 내가 함께 죽게
된다. 내가 어느 자리에 서고자 할 때 남을 세워주고, 내가 어디에 이르
고자 할 때 남을 이르게 해주는 것[60]이 군자가 반관(反觀)[61]하는 방법이
아니겠는가? 내가 하고 싶지 않은 것을 공자는 남에게 베풀지 않았고,[62]
다른 사람이 품고 있는 마음을 맹자는 헤아렸다.[63] 그물을 칠 때 세
방면을 터놓은 것은 탕왕의 덕이 금수에게까지 미친 것이고,[64] 바야흐
로 자라는 초목을 꺾지 않은 것은 고시(高柴)가 초목에 미루어나간 것이
다.[65] 이는 미루어 헤아리는[推恕] 도를 범범하게 논한 것이다.

乃若虞公以貪失國 虞叔以吝逐君 使虞公推吾求劍之心 恕其虞叔之心
必不至於貪 使虞叔推吾愛劍之心 恕其虞公之心 必不至於吝 由其不能交相
恕 而反相責也 是以 釀莫大之釁 凡在天地之間 而芸芸者物也 紛紛者事也

---

60 이 말은 『논어』 「옹야(雍也)」에 보인다.
61 반관(反觀) : 송(宋)나라 때 학자 소옹(邵雍)의 수양법에 나온 것으로, 주관에 집착하지
   않고 사물을 객관적으로 관찰하는 것을 말한다. 『황극경세서』 권12 「관물편」에 보인다.
62 이 말은 『논어』 「위령공(衛靈公)」에 보인다.
63 이는 『맹자』 「양혜왕 상」에 보이는 "王說曰 詩云 他人有心 子忖度之 夫子之謂也"라고
   한 것을 두고 한 말이다.
64 사마천의 『사기』 권3 「은본기(殷本紀)」에 "湯出 見野張網四面 祝曰 自天下四方皆入吾
   網 湯曰 嘻 盡之矣 乃去其三面 祝曰 欲左 左 欲右 右 不用命 乃入吾網 諸侯聞之曰 湯德至
   矣 及禽獸"라 하였다.
65 고시(高柴)는 공자의 제자임. 『논어집주』 「선진(先進)」 '시야우(柴也愚)'의 주에 "家語記
   其足不履影 啓蟄不殺 方長不折 執親之喪 泣血三年 未嘗見齒 避難而行 不徑不竇 可以見其
   爲人矣"라고 하였다.

將安得處此而可乎 愛者 仁之用也 恕者 仁之施也 故痿痺於四體者 醫經曰
不仁

우공(虞公)은 탐욕으로써 나라를 잃었고, 우숙(虞叔)은 인색함으로써
임금을 쫓아냈다.[66] 우공이 검을 구하는 마음을 미루어 우숙의 마음을
헤아렸다면 반드시 탐욕에 이르지 않았을 것이고, 우숙이 검을 아끼는
마음을 미루어 우공의 마음을 헤아렸다면 반드시 인색함에 이르지 않았
을 것이다. 그들은 서로 헤아리지 못하고 도리어 서로 책망하였다. 이
때문에 막대한 불화를 빚은 것이다. 이 세상에 있는 것 가운데 가득한
것은 물(物)이고, 분분한 것은 일[事]이다. 어떻게 이에 대처하는 것이
좋을까? 사랑[愛]은 인(仁)의 작용이고, 서(恕)는 인의 베풂이다. 그러므
로 사지가 마비되는 것을 의서(醫書)에서는 '불인(不仁)'이라 한다.

【도표 해설】 이 「혈구도」는 『대학장구』전 제10장에 보이는 '혈구지도
(絜矩之道)'를 특별히 중시하여 도표로 그린 것이다. 저자는 혈구(絜矩)
를 치국·평천하의 기본 원리로 보고, 이를 통해 공동체적인 삶의 동질
성을 찾는 데 중점을 두고 있다. 그것을 인(仁)의 작용과 베풂의 미학으
로 여긴 것이다.

---

66 춘추 시대 우숙은 우공의 동생인데, 좋은 옥을 가지고 있었다. 우공이 이를 달라고
   요구하자 "어찌 구슬로 인해서 죄를 받겠는가."라고 하면서 그 옥을 바쳤다. 그 뒤에
   다시 보검을 달라고 요구하자 "이처럼 한없이 욕심을 부리니, 끝내는 나를 해칠 것이
   다."라고 하고는, 드디어 우공을 쳤다. 『춘추좌씨전』환공(桓公) 10년조에 보인다.

이태수(李泰壽)의 대학도

【명칭】 대학오도(大學五圖)

【출전】 『지곡유고(止谷遺稿)』

【작자】 이태수(李泰壽, 1658-1724) : 자는 사형(士亨), 호는 지곡(止谷), 본관은 전주이다. 부친은 이원구(李元龜)이고 모친은 성주 이씨로 이준구(李俊耉)의 딸이다. 박세채(朴世采)의 문하에서 수학했으며, 명재(明齋) 윤증(尹拯)에게 편지를 올려 상례(喪禮)를 질의하기도 하였다. 이런 맥락에서 볼 때, 소론 계열의 학자로 보인다. 1679년 진사시에 합격한 뒤, 벼슬길에 나아갈 뜻을 버리고 파주 사목리(沙鶩里)에 우거하며 학문에 전념하였다. 뒤에 학행으로 천거되어 왕자사부 등에 임명되었으나 나아가지 않았다.

저술로는 불분권 4책의 『지곡유고(止谷遺稿)』가 있다. 경학 관계 자료로는 문집 도(圖)에 실린 「중용칠도(中庸七圖)」·「대학오도(大學五圖)」 등이 있다. 「대학오도」는 삼강팔조도(三綱八條圖)·강령지취도(綱領旨趣圖)·수신도(修身圖)·제가치국도(齊家治國圖)·혈구도(絜矩圖)로 되어 있다.

【도표】 삼강팔조도(三綱八條圖)

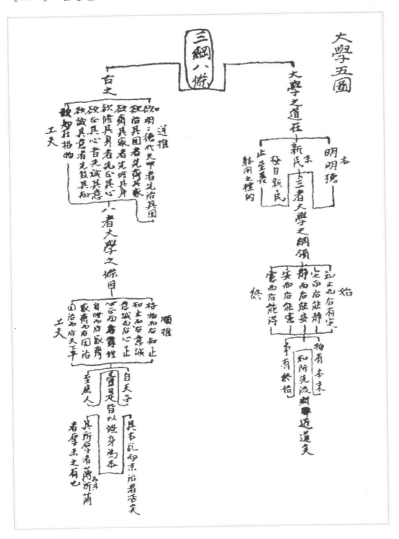

【도설】 右經一章 盖孔子之言而曾子述之 大抵大學一篇之指 摠而言之 不
出於八條 八條之要 摠而言之 又不出於三綱 此晦菴所以斷然以爲大學之綱

領 而又於三綱之中 分其體用 則明德又是三綱之綱領也

이는 경일장이다. 공자가 말씀하시고 증자가 그것을 기술한 듯하다. 대저 『대학』 한 편의 뜻을 총괄하여 말하면 팔조목에서 벗어나지 않고, 팔조목의 요지를 총괄하여 말하면 또한 삼강령에서 벗어나지 않는다. 이는 회암(晦菴)[1]이 단연 『대학』의 강령으로 여겼던 것이다. 또 삼강령 중에 그 체·용을 나누면 명덕이 또한 삼강령의 강령이 된다.

[도표 해설] 이 「삼강팔조도」는 삼강령·팔조목으로 나누어 두 개로 그린 그림이다. 삼강령은 권근·이황의 대학도와 마찬가지로 삼강령을 횡으로 나란히 배열하였다. 그러나 지지(知止)로부터 능득(能得)에 이르는 육사(六事)는 지어지선 밑에 배열하지 않고, 삼강령 전체의 밑에 배열하여 권근·이황의 대학도와 달리 하였다. 명명덕을 본으로, 신민을 말로, 지지를 시(始)로, 능득을 종(終)으로 본 것은 주희의 설을 그대로 따른 것이다.

왼쪽의 팔조목을 그린 그림은, 역추공부를 상단에 배치하고, 그 밑에 순추공효를 배열하였다. 도표에 순추 끝에 '공부(工夫)'라고 한 것은 '공효(功效)'의 오기이다. 그리고 그 밑에 경일장 제6절·제7절을 써 넣어 본말(本末)의 의미를 드러냈다.

이 그림은 주희의 『대학장구』의 설을 충실히 따라 그린 도표이다.

---

1 회암(晦菴) : 주희(朱熹, 1130-1200)를 가리킴. 회암은 그의 호이다.

【도표】　강령지취도(綱領旨趣圖)

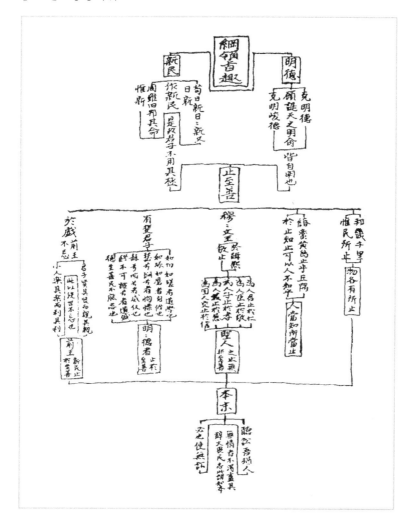

【도설】　右明德新民止至善本末傳四章　皆所以釋三綱領　故合爲一圖　而三
綱之中　各自有本末之不可紊者　學者尤不可不知也

　　이 그림은 명명덕전·신민전·지어지선전·본말전의 4장으로 되어 있는데, 모두 삼강령을 풀이한 것이다. 그러므로 합쳐서 하나의 그림으로 만들었다. 삼강령 속에는 각각 본말의 문란하게 할 수 없는 점이 있으니, 학자들은 더욱 알지 않아서는 안 된다.

【도표 해설】 이 그림은『대학장구』전 제1장부터 제4장까지의 삼강령전·신민전·지어지선전·본말전을 하나의 도표로 만든 것이다. 상단 중앙에 '강령지취(綱領旨趣)'라는 말을 써 넣은 것을 보면, 삼강령의 지취를 드러내려는 의도를 알 수 있다.

상단에 명덕·신민을 배치하고 그 밑에 전 제1장과 제2장의 요지를 써 넣었다. 그리고 그 밑의 중앙에 지어지선을 표기하여 명명덕·신민이 모두 지어지선을 목표로 함을 표시했다. 다시 그 밑에는 지어지선전 5절의 요지를 간추려 표기했는데, 제1절 밑에는 '물각유소지(物各有所止)'를, 제2절 밑에는 '인당지소당지(人當知所當止)'를, 제3절 밑에는 '성인지지 무비지선(聖人之止 無非至善)'을, 제4절 밑에는 '명명덕자 지어지선(明明德者 止於至善)'을, 제5절 밑에는 '전왕신민 지어지선(前王新民 止於至善)'을 써 넣었다. 이는 주희의『대학장구』에 따라 그 논리구조를 나름대로 정리한 것이다.

그리고 하단 중앙에는 지어지선전의 5절을 총괄하는 의미로 선을 그어 하나로 합한 뒤 '본말(本末)'을 써 넣어 위의 삼강령전이 본말에 귀결되게 하였다. 본말전을 하단에 배치하여 하나로 귀결시킨 것은, 위의 설에 보이듯이 삼강령 속에는 각각 본말의 문란하게 할 수 없는 점이 있기 때문이라는 관점을 반영한 것이다.

이 그림의 특징은 본말전을 삼강령전과 하나로 묶어 도표로 그렸다는 데 있다.

【도표】 수신도(修身圖)

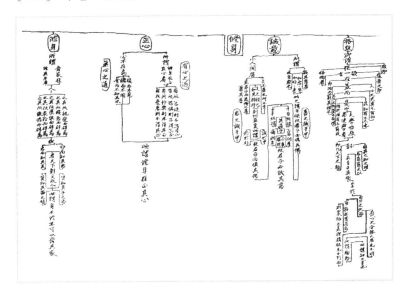

【도설】右朱子曰 正心以上 皆所以修身也 盖修身一章 實抱格致誠正之功
故合爲一圖 而又以是名之 盖一篇中條目工夫 莫切於此 至於明善之要 誠
身之本 在初學尤爲當務之急 讀者不可以其近而忽之也

　　이는 주자가 "정심 이상은 모두 수신이다."[2]라고 말한 것이다. 대체로
수신장 한 장은 실로 격물·치지·성의·정심의 공부를 포함하고 있다.
그러므로 합쳐서 하나의 그림으로 만들고, 또 '수신'으로써 이름을 붙였
다. 대개『대학』한 책 가운데 조목의 공부가 이보다 더 절실한 곳이
없다. 명선(明善)의 요점과 성신(誠身)의 근본에 대해서는, 초학자들에
게 마땅히 힘써야 할 급무가 되니, 독자들은 친근하다고 여겨 소홀히
해서는 안 될 것이다.

---

　2 이 말은『대학장구』경일장 제6절 주에 보인다.

【도표 해설】이 그림은 팔조목 가운데 명명덕에 속한 격물·치지·성의·정심·수신 다섯 조목을 하나로 묶어 도표로 만든 것이다. 다섯 조목의 요지를 별도로 그린 뒤, '수신'으로 포괄한 그림이다. 즉 전 제5장(격물치지장)·제6장(성의장)·제7장(정심수신장)·제8장(수신제가장)의 요지를 도표로 만든 것이다.

격물·치지 밑에는 주희의 『대학장구』 보망장의 내용 전체를 선으로 연결해 그렸고, 성의장의 내용도 전체를 도표로 만들었는데 '군자필신기독(君子必愼其獨)' 옆에는 '선지성우중(善之誠于中)'을, '소인한거(小人閒居)' 1절 옆에는 '악지성우중(惡之誠于中)'을 표기하여 자신의 견해를 드러냈다. 정심장을 그린 도표에는 사유소(四有所) 옆에 '유심지과(有心之過)'를, '심불재언(心不在焉)' 옆에는 '무심지과(無心之過)'를 써 넣어 자신의 견해를 드러냈다. 수신장을 그린 그림에는 자신의 견해를 드러내지 않았다.

【도표】 제가치국도(齊家治國圖)

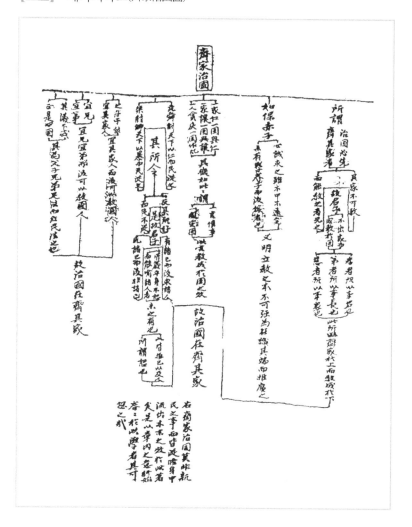

【도설】 右齊家治國 莫非新民之事 而皆從修身中流出 本末之效 於此著矣
是以 章內之意 終始眷眷於此 學者其可忽之哉

　이는 제가·치국으로, 신민의 일 아닌 것이 없다. 모두 수신에서 흘러

나와 본말의 공효가 여기에서 드러난다. 이런 까닭에 장내(章內)의 뜻이 처음부터 끝까지 이 점[本末]을 간곡하게 표현하고 있다. 그러니 학자들이 이를 어찌 소홀히 할 수 있겠는가.

[도표 해설] 이 그림은 전 제9장을 도표로 그린 것이다. 그림에는 별다른 특징이 발견되지 않는다.

[도표] 혈구도(絜矩圖)

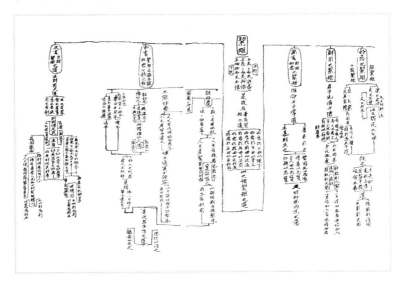

[도설] 右絜矩者 盖人心之所同 而推以度物 使彼我之間 各得分願 則其上下四方 均齊方正 此實平天下之要道也 此章之義 務在與民同好惡 而不專其利 皆推廣絜矩之義也 能如是 則親賢樂利 各得其所 而天下之平 不足憂矣

이 혈구도(絜矩圖)는 대개 인심의 같은 점으로, 이를 미루어 남의 마음을 헤아려서 남과 나 사이로 하여금 각자 분수에 맞는 소원을 얻게 한 것이다. 그러면 그 상하·사방이 공평하고 바르게 될 것이니, 이것이 실로 평천하의 요로(要路)이다. 이 장의 뜻은 힘쓸 바가 백성들과 더불어 호오(好惡)를 함께 하여 그 이익을 독차지하지 않는 데 있으니, 모두 혈구의 뜻을 미루어 넓힌 것이다. 능히 이와 같이 한다면 전왕이 친애한 사람을 친히 하고, 전왕이 어질게 여긴 사람을 어질게 대하며, 전왕이 즐겁게 해 준 것을 즐겁게 여기고, 전왕이 이롭게 해 준 것을 이롭게 여겨 각각 제자리를 얻게 될 것이니, 천하가 평치되는 것은 걱정할 것도 없다.

[**도표 해설**] 이 그림은 『대학장구』 전 제10장을 도표로 만든 것인데, '혈구(絜矩)'를 주제어로 뽑아 중앙에 배치하고, 전체를 호오지혈구(好惡之絜矩)·재용지혈구(財用之絜矩)·겸언재용호오지혈구(兼言財用好惡之絜矩)·신언혈구지능불능 호오공사지극(申言絜矩之能不能 好惡公私之極)·우언생재혈구지도(又言生財絜矩之道)로 나누어 요지를 파악한 것이다.

　전 제10장은 모두 23절로 되어 있어 요지를 파악하기가 쉽지 않다. 따라서 논자에 따라 각양의 설이 등장하는데, 이태수는 이를 다섯 단락으로 나누어 위와 같이 요지를 파악한 것이다. 이는 저자의 전 제10장에 대한 독자적인 발명에 해당한다. 소주에 보이는 운봉 호씨(雲峰胡氏)의 설에는 전 제10장을 여덟 단락으로 나누어 요지를 파악하였는데, 참고로 이를 제시하면 다음과 같다.

단락	범위	요지
제1단락	제1절	言所以有絜矩之道
제2단락	제2절	言此之謂絜矩之道
제3단락	제3절-제5절	就好惡上言絜矩
제4단락	제6절-제11절	就財用言絜矩
제5단락	제12절-제13절	當連上文善與不善看……兼財用好好惡言也
제6단락	제14절-제17절	就用人言
제7단락	제18절	不分言好惡與財用之絜矩 但言君子有大道
제8단락	제19절-제23절	生財大道 亦卽絜矩之道

【총설】○ 聖賢之憂道 至矣 立言垂訓 皆莫非爲後世著明斯道 而此猶不足 又以圖書 闡發微奧 指示後學 若羲之河洛濂溪之太極 卽其最著者 顧此大學一部 卽孔氏傳道之書 而綱條燦然 脉絡貫通 潛心以究 不待縷析而可尋 此實群經中標準 大道之皇極 而第格致誠正之道 旣極其精微 修齊治平之功 又極其廣大 分段分章 旨趣異 指 有本有末 體用同歸 此固不可以綱條已明 有所容易者 況其旣亡而追補者已錯而復整者 雖親經晦菴之手 尙多後來疑貳之論 則尤不可不區畫成圖 揭其本旨 俾世之眩迷者 昭晰於指掌之間也

성현이 도를 근심하신 것이 지극하다. 말씀을 하시고 가르침을 남기신 것은 모두 후세 사람들을 위해 이 도를 드러내 밝히지 않은 것이 없다. 그러나 이것도 오히려 부족하다고 여겨 다시 그림으로써 은미하고 깊은 뜻을 드러내 후학들에게 지적해 보여주셨으니, 복희씨(伏羲氏)의 하도(河圖)·낙서(洛書)³와 주렴계(周濂溪)⁴의 「태극도설(太極圖說)」과

---

3 하도(河圖)·낙서(洛書) : 하도(河圖)는 복희씨 때 황하에서 용마(龍馬)가 등에 지고 나왔다는 그림으로, 『주역』 팔괘의 근원이 되었다. 낙서(洛書)는 하(夏)나라 우(禹)임금 때 낙수에서 나온 신귀(神龜)의 등에 있었다는 글로, 『서경』 「홍범구주(洪範九疇)」의 기원

같은 것이 바로 그중 가장 드러난 것이다.

　다만 『대학』 한 책은 공자가 도를 전한 책으로, 강령·조목이 찬란하고 맥락이 관통하니, 잠심하여 궁구하면 굳이 세세하게 분석하지 않아도 그 뜻을 알 수 있다. 이 책은 실로 여러 경전의 표준이자 대도(大道)의 황극(皇極)이다. 다만 격물·치지·성의·정심의 도가 이미 그 정미함을 극진히 하였고, 수신·제가·치국·평천하의 공부도 그 광대함을 극진히 하였다. 단락을 나누고 장(章)을 나누면 지취(旨趣)가 달라지지만, 본·말이 있으며 체·용의 귀결점이 같으니, 이는 참으로 강령과 조목이 이미 명백하다는 이유로 용이하게 여기는 바가 있어서는 불가하다. 더구나 결실되어 뒤에 보충한 것과 착간(錯簡)되어 다시 정리한 것들은, 비록 회암(晦菴)의 손을 친히 거친 것이지만 오히려 후세의 의심하는 의논이 많으니, 더욱 구획하여 그림을 그려서 그 본지를 드러내어 세상의 미혹한 자들로 하여금 손바닥 위에 올려놓고 보듯이 환히 알게 하지 않을 수 없다.

　陽村權公 雖於綱條之本目 已有所畫成 區區愚見 不無差殊者 盖後學之疑晦 不在於綱條 而在於章句 則當明者 在此而不在彼矣

　양촌(陽村) 권근(權近)이 강령과 조목의 본래 항목에 대해 이미 구획하여 그림을 그린 것이 있지만, 구구한 나의 생각과 다른 점이 없을 수 없다. 대체로 후세 학자들이 주자를 의심하는 것은 강령과 조목에 있지

이 되었다.

4　주렴계(周濂溪) : 북송 때 주돈이(周敦頤, 1017-1073)를 가리킴. 염계(濂溪)는 그의 호이다. 자는 무숙(茂叔), 시호는 원공(元公)이다. 진단(陳摶)의 「무극도(無極圖)」를 참고하여 세계의 본체 및 형성발전을 도식화한 「태극도(太極圖)」를 완성하였다. 저술로 『태극도설(太極圖說)』·『통서(通書)』 등이 있다.

않고 장구(章句)에 있으니, 마땅히 밝혀야 하는 것은 장구에 있지 강령과 조목에 있는 것이 아니다.

　　茲將大學一篇中經傳章句六十六段 彙分條列 各以其本章歸趣 從類而成之 合爲五圖 夫然後 聖經賢傳之旨 昭揭而無隱 此愚所以忘僭踰分畫成而不敢辭也 倘令世之君子 指點之間 論其得失 俾有所修潤歸正 則豈獨爲窮鄕晩學指迷開牖之功而已哉

　　이에 『대학』 한 편 중의 경문·전문의 66개 문단을 어휘별로 나누고 조목별로 열거하여, 각각 그 본장의 귀취(歸趣)를 가지고 유형을 따라 만들고, 이를 합하여 다섯 개의 그림으로 그렸다. 이렇게 한 뒤에 성경(聖經)·현전(賢傳)의 뜻이 밝게 드러나 숨김이 없게 되었다. 이것이 내가 참람함을 잊고 분수에 넘치게 그림을 그리면서 감히 사양하지 않은 까닭이다. 후세 군자들로 하여금 지적하면서 그 잘잘못을 논하게 하여 윤색을 거쳐 바른 데로 돌아가는 바가 있게 한다면, 어찌 궁벽한 시골의 만학도가 미혹함을 지적하고 의리를 밝히는 공이 되는 데에서 그치겠는가.

　　昭陽荒落之陽月 完山李某書于聖麓幽居

　　계사년(1713) 10월 완산(完山) 이모(李某)가 성록유거(聖麓幽居)에서 쓰다.

이만부(李萬敷)의 대학도

【명칭】 명덕도(明德圖)

【출전】 『식산집(息山集)』 속집 권9

【작자】 이만부(李萬敷, 1664-1732) : 자는 중서(仲舒), 호는 식산(息山), 본관은 연안(延安)이다. 이조 판서를 지낸 이관징(李觀徵)의 손자로, 부친은 예조 참판을 지낸 이옥(李沃)이고, 모친은 전주 이씨로 이수광(李睟光)의 손자 이동규(李同揆)의 딸이다. 1664년 한양에서 출생하였다. 어려서 조부에게 배웠고, 뒤에 정시한(丁時翰)에게 수학하였다. 25세 때 과거를 포기하고 성리학과 경학에 몰두하였다. 이 시기에 이익(李瀷)의 형인 이잠(李潛)·이서(李漵) 등과 교유하였다. 1697년 경상도 상주로 이주하였다. 40세 때 이현일(李玄逸)을 방문하였고, 45세 때 『도동편(道東編)』을 완성하였다. 47세 때 문경 화음산(華陰山) 청화동(靑華洞)에 은거하였으며, 58세 때는 금릉(金陵)으로 이주하였다. 성호 이익과는 절친하게 지내며 학문을 토론하였다.

저술로는 36권 20책의 『식산집』과 『역통(易統)』·『역대상편람(易大象便覽)』·『예기상절(禮記詳節)』·『사서강목(四書講目)』·『태학성전(太學成典)』·『만동사의(萬東祠議)』·『식산지서(息山志書)』·『도동편』 등이 있다. 경학 관계 자료로는 문집 잡저에 실린 「대학론(大學論)」·「의정대학전삼장(擬定大學傳三章)」·「격물설」·「안씨도서선후천설변증(安氏圖書先後天說辨證)」과 잡서변상(雜書辨上)에 실린「대학혹문」·「중용지설(中庸之說)」·「논어지설(論語之說)」·「서지설(書之說)」·「전당전씨예형혼고시천역(錢塘田氏藝衡混古始天易)」·「역지설(易之說)」과 속집에 실린「명덕도(明德圖)」 등이 있으며,『사서강목』에 실린「대학」·「중용」·「논어」·「맹자」 등이 있다.

【도표】 명덕도(明德圖)

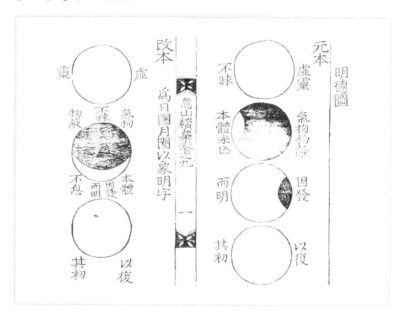

【도설】 有學者 得明德圖一本來示云 卽湖西人所作 其所取義亦好 但旁註安排 有所未穩 且因其所發而明之者 言用工處 不必別有圈 故於是取其義而改其圖 以示學者焉 變黑白左右爲上下 何也 此借月行晦朔圖明之 本圖是橫看者 此圖變圓爲直 是竪看者 橫看則分左右 竪看則分上下 自然之勢

也 而黑白以上下分 則懸註尤有條理 觀者詳之

어떤 학자가 명덕도(明德圖) 하나를 가져와 보여주며 "이 그림은 호서 사람이 그린 것입니다."라고 하였다. 이 그림이 취한 뜻은 또한 좋다. 다만 그림 옆의 주석 배치에 온당치 못한 점이 있으며, 『대학장구』 주의 '그 발한 바를 인하여 그것을 밝힌다.[因其所發而遂明之]'라고 한 것은 공부하는 지점을 말한 것으로 따로 그림을 그릴 필요가 없다. 그러므로 이에 대해 그 뜻만 취하여 그림을 고쳐 학자에게 보여주었다.

흑백을 좌우로 그린 것을 바꾸어 상하로 배치한 것은 어째서인가? 이는 월행회삭도(月行晦朔圖)를 빌려서 밝힌 것이다. 원래의 그림은 가로로 본 것인데, 이 그림은 원을 바꾸어 바로잡아 세로로 본 것이다. 가로로 보면 좌우로 나누어지고, 세로로 보면 상하로 나누어지니, 그것이 자연의 형세이다. 흑백을 상하로 나누면 주석이 더욱 조리가 있다. 그림을 보는 자는 상세히 알 수 있다.

【도표 해설】 이 「명덕도」는 주희의 해석에 따라 그린 것이다. 우측에는 기호 학자의 그림이 있고, 좌측에는 그것을 약간 수정한 저자의 그림이 있어 대조하도록 하였다. 위의 설에 보이듯, 저자는 기호 학자가 그린 그림 가운데 세 번째 그림은 공부를 하는 것에 해당하므로 그림으로 그릴 필요가 없다고 여겨 빼어버렸다. 그리고 흑백을 좌우로 그린 것을 세로로 그렸고, 원의 좌우에 표기했던 어구를 원과 원 사이에 표기하였다. 이는 유기적인 연관성을 더 드러내기 위한 것으로 보인다.

김춘택(金春澤)의 대학도

[명칭] 대학삼강령팔조목총도(大學三綱領八條目總圖)

[출전] 『북헌집(北軒集)』 권15

[작자] 김춘택(金春澤, 1670-1717) : 자는 백우(伯雨), 호는 북헌(北軒), 본관은 광산(光山)이다. 부친은 호조 판서를 지낸 김진구(金鎭龜)이고, 모친은 한산 이씨(韓山李氏)로 이광직(李光稷)의 딸이다. 조부는 숙종의 장인 김만기(金萬基)이며, 종조부는 김만중(金萬重)이다. 어려서 증조모 윤씨(尹氏)에게 수업하였고, 종조부로부터 문장을 배웠다. 노론의 중심 인물로 당쟁의 와중에 여러 차례 유배되었다. 특히 1689년 기사환국 이후 남인이 정권을 잡았을 때 여러 차례 수감되거나 유배되었으며, 1701년 소론의 탄핵으로 전라도 부안으로 유배되었고, 1706년 제주로 이배되었다. 시문에 뛰어났으며, 김만중의 『구운몽』·『사씨남정기』를 한문으로 번역하였다.

저술로는 20권 7책의 『북헌집(北軒集)』과 1책의 『만필(漫筆)』이 있다. 경학 관계 저술로는 문집 수해록문(囚海錄文)에 실린 「간서변의(看書辨疑)」·「논학강리(論學講理)」·「간서잡설(看書雜說)」과 「기자진홍범어무왕(箕子陳洪範於武王)」 등이 있다.

【도표】 대학삼강령팔조목총도(大學三綱領八條目總圖)

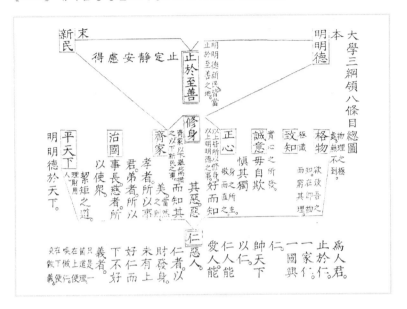

【도설】 右爲圖 盖依章句序次 旣揭綱領於上 又列條目於下 而其以止於至
善 置之於明德新民之間而稍下者 以其所謂皆當止於至善之地者 而所以示
總之之意也 平列八條目 而獨於修身稍上之者 以其所謂正心以上 皆所以修
身 齊家以下 擧此而措之者 而所以示修身爲自格物至平天下之宗也

　이 그림은 대체로 『대학장구』의 차서를 따랐다. 위에 삼강령을 걸어
두고, 또 아래에 팔조목을 배열하였다. 지어지선을 명명덕·신민의 가
운데 두고서 조금 내려 그린 것은, 이른바 '모두 마땅히 지극한 선의
경지에 그쳐'[1]라고 한 것을 따라, 그것을 총괄하는 의미를 보인 것이다.
팔조목을 나란히 배열하면서도 유독 수신을 조금 올려 그린 것은, 이른
바 '정심(正心) 이상은 모두 수신하는 것이며, 제가 이하는 이를 들어

1　이 말은 『대학장구』 경일장 '大學之道 在明明德'의 주에 보인다.

조처하는 것이다.'²라고 한 말을 따라, 수신이 격물로부터 평천하에 이르기까지 으뜸이 됨을 보인 것이다.

於所揭列綱條之旁若下 各書章句及集註中要語 而書之或大或細者 所以別之也 於諸綱條 皆圈而標之 而獨重圈於止於至善及修身者 以其止善總明德新民 修身爲諸條之宗故也 又自明德新民 各起一畫而合湊於止於至善 自修身至明德 自齊家至新民 又皆畫而承之 自修身之左右 正心若齊家 其間又皆畫之 以示夫脉絡之貫通者 則無非所以遵依註說 不敢或創出私意 而竊欲使經一章傳十章之要法大旨 瞭然於寸楮之上 以便學者之觀省者 然也

삼강령·팔조목을 그린 옆 부분과 아래 부분에는 각각 주자의 주석과 소주 가운데 요점이 되는 말을 적어두었는데, 글자를 크게 쓰기도 하고 작게 쓰기도 한 것은 이를 구별한 것이다. 삼강령·팔조목에는 모두 권역을 그려 표시하였는데, 유독 지어지선과 수신만 두 겹으로 한 것은 지어지선이 명명덕과 신민을 총괄하고, 수신이 팔조목의 으뜸이 되기 때문이다. 또한 명덕·신민에서 각각 한 획을 그어 지어지선에서 합쳐지게 하였고, 수신과 명명덕 사이 및 제가와 신민 사이에도 모두 선을 그어 이었다. 수신의 좌우에 있는 정심·제가에도 그 사이에 모두 선을 그어 맥락이 관통함을 보였으니, 주석의 설을 따르지 않은 것이 없다. 감히 나의 사사로운 의견을 독창적으로 드러내지 않았으나, 경일장과 전십장의 요법·대지를 한 장의 종이 위에 일목요연하게 나타내 학자들이 보고 살피는 것을 편하게 하고자 그렇게 만든 것이다.

且念大學之道 固自格物明德 以至有新民平天下之效 而究其歸趣 不過

---

2 이 말은 『대학장구』 경일장 '自天子 以至於庶人'의 주에 보인다.

欲爲仁而已 此於章句 雖無所顯言處 而顧於所謂仁之事 不啻累發而深明
之 其意亦可知也 今姑就圖之下方 揭仁之一字 與上之止於至善及修身 同
處於中行 又加重圈 又自格物平天下 各起一畫而合湊於仁 又探章句中言
仁文字及小註要語 列書於下 至此而圖成矣

또한 생각해 보건대, 대학의 도는 진실로 격물(格物)·명덕(明德)으로
부터 신민(新民)·평천하(平天下)의 공효에 이르기까지 그 귀취를 궁구해
보면, 인(仁)을 행하는 것에 불과할 따름이다. 이 점은 주자의 주에 분명
히 말한 바가 없다. 그러나 이른바 '인의 일[仁之事]'에 대해 돌아보면
거듭 말했을 뿐만 아니라 깊이 밝히고 있으니, 그의 의도를 또한 알
수 있다. 지금 짐짓 그림의 아래쪽에 '인(仁)' 한 자를 표기하여 위쪽의
지어지선·수신과 더불어 중앙에 세로로 나란히 두고 권역을 이중으로
그렸으며, 격물·평천하로부터 각각 한 획을 그어 '인'에 합쳐지게 하였
다. 또 주석 가운데 '인'에 관한 문구와 소주의 중요한 말을 모아 '인'
자 밑에 나란히 적어 두었다. 여기에 이르러 그림이 완성되었다.

抑惟學問之道 虞夏則執中 孔曾則爲仁 洛閩則居敬而已 然所謂中也仁
也敬也 雖各有所指 異其名義 而其所以爲學 則千聖相傳 初無二法 姑以大
學言之 固所以爲仁者 而雖不謂之爲仁 而謂之執中 其有不可乎 又雖不謂
之執中 而謂之居敬 其有不可乎 此又學者之所不可不知 故兹并錄之

학문의 도에 대해 생각해 보면, 순임금·우임금은 '집중(執中)', 공
자·증자는 '위인(爲仁)', 정자·주자는 '거경(居敬)'일 뿐이다. 그러나 이
른바 '중(中)'·'인(仁)'·'경(敬)'이라고 하는 것이 각각 본뜻이 있어 그
이름과 의미가 다르지만, 학문을 하는 점에 있어서는 여러 성현들이
서로 전할 적에 애초 두 가지 법이 없었다. 『대학』으로 말하면, 참으로

인을 행하는 것이니, '위인'이라 하지 않고 '집중'이라 하더라도 어찌 불가함이 있겠는가. 또 '집중'이라 하지 않고 '거경'이라 하더라도 어찌 불가함이 있겠는가. 이는 또한 학자들이 알지 않아서는 안 될 것이므로 여기에 함께 적어둔다.

[도표 해설] 이 그림은 삼강령의 명명덕·신민을 도표 상단 양쪽에 배치하고, 중앙에 지어지선을 배치한 뒤, 지어지선 옆에 지(止)·정(定)·정(靜)·안(安)·려(慮)·득(得)을 표기하였다. 이 그림은 지어지선을 명명덕·신민이 모두 지향해야 할 준적임을 드러내기 위해 선으로 연결하여 중앙에 위치시켰다는 점에서 그 의미가 있다. 그러나 지지(知止)로부터 능득(能得)에 이르는 것을 아무런 표시 없이 써 넣어 미진한 점이 있다.

또한 이 그림은 지어지선 밑에 팔조목의 '수신(修身)'을 표기하고, 명명덕·신민으로부터 선으로 연결하여 이어지게 하였다. 그리고 좌우로 팔조목을 네모 속에 나열한 뒤 그 밑에 요지를 적어 넣었다. 또한 격물로부터 평천하에 이르는 팔조목을 하나의 선으로 연결해 묶어서 중앙 '수신' 밑의 '인(仁)'에 연결시켰다.

이 그림의 특징은 중앙의 '지어지선(止於至善)'·'수신(修身)'·'인(仁)'은 겹 네모 속에 넣어 중심 개념으로 파악하고 있는 점이다.

권구(權榘)의 대학도

【명칭】 대학취정록병도(大學就正錄幷圖)

【출전】 『병곡집(屛谷集)』권4

【작자】 권구(權榘, 1672-1749) : 자는 방숙(方叔), 호는 병곡(屛谷), 본관은 안동이다. 부친은 선교랑을 지낸 권징(權憕)이며, 모친은 풍산 유씨로 유성룡(柳成龍)의 증손인 유원지(柳元之)의 딸이다. 1672년 경상도 안동 지곡리(枝谷里)에서 출생하였다. 이현일(李玄逸)의 문하에서 수학하였고, 이재(李栽)·김명기(金命基)·권두경(權斗經)·김성탁(金聖鐸)·이광정(李光庭) 등과 교유하였다. 남인이 실세한 뒤에서 벼슬에 나가기를 단념하고 학문에 전념하였다. 경학·성리학·예학 등을 깊이 연구하였으며, 이기론에 있어서는 율곡의 이통기국설(理通氣局說)을 반박하고 퇴계의 이기호발설(理氣互發說)을 지지하였다. 특히『중용』·『주역』에 조예가 깊었다.

　저술로는 10권 5책의『병곡집(屛谷集)』과 명훈(名訓)을 한글로 번역한『내정편(內政篇)』이 있다. 경학 관계 자료로는 문집 잡저에 실린「대학취정록병도(大學就正錄幷圖)」-전십장맥락(傳十章脈絡)·「중용취정록(中庸就正錄)」·「독역쇄의(讀易瑣義)」·「역괘취상(易卦取象)」·「역중기의(易中記疑)」·「기삼백주해(朞三百註解)」·「선형주해(璿衡註解)」및 편지글의

「답김통명대학문목(答金通明大學問目)」과 만록(謾錄)에 실린 「혈구변(絜矩辨)」・「계구신독(戒懼愼獨)」 등이 있다.

【도표】 대학취정록병도(大學就正錄幷圖)

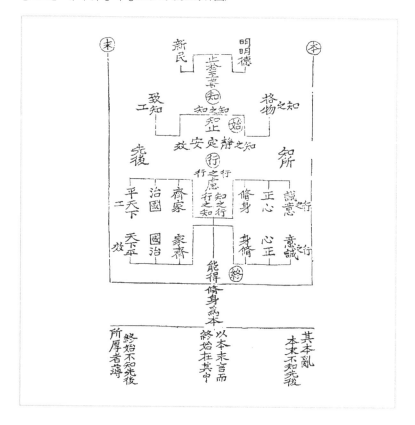

【도설】 此圖 主工夫 與陽村本體圖自別 蓋本末終始知所先後 爲下工夫之綱領 而先後二字 乃是關鍵 本末終始 如棊盤 三綱八目 如棊子 知所先後 是運用底 ─ 朱子講義曰 誠知先其本而後其末 先其始而後其終 則其進爲有序 而至於道 也 不遠矣 ─

이 그림은 공부를 위주로 하니, 양촌(陽村)의 본체도(本體圖)[1]와는 저절로 구별된다. 대체로 본말(本末)·시종(始終)·지소선후(知所先後)는 공부를 하는 강령이 되는데, '선후(先後)' 두 자가 관건이다. 본말·시종은 바둑판과 같고, 삼강령·팔조목은 바둑알과 같고, 지소선후(知所先後)는 이를 운용하는 것이다. − 주자의 「대학강의(大學講義)」에 이르기를 "진실로 그 근본을 먼저 하고 그 말단을 나중에 하며, 그 처음을 먼저하고 그 끝을 나중에 할 줄 알면 그 나아감에 차례가 있게 되어 도에 이르는 것이 멀지 않을 것이다."[2]라고 하였다. −

大學之道 在明明德新民止於至善 然工夫不出知行二字 所謂止於至善 亦非別有件事 只是知行 此明明德新民極至之謂 但首節 只言止於至善 而不及所以止於至善之事 故以知止一節繼之 以貫串知行 爲明明德新民止於至善之行程準式 而與上節相對言之 一爲其事而本末對立 一爲爲其事之事 而終始相仍 知其本始之當先 末終之當後 然後工夫方有次序 可以循循漸進 而止於至善 故又以物有本末一節繼之 − 知止之知 在八條工夫之內 知所先後之知 在八條工夫之外 − 承上起下 爲一章用工夫節度關鍵

대학의 도는 명명덕·신민·지어지선에 있다. 그러나 공부는 지(知)·행(行) 2자에서 벗어나지 않는다. 이른바 '지어지선'은 별도로 어떤 일이 있는 것이 아니라 지·행일 뿐이니, 이는 명명덕·신민이 극처에 이른 것을 말한다. 다만 경문 제1절에서 '지어지선'만을 말하고, 지어지선의 일에 대해서는 말하지 않았기 때문에 '지지(知止)' 1절로 그 뒤를 이어 지·행을 꿰뚫어 명명덕·신민·지어지선이 나아갈 절차와 법도

---

1 본체도(本體圖): 양촌 권근이 그린 「대학지장지도(大學指掌之圖)」를 가리킨다.
2 이 말은 주희의 『회암집(晦菴集)』 권15 「경연강의−대학(經筵講義−大學)」에 보인다.

로 삼은 것이다. 위의 절과 상대적으로 말하자면, 한편으로는 그 일을 하는 데 본말(本末)이 대립한 것이고, 한편으로는 그 일을 하는 일이 되어 시종이 서로 이어진 것이다. 그 본(本)과 시(始)를 먼저 해야 하고, 말(末)과 종(終)을 뒤에 해야 함을 안 뒤에야 공부에 바야흐로 차례가 있게 되어, 순서대로 점차 나아가 지극한 선에 이르러 머물 수 있다. 그러므로 또 '물유본말(物有本末)' 1절로 그 뒤를 이은 것이다. – '지지(知止)'의 지(知)는 팔조목 공부의 안에 있고, '지소선후(知所先後)'의 지(知)는 팔조목 공부의 밖에 있다. – 위를 잇고 아래를 일으켜 한 장의 공부하는 절도와 관건으로 삼았다.

下面逆推工夫 知所先後也 – 知所先後 則近道 故古之欲明明德於天下者 不失其 先後之序 而必先致知 然致知格物 自是不可著先字 故翻文而曰致知在格物 此知字 自知 止之知來 – 順推功效 近道而至於道也 旣言工夫功效 而又以自天子以下兩 節申結之 雖所以結上兩節 亦所以總結一章也 但本末終始自有底 而先後人 做底 有得失 故上節以知所先後順結 而下節以本亂所厚者薄 反結之 以明 知所先後 則本末終始 不失其序而可以進於道也 不知先後 則本末終始 有 所舛繆而遠於道也

아래의 역추공부(逆推工夫)는 먼저 하고 뒤에 할 바를 아는 것이다. – 먼저 하고 뒤에 할 바를 알면 도에 가깝다. 그러므로 옛날 천하 사람들로 하여금 그들의 명덕을 밝게 하고자 했던 사람은 그 선후의 순서를 잃지 않고서 반드시 먼저 앎을 지극히 하였다. 그러나 치지(致知)·격물(格物)에서는 '선(先)' 자를 붙일 수 없으므로 문투를 바꾸어 '치지는 격물에 있다[致知在格物]'고 하였으니, 이 '지(知)' 자는 '지지(知止)'의 '지(知)'로부터 나온 것이다. –

순추공효는 도를 가까이 하여 도에 이른 것이다. 공부·공효를 말하고서 또 '자천자(自天子)' 이하 2절로 거듭 결론지었다. 이는 위의 2절을 결론지은 것이지만, 또한 경일장을 총괄해 결론지은 것이다. 다만 본말·종시는 저절로 있는 것이나, 선후는 사람이 만든 것으로, 거기에는 득실이 있다. 그러므로 위의 절은 '지소선후(知所先後)'로써 순하게 결론지었고, 아래 절은 '본란(本亂)'·'소후자박(所厚者薄)'으로써 돌이켜 결론지었다. 그렇게 해서 먼저하고 뒤에 할 바를 아는 것을 밝히면, 본말과 종시가 그 순서를 잃지 않아서 도에 나아갈 수 있다. 선후를 알지 못하면 본말·종시가 어긋나는 점이 있어서 도에서 멀어진다.

蓋經一章 當作兩段看 上段三節 舉其綱要 而下段四節 是發明上段之意 體例義意 節節相應 上段自大學之道至至善 下段自古之至格物 是竪說 – 朱子以經文爲夫子誦古經之言 恐此是夫子所誦古經 – 上段自知止至近道矣 下段自物格至未之有也 是橫說 – 恐是夫子因古經覆解之言 – 竪說如記傳 橫說如議論 此體例之相襲者也

대개 경일장은 두 단락으로 나누어 보아야 한다. 상단의 3절은 그 요강을 들었고, 하단의 4절은 상단의 뜻을 발명한 것으로, 체례(體例)·의의(義意)가 절마다 상응한다. 상단의 '대학지도(大學之道)'로부터 '지어지선(止於至善)'까지와 하단의 '고지욕(古之欲)'으로부터 '재격물(在格物)'까지는 수설(竪說)[3]이다. – 주자는 경문을 공자가 고경(古經)을 암송한 말이라고 생각하였다. 아마도 이 구절은 공자가 외우고 있던 고경인 듯하다. – 상단의 '지지(知止)'로부터 '즉근도의(則近道矣)'까지와 하단의 '물격(物格)'으로부터 '미지유야(未之有也)'까지는 횡설(橫說)[4]이다. – 아마도 공자가 고경을 인하여

3 수설(竪說) : 위로부터 아래로, 근원으로부터 말단으로 곧장 내려 말하는 것을 가리킨다.
4 횡설(橫說) : 옆으로 말하는 것으로, 근원보다는 각각의 개체로 나누어진 데에 나아가

다시 해석한 말인 듯하다. – 수설은 전해 오는 말을 기록한 듯하고, 횡설은 자기가 의론하는 것 같으니, 이것이 바로 체례가 서로 이어지는 것이다.

如格致誠正修 應明明德 齊治平 應新民 止於至善 包括綱條 上爲明明德新民之標的 – 標的二字 朱子說 – 下爲知止能得之張本 則格致以下工夫功效無不相應 物格至天下平 應知止能得 自天子一節 應物有本末事有終始 – 因逆推工夫而順結之 蓋上段 只言本末而未及本末之所在 故言此以明修身爲本 則齊治平之爲末 可知 而事是本末上事 則終始亦自在其中矣 – 其本亂至未之有也 應知所先後 此義意之相貫者也 – 因順推功效而反結之 蓋其本亂者 是物之本末 失其先後也 所厚者薄 是事之終始 失其先後也 雖以身與家而言 其立言主意 於先後上 重如本末章 雖以明德新民言 其主意所歸 在本末上 觀夫章句末端 以觀於此言 可以知本末之先後矣 結之者可見矣 大抵第四節 與首節相應 五節 與二節相應 六節七節 與三節相應 –

격물·치지·성의·정심·수신은 명명덕에 상응하고, 제가·치국·평천하는 신민에 상응하고, 지어지선은 강령·조목을 포괄하여 위로는 명명덕·신민의 표적이 되고 – '표적(標的)' 2자는 주자의 설이다. – 아래로는 지지(知止)·능득(能得)의 장본이 된다. 그러므로 격물·치지 이하의 공부·공효는 상응하지 않음이 없고, 물격(物格)에서 천하평에 이르기까지는 지지·능득에 상응한다. '자천자(自天子)' 1절은 '물유본말 사유종시(物有本末事有終始)'에 상응하고 – 역추공부를 인하여 순하게 결론지었다. 대개 상단에서는 본말만을 말하고 본말의 소재는 말하지 않았다. 그러므로 이 점을 말하여 수신(修身)이 근본이 됨을 밝힌 것이니, 제가·치국·평천하가 말(末)이 됨을 알 수 있다. 그리고 일은 본말(本末) 위에서의 일이니, 시종(始終) 또한 저절로 그 속에 들어 있다. – '기본란(其本亂)'에서 '미지유야(未之有也)'에 이르기까

_____
말하는 것이다.

지는 '지소선후(知所先後)'에 상응한다. 이는 의의(義意)가 서로 관통하는 것이다. - 순추공효를 인하여 돌이켜 결론지었다. 대개 그 근본이 어지러운 것은 사물의 본말이 먼저 할 바와 뒤에 할 바를 잃은 것이고, 두텁게 할 바에 박하게 함은 일의 시종이 먼저 할 바와 뒤에 할 바를 잃은 것이다. 비록 신(身)·가(家)를 말하였지만 그 요점은 먼저 할 바와 뒤에 할 바에 있으니, 중요함이 본말장과 같다. 비록 명덕·신민을 말했지만 그 귀결처는 본말 위에 있으니, 본말장 주석 끝에 "이 말씀을 보면 본말의 선후를 알 수 있다."[5]는 것으로 결론지은 것을 보면, 그 뜻을 알 수 있다. 대저 제4절은 제1절과 상응하고, 제5절은 제2절과 상응하고, 제6절·제7절은 제3절과 상응한다. -

又以傳文考之 一章二章正釋明明德新民 三章釋止於至善 而引玄鳥詩說起止於至善之端 次引綿蠻詩 釋知止 次引文王詩 釋能得 - 止於至善 卻是虛位 知止一節 方是釋止於至善之實事 ○釋知止能得 見小註 -

또 전문(傳文)을 살펴보면, 전 제1장과 제2장은 바로 명명덕·신민을 해석한 것이다. 제3장은 지어지선을 해석한 것으로, 「현조(玄鳥)」를 인용해 설명하면서 지어지선의 단서를 일으키고, 다음 「면만(綿蠻)」을 인용해 '지지(知止)'를 해석하고, 그 다음 「문왕(文王)」을 인용하여 '능득(能得)'을 해석하였다. - '지어지선'은 도리어 허위(虛位)이고, '지지(知止)' 1절이 바야흐로 지어지선의 실사(實事)를 해석한 것이다. ○지지·능득을 해석한 것은 소주에 보인다. -

至如止於至善 本以明明德新民而言 故又引淇澳烈文詩以結之 而繼以聽訟章 釋本末 上以接明明德新民 下以起致知 其次第條貫如此 且以各章接

---

5 『대학장구』 전 제4장(본말장)의 주에 "觀於此言 可以知本末之先後矣"라고 하였다.

續之意言之 一章自明與二章苟日新接續 − 將引起新民 而新民本於自明 故對新
民言自明 新是自明之效 苟字 又有包擧上章之意 ○飜得一簡明字 作新字 −

　지어지선은 본래 명명덕·신민으로써 말한 것이므로 또 「기욱(淇澳)」
·「열문(烈文)」을 인용해 결론지었다. 그리고 청송장(聽訟章)을 그 뒤에
두어 본말을 해석해서, 위로는 명명덕·신민에 접하게 하고, 아래로는
치지(致知)를 일으켰으니, 그 차례와 조리가 이와 같다. 또 각 장이 접속
하는 뜻으로 말하면, 제1장의 '자명(自明)'과 제2장의 '구일신(苟日新)'은
서로 접속된다. − 장차 '신민'을 이끌어 일으키려 하는데, '신민'은 스스로 자신의
덕을 밝힌 데에 근본하기 때문에 '신민'에 상대하여 '자명(自明)'을 말한 것이다. '신
(新)'은 '자명(自明)'의 공효이다. '구(苟)' 자는 또 윗장의 뜻을 포괄하고 있다. ○'명
(明)' 자 하나를 바꾸어 '신(新)' 자로 만든 것이다. −

　二章用極 與三章所止接續 四章知本 與五章致知接續 − 知本而後 工夫方有
次序 故以致知繼之 − 皆承上起下 首尾相仍 經文旣如彼 傳文又如此 則經文知
止物有兩節之不可去 傳四章之不可移動 卽此亦可見矣
　제2장의 '용기극(用其極)'은 제3장의 '소지(所止)'와 접속되고, 제4장
의 '지본(知本)'은 제5장의 '치지(致知)'와 접속된다. − 근본을 안 뒤에야 공
부에 바야흐로 차례가 있게 된다. 그러므로 '치지'로써 이은 것이다. − 모두 위를
이어 아래를 일으켜서 처음과 끝이 서로 연결된다. 경문이 이미 그와
같으니, 전문도 또한 이와 같다. 그러므로 경문의 '지지(知止)'와 '물유본
말(物有本末)' 2절을 다른 데로 옮길 수 없고, 전 제4장도 다른 곳으로
옮길 수 없음을 여기에서 또한 알 수 있다.[6]

6　이는 『대학장구』의 편차를 개정하는 설에 대해 불가함을 말한 것이다.

大學工夫 不出知行二字 而知行 皆以止爲重 合而言之 則始於知止而終
於能得者 爲知行之止於至善 分而言之 則知到止處 爲知之止於至善 行到
止處 爲行之止於至善 知止者 物格知至 而於天下之事 皆有以知其至善之
所在也 乃知到盡頭 更無工夫 故以定靜安繼之 知之止於至善也 慮是定靜
安後 思慮自然精詳 研幾審處之謂 乃行到盡頭 故直以能得繼之 行之止於
至善也－慮是知行際接處 定靜安後 思慮自然精詳 事上精詳 是思慮精詳 然以處事精詳
而言 則爲行之知 以思慮精詳而言則爲知之行 蓋慮是行乎誠意以下六者之間 誠意章審幾
正心章密察 修身章加察 正釋慮字意 而如治國章心誠求之 平天下章絜矩之道 皆帶得慮字
意－此一節 是兼知行 以明明明德新民所以止於至善之事 則恐難以此偏屬
格致一邊耳

　대학의 공부는 지(知)·행(行) 2자에서 벗어나지 않는다. 지·행은 모
두 '지(止)'를 중요하게 여긴다. 합하여 말하면 지지(知止)에서 시작하여
능득(能得)에서 끝마치는 것은 지·행의 지어지선이 되고, 나누어 말하
면 지(知)가 머물 곳에 이르는 것이 지(知)의 지어지선이 되고, 행(行)이
머물 곳에 이르는 것이 행(行)의 지어지선이 된다.

　지지(知止)는 사물의 이치가 이르러 앎이 지극해져서 천하의 일에 대
해 모두 그 지극한 선이 있는 곳을 알게 되는 것이다. 이에 지(知)가
지극한 지점에 이르러 다시 공부할 것이 없으므로, 정(定)·정(靜)·안
(安)으로 그것을 이은 것이니, 지(知)가 지선에 이르러 머문 것이다. '려
(慮)'는 정·정·안 이후에 사려가 자연히 정밀하고 상세하여 기미를 살
피고 조처할 것을 살피는 것을 말한다. 이는 곧 행이 극진한 곳에 이른
것이므로 곧바로 '능득(能得)'으로 그것을 이은 것이니, 행이 지선에 이
르러 머문 것이다. －'려(慮)'는 지·행이 서로 만나는 지점이다. 정·정·안 이
후에 사려가 자연히 정밀하고 상세하게 되니, 사물에 대해 정밀하고 상세한 것은

사려가 정밀하고 상세한 것이다. 그러나 일을 조처할 적에 정밀하고 상세한 점으로 말하면, '행지지(行之知)'가 되고, 사려의 정밀하고 상세함으로 말하면 '지지행(知之行)'이 된다. 대개 '려'는 성의 이하 여섯 조목 사이에 행해진다. 성의장의 주에 '기미를 살피다[審幾]'라고 하고, 정심장 주에 '정밀히 살피다[密察]'라고 하고, 수신장 주에 '살핌을 더하는 것[加察]'이라고 한 것이 바로 '려' 자의 뜻을 해석한 것이다. 치국장의 '심성구지(心誠求之)'와 평천하장의 '혈구지도(絜矩之道)' 같은 것도 모두 '려' 자의 뜻을 지닌다. –

이 한 절은 지·행을 겸하여 명명덕·신민이 지어지선 하는 일을 밝힌 것이니, 이 단락을 치우치게 격물치지에만 소속시키는 것은 곤란한 듯하다.

明明德新民止於至善 爲大學之綱領 本末終始先後 爲大學下工夫之綱領 乃運用綱領條目之一大關棙 故綱領條目之間 依經文次第立傳 – 大學專是工夫 而八條目 是工夫之件目 本末終始先後 是工夫之準程 不知本末 則無下手地頭 故以此立傳 而終始先後之意 包貫在其中矣 – 豈可以爲無例之釋乎 – 穌齋以爲無例之釋 –

명명덕·신민·지어지선은 『대학』의 강령이 되고, 본말·종시·선후는 『대학』에서 공부하는 강령이 되니, 곧 강령·조목을 운용하는 하나의 큰 관건이 된다. 그러므로 강령·조목의 사이에 경문의 차례에 따라 전문을 둔 것이니 –『대학』은 오로지 공부에 관해 말한 것인데, 팔조목은 공부의 항목이고, 본말·종시·선후는 공부의 법식이다. 본말을 알지 못하면 손을 쓸 곳이 없으므로 이 때문에 전문을 세우고, 종시·선후의 뜻을 그 속에 포함시킨 것이다. – 어찌 체례가 없는 해석이라고 할 수 있겠는가? – 소재(穌齋)가 이를 '체례가 없는 해석[無例之釋]'이라고 하였다.[7] –

---

7 소재(穌齋)는 노수신(盧守愼)의 호이다. 이 말은 『소재집』 권7 「회재선생대학보유후발

晦齋又以爲古人述作 必取古昔聖賢之言以結之者 然矣 然中庸首章 大學經文 體例文勢 大抵相近 而中庸亦無此例 恐難以此爲證也 栗谷以爲經文旣是夫子之言 則又引夫子之言爲結語 可疑云者 亦似如此 蓋傳文 是曾子之意 而記之者門人 則如六章引曾子之言以明之 可也 經文是夫子之言 而曾子述之 則別以子曰 引夫子之言以結之 未可知也 大抵此節 鄭本在止於信下 程子置經文之末 而朱子乃引此以爲本末傳者 必有精義於其間 恐難易議也

회재(晦齋)[8]는 또 "고인의 저술은 반드시 옛 성현의 말씀을 취하여 결론을 짓는다."라고 하였는데, 그 말은 옳다. 그러나 『중용』 제1장과 『대학』 경문은 체례·문세가 대저 서로 가까운데 『중용』에도 이런 예가 없으니, 아마도 이로써 증거를 삼기는 어려울 듯하다. 율곡(栗谷)이 "경문이 이미 공자의 말씀인데, 또 공자의 말씀을 인용하여 결어로 삼은 것은 의심스럽다."고 말한 것도 이와 유사하다. 대개 전문은 증자의 뜻이나 기술한 자는 그의 문인이니, 전 제6장처럼 증자의 말씀을 인용하여 증명한 것은 가능하다. 경문은 공자의 말씀인데 증자가 기술한 것이니, 별도로 '자왈(子曰)'이라는 말을 써서 공자의 말씀을 인용해 결론짓는다는 말은 이해할 수 없다. 대저 이 절은, 정본(鄭本)[9]에는 '지어신(止於信)' 아래에 있었는데, 정자(程子)는 경문의 끝으로 옮겨 두었다. 그런데 주자가 이 절을 다시 옮겨 본말전으로 삼은 것은, 반드시 그 사이에 정밀한 뜻이 있었을 것이니, 쉽게 논의하기는 어려울 듯하다.

(晦齋先生大學補遺後跋)」에 보인다.

8 회재(晦齋) : 이언적(李彦迪)의 호임. 우리나라에서 최초로 『대학장구』의 편차를 일부 개정하는 설을 제기하여 「대학장구보유(大學章句補遺)」를 저술하였다.

9 정본(鄭本) : 후한 말의 정현(鄭玄)이 전한 판본이라는 뜻으로, 십삼경주소본에 들어 있는 『고본대학』을 가리킨다.

心爲應萬事之本 而心之官 思也 自格致以至平天下 思未嘗不在其中 仁
爲心之德也 自格致以至平天下 仁無不體

심(心)은 만사에 응하는 근본이 되는데, 심이 관장하는 것은 생각[思]
이다. '격물치지'로부터 '평천하'에 이르기까지 생각이 그 속에 있지 않
은 적이 없다. 인(仁)은 마음의 덕인데, '격물치지'로부터 '평천하'에 이
르기까지 인이 체가 되지 않음이 없다.

晦齋補遺之言 粹然無非至論 如程傳於本義 或不無逕庭 而莫非義理之
極至 學者又不可以不知也

회재(晦齋)의 「대학장구보유(大學章句補遺)」의 말은 순수하여 지론(至
論)이 아닌 것이 없다. 정전(程傳)[10]이 주자의 본의(本義)에 대해 혹 차이
가 없는 것은 아니지만, 의리가 지극하게 이르지 않은 점이 없다. 그러
니 학자들은 또한 이 점을 알지 않아서는 안 된다.

晦齋旣有定論 而宋濂董槐王柏方孝孺蔡靖諸公之見 又與之暗合 則非末
學淺見所敢妄議 旣難强其所疑 而退溪西厓兩先生之說有在 故推原此意 參
以經文 隨筆記疑如右 還切惶悚之至 此下 別記一篇疑義

회재는 이미 정론(定論)이 있었는데, 송렴(宋濂)·동괴(董槐)·왕백(王
柏)·방효유(方孝孺)·채정(蔡靖)[11] 등 여러 공의 견해와 암암리에 합치하
였으니, 나 같은 말학의 천견으로 감히 함부로 의논할 바가 아니다.
그러나 의심되는 바를 억제하기 어렵고, 퇴계(退溪)·서애(西厓) 두 선생
의 설에 이를 비판한 것이 있기에, 이 뜻을 미루어 근원하고 경문을

---

10 정전(程傳) : 『주역』에 대해 정자(程子)가 주석한 것을 가리킨다.

11 동괴·왕백은 남송 말의 주자학자이고, 송렴·방효유·채청은 명나라 전기의 주자학자
이다. 이들은 모두 주희의 『대학장구』를 개정하는 설을 제기하였다.

참고하여 의심나는 것을 생각나는 대로 위와 같이 기록하니, 도리어 황송하기 그지없다. 이 아래에는 『대학』의 의심나는 뜻을 별도로 기록한 것이다.

八條目爲應萬事之綱領 三綱領爲八條目之綱領 心爲三綱領之綱領 故大學從頭至尾 皆從心上說 而未及乎事 全是用工地頭 故皆從用上說 而未及乎體 如傳十章財用用人 固是平天下最大底事 然亦因此以明絜矩之意也 如經文明德 傳首章峻德 固是體 然重在明之之意 亦未言明德峻德體段也

팔조목은 만사에 응하는 강령이 되고, 삼강령은 팔조목의 강령이 되며, 심(心)은 삼강령의 강령이 된다. 그러므로 『대학』은 처음부터 끝까지 모두 심 위에서 말하고 일에는 미치지 않았으니, 온전히 공부를 하는 곳이다. 그러므로 모두 용(用)을 따라 말하고, 체(體)에는 미치지 않았다. 전 제10장의 '재용(財用)'·'용인(用人)'은 참으로 평천하의 가장 큰 일이나, 또한 이를 인하여 혈구(絜矩)의 뜻을 밝혔다. 경문의 '명덕'과 전 제1장의 '준덕(峻德)'은 참으로 체이다. 그러나 중점은 그것을 밝히는 의도에 있기 때문에 또한 '명덕'·'준덕'의 본체는 말하지 않았다.

傳三章 皆雜引經傳 各爲結語 以連綴上下之意 而證明其大致 然其工夫要領 亦自在其中 如顧字爲誠正修三章下工夫之綱領 －顧字兼操存省察意－ 作字爲齊治平三章下工夫之綱領 －作字兼制産興學意－ 敬字 總爲傳六章全體下工夫之綱領 而淇澳烈文兩詩 又爲總結 則道學自修親賢樂利 亦爲下六章綱領矣

전 제1장·제2장·제3장은 모두 경전을 이것저것 인용하여 각각 결어로 삼아 상하의 뜻을 연결시켜서 그 크게 이룩한 점을 증명한 것이다.

그러나 공부하는 요령은 자연히 그 가운에 있다. 예컨대 '고(顧)' 자는
성의·정심·수신 3장에서 공부하는 강령이 된다. – '고(顧)' 자는 조존(操
存)·성찰(省察)의 뜻을 겸한다. – '작(作)' 자는 제가·치국·평천하 3장에서
공부하는 강령이 된다. – '작(作)' 자는 제산(制産)·흥학(興學)의 뜻을 겸한다.
– '경(敬)' 자는 전문 6장(성의장~평천하장) 전체에서 공부하는 강령이
된다. 「기욱(淇澳)」·「열문(烈文)」 두 시를 또한 결어로 삼았으니, '도학
(道學)'·'자수(自修)'·'현기현(賢其賢)'·'친기친(親其親)'·'낙기락(樂其
樂)'·'이기리(利其利)' 역시 아래 전문 6장의 강령이 된다.

　知至而意誠 則心可正身可修 然動於中者 或偏而不能密察 則心不存而身
不修矣 接於外者 或僻 而不能加察 則溺愛貪得 身不修而家不齊矣 不可以
意旣誠而或廢省察之工也 然二章只言其病 而不言所以正所以修者 正修之
工 已在誠意上 只去其病而心自正身自修也 – 誠意章末段 身心字當諦看 –
　지(知)가 지극해져서 의(意)가 선으로 가득 차면 마음[心]을 바르게
할 수 있고, 몸[身]을 닦을 수 있다. 그러나 마음속에서 움직이는 것이
혹 편벽한데도 자세히 살필 수 없으면, 마음이 보존되지 못하고 몸도
닦여지지 않는다. 외부의 사물에 접하는 것이 편벽한데도 살핌을 더하
지 못하면 사랑에 빠지고 얻음을 탐하여 몸이 닦여지지 못하고 집안이
가지런해지지 않는다. 의(意)가 이미 선으로 가득 찼다고 하여 혹 성찰하
는 공부를 그만두는 것은 불가하다. 그러나 2장(제7장·제8장)에서는 그
병폐만 말하고, 마음을 바르게 하고 몸을 닦는 방법에 대해서는 말하지
않았다. 그것은 마음을 바르게 하고 몸을 닦는 공부가 이미 성의(誠意)에
있어서 그 병폐를 제거하면 마음이 절로 바르게 되고 몸이 절로 닦여지
기 때문이다. – 성의장 말단의 '신(身)'·'심(心)' 자를 눈여겨보아야 한다. –

誠意以下五章 分段體例 起頭結語 文有異同 章句已見大意 先儒說 亦略
備 而試以齊治平三章言之 其大意皆從修身上說去－治國章所藏乎身 其儀不忒
平天下章老老長長恤孤 先愼乎德等說 無非修身爲本之意－蓋齊家而後治國 治國而
後平天下 其序有如此者 然自其爲本者而言 則齊家以修身 治國以修身 平
天下以修身 隨其所在 各爲其本－治平 只是以治家之道 推而行之 而治家本於修身
所以修身 隨所在而爲其本也－

성의장 이하 5장의 분단(分段)·체례(體例)·머리말·결어에는 문투에
다른 점이 있는데, 『대학장구』의 주에 이미 대의를 다 드러냈으며, 선유
의 설에도 대략 갖추어져 있다. 그런데 시험 삼아 제가·치국·평천하
3장으로 말하자면, 대의는 모두 수신을 따라 말한 것이다.－치국장의
'소장호신(所藏乎身)'·'기의불특(其儀不忒)', 평천하장의 '노노장장휼고(老老長長恤
孤)'·'선신호덕(先愼乎德)' 등의 설은 수신으로 근본을 삼는 뜻 아닌 것이 없다.－
대개 집안을 균평하게 다스린 뒤에 나라를 잘 다스리고, 나라를 잘 다스
린 후에 천하를 공평히 다스림은 그 순서에 이와 같은 점이 있는 것이다.
그러나 그 근본이 되는 점으로부터 말하면, 제가도 수신으로써 하고,
치국도 수신으로써 하고, 평천하도 수신으로써 하여 그 소재를 따라
각각 그 근본이 된다.－치국·평천하는 집안을 다스리는 도를 미루어 행하는
것일 뿐이다. 집안을 다스리는 것은 수신을 근본으로 하니, 수신하는 것은 소재에
따라 그 근본이 된다.－

如適千里者 具徒御備糧糧 行百里 然後行二百里 行二百里 然後行三百里
然行百里者 以此 行二百里者 以此 行三百里者 以此 若只曰 行二百里 在百
里 行三百里 在二百里 則不知其所資而行者 有其本也 蓋工之進於內者 極
於正心 效之推於外者 本於修身 身是盛貯此格致誠正之學而運用之器也

천 리를 가는 자가 하인을 데리고 식량을 준비하여 1백 리를 간 후에 2백 리를 가고, 2백 리를 간 후에 3백 리를 간다. 그러나 1백 리를 가는 것도 이로써 가는 것이고, 2백 리를 가는 것도 이로써 가는 것이고, 3백 리를 가는 것도 이로써 가는 것이다. "2백 리를 가는 것은 1백 리에 있고, 3백 리를 가는 것은 2백 리에 있다"고 말한다면, 그가 바탕으로 하여 간 것에 근본이 있음을 모르는 것이다. 대개 공부가 안에서 진보되는 것은 '정심(正心)'에서 지극하게 되고, 공효를 밖으로 미루어 나가는 것은 '수신'에서 근본하니, 몸[身]은 격물·치지·성의·정심의 학문을 성대하게 축적하여 운용하는 그릇이다.

治國章曰 所藏乎身不恕 而能喩諸人者 未之有也 藏是格致誠正之學 恕是擧此而措之也 格致誠正之學成於內 則爲修身 格致誠正之學推諸外 則爲齊治平 此所以齊家而言修身 治國而言修身 平天下而言修身 而明明德之用 隨處而無不行矣

치국장에서 "몸에 간직한 것이 서(恕)가 아니면서 능히 남을 깨우치는 자는 아직까지 있지 않았다."라고 하였다. 간직한 것은 격물·치지·성의·정심의 학문이고, 서(恕)는 이것을 들어 조처하는 것이다. 격물·치지·성의·정심의 학문이 안에서 이루어지면 수신이 되고, 격물·치지·성의·정심의 학문이 밖으로 미루어 나가면 제가·치국·평천하가 된다. 이것이 집을 다스리는 것에도 수신을 말하고, 나라를 다스리는 것에도 수신을 말하고, 천하를 다스리는 것에도 수신을 말하여 명덕을 밝히는 용(用)은 어느 곳이든지 행하지 않음이 없는 까닭이다.

【도표 해설】 이 그림은 권근·이황의 대학도와는 다른데, 그 특징을 정리하면 다음과 같다. 첫째, 명명덕·신민을 두 축으로 하여 본·말로 삼고, 명명덕·신민 밑에 지어지선을 두어 귀결처로 삼았다. 둘째, 지어지선 밑에 팔조목의 격물·치지 및 지지(知止)를 배치하여 지(知)로 삼았는데, 이를 시(始)로 보았다. 셋째, 그 아래 팔조목의 성의·정심·수신·제가·치국·평천하 여섯 조목의 공부와 공효를 배치하여 능득(能得)에 귀결되고 하고, 이를 종(終)으로 보았다. 넷째, 팔조목의 수신을 행의 근본으로 삼아 경일장 제6절·제7절의 의미를 강조했다.

윤봉구(尹鳳九)의 대학도

【명칭】 대학도(大學圖)

【출전】 『병계집(屛溪集)』 권35

【작자】 윤봉구(尹鳳九, 1681-1767) : 자는 서응(瑞膺), 호는 병계(屛溪)·구암(久菴), 본관은 파평이다. 부친은 윤명운(尹明運)이고, 모친은 전주이씨로 이경창(李慶昌)의 딸이다. 『사마방목』에는 1683년에 출생한 것으로 되어 있다. 한양에 살았다. 권상하(權尙夏)의 문하에서 수학하였다. 1714년 진사시에 합격하였고, 1725년 유일로 천거되어 청도군수가 되었다. 그 뒤 사헌부 지평 등을 역임하고, 대사헌에 거쳐 공조 판서에 이르렀다.

한원진(韓元震)·이간(李柬)·현상벽(玄尙璧)·채지홍(蔡之洪)·이이근(李頤根)·한홍조(韓弘祚)·성만징(成晚徵) 등과 더불어 강문팔학사의 한 사람으로 꼽힌다. 인물성동이논쟁에 있어 한원진의 인물성이론(人物性異論)을 추종하여 호론(湖論)의 대표적 인물로 지칭되었다. 문하에서 홍주익(洪柱翼)·김규오(金奎五)·송명휘(宋明輝) 등이 배출되었다.

저술로는 60권 30책의 『병계집(屛溪集)』이 있다. 경학 관계 자료로는 문집 잡저에 실린 「대학도설(大學圖說)」·「중용수장도설(中庸首章圖說)」

・「계곡만필론중용수절장구품절지일단변(谿谷漫筆論中庸首節章句品節之一段辨)」・「소현서원논어강설답문(紹賢書院論語講說答問)」・「독우모탕고(讀禹謨湯誥)」와 강의에 실린 「이태이대학강설(李泰以大學講說)」・「고암서원대학강설(考岩書院大學講說)」・「죽림서원유생대학강설답문(竹林書院儒生大學講說答問)」・「한천중용수장급대학명덕강의변(寒泉中庸首章及大學明德講義辨)」・「김경휴중용강설(金景休中庸講說)」・「안경여중용혹문(安絅汝中庸或問)」・「중용서차설(中庸序箚說)」・「한여사종세논어강설(韓汝師宗世論語講說)」・「송경회논어강설(宋景晦論語講說)」 등이 있다.

【도표】 대학도(大學圖)

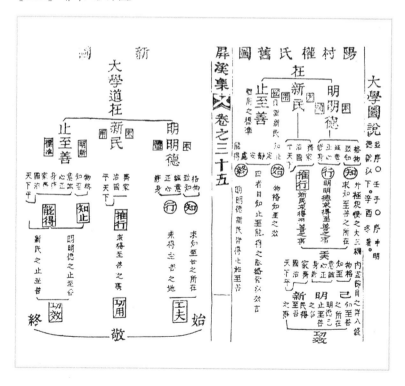

【도설】 此本出陽村權氏 而退溪先生改若干字 編於聖學十圖中矣 大學專言三綱八目 而至如定靜安慮 只是知止能得之中間脉絡 本不可以條目論矣權氏本圖八條目 則無所該於止至善之綱 而以定靜安慮 列書於止至善之下八目之外 別設他目 其果如何 玆忘僭猥 手畫一圖如此

이 그림은 본래 권근(權近)에게서 나온 것으로, 퇴계 선생이 약간의 글자를 고쳐서 「성학십도(聖學十圖)」 속에 편입시켜 놓은 것이다. 『대학』은 삼강령·팔조목을 오로지 말했고 정(定)·정(靜)·안(安)·려(慮)와 같은 것은 단지 지지(知止)·능득(能得) 사이의 맥락일 뿐이니, 본래 조목으로 논할 수 있는 것이 아니다. 권양촌 그림의 팔조목은 지어지선의 강령에 갖추어진 것이 없고, 정·정·안·려를 지어지선 아래에 차례대로 써 넣었다. 그래서 팔조목 외에 별도로 다른 조목을 만들었으니, 그것이 과연 어떠하겠는가? 이에 참람하고 외람됨을 잊고서 손수 위와 같이 그림을 그렸다.

蓋以經文三在字觀之 明明德新民止至善 爲大學之三綱領者 明矣 列書於第一層 而格致誠正修齊治平八條目 以類而分屬於兩綱 且明明德新民 謂當止於至善 則此實明新之功效 物格以下天下平八目 俱屬於止至善之綱 格致爲知 誠正修爲行 而齊治平卽推行也 列書於其下 爲求至善之工夫 知止能得 卽止至善之事 亦列書其下 而爲得至善之功效 明德爲本爲體 新民爲末爲用 而止至善實爲明新之標準 各書於三綱之左右 工夫始於格致 功效終於天下平 書之末段敬之一字 貫始終合內外 而爲一篇之宗旨 故歸宿於敬焉

대개 경문의 3개 '재(在)' 자를 가지고 보면, 명명덕·신민·지어지선이 『대학』의 삼강령이 되는 것은 분명하다. 그래서 제1층에 차례대로 썼다. 격물·치지·성의·정심·수신·제가·치국·평천하의 팔조목은 유별로 나누어 두 강령[1]에 나누어 소속시켰다. 또 명명덕·신민은 "마땅히 지선(至善)에 그쳐야 한다."고 말했으니,[2] 이는 실로 명명덕·신민의 공효이다. 그래서 '물격(物格)' 이하 '천하평(天下平)'에 이르기까지 팔조목은 모두 지어지선의 강령에 소속시켰다.

격물·치지는 지(知)가 되고 성의·정심·수신은 행(行)이 되고, 제가·치국·평천하는 곧 추행(推行)이니, 그 밑에 차례대로 써서 지선(至善)을 구하는 공부로 삼았다. 지지(知止)·능득(能得)은 곧 지어지선의 일이니, 또한 그 아래에 차례대로 써서 지선을 얻는 공효로 삼았다. 명명덕은 본(本)이 되고 체(體)가 되며, 신민은 말(末)이 되고 용(用)이 되며, 지어지선은 실제로 명명덕·신민의 표준이 되니, 삼강령의 좌우에 각각 그것을 써 넣었다. 공부는 격물·치지에서 시작되고, 공효는 천하평에서 끝난다. 말단에 써 넣은 '경(敬)' 한 글자는 시종을 관통하고 내외를 합하여 『대학』한 편의 종지가 되기 때문에 경에 귀결시킨 것이다.

惟是第一句明德 最難說 橫渠心統性情之說 朱子以爲說最精密 然章句所釋 則不曰心而曰虛靈不昧 蓋心者 擧全體說 虛靈者 只言心之光明處也 朱子訓詁 極有商量矣 大抵明德者 人之所得於天云者 通聖凡言之也 不是聖人有此明德而衆人無之也 又不是聖凡雖同有此明德 而所謂明德有所不同也

오직 제1구의 '명덕'은 설명하기가 가장 어렵다. 횡거(橫渠)[3]의 '심통

---

1 두 강령 : 명명덕·신민을 가리킨다.
2 이 말은 『대학장구』경일장 제1절 주에 보인다.
3 횡거(橫渠) : 장재(張載, 1020-1077)를 가리킴. 횡거는 그의 호이다. 자는 자후(子厚)이며, 봉상(鳳翔) 출신이다. 38세 때 진사시에 급제한 뒤 10여 년간 관직에 있었다.

성정(心統性情)'의 설은 주자가 가장 정밀하다고 여겼다.[4] 그러나 『대학장구』의 주에서 주자는 '심(心)'이라 말하지 않고, '허령불매(虛靈不昧)'라 하였다. 대개 심은 전체를 들어 말한 것이고, 허령불매는 심의 광명처만을 말한 것이니, 주자의 훈고(訓詁)에는 매우 고심한 점이 있다. 대저 "명덕은 사람이 하늘에서 얻은 것이다."[5]라고 말한 것은, 성인과 범인을 통틀어 말한 것이니, 성인만이 이 명덕을 가지고 있고 일반인은 명덕이 없다는 것이 아니다. 또 성인과 범인이 이 명덕을 다 갖고 있지만, 이른바 '명덕에는 같지 않는 바가 있다'는 것도 아니다.

或曰 聖凡稟氣之淸濁 各自不同 心卽其氣之精爽也 精爽旣不能不異 則聖凡之心 固自別焉 光明亦心之光明 子謂虛靈皆同 而明德之不異 何也 曰徒知心之以精爽之氣而不能不異也 不知其虛靈之皆同 則無怪乎明德之謂不同也 何者 精爽之不同 雖如子之言 然此所謂精爽 實正通分上精爽也 皆靈明活動 自能知覺 不拘於淸濁 無分於多寡 而堯舜心上 也自虛靈 跖蹻心上 亦也自虛靈 其所該之理 皆以仁義禮智名之 而其發而爲愛恭宜別之用 以至日用萬事 無不酬酢矣 章句上下兩者字中間四句語 皆釋明德之意 實無別於聖凡矣

혹자는 말하기를 "성인과 범인은 품부 받은 기질의 청탁이 각각 절로 같지 않다. 심은 곧 그 기(氣)의 정상(精爽)이다. 정상은 다르지 않을 수 없으니, 성인과 범인의 마음은 본디 저절로 구별된다. 광명은 또한

정호(程顥)·정이(程頤)와 함께 『역경』을 논하면서 그들의 학문에 감복하여 『역경』과 『중용』에 의거하여 이학(理學)에 전념하였다. 저술로 『경학이굴(經學理窟)』·『정몽(正蒙)』·『서명(西銘)』 등이 있다.

4 『대학장구대전』 경일장 '大學之道 在明明德' 아래 소주에 "張子曰 心統性情 此說最精密"이라는 말이 보인다.

5 『대학장구』 경일장 '大學之道 在明明德'의 주에 "明德者 人之所得乎天"이라 하였다.

심의 광명이다. 그대가 '허령은 모두 같고 명덕은 다르지 않다.'고 말하는 것은 어째서인가?"라고 하여, 내가 답하기를 다음과 같이 하였다.

"그대는 단지 심이 정상지기(精爽之氣)로서 다르지 않을 수 없다는 것만 알고, 그 허령이 모두 같다는 것은 모르는 것이니, 명덕을 같지 않다고 말해도 이상할 것이 없다. 어째서인가? 정상이 같지 않다는 것은 비록 그대의 말과 같지만, 여기에서 말하는 정상은 실로 바르게 통한 분수 위에서의 정상이다. 모두 영명(靈明)하게 활동하고 스스로 능히 지각하여 청탁에 구애되지 않고 많고 적음의 구분도 없다. 요·순의 마음에서도 절로 허령하고, 척교(跖蹻)[6]의 마음에서도 절로 허령하다. 그러니 갖추고 있는 바의 이치는 모두 인의예지(仁義禮智)라 이름 붙일 수 있고, 그것이 발하여 사랑[愛]·공손[恭]·마땅함[宜]·분별[別]의 작용이 되어 일상생활의 온갖 일에 이르기까지 수작하지 않음이 없다. 주의 상하 두 개의 '자(者)' 자 사이에 있는 네 구절[7]은 모두 명덕의 뜻을 풀이한 것으로, 실제로는 성인과 범인을 구별한 것이 없다."

曰 今言虛靈之人人同有 而以至具理應事之皆同云 其體之具衆理 固可同矣 以言其用 則衆人應事之或善或不善 豈可與聖人泛應曲當者同耶 曰 章句之意 只言虛靈之能應事而已 未及到情字善不善之形見 則此德純善 體用固自在矣 以言乎耳目 則耳之靈能聽 目之靈能視 譬之於鏡 鏡之靈能照 只言其聽視與照 則天下之耳目 皆能聽視也 天下之鏡 皆能照之也 然就其聽視與照而論其善不善 則天下之耳目 雖皆聽視 而其聰明與不能聰明 人各

---

6 척교(跖蹻) : 노(魯)나라 도척(盜跖)과 초(楚)나라 장교(莊蹻)를 말함. 모두 옛날 유명한 도둑으로 온갖 만행을 자행한 인물이다.
7 『대학장구』 경일장 '大學之道 在明明德' 아래의 주에 "明德者 人之所得乎天 而虛靈不昧 以具衆理 而應萬事者也"를 가리킨다.

不同 天下之鏡 雖皆能照 而其光明與不能光明 鏡各不同 原其不同者 則天
下之耳目 其氣各異 而聰明之不同也 天下之鏡 其鐵各異而光明之不同也
心之虛靈 奚異於此

혹자가 또 말하기를 "지금 그대는 '허령은 사람마다 다 갖고 있고,
모든 이치를 갖추고 온갖 일에 응하는 것도 모두 같다.'는 것까지 말하
였다. 본체가 모든 이치를 갖추고 있음은 참으로 같을 수 있다. 그러나
그 작용을 말하자면 중인(衆人)이 온갖 일에 응할 적에는 선하기도 하고
불선하기도 하니, 어찌 성인이 널리 응하면서도 세세하게 합당한 것과
같겠는가?"라고 하여, 나는 다음과 같이 답하였다.

"주석의 의미는 단지 허령이 온갖 일에 능히 응함을 말하였을 뿐,
'정(情)' 자의 선·불선이 드러나는 것까지는 언급하지 않았다. 그렇다
면 이 덕은 순수하게 선하여 체·용이 본디 그 속에 들어 있는 것이다.
이목(耳目)으로 말하자면 귀의 신령함은 능히 들을 수 있고, 눈의 신령
함은 능히 볼 수 있는 것과 같으며, 거울에 비유하자면 거울의 신령함은
능히 사물을 비출 수 있는 것과 같다. 다만 그 보고 듣고 비추는 것만을
말하면, 천하의 이목이 모두 능히 보고 들을 수 있으며, 천하의 거울이
모두 능히 사물을 비출 수 있다. 그러나 보고 듣고 비추는 것에 나아가
그것의 선·불선을 논하면, 천하 사람들의 이목이 모두 보고 들을 수
있지만 그 총명하거나 총명하지 못함은 사람마다 각기 같지 않다. 천하
의 거울이 모두 비출 수 있지만 그 거울이 환히 밝거나 환히 밝지 못함
은 거울마다 각기 같지 않다. 그 같지 않은 근원을 살펴보면, 천하 사람
들의 이목은 그 기(氣)가 각기 달라 총명도 같지 않은 것이고, 천하의
거울은 그 쇠가 각기 달라 환히 밝은 것이 같지 않은 것이다. 심의 허령
이 어찌 이와 다르겠는가?

堯舜虛靈底氣 淸明純粹 故其發也正 栗谷所論淸氣之發 其應事也 無不
善 跖蹻虛靈底氣 全是濁駁 故其發也惡 亦栗谷所謂惡氣之發 其應事也 無
有善焉 此以淸濁善惡之極者 對言之也 就其間 言其分數等差 則何啻千萬
以易見者 言之 聖人義理蠶絲 固虛靈之爲也 而賈人利析秋毫 亦虛靈之爲
也 是其虛靈則同 而虛靈之所論 有義利之異者 的是虛靈底氣之不同故也
是以 於章句應萬事之下 卽下但字而折轉之 備言其所以異之實者 蓋聖人之
心 淸明純粹 性之直遂 靡不中節 則無更可言 而衆人之不能直遂 或中節或
不中節者 只是精爽之中 濁穢之或拘 人欲之斯生 而然矣 然以其本原體段
自能活化 非如肝腎脾肺之氣之局定而無所變 故眞體之明 有時而闖見 學者
必因此而加克治操存之工 用己百己千之力 以爲濁化爲淸 而愚而必明 以至
於聖賢之同造 則人皆可以爲堯舜 參天地者 實在此矣

　요·순의 허령한 기는 청명하고 순수하기 때문에 그 발한 것이 바르
니, 이는 율곡(栗谷)이 논한 '맑은 기의 발현'[8]으로, 온갖 일에 응할 적에
불선이 없었다. 척교의 허령한 기는 온전히 혼탁하고 박잡하기 때문에
그 발한 것이 악하니, 이는 또한 율곡이 말한 '악한 기의 발현'으로,
온갖 일에 응할 적에 선이 없었다. 이는 청탁·선악의 극단을 가지고
상대적으로 말한 것이다. 그 사이에 나아가 분수·등급을 말하면, 어찌
천만 가지일 뿐이겠는가? 쉽게 보이는 것으로써 말하면 성인의 의리가
명주실처럼 치밀한 것은 참으로 허령이 그렇게 한 것이고, 상인이 이익
을 따짐이 가는 털처럼 세밀한 것도 허령이 그렇게 한 것이다. 이는
그 허령은 같지만 허령이 효유하는 바에 의리·이익의 차이가 있는 것

8　이이(李珥), 『율곡전서』 권14 「인심도심도설(人心道心圖說)」. "理本純善 而氣有淸濁 氣
　者 盛理之器也 當其未發 氣未用事 故中體純善 及其發也 善惡始分 善者 淸氣之發也 惡者
　濁氣之發也 其本則只天理而已"

은 분명 허령의 기가 같지 않기 때문이다. 이 때문에『대학장구』의 주석 '응만사(應萬事)' 다음에 '단(但)'자만 써서[9] 내용을 전환하여 그것이 다른 바의 실상을 갖추어 말했다.

대개 성인의 마음은 청명하고 순수하여 본성이 곧장 이루어져서 절도에 맞지 않음이 없음은 다시 말할 것이 없다. 그러나 일반인들은 본성을 곧장 이룰 수 없어 절도에 맞기도 하고 절도에 맞지 않기도 하는 것은, 단지 이 중도의 정상(精爽)이 간혹 혼탁한 것에 구속되거나 인욕(人欲)이 생겨서 그런 것이다. 그러나 그 본원의 체단(體段)은 스스로 활발하게 변화할 수 있기 때문에 간장·신장·비장·폐장의 기가 국한되어 변함이 없는 것과는 같지 않다. 그러므로 진체(眞體)의 밝음을 때로 엿보는 것이다. 학자들은 반드시 이를 인하여 극치(克治)·조존(操存)하는 공부를 더하고, 기백기천(己百己千)[10]의 노력을 기울여 탁한 것을 맑은 것으로 변화시키고, 어리석은 이가 반드시 현명해져서 성현이 함께 나아가는 경지에 이르면, 사람들 모두 요·순이 될 수 있을 것이다. '천지의 도에 참여한다.'는 말이 실로 여기에 있다."

日 章句所言氣稟者 是指軀殼血氣之所稟也 心者旣日精爽之氣 則何可混而同之耶 日 所謂精爽 固軀殼之氣之精爽也 元非異氣也 分言之則誠有別焉 如云人心生於形氣 則心者精爽之氣也 形氣者 耳目口鼻之氣也 曰心氣之精爽 則氣者形氣也 精爽者 心之氣也 此以心與氣別而言之也 若統而

言之 則一氣字中物也 如大學序然其氣質之云 中庸章句變化氣稟等語 心包
在氣稟中而言也 此氣稟云云 實統虛靈底氣言之也 不可但以血氣論也 今或
以虛靈之皆同 而至謂聖凡之心皆同 則不但經傳文字無心同之說也 撲諸理
致 決不如此 或以爲心之不同也 謂虛靈之各異 而推至於明德之有分數 則
不但有違於朱子之旨 義理實不然矣 覽者須知此而商量也

혹자가 또 말하기를 "주에서 말한 '기품(氣稟)'은 신체와 혈기가 품부
받은 것을 가리킨다. 심은 이미 '정상지기(精爽之氣)'라고 말했으니, 어
찌 이와 혼동하여 같이 볼 수 있겠는가."라고 하여, 내가 다음과 같이
답하였다.

"이른바 정상(精爽)이란 본디 신체의 기의 정상(精爽)이니, 원래 다른
기가 아니다. 그러나 나누어 말하면 참으로 구별이 있다. '인심(人心)
이 형기(形氣)에서 생긴다.'고 말하면, 심은 정상의 기이고, 형기는 이
목구비의 기이다. 또 '심기(心氣)의 정상'이라고 말하면, 기는 형기(形
氣)이고, 정상은 심의 기이다. 이는 심(心)·기(氣)를 구별하여 말한 것
이다. 이를 합쳐 말하면 '기(氣)' 자 속에 있는 것이다. 「대학장구서」의
'연기기질지품(然其氣質之稟)'[11]이라고 한 것과 『중용장구』의 주에 '변
화기품(變化氣稟)'[12]이라고 한 것 등은 심(心)을 기품(氣稟) 속에 포함시
켜 말한 것이다.

여기서 '단위기품소구(但爲氣稟所拘)'라고 한 것은 실로 허령한 기를
통합하여 말한 것이니, 단지 혈기로만 논해서는 안 된다. 지금 허령이
모두 같다고 생각하여 성인과 범인의 마음이 모두 같다고 한다면, 경전

11 『대학장구』「대학장구서」의 "然其氣質之稟 或不能齊"라고 한 것을 말한다.
12 『중용장구』제20장에 "果能此道矣 雖愚必明" 아래의 주에 "呂氏曰 君子所以學者 爲能變
化氣質而已"라고 한 것을 가리킨다.

에는 '마음이 같다.[心同]'고 한 설이 없을 뿐만 아니라, 이치상 헤아려 보더라도 결코 그와 같지는 않다. 혹 '심이 같지 않다'고 생각하여, '허령이 각기 다르니 이를 미루어 나가 명덕에 분수가 있다고 하는 데까지 이르렀다.'고 하니, 이는 주자의 뜻에 어긋날 뿐만 아니라, 의리도 실로 그렇지 않다. 이 글을 보는 사람은 이 점을 알고 헤아려야 할 것이다."

〖**도표 해설**〗윤봉구의 대학도는 양촌 권근의 「대학지장지도」의 문제점을 나름의 시각으로 비판하면서 수정한 것이다. 그 상세한 내용은 위의 설에 보인다.

이 도표도 권근·이황의 대학도와 마찬가지로 삼강령을 상단에 횡으로 배열하고 있다. 다만 권근·이황의 도설과 비교해 다른 점은, '지어지선' 밑에 삼강령의 공효를 써 넣고, 그 밑에 지지(知止)로부터 능득(能得)에 이르는 것을 써 넣어 지어지선이 팔조목의 공효임을 선명히 드러낸 것이다.

또한 이 그림의 특징은, 첫째 명명덕을 공부로, 신민을 공용(功用)으로, 지어지선을 공효로 나누어 보았다는 점, 둘째 시종(始終)을 주희의 설과 달리 명명덕의 공부로부터 지어지선의 공효로 보고 있는 점, 셋째 '경(敬)' 자를 하단 중앙에 배치한 점이다. 이런 특징은 주희의 설에서 진일보한 측면이 있다.

이익(李瀷)의 대학도

【명칭】 대학도(大學圖)

【출전】 성호기념관(안산시) 소장

【작자】 이익(李瀷, 1681-1763) : 자는 자신(自新), 호는 성호(星湖), 본관은 여주이다. 부친은 대사헌을 지낸 이하진(李夏鎭)이고, 모친은 안동권씨로 권대후(權大後)의 딸이다. 1681년 부친의 유배지인 평안도 운산(雲山)에서 출생하였다. 어려서 중형 이잠(李潛)에게 배웠다. 1705년 증광시에 응시하였으나 녹명(錄名)이 격식에 맞지 않아 회시에 응할 수 없었다. 1706년 중형이 상소 사건으로 장살(杖殺)되자, 과거에 뜻을 버리고 학문에 전념하였다. 47세 때 천거에 의해 선공감 가감역에 임명되었으나 나아가지 않았다. 1763년 수직(壽職)으로 첨지중추부사의 직함이 내렸다.

　이익은 남인이 정치적으로 몰락한 시기에 근기 남인계열의 가문에서 태어나, 정계 진출을 포기하고 학문에 전념하였다. 그는 조선후기 실학시대를 본격적으로 연 인물이다. 그는 정치·경제·사회 분야의 제도개혁을 주장하였으며, 경학에 있어서도 '궁경장이치용(窮經將以致用)'의 실용적인 면을 내세웠다. 문하에서 윤동규·안정복 등 수많은 학자가 배출되었고, 정약용으로 그 맥이 이어졌다.

저술로는 50권 27책의 『성호문집(星湖文集)』과 17권 9책의 속집 및 11종의 질서류(疾書類)와 『성호사설』·『사칠신편(四七新編)』·『예설유편(禮說類編)』·『곽우록(藿憂錄)』·『관물편(觀物編)』·『백언해(百諺解)』·『좌국류편(左國類編)』 등이 있다. 경학 관계 자료로는 질서류에 수록된 『대학질서』·『중용질서』·『논어질서』·『맹자질서』·『시경질서』·『서경질서』·『주역질서』와 문집 잡저에 실린 수십 편의 단편적인 설이 있다.

【도표】 대학도(大學圖)

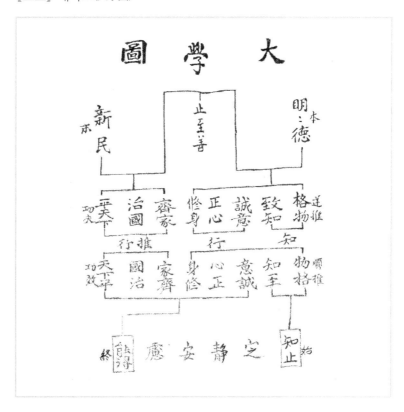

〖**도표 해설**〗이익의 대학도는 이만부(李萬敷)의 집안에서 전해진 것으로, 『성호전서』에 수록되어 있지 않아 그 동안 행방이 묘연하였는데, 최근에 발굴되어 경기도 안산의 성호기념관에 보관되어 있다.

이 대학도는 삼강령의 명명덕·신민·지어지선을 권근의 대학도처럼 차례로 나열하지 않고, 지어지선을 명명덕·신민의 중간에 위치시킨 것이 독특하다. 이 시기에 이르면 권근·이황의 대학도에 삼강령을 차례대로 배치한 것에 대한 문제의식이 생겨나 지어지선은 명명덕과 지어지선의 목표가 되도록 도표를 그려야 한다는 의견이 대두되어 지어지선을 하단 중앙으로 배치한 그림이 나타나는데, 이 대학도 역시 그런 관점에서 그린 것이다. 다만 지어지선이 명명덕·신민의 하단 중앙에 위치하지 않고 같은 열의 중앙에 위치시키고, 선으로 연결하여 귀결이 되도록 한 점이 다르다. 그러나 그 의미는 다르지 않다.

이 대학도의 또 하나의 특징은 지지(知止)로부터 능득(能得)에 이르는 육사(六事)를 팔조목 공효의 하단에 배치한 점이다. 이익은 지지(知止)를 팔조목 공효의 물격(物格)·지지(知至) 아래에 배치하고, 정(定)·정(靜)·안(安)·려(慮)를 중간에 배치한 뒤, 능득을 의성(意誠)으로부터 천하평에 모두 해당하는 것으로 그렸다. 일반적으로 주자학자들은 육사를 삼강령의 공효로 보아 삼강령의 지어지선에 연관시키고 있는데, 이익은 이를 분리하여 팔조목의 공효가 이루어지는 과정으로 설명하고 있다. 이것이 이 그림의 독특한 점이다.

이 대학도는 비교적 삼강령과 팔조목의 공부·공효를 간결하게 드러냈으며, 육사를 하단에 배치하고 팔조목과 연관시켜 그 의미를 이해하기 쉽도록 그렸다는 점에 의미가 있다.

한원진(韓元震)의 대학도

【명칭】 대학도(大學圖)

【출전】 『경의기문록(經義記聞錄)』 권1

【작자】 한원진(韓元震, 1682-1751) : 자는 덕소(德昭), 호는 남당(南塘), 본관은 청주이다. 세종 때 영의정을 지낸 한상경(韓尙敬)의 후손으로, 부친은 통덕랑을 지낸 한유기(韓有箕)이고, 모친은 함양 박씨로 박숭부(朴崇阜)의 딸이다. 송시열의 고제인 권상하(權尙夏)의 문인으로 강문팔학사의 한 사람이다. 36세 때 학행으로 천거되어 영릉 참봉(英陵參奉)에 임명되었다. 1725년 경연관으로 뽑혀 영조의 총애를 받았으나 소론을 배척하다가 탕평책에 어긋난다하여 삭직되었다.

이이 → 김장생 → 송시열 → 권상하로 이어지는 기호학파 정맥을 계승한 학자로 경학·성리학에 조예가 깊었다. 동문 이간(李柬)과 인물성동이논쟁을 하여 인물성이론(人物性異論)을 주장하였다.

저술로 38권 19책의 『남당집』과 『주자언론동이고』·『의례경전통해보(儀禮經傳通解補)』·『근사록주설』·『고사편람(故事便覽)』·『사서강의』 및 편서로 『경의기문록』·『퇴계집소석(退溪集疏釋)』 등이 있다. 경학 관계 자료로는 『주자언론동이고』·『경의기문록』·『의례경전통해보』·『사서강의』 등에 실린 사서오경에 관한 내용과 문집 잡저에 실린 「논어소주차

록(論語小註箚錄)」·「맹자」·「선후천명역지의(先後天名易之義)」·「독우암
호기장질의(讀尤菴浩氣章質疑)」·「독우암순전중용문답(讀尤菴舜典中庸問
答)」·「원형이정설(元亨利貞說)」·「허령지각설(虛靈知覺說)」·「명덕설」·
「대학성명설(大學性命說)」·「중용성신설(中庸誠神說)」·「용구용육설(用九
用六說)」 등이 있다.

〖도표〗

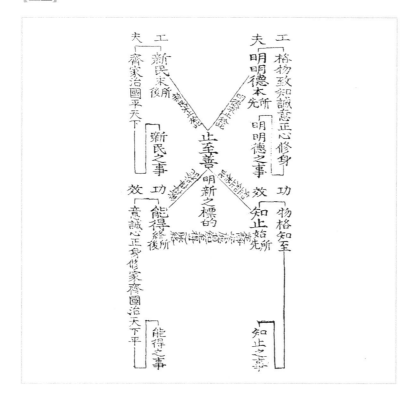

〖도설〗 右大學圖 謹依朱子章句而定著焉 章句曰 明德新民 皆當至於至善
之地而不遷 又曰 止者 即至善之所在 知之則志有定向 得謂得其所止 故以

止至善 置之一圖之中 爲明新知得之標的 而以明新知得 分置四隅 各以小
畫牽屬於止至善 章句又曰 修身以上 明明德之事也 齊家以下 新民之事也
物格知至 則知所止矣 意誠以下 則皆得所止之序也 故以修身以上 置之明
德之傍 而屬之明德 以齊家以下 置之新民之傍 而屬之新民 以物格知至 置
之知止之傍 而屬之知止 以意誠以下 置之能得之傍 而屬之能得 其以明德
爲本 新民爲末 知止爲始 能得爲終 而以本始爲所先 末終爲所後 固皆因乎
章句之語 而以明新與知得 分工夫功效 而以八目之倒語者 屬之明新 八目
之順語者 屬之知得 亦皆考乎章句之意 則一圖之中 位置名目 無一以淺見
愚慮敢容於其間而杜撰無稽者也

　　이 대학도는 삼가 주자의 『대학장구』에 의거해 만들었다. 『대학장구』
의 주에 "명명덕·신민은 모두 마땅히 지선(至善)의 경지에 이르러 옮기
지 않아야 한다."[1]라고 하였고, 또 "'지(止)'는 곧 지선이 있는 곳이다.
이를 알면 의지에 정해진 방향이 있게 된다. '득(得)'은 그 그칠 바를
얻는 것이다."[2]라고 하였다. 그러므로 '지지선(止至善)'을 그림 중앙에
배치하여 명명덕·신민·지지(知止)·능득(能得)의 표적으로 삼았다. 그
리고 명명덕·신민·지지·능득을 네 모서리에 나누어 배치하고, 각각
짧은 획을 그어 '지지선'에 끌어다 소속시켰다.

　　『대학장구』 주에는 또 "수신 이상은 명명덕의 일이고, 제가 이하는
신민의 일이다. 물격(物格)·지지(知至)는 그칠 바를 아는 것이고, 의성
(意誠) 이하는 모두 그칠 바를 얻는 차례이다."[3]라고 하였다. 그러므로

1　『대학장구』 경일장 '大學之道 在明明德' 아래 주에 "言明明德新民 皆當止於至善之地而不
　遷"이라 하였다.
2　『대학장구』 경일장 '知止而后有定' 아래 주에 "止者 所當止之地 卽至善之所在也 知之則
　志有定向 靜謂心不妄動 安謂所處而安 慮謂處事精詳 得謂得其所止"라 하였다.
3　『대학장구』 경일장 '物格而后知至' 아래 주에 "脩身以上 明明德之事也 齊家以下 新民之

'수신' 이상을 '명명덕'의 옆에 배치하여 '명명덕'에 소속시켰고, '제가' 이하를 '신민'의 옆에 배치하여 '신민'에 소속시켰다. 또 '물격·지지'를 '지지(知止)'의 옆에 배치하여 '지지'에 소속시켰고, '의성' 이하를 '능득' 의 옆에 배치하여 '능득'에 소속시켰다.

명명덕을 본(本)으로 삼고, 신민을 말(末)로 삼으며, 지지(知止)를 시(始)로 삼고, 능득(能得)을 종(終)으로 삼아 본·시는 먼저 할 바로 삼고, 말·종은 나중에 할 바로 삼은 것은, 참으로 모두 『대학장구』 주의 설을 따른 것이다. 그리고 명명덕·신민·지지·능득을 공부와 공효를 나누어 팔조목을 역추(逆推)한 것은 명명덕·신민에 소속시키고, 팔조목을 순추(順推)한 것은 지지·능득에 소속시킨 것도 모두 『대학장구』 주의 뜻을 고찰하여 그린 것이다. 그러니 이 그림 속의 위치·명목에는 나의 보잘것없는 견해와 어리석은 생각을 넣어 근거 없이 황당무계하게 만든 것이 하나도 없다.

圖旣成 按而見之 則綱領旣擧 而條目各有所隷 排布甚整 而脈絡實相貫通 自四外而收入 則如屋之有脊樑 由中央而推出 則如木之有幹枝 體統都具 條理分明 一篇之指 如指諸掌 不待開卷 而可識其大意也 如使初學之士 未知領要者 有取焉 則亦未必無開發之小助云爾 － 按語類 有大學圖 大體布得甚好 而間有差謬 似是傳寫之訛 我東權陽村 亦有此圖 而尤無可取 今就語類舊圖 仍其大體 而正訛補闕 定爲此圖 －

그림이 완성된 후에 살펴보니, 강령이 이미 거론되고 조목은 각각 소속됨이 있어, 배열이 매우 정연하고 맥락이 실로 상호 관통하였다. 네 모서리로부터 거두어들이니 마치 집에 용마루·들보가 있는 것 같으

事也 物格知至 則知所止矣 意誠以下 則皆得所止之序也"라 하였다.

며, 중앙을 말미암아 미루어 나가니 마치 나무에 줄기·가지가 있는 것과 같다. 체통이 모두 갖추어지고 조리가 분명하여 『대학』한 편의 뜻이 마치 손바닥 위에서 가리키는 것처럼 환하니, 책을 펼치지 않아도 그 큰 뜻을 알 수 있다. 초학자 중 요령을 알지 못하는 자로 하여금 이 그림을 보게 한다면, 또한 그들을 개발하는 데 작은 도움이 반드시 없지 않을 것이다. ─『주자어류』를 살펴보면 대학도가 있는데,[4] 대체적인 배치는 매우 좋으나 간혹 잘못된 부분이 있으니, 문인들이 옮겨 그리는 과정에서 생긴 오류인 듯하다. 우리나라 권양촌(權陽村)도 대학도를 그렸지만 더욱 취할 것이 없다. 지금 『주자어류』의 옛 그림에 나아가 그 대체(大體)를 인하여 잘못된 것을 바로잡고 빠진 것을 보충해서 확정해 이 그림을 그렸다. ─

【도표 해설】이 그림은 저자가 설에서 언급한 바와 같이, 『주자어류』에 들어 있는 대학도를 근거로 하되 잘못된 것을 바로잡고, 빠진 것을 보충해서 그린 것이다. 주희의 대학도와 다른 점은 주희처럼 우측에서 좌측으로 전개되는 그림을 그리지 않고, 위에서 아래로 전개되는 그림을 그렸다는 점이다.

한원진이 권근의 대학도에 대해 취할 만한 점이 없다고 한 것은, 지어지선을 명명덕·신민과 나란히 나열한 데 있는 듯하다. 이런 점에서 이 그림은 명명덕·신민이 지어지선으로 귀결되도록 삼강령의 구조를 파악한 대학도의 완결판이라 하겠다. 주지하다시피 한원진은 기호 율곡학파의 경설을 집대성하여 『경의기문록』이라는 책을 편찬하였고, 또 주희의 설에 초년설과 만년설의 동이(同異)가 있는 것을 분변하여 『주자언론동이고』를 편찬하였다. 그리고 특히 대전본 소주의 설에 나타난

---

4 『주자어류』권15 「대학(大學)」2 말미에 대학도가 있다.

문제점을 분변하여 주희의 설과 다른 설을 배척하였다.

　한원진의 대학도의 특징은 지지(知止)·능득(能得) 옆에 팔조목의 공효에 해당하는 것들을 적어 놓은 것과 명명덕·신민·지지·능득을 네 모서리에 배치해 축으로 삼고 그것들이 모두 지어지선으로 귀결되게 그린 데 있다. 이는 동시대 이익·윤봉구 등의 대학도와도 변별되는 독자적인 성격을 갖는 것이다.

채지홍(蔡之洪)의 대학도

【명칭】 대학공부공효차제지도(大學工夫功效次第之圖)

【출전】 『봉암집(鳳巖集)』 권11

【작자】 채지홍(蔡之洪, 1683-1741) : 자는 군범(君範), 호는 봉암(鳳巖)·
봉계(鳳溪)·삼환재(三患齋), 본관은 인천이다. 부친은 첨지중추부사를
지낸 채영용(蔡領用)이고, 모친은 문화 유씨로 유승주(柳承冑)의 딸이다.
충청도 청주 출신이다. 권상하(權尙夏)의 문하에서 수학하였다. 1716년
학행으로 천거되어 세자시강원 자의에 임명되었으나, 사양하고 나아가
지 않았다. 채지홍은 강문팔학사의 한 사람으로 호락논쟁에서 한원진
(韓元震)·윤봉구(尹鳳九) 등과 함께 호론의 입장에 섰다.

　저술로 17권 8책의 『봉암집(鳳巖集)』과 『성리관규(性理管窺)』·『세심
요결(洗心要訣)』·『독서전보(讀書塡補)』 등이 있다. 경학 관계 자료로는
문집 잡저에 실린 「역학십이도(易學十二圖)」가 있는데, 태극지도(太極之
圖)·양의지도(兩儀之圖)·사상지도(四象之圖) 등 12개의 그림으로 되어
있다. 그리고 「독서전보변(讀書塡補辨)」에서는 『대학』의 삼강령·팔조
목을 경(經)으로 삼고 이기심성(理氣心性)의 설을 위(緯)로 삼아 48개 항
목에 걸쳐 자신의 견해를 밝히고 있다.

[도표] 대학공부공효차제지도(大學工夫功效次第之圖)

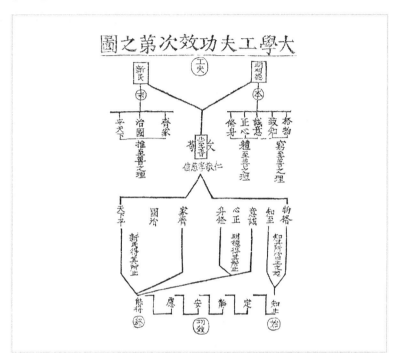

[도설] 栗谷先生 嘗著爲學圖一本 蓋據爲學工夫之次第而言 後來學者 不無疑貳之意 或疑先生初年所圖 未可知也 余讀大學 略有理會 而作爲此圖 非敢取異於先輩所著 要以爲私自觀焉 後以此奉稟於江上 則先生以爲精密可觀 深幸一得之見 不悖於先覺之意也

율곡(栗谷) 선생께서 일찍이 「위학방도(爲學方圖)」[1] 한 부를 지었는데,

---

1 위학방도(爲學方圖) : 윤증(尹拯)의 「제위학지방도(題爲學之方圖)」와 박세채(朴世采)의 「위학지방도설(爲學之方圖說)」에 의하면, 율곡의 「위학방도」는 주자의 「답임백화(答林伯和)」라는 편지에 기초해 그린 그림으로, 학문 방법을 크게 지경(持敬)·강학(講學)·성찰(省察) 세 조목으로 나누고, 그 아래에 구체적인 방법을 배치한 것이다. 그러나 송시열은 「위학방도」가 율곡의 그림이라는 것에 대해 회의적인 입장을 취하여 그림을

대체로 위학공부(爲學工夫)의 차례에 의거하여 말씀하신 것이다. 후세의 학자들은 「위학방도」에 대해 의심하는 마음이 없지 않았다. 어떤 사람은 선생이 초년에 그린 것이라고 의심하기도 하는데, 알 수가 없다. 내가 『대학』을 읽고 대략 이해한 것이 있어 이 그림을 그렸으니, 감히 선배의 저술과 다르게 하고자 한 것이 아니라, 사적으로 참고하려 한 것이다. 훗날 이 그림을 가지고 선생[2]에게 보여드렸더니, 선생께서는 정밀하여 볼 만하다고 말씀하셨다. 한 가지 터득한 견해가 선각자의 뜻에 어긋나지 않은 것을 매우 다행스럽게 생각한다.

[도표 해설] 이 그림은 제목에서 드러나듯이, 공부와 공효의 차례를 중시해서 그린 그림이다. 그래서 도표 상단 중앙 및 하단 중앙에 '공부(工夫)'와 '공효(功效)'를 표기하고 있다.

이 그림은 한원진의 대학도와 유사하다. 다만 중앙의 '지지선(止至善)'에 '경(敬)' 자를 써 넣은 것, '물격(物格)'·'지지(知至)'를 '지지(知止)'에 연결시키고 지지(知止)로부터 능득(能得)에 이르기까지 선으로 연결한 것, 의성(意誠)부터 천하평(天下平)까지를 능득에 연결시킨 점 등이 독자적인 특징이라 하겠다.

이 그림은 주희의 설에 근거해 그렸음에도 한원진의 설과 다르다는 점에서 그 의미가 있다.

개정하였고, 이재(李縡)도 「서율곡속집위학지방도후(書栗谷續集爲學之方圖後)」를 통해 이 그림이 율곡의 것이라는 근거가 없음을 밝혔다. 『율곡전서』를 간행할 때에도 율곡의 저작이 아니라고 하여 삭제되었다.

2 선생 : 원문의 '강상(江上)'은 충북 제천의 황강촌(黃江村)에 살던 권상하(權尙夏, 1641-1721)를 가리킨다. 권상하의 자는 치도(致道), 호는 수암(遂庵)·한수재(寒水齋), 본관은 안동이다. 송시열의 문하에서 수학하였는데, 적전으로 일컬어진다. 그의 문하에서 강문팔학사가 배출되었다. 저술로는 『한수재집(寒水齋集)』 등이 있다.

임상덕(林象德)의 대학도

【명칭】 지소지득소지도(知所止得所止圖)·지지정정안려득도(知止定靜安慮得圖)·삼강팔조경문정의도(三綱八條經文正義圖)·합간도(合看圖)·직간절간합도(直看截看合圖)

【출전】 『노촌집(老村集)』권10

【작자】 임상덕(林象德, 1683-1719) : 자는 윤보(潤甫)·이호(彝好), 호는 노촌(老村), 본관은 나주(羅州)이다. 부친은 임세공(林世恭)이고, 모친은 전주 이씨로 이형(李逈)의 딸이다. 전라도 무안에 살았다. 윤증(尹拯)의 문하에서 수학하였으며, 족인 임영(林泳)의 학문적 영향을 받았다. 1699년 진사시에 합격하였고, 1705년 증광시 문과에 장원으로 급제하였다. 홍문관 수찬 등을 거쳐 사가독서하였다. 뒤에 이조 정랑, 홍문관 교리 등을 거쳐 사간원 대사간에 올랐으나, 37세의 젊은 나이에 별세하였다.

저술로는 10권 5책의 『노촌집(老村集)』과 『동사회강(東史會綱)』이 있다. 경학 관계 자료로는 문집 독서차록에 실린 「대학」·「중용」·「시전」과 잡저에 실린 「기삼백어록(碁三百語錄)」 등이 있다. 독서차록에는 이 외에도 「황극경세서」·「태극도」·「통서」·「근사록」·「심경」 등 성리학 관계 주요 서적에 대한 차록이 있다.

【도표】 지소지득소지도(知所止得所止圖)

【도설】 경일장(經一章)

- 이하는 『창계집(滄溪集)』[1]에 기록된 것을 열람한 것이다. -

國朝先輩 以定靜安慮得 分配誠正修 固未精 今以慮字 必欲求下落於八
條目中 乃以章句察字 當慮字之意 亦恐未當 蓋大學之書 只是知行兩端而
已 而每以知爲劈頭處 故上段知止及下段物格 皆先言知 然知止一段 言知
止 則見理定 故知之效驗 自然得力於行處者 其意味脉絡如此 物格一段 言
知至 則體理實 故行之效驗 各自得止其所知處者 其條件次第如此云爾 只

---

1 창계집(滄溪集) : 임영(林泳, 1649-1696)의 문집 『창계집』 권21의 「독서차록(讀書箚
錄)」 중 『대학』의 '정정안려(定靜安慮)' 부분을 열람한 듯하다. 임영은 이단상(李端
相)·박세채(朴世采)의 문인으로, 뒤에 송시열·송준길에게도 수학하였다.

如此體驗 則段落各自分明 而旨意默相貫通 若必欲以此配彼 將彼準此 則
自相障礙 有金屑眯眼之病矣

　우리나라 선배들은 '정(定)·정(靜)·안(安)·려(慮)·득(得)'을 '성의(誠
意)·정심(正心)·수신(修身)'에 분배하였는데, 참으로 정밀하지 못하다.
지금 '려(慮)' 자를 굳이 팔조목 속에 귀속시키고자 하여 『대학장구』 주
의 '찰(察)' 자[2]를 '려(慮)' 자로 보는 것도 온당치 않은 듯하다. 대체로
『대학』은 다만 지·행 두 단서일 뿐인데, 매번 지(知)로 벽두처를 삼는
다. 그러므로 상단의 '지지이후유정(知止而后有定)'과 하단의 '물격이후
지지(物格而后知至)'에서 모두 지(知)를 먼저 말하였다. 그러나 '지지이후
유정' 한 단락은 그칠 곳을 아는 것[知止]에 대해 말하였으니, 이치가
정해진 것을 본 것이다. 그러므로 지(知)의 효험은 자연히 행하는 곳[行
處]에서 힘을 얻으니, 그 의미·맥락이 이와 같다. '물격이후지지' 한
단락은 앎이 지극해지는 것[知至]을 말하였으니, 이치의 실체를 체득한
것이다. 그러므로 행(行)의 효험은 각자 스스로 자기가 아는 곳에 머무
는 것이니, 그 조건·차례가 이와 같다고 하겠다. 다만 이와 같은 체험
은 단락이 각자 저절로 분명하고 지의(旨意)가 묵묵히 서로 관통한다.
굳이 이것을 저것에 분배하고 저것을 가져다 이것에 준거하게 하면 서
로 장애가 되어 귀한 금가루가 눈에는 티가 되는 병폐와 같은 점이 있게
될 것이다.

　○ 所謂旨意默相貫通者 夫惟知之效驗 得力於行處者 有此脉絡之妙 故
行之效驗 各得止其知處者 有此條件之廣 若通而論之 則格致在知之前 定
靜安慮 在知之後得之前 誠正修齊治平 始已該在知之內 終又該在得之內

---

2 『대학장구』 전 제7장 주의 '一有之而不能察'의 '察' 자를 가리킨다.

卽六者之條目 無一不資於定靜安慮之脉絡 而定靜安慮之脉絡 無一不通於
六者之條目 慮字下落 未嘗不分明也 分爲圖以明之

○ 이른바 '지의(旨意)가 묵묵히 서로 관통한다.'는 것은 다음과 같다.
지(知)의 효험이 행하는 곳에서 힘을 얻는 것은 이러한 맥락의 묘함이
있는 것이다. 그러므로 행(行)의 효험이 각각 자기가 아는 곳에 머무는
것은 이러한 조건의 광대함이 있는 것이다. 통틀어 논한다면, 격물·치
지는 지(知)의 앞에 있고, 정·정·안·려는 지(知)의 뒤 득(得)의 앞에
있으며, 성의·정심·수신·제가·치국·평천하는 처음에는 이미 지
(知)의 안에 갖추어져 있고, 뒤에는 득(得)의 안에 갖추어져 있게 된다.
여섯 가지 조목은 하나라도 정·정·안·려의 맥락에 바탕하지 않는 것
이 없고, 정·정·안·려의 맥락은 하나라도 여섯 가지 조목과 통하지
않는 것이 없으니, '려(慮)' 자를 둔 것이 분명하지 않은 적이 없다. 이에
나누어 그림을 그려 이 점을 밝힌다.

【도표 해설】 이 그림은 물격·지지를 성의·정심·수신·제가·치국·
평천하가 그칠 바를 아는 것으로, 정·정·안·려를 성의·정심·수
신·제가·치국·평천하가 그칠 바를 얻은 것으로 파악해 그린 그림이
다. 이 그림은 경일장 제2절의 육사(六事)를 팔조목과 연관시켜 독자적
으로 새로운 해석을 하였다는 데 의미가 있다. 도표에 보이듯, 격물·치
지를 하여 물격·지지한 뒤에 성의 이하 여섯 조목이 그칠 바를 아는
것을 지지(知止)로 보고, 그 다음 정·정·안·려를 통해 성의 이하 여섯
조목이 그칠 바를 얻은 것을 능득(能得)으로 해석한 점이 육사에 대한
참신한 해석이다.

【도표】 지지정정안려득도(知止定靜安慮得圖)

【도설】 若其知止一段 自知至得之間 詳著四箇節次 物格一段 則知之下
更無節次 直以得止之事承之者 上段以知行爲首尾相函 故中間累累有四箇
節次 而誠正修齊治平六者之條件 都包於首尾二字之內 下段以知行爲節目
相因 故直下層層爲八箇物事 而定靜安四者之意味 却默寓於節目八箇之
中 段落各分明 而旨意相貫通者 益妙 今又爲圖以明之

 '지지이후유정(知止而后有定)' 한 단락은 '지(知)'로부터 '득(得)'에 이르
는 사이의 네 가지 절차를 상세하게 드러내었다. '물격이후지지(物格而
后知至)' 한 단락은 지(知)의 아래에 다시 절차가 없이 곧장 득지(得止)의
일로써 그것을 이어받았다. 상단은 지·행을 수미(首尾)로 삼아 서로
포함하고 있기 때문에 중간에 줄줄이 네 개의 절차가 있고, 의성(意誠)·

심정(心正)·신수(身修)·가제(家齊)·국치(國治)·천하평(天下平)의 여섯 가지 조건이 모두 '수미' 2자 안에 포함된다. 하단은 지·행을 절목으로 삼아 서로 따르게 했기 때문에 곧장 아래로 층층이 여덟 개의 물사(物事)가 있고, 정(定)·정(靜)·안(安)·려(慮) 네 가지의 의미가 도리어 여덟 개의 절목 가운데 묵묵히 붙어있으니, 단락이 각각 분명해지고 지의(旨意)가 서로 관통하는 것이 더욱 묘하다. 이에 또 그림을 그려서 그 점을 밝힌다.

夫在物爲理 在心爲知 理旣盡 則知自至 理盡知至 則天下萬事都定 所以心靜體安 而事至自然能幾 所謂慮 所以意能得誠 心能得正 身能得修 家能得齊 國能得治 天下能得平 － 所謂六簡條目 包在知得兩簡之內 四簡意味 默寓節目 八簡之中云者 借喻如陰陽互藏其宅 至於誠正修齊治平 自相因次 疑若無資於慮 而慮字意味 無一不通於六簡之中云者 借喻如五行有自相生之序 而太極樞紐 無一不行於五簡之中也 －

대저 사물에 있어서는 리(理)가 되고, 마음에 있어서는 지(知)가 된다. 리가 이미 극진하면 지는 저절로 지극해지니, 리가 극진하여 지가 지극해지면 천하의 만사가 모두 정해져서 마음이 고요해지고 몸이 편안해진다. 그래서 일이 이를 때 자연히 기미를 살필 수 있으니, 이것이 이른바 '려(慮)'이다. 그러므로 의(意)는 능히 성(誠)을 얻고, 심(心)은 능히 정(正)을 얻고, 신(身)은 능히 수(修)를 얻고, 가(家)는 능히 제(齊)를 얻고, 국(國)은 능히 치(治)를 얻고, 천하(天下)는 능히 평(平)을 얻는다. － 이른바 "여섯 가지 조목은 지(知)·득(得) 두 자 안에 포함되어 있어, 네 개의 의미가 여덟 개의 절목 가운데 묵묵히 붙어있다."고 한 것은, 비유하자면 음양이 그 집에 서로 들어 있는 것과 같다. 그리고 "의성(意誠)·심정(心正)·신수(身修)·가제(家齊)·

국치(國治)·천하평(天下平)이 저절로 서로 차례를 따르게 되어 '려(慮)'에 자리함이 없는 듯하지만 '려' 자의 의미가 여섯 가지 조목 가운데 하나라도 통하지 않는 것이 없다."고 한 것은, 비유하자면 오행에는 절로 상생하는 순서가 있지만 태극의 추뉴(樞紐)가 다섯 개 가운데 하나라도 행하지 않음이 없는 것과 같다. ─

定靜安慮四字中 定與慮字 又自爲首尾 定者 慮之筋力 慮者 定之機巧 靜安二字 在中間 却輕輕過 只是定之漸熟 定力熟地 慮巧精

정(定)·정(靜)·안(安)·려(慮) 네 자 가운데 '정(定)' 자와 '려(慮)' 자는 저절로 수미(首尾)가 된다. '정(定)'은 '려(慮)'의 근력이고, '려(慮)'는 '정(定)'의 기교이다. '정(靜)'과 '안(安)' 두 자는 중간에 있어 도리어 가볍게 지나가니, 단지 '정(定)'이 점차 익숙해지는 것이다. '정(定)'의 힘이 익숙해진 곳에 '려(慮)'가 공교하고 정밀해진다.

慮字極難形容 慮只是得之巧匠 如庖丁解牛 郢石斲漫 妙處都在慮

'려(慮)' 자는 형용하기가 매우 어렵다. '려'는 다만 '득(得)'의 솜씨 좋은 장인이니, 포정(庖丁)이 소를 해체하고,[3] 영석(郢石)이 코끝의 흙을 깎아낸 것[4]과 같으니, 묘처는 모두 '려(慮)'에 있다.

慮與察不同 察是照管底 邪思妄念 皆當照管 慮是商量底 唯實事會箇商量

---

3 이는 『장자』 「양생주(養生主)」에 나오는 고사로, 포정이 처음 소를 잡을 때는 온통 소만 보이다가 3년이 지난 뒤에는 부위만 보였고, 뒤에는 눈으로 보지 않고 신(神)으로 소를 대하여 칼끝을 대면 소가 순식간에 해체되었다고 한다.
4 이는 『장자』 「서무귀(徐無鬼)」에 나오는 고사로, 영(郢) 땅 사람이 코끝에 흰 흙을 파리 날개처럼 얇게 발라 놓고 석공에게 그것을 깎아내게 하자, 석공이 도끼를 휘둘러 그 흙을 모두 깎아내었는데 코나 사람은 조금도 상하지 않았다고 한다.

‘려(慮)’와 ‘찰(察)’은 같지 않다. ‘찰(察)’은 살피는 것이니, 사특하거나 망령된 생각은 모두 살펴야 한다. ‘려(慮)’는 헤아리는 것이니, 오직 실제의 일을 만났을 때 헤아리는 것이다.

慮字地頭 正在事纔到手 欲脱手時 − 知止是通事未到前 或事纔到面前時 慮是事纔到手頭時 能得即事脱手處 ○如孟子加齊卿相不動心 是知止定靜安 向後大有事在 慮得都在此處 −

‘려(慮)’자의 첫머리는 바로 일이 손에 닿자마자 손에서 벗어나려 할 때에 있다. − ‘지지(知止)’는 일이 아직 앞에 이르지 않았거나, 혹 일이 막 눈앞에 이르렀을 때를 통칭한다. ‘려(慮)’는 일이 손끝에 막 이르렀을 때이며, ‘능득(能得)’은 곧 일이 손에서 떠나는 지점이다. ○예컨대 맹자(孟子)가 제나라 경상(卿相)의 지위에 오르더라도 마음을 동요시키지 않을 것이라고 한 것[5]은 지지(知止)·정(定)·정(靜)·안(安)에 해당되고, 그 뒤 일이 크게 목전에 있었던 것은 려(慮)·득(得)이 모두 여기에 해당한다. −

以功程地位言之 慮須功夫熟地位高後會用 察自初學便使用得

공정(工程)·지위(地位)로 말하면, ‘려(慮)’는 공부가 익숙하고 지위가 높아진 뒤에 쓸 수 있고, ‘찰(察)’은 처음 배울 때부터 바로 사용할 수 있다.

慮只是精義 惟先有集義工夫 所以能會精義 格物致知 即便是集義事 或曰 定靜安 莫是敬之苗脉否 曰然 敬固是貫徹始終 未有致知而不在敬者 然亦惟知之至 然後敬力眞定 定熟則靜 靜熟則安 凡事熟則精生焉 所以能慮

---

5 이 말은 『맹자』 「공손추 상」에 보인다.

若徒守敬字 而無集義工夫 則正如釋氏坐禪入定 枯木死灰 何以能慮 故先
儒譏其界之一錢則亂矣

'려(慮)'는 다만 의리를 정밀하게 하는 것일 뿐이다. 오직 먼저 의리를
집적하는 공부가 있기 때문에 능히 정밀한 의리를 이해할 수 있다. 격물
치지는 바로 의리를 집적하는 일이다. 어떤 사람이 말하기를 "정(定)·
정(靜)·안(安)은 경(敬)이 싹트는 맥락이 아닙니까?"라고 하여, 내가 말
하기를 "그렇습니다. 경은 참으로 시종(始終)을 꿰뚫으니, 앎을 극진히
하면서도 마음이 공경에 있지 않은 자는 없습니다. 그러나 오직 앎이
지극한 뒤에야 경의 힘이 진실로 정해집니다. 정해진 마음이 익숙하면
고요해지고, 고요함이 익숙하면 편안해집니다. 모든 일이 익숙해지면
정밀한 의리가 거기에서 생겨나 능히 생각을 할 수 있게 됩니다. 단지
'경'자만 지키며 의리를 집적하는 공부가 없으면 바로 불교에서 좌선하
여 선정(禪定)에 드는 것과 같으니, 마른 나무나 죽은 재가 어찌 능히
생각할 수 있겠습니까? 그러므로 선유들은 선승에게 동전 한 닢을 주면
반드시 혼란해진다[6]고 기록하였습니다."라고 하였다.

定靜安之志心身 與誠正修之意心身 大槩亦同 -惟志與意字 差別- 但誠正
修 是動上用工夫 定靜安 是靜時氣象 大抵大學八條目工夫 皆在動上 而定
靜安 特指示靜時氣象 此所謂靜以涵動之所本

정(定)·정(靜)·안(安)의 지(志)·심(心)·신(身)[7]과 성의(誠意)·정심

---

6 이 말은『근사록』권3「치지(致知)」에 보이는데, "釋氏錙銖天地 可謂至大 然不嘗爲大 則爲事不
  得 若界之一錢 則必亂矣"라고 하였다.
7 이는『대학장구』경일장 '知止而后有定' 아래 주에 "知之則志有定向 靜謂心不妄動 安謂
  所處而安"이라고 한 문구의 '志'·'心'·'所處'를 가리킨다.

(正心)·수신(修身)의 의(意)·심(心)·신(身)은 대체로 또한 같다. – 오직 '지(志)' 자와 '의(意)' 자는 구별된다. – 다만 성의·정심·수신은 움직일 때 공부를 하는 것이고, 정·정·안은 고요할 때의 기상이다. 대저 『대학』의 팔조목 공부는 모두 움직일 때에 있는데, 정·정·안은 단지 고요할 때의 기상만을 지적해 보인 것이니, 이는 이른바 '정(靜)하여 동(動)이 근본한 바를 함양한다.'[8]는 것이다.

易日 知至至之 可與幾也 知終終之 可與存義也 知至卽此所云知止 幾卽此所云慮 終卽此所云得 存義卽至而不遷之意 此事當作三節看 知卽集義 慮卽精義 得卽存義

『주역』에 "이를 곳을 알고 거기에 이르니 더불어 기미를 살필 수 있고, 마칠 곳을 알아 거기에서 마치니 더불어 의리를 보존할 수 있다."고 하였다.[9] '이를 곳을 안다.[知至]'는 것은 바로 『대학』에서 말한 '지지(知止)'이고, '기미를 살핀다.[幾]'는 것은 『대학』의 '려(慮)'이고, '마친다[終]'는 것은 『대학』의 '득(得)'이며, '의리를 보존한다.[存義]'는 것은 바로 『대학』의 '이르러 옮기지 않는다.[至而不遷]'[10]는 뜻이다. 이 일은 세 단계로 보아야 하니, '지(知)'는 의리를 집적하는 것[集義]이고, '려(慮)'는 의리를 정밀하게 하는 것[精義]이며, '득(得)'은 의리를 보존하는 것[存義]이다.

---

8 『성리대전』권46 「존양(存養)」에 "動以見靜之所存 靜以涵動之所本 動靜相須 體用不離 而後爲無滲漏也"라 하였다.

9 『주역』「건괘(乾卦)」문언(文言) 구삼효사(九三爻辭)에 "知至至之 可與幾也 知終終之 可與存義也 是故 居上位而不驕 在下位而不憂 故乾乾 因其時而惕 雖危无咎矣"라고 하였다.

10 『대학장구』경일장 '大學之道' 아래 주 "止者 必至於是地而不遷之意"

古人之學 始以小學 已成居敬之功 故大學便以窮理承之 理窮則知止 而敬之意味益別 敬熟則義精 而理之品節不差 － 慮得 是也 －

옛사람들의 학문은『소학』으로 시작하여 이미 거경(居敬)의 공부를 이루었기 때문에『대학』은 곧 궁리(窮理)로써 그것을 계승한 것이다. 이치를 궁구하면 그칠 곳을 알게 되어 경(敬)의 의미가 더욱 달라지고, 경이 익숙해지면 의리가 정밀해져 이치의 품절(品節)이 어긋나지 않는다. － '려(慮)'와 '득(得)'이 이것이다. －

【도표 해설】 이 그림은 경일장 제2절 '지지이후유정(知止以后有定)' 1절에 나오는 지지(知止)·정(定)·정(靜)·안(安)·려(慮)·능득(能得)을 삼강령의 공효로 보는 설을 더 심화시켜, 팔조목의 행(行)에 해당하는 성의(誠意) 이하 6조목의 공효로 본 것이다. 즉 물격지지(物格知至)하면 그칠 바를 알게 되고[知止], 그러면 정·정·안·려를 거쳐 능득하게 된다는 것을 6조목의 공효에 연관시켜 그린 것이다. 예컨대 려고의능득성(慮故意能得誠)·려고심능득정(慮故心能得正)·려고신능득수(慮故身能得修) 등으로 그 의미를 파악해 도표로 그린 것이다.

【도표】 삼강팔조경문정의도(三綱八條經文正義圖)

【도설】 近世先輩 或以大學爲二綱八條 大凡讀書之法 先就本文文理 看定
段節 後更就其中 細推意味 則段節之中 又有統會諸段之段 今大學一書 只
依經文字句文理 及傳文分釋段節之意 看定正義 則明明德新民止至善 各是
一段 爲三綱領 格致誠正修齊治平 各是一段 爲八條目 此文句正法也 然後
更就其中 細推意味 則三綱之中 止至善 爲統會之綱 – 故章句 亦言明明德新民
皆當止於至善 – 於是 綱領爲兩下一統 八目之中 格物爲總領之目 – 修己治人
兩邊 皆從格致一塗入 – 於是 條目爲一塗兩下 乃欲執一而廢一 不亦拘乎

　　근래 선배들 중에 혹 『대학』을 이강령(二綱領)·팔조목으로 보기도
한다. 대체로 독서의 방법은 먼저 본문의 문리에 나아가 단락과 구절을
자세히 살펴보고, 뒤에 다시 그 가운데에 나아가 세세하게 의미를 미루
어보는 것이다. 그러면 단락과 구절 속에 또 여러 단락을 통합하는 단락
이 있게 된다. 지금 『대학』 한 책을 읽는 사람들은 단지 경문의 자구의

문리와 전문의 단락과 구절을 분석한 뜻에 의거하고 있다. 정의(正義)를 살펴보면, 명명덕·신민·지어지선이 각각 한 단락으로 삼강령이 되고 격물·치지·성의·정심·수신·제가·치국·평천하가 각각 한 단락으로 팔조목이 된다. 이것이 문구(文句)의 정법(正法)이다. 그런 뒤에 다시 그 가운데 나아가 세세하게 의미를 미루어보면, 삼강령 가운데 지어지선이 두 강령을 통합하는 강령이 되니 – 그러므로 『대학장구』 주에서도 "명명덕·신민은 모두 지선의 경지에 그쳐야 한다."[11]고 하였다. – 이에 강령이 명명덕·신민 양쪽 아래에서 하나로 통합된다. 팔조목 가운데 격물이 총령(總領)의 조목이 되니 – 수기·치인 양쪽 모두 격물치지의 한 길을 따라 들어간다. – 이에 조목이 한 길에서 둘로 나누어진다. 하나를 잡으려고 하여 하나를 폐지하는 것은 또한 잘못된 것이 아니겠는가?

元來看道理 有橫竪直截分合之不同 合此書 就綱領 直竪看 則上頭重下頭輕 明德爲本 新民爲末 是也 就條目 橫截看 則中間重而兩頭輕 天子庶人 皆以修身爲本 是也 綱領條目合看 則却又摠成一物兩端 只是一至善 由知至得 是也 分看 則三綱領自三綱領 八條目自八條目 定靜安慮得自定靜安慮得 若以橫準竪 以分求合 則未有不礙者 今各爲圖以明之

원래 도리를 살필 적에는 횡간(橫看)·수간(竪看)·직간(直看)·절간(截看)·분간(分看)·합간(合看)의 다름이 있다. 이 책을 합해서 강령에 나아가 직간(直看)·수간(竪看)[12]하면 윗부분이 중요하고 아랫부분은 가벼우니, '명명덕이 본이 되고, 신민이 말이 된다.'[13]고 한 것이 이것이다.

---

11 이 말은 『대학장구』 경일장 '大學之道' 아래 주에 보인다.

12 직간(直看)·수간(竪看)은 본원으로부터 수직으로 전개되는 이치를 보는 방법으로, 본원을 중시하는 관점이다.

13 이는 『대학장구』 경일장 '物有本末' 아래 주에 "明德爲本 新民爲末"이라고 한 것을

조목에 나아가 횡간(橫看)·절간(截看)하면 중간이 중요하고 양쪽 머리는 가벼우니, '천자로부터 서인에 이르기까지 일체의 사람이 모두 수신으로 근본을 삼는다.'[14]라고 한 것이 이것이다. 강령과 조목을 합해 보면[合看] 또한 하나의 사물에 두 개의 단서가 있는 것을 총괄하여 단지 하나의 지선(至善)이 될 뿐이니, 지(知)를 말미암아 득(得)에 이르는 것이 이것이다. 나누어서 보면[分看] 삼강령은 저절로 삼강령이고, 팔조목은 저절로 팔조목이며, 정(定)·정(靜)·안(安)·려(慮)·득(得)은 저절로 정·정·안·려·득이 된다. 횡간(橫看)으로 수간(竪看)을 준거로 하거나 분간(分看)으로 합간(合看)을 구하면 구애되지 않음이 없을 것이다. 이제 각각 그림을 그려 그 점을 밝힌다.

【도표 해설】이 그림은 설에 보이듯, 삼강령·팔조목을 다양한 방법으로 보는 관점을 제시하여 도표로 만든 것이다. 이 도표 뒤에 직간·절간·합간을 별도의 도표로 그려 놓았다.

말한다.

14 이는『대학장구』경일장에 "自天子 以至於庶人 壹是皆以修身爲本"이라고 한 것을 말한다.

【도표】 합간도(合看圖)

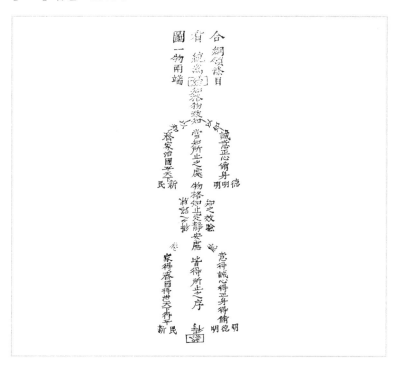

【도설】 夫事有物我 而理無物我 故事則綱領條目 皆分物我 爲兩邊事 而理則同一格致爲入處 同一至善爲歸處

대저 일에는 객체[物]·주체[我]가 있지만, 이치에는 객체·주체가 없다. 그러므로 일은 강령·조목이 모두 객체·주체로 나뉘어 두 가지의 일이 되지만, 이치는 동일하게 격물치지가 들어가는 곳이 되고, 동일하게 지선(至善)의 귀결처가 된다.

一物 卽至善也 兩端 卽知與得也 明明德 統誠意正心修身 皆自格致入知 以求至乎至善 而必至於意誠心正身修 則爲得止至善而明德明矣 新民統齊

家治國平天下 亦自格致入知 以求至乎至善 而必至於家齊國治天下平 則爲
得止至善而民新矣 定靜安慮 在知得交接之界 乃知之效驗 得之路脉 若其
知與得 皆此一至善 所謂一物兩端也 − 求知二字 用補亡章以求至乎其極 必至二字
用章句必至不遷字 −

도표의 '일물(一物)'은 곧 지선(至善)이고, '양단(兩端)'은 바로 지(知)·
득(得)이다. 명명덕은 성의·정심·수신을 통솔하는데, 모두 격물·치
지로부터 지(知)로 들어가 지선(至善)에 이르기를 구하며, 반드시 의성
(意誠)·심정(心正)·신수(身修)에 이르면 지어지선을 얻게 되어 명덕(明
德)이 밝아진다. 신민은 제가·치국·평천하를 통솔하는데, 역시 격
물·치지로부터 지(知)에 들어가 지선에 이르기를 구하며, 반드시 가제
(家齊)·국치(國治)·천하평(天下平)에 이르면 지어지선을 얻게 되어 백
성들이 새롭게 된다. 정(定)·정(靜)·안(安)·려(慮)는 지(知)·득(得)이
서로 접하는 경계에 있으니, 바로 지(知)의 효험이자 득(得)으로 가는
길이다. 예컨대 지(知)·득(得)은 모두 하나의 지선이니, 이른바 '하나의
사물에 두 개의 단서[一物兩端]'라는 것이다. − '구지(求至)[15]' 두 자는 보망장
의 '지극함에 이르기를 구한다[以求至乎其極]'에서 따온 것이고, '필지(必至)' 두 자
는 『대학장구』경일장 주의 '반드시 이르러 옮겨가지 않는다.[必至不遷]'[16]에서 따온
것이다. −

【도표 해설】 이 그림은 위의 「삼강팔조경문정의도」의 설에 있는 내용
과 연관해 보아야 한다. 횡간·수간의 어느 한쪽으로 보지 않고 양자를
합해서 보는 합간의 관점을 제시한 것이다.

---

15 구지(求至) : 원문에는 '구지(求知)'로 되어 있는데, 이는 '구지(求至)'의 오자인 듯하다.
16 『대학장구』경일장 '大學之道' 아래 주에 "止者 必至於是地而不遷之意"라 하였다.

【도표】 직간절간합도(直看截看合圖)

直看
截看
合圖
　明明德
正心　誠意　致知　搯物
　　　　　皆所以修身舉此以治國新民
　　　平天下　　齊家

【도설】 綱領直看 則上頭 – 明德 – 重 而下頭 – 新民 – 輕

條目截看 則中間 – 修身 – 重 而兩頭 – 格致誠正齊治平 – 輕

강령을 수직으로 보면[直看] 윗부분 – 명덕 – 이 중요하고, 아랫부분 – 신민 – 은 가볍다.

조목을 횡으로 보면[截看] 가운데 – 수신 – 가 중요하고, 양쪽 끝 – 격물·치지·성의·정심·제가·치국·평천하 – 은 가볍다.

【도표 해설】 이 그림은 삼강령·팔조목을 직간과 횡간으로 볼 때의 상호 다른 관점을 하나로 합해 그린 그림이다.

김근행(金謹行)의 대학도

【명칭】 서육절도(序六節圖)·경일장도(經一章圖)·경일전십총합도(經一傳十總合圖)·전구장도(傳九章圖)·전십장도(傳十章圖)·남당전십장도(南塘傳十章圖)·삼강팔목총회도(三綱八目摠會圖)·팔조추뉴도(八條樞紐圖)

【출전】 『용재집(庸齋集)』 권10

【작자】 김근행(金謹行, 1712-1782) : 자는 경보(敬甫)·상부(常夫), 호는 용재(庸齋), 본관은 안동이다. 부친은 이조 판서에 추증된 김시서(金時敍)이고, 모친은 은진 송씨로 비안현감을 지낸 송이석(宋彝石)의 딸이다. 『사마방목』에는 1713년에 출생한 것으로 되어 있다. 한양에 살았다. 강규환(姜奎煥)의 문인으로, 권상하·한원진·심조(沈潮)의 문하에도 출입하였다. 김근행은 1740년 진사시에 합격하였고, 뒤에 명경(明經)으로 천거되어 세자익위사 세마에 임명되었다. 그 뒤 직산현감·김포군수·인천부사 등을 역임하였다.

김근행은 송시열 → 권상하 → 한원진 → 심조·강규환으로 이어지는 학맥을 이어받았고, 부친의 스승인 김창협(金昌協)·김창흡(金昌翕)으로부터 학문적 영향을 받았다. 김창협의 손자인 김원행(金元行)과도 교분이 두터웠다.

저술로는 15권 15책의 『용재문집(庸齋文集)』이 있다. 경학 관계 자료

로는 잡저에 실린 「대학차의(大學箚疑)」·「중용차의(中庸箚疑)」·「논어
차의(論語箚疑)」·「맹자차의(孟子箚疑)」·「기삼백주차의(朞三百註箚疑)」·
「선기옥형주해(璿璣玉衡註解)」·「주역차의(周易箚疑)」·「역학계몽차의
(易學啓蒙箚疑)」·「독역범례(讀易凡例)」·「주역의목(周易疑目)」·「예기차
의(禮記箚疑)」·「오경각분체용도(五經各分體用圖)」 및 「서린강의(西隣講
義)」 등이 있다.

【도표】 서육절도(序六節圖)

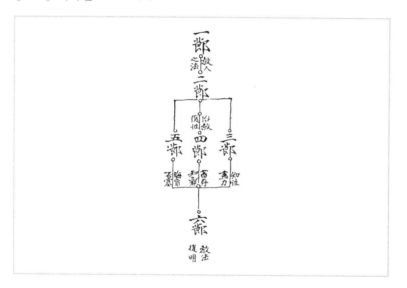

【도설】　大學序凡六節 自首段止敎人之法 爲第一節 總斷一書之旨 自盖自
天降止所由設 爲第二節 推本立學之由 自三代之隆止不能及 爲第三節 論
法備而敎行 自及周之衰止知者鮮矣 爲第四節 論敎廢而書存 自自是以來止
壞亂極矣 爲第五節 論異端害道 自天運循環止末端 爲第六節 論學敎復明

「대학장구서」는 모두 여섯 단락이다. 첫머리부터 '교인지법야(敎人之法

也)'까지가 제1절로, 『대학』 전체의 뜻을 총괄해 결단한 것이다. '개자천강 생민(盖自天降生民)'으로부터 '소유설야(所由設也)'까지가 제2절로, 근본을 미루어 학교를 세운 연유를 말한 것이다. '삼대지융(三代之隆)'으로부터 '비후세지소능급야(非後世之所能及也)'까지가 제3절로, 법이 갖추어지고 교육이 행해짐을 말한 것이다. '급주지쇠(及周之衰)'로부터 '지자선의(知者 鮮矣)'까지가 제4절로, 교육은 폐지되었지만 그 글이 남아있음을 말한 것이다. '자시이래(自是以來)'로부터 '괴난극의(壞亂極矣)'까지가 제5절로, 이단이 도를 해친 것을 말한 것이다. '천운순환(天運循環)'으로부터 마지막까지가 제6절로, 태학의 가르침이 다시 세상에 밝아졌음을 말한 것이다.

以此六節 分排作圖 則第一第二 居中而統下四節 第三第四第五三節 分三柱 承上二節 第六節 合上五節而結之

이 여섯 절을 나누어 배치하여 그림을 만들었으니, 제1절·제2절은 가운데 두어 아래의 4절을 통솔하게 하였고, 제3절·제4절·제5절 3절은 세 기둥으로 나누어 위의 2절을 잇게 했고, 제6절은 위의 5절을 합하여 결론짓게 하였다.

圖旣成 按圖觀之 則第一第二第四第六四節 爲斡株 始言書之全體 次言書之本原 次言作書之由 末言尊書之功 第三第五兩節 爲兩枝 分言學教興廢 縱橫推說 各得其義 統體條理瞭然 若指諸掌矣

그림이 완성된 뒤 살펴보니, 제1절·제2절·제4절·제6절 4절은 줄기가 되어 처음에 『대학』의 전체를 말하고, 다음으로 『대학』의 본원을 말하고, 다음으로 『대학』을 지은 연유를 말하고, 끝으로 『대학』을 존중한 공을 말하였다. 제3절·제5절 2절은 두 가지가 되어 학교의 흥폐(興廢)에 대해

나누어 말하였다. 종횡으로 설을 펼친 것이 각각 그 뜻을 얻어서, 전체의
조리가 명료한 것이 마치 손바닥 위에 올려놓고 가리키는 것 같다.

陳氏亦以爲當分六節 而以復其性謂在第一節 則其分段之義 蓋與右圖
不同矣 敎人之法一句 爲一篇頭腦 如治而敎敎灑掃敎窮理之類 是也 知行
二字 爲一篇眼目 如知性盡性躬行心得之類 是也

　　진씨(陳氏)[1]도 6절로 나누어야 한다고 여겼으나 '이복기성(以復其性)'
은 제1절에 속한다고 하였으니[2] 그가 단락을 나눈 뜻은 대체로 이 그림
과 같지 않다. '교인지법(敎人之法)' 1구는 이『대학』의 두뇌에 해당하
니, '다스리고 가르치다[治而敎]'[3]·'물 뿌리고 비질하는 것으로써 가르
치다[敎灑掃]'[4]·'궁리로써 가르치다[敎窮理]'[5]라는 것 등이 이것이다. 지
(知)·행(行) 두 자는『대학』의 안목(眼目)으로, '본성을 알다[知性]'[6]·'본
성을 극진히 하다[盡性]'[7]·'몸소 행하고 마음으로 터득하다[躬行心得]'[8]

1　진씨(陳氏) :『대학장구대전』에 나오는 신안 진씨(新安陳氏)를 가리킴. 신안 진씨는
　　진력(陳櫟, 1252-1334)으로, 자는 수옹(壽翁)·정우(定宇), 호는 신안(新安)·동부노인
　　(東卓老人)이다. 신안 진씨는「대학장구서」를 6절로 나누어 보아야 한다고 하였다.
2　이는 저자의 착오임. 신안 진씨는 '大學之書'로부터 '所以敎人之法也'까지를 제1절로 삼
　　았고, '蓋自天降生民'으로부터 '所由設也'까지를 제2절로 삼았는데, 저자가 말하는 '以
　　復其性'은 제2절에 속한다.
3　이는『대학장구』「대학장구서」의 "一有聰明睿智能盡其性者 出於其間 則天必命之 以爲
　　億兆之君師 使之治而敎 以復其性"의 '使之治而敎之'를 가리킨 것이다.
4　이는『대학장구』「대학장구서」의 "人生八歲 則自王公以下 至於庶人之子弟 皆入小學 而敎
　　之以灑掃對進退之節 禮樂射御書數之文"의 '而敎之以灑掃對進退之節'을 가리킨 것이다.
5　이는『대학장구』「대학장구서」의 "及其十有五年 則自天子之元子衆子 以至公卿大夫元士
　　之適子 與凡民之俊秀 皆入大學 而敎之以窮理正心修己治人之道"의 '敎之以窮理正心修己
　　治人之道'를 가리킨 것이다.
6　이는『대학장구』「대학장구서」의 "然其氣質之稟 或不能齊 是以不能皆有以知其性之所有
　　而全之也"의 '知其性之所有'를 가리킨 것이다.
7　이는『대학장구』「대학장구서」의 "一有聰明睿智能盡其性者 出於其間 則天必命之 以爲

라는 것 등이 이것이다.

【도표 해설】이 「서육절도」는 주희의 「대학장구서」를 여섯 단락으로 나누어 논리구조를 파악한 최초의 도표라는 점에서 그 의의가 크다. 이는 주자학에 대한 이해가 심화되면서 주희가 지은 서문의 논리구조조차도 깊이 탐구한 결과물이다. 또한 김근행이 여섯 단락으로 나누어 본 설은, 신안 진씨의 설과 다른 독자적인 시각에 의한 것이기 때문에 주자학의 심화 발전 양상을 보여주는 주요한 설이다.

신안 진씨가 여섯 단락으로 나눈 설은 『대학장구대전』 소주에 상세히 나타나 있지 않다. 다만 「대학장구서」 끝의 소주에 있는 신안 진씨의 설을 임상덕(林象德, 1683-1719)이 파악한 것에 의하면 다음과 같이 정리할 수 있다.

분 절	범 위
제1절	大學之書……所以教人之法也
제2절	蓋自天降生民……所由設也
제3절	三代之隆……所能及也
제4절	及周之衰……其節目之詳者也
제5절	三千之徒……壞亂極矣
제6절	天運循環……小補云

신안 진씨는 단락을 나누었지만, 요지를 명확하게 언급한 것이 없다. 김근행이 여섯 단락으로 분절한 것을 정리하면 다음과 같다.

億兆之君師 使之治而教之 以復其性"의 '能盡其性'을 가리킨 것이다.
8 이는 『대학장구』 「대학장구서」의 "而其所以爲教 則又皆本之人君躬行心得之餘 不待求之民生日用彝倫之外"의 '躬行心得'을 가리킨 것이다.

분절	범위	요 지
제1절	大學之書……所以敎人之法也	『대학』 전체의 뜻을 총괄해 결단
제2절	蓋自天降生民……所由設也	근본을 미루어 학교를 세운 연유
제3절	三代之隆……非後世之所能及也	법이 갖추어지고 교육이 행해짐
제4절	及周之衰……知者鮮矣	교육은 폐지되었지만 그 글은 남음
제5절	自是以來……壞亂極矣	이단이 도를 해침
제6절	天運循環……小補云	태학의 가르침이 다시 세상에 밝아짐

김근행의 설을 신안 진씨의 설과 비교해 보면, 제4절·제5절을 나누고 요지를 파악한 것이 다른 것을 알 수 있다.

【도표】 경일장도(經一章圖)

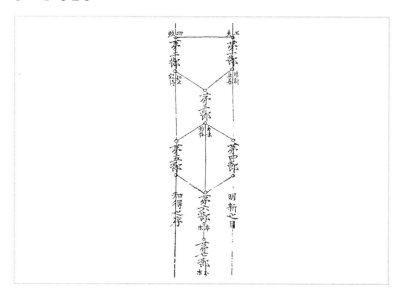

【도설】 右經一章圖 謹依朱子章句而定著焉 第三節章句曰 結上文兩節之意 故第一第二兩節 爲兩柱 第三節 居中而合結之 第七節章句曰 兩節結上

文兩節之意 故第四第五兩節 爲兩柱 第六第七兩節 居中而合結之

이 「경일장도(經一章圖)」는 삼가 주자의 주에 의거해 확정하여 만든 것이다. 제3절의 주에 말하기를 "위 2절의 뜻을 맺은 것이다."라고 하였으므로, 제1절과 제2절 두 절을 두 개의 기둥으로 삼고, 제3절은 중간에 두어 그것을 합하여 맺었다. 제7절의 주에 말하기를 "이 2절은 위 2절의 뜻을 맺은 것이다."라고 하였으므로, 제4절과 제5절 두 절을 두 기둥으로 삼고 제6절과 제7절 두 절을 가운데 두어 그것을 합하여 맺었다.

大抵第三節以上 經中之經 第四節以下 經中之傳也 第四節 言明新之目 以釋第一節之意 故以第四節 置之第一節之下 而引系於上 第五節 言知止之序 以釋第二節之意 故以第五節 置之第二節之下 而引系於上 第六第七兩節 言本末先後 以申第三節之意 故以第六七兩節 置第三節之下 而引系於上 其排布之井然 初不容私智 吁 亦妙哉 此意備見於記聞錄 今不盡詳焉

대저 제3절 이상은 경문 중의 경(經)이고, 제4절 이하는 경문 중의 전(傳)이다. 제4절은 명명덕·신민의 조목을 말하면서 제1절의 뜻을 풀이했기 때문에 제4절을 제1절의 아래에 두어 위와 연결시켰다. 제5절은 지지(知止)의 순서를 말하면서 제2절의 뜻을 풀이했기 때문에 제5절을 제2절 아래에 두어 위와 연결시켰다. 제6절·제7절 2절은 본말·선후에 대해 말하면서 제3절의 의미를 펼쳤기 때문에 제6절·제7절 2절을 제3절 아래에 두어 위와 연결시켰다. 그 배치가 질서정연한 것은 애초 나의 사적인 견해를 개입하지 않았기 때문이다. 아! 또한 묘하구나. 이 뜻은 『기문록(記聞錄)』[9]에 잘 나타나 있으니, 여기서는 다 말하지 않는다.

---

9 기문록(記聞錄) : 한원진(韓元震, 1682-1751)의 『경의기문록(經義記聞錄)』을 가리킨다.

【도표 해설】 이 그림은 제1절을 공부로, 제2절을 공효로, 제3절은 본말·시종으로, 제4절은 명명덕·신민의 조목으로, 제5절은 지지(知止)·능득(能得)의 순서로, 제6절은 본말로, 제7절도 본말로 요지를 파악하여 그린 것이다. 나머지는 위의 설에 상세히 나타나 있으므로 췌언하지 않는다.

경일장 제5절을 지지·능득의 순서로 본 것이 저자의 독특한 견해이다. 제5절은 팔조목의 공효를 말한 순추공효로 보는 데, 이를 지지 이후 능득에 이르는 과정으로 본 것이다.

【도표】 경일전십총합도(經一傳十總合圖)

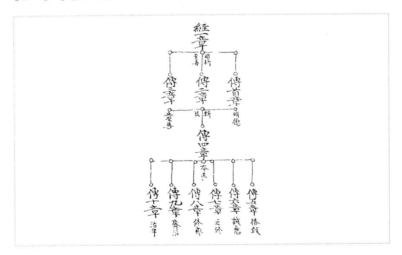

【도설】 經一章爲一篇之綱領 自傳首章止三章 爲一篇之鋪敍 傳四章 爲一篇之結辭 傳五以下六章 爲一篇之衍義 按圖可見耳.

경일장은 『대학』 한 책의 강령이다. 전 제1장부터 제3장까지는 『대학』 한 책의 포서(鋪敍)이고, 제4장은 『대학』 한 책의 결사(結辭)이다. 제5장

이하 6장은 『대학』 한 책의 연의(衍義)이니, 그림을 보면 알 수 있다.

【도표 해설】 이 그림은 경일장과 전십장(傳十章)을 합해 하나의 도표로 만든 것이다. 경일장을 상단 중앙에 위치시키고, 그 밑에 전 제1장·제2장·제3장의 삼강령을 해석한 전을 나란히 배치하였다. 그리고 그 밑에 본말을 해석한 전 제4장을 두었다. 그리고 그 밑에 전 제5장부터 제10장까지를 나란히 배열하였는데, 이는 격물치지·성의·정심수신·수신제가·제가치국·치국평천하를 해석한 전문에 해당한다. 이 그림은 주희의 『대학장구』의 해석에 따라 경일장과 전십장의 관계를 하나의 그림으로 그린 것인데, 전 제4장을 중앙에 두어 결사(結辭)로 삼은 것, 전 제1장부터 제3장까지를 포서(鋪敍)로 본 것, 전 제5장 이하를 연의(衍義)로 본 점이 특징이다. 이는 주자의 설을 충실히 따라 그린 것이다. 또한 삼강령에 초점을 맞추어 해석하면서 특히 본말을 결어로 본 것이 독특하다.

【도표】 전구장도(傳九章圖)

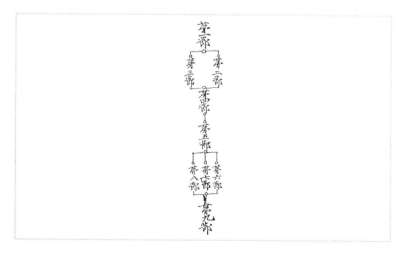

[도설]　전구장도(傳九章圖)

大學文章 可觀於傳九章 其第一節統言立教之目 第二節言立教之實 第三節言立教之效 第四節復自平天下 推論修身之功 第五節結之 第六節以下三節重言齊家後治國之事 詠歎上文未盡之意也 讀者須潛玩

『대학』의 문장은 전 제9장에서 살펴볼 수 있다. 제1절은 입교(立教)의 절목을 통괄하여 말했고, 제2절은 입교의 실례를 말했고, 제3절은 입교의 공효에 대해 말했다. 제4절은 다시 평천하로부터 수신의 공부에 이르기까지를 미루어 논하였고, 제5절에서 그것을 맺었다. 제6절 이하 3절에서는 제가한 후 치국하는 일을 거듭 말하고, 윗글에서 다하지 못했던 뜻에 대해 영탄하였다. 독자들은 이 점을 깊이 완미해야 할 것이다.

[도표 해설] 이 그림은 전 제9장 9절의 요지를 논리적 연관성에 따라 그린 것이다. 제1절 밑에 제2절·제3절을 나란히 배치하고, 그 밑에 제4절·제5절을 차례로 배열했으며, 그 아래 제6절·제7절·제8절을 나란히 배치하고, 그 밑에 제9절을 두어 결론을 지었다.

저자가 이 전 제9장의 논리구조를 파악한 것에는 독자적인 견해가 드러나 있다. 우선 제1절을 입교(立教)로 보고, 제2절을 입교의 실례로 본 점, 제3절을 입교의 공효로 본 점은 기왕의 해석에서 제가를 미루어 치국에 적용시키는 추(推)·화(化)의 논리로 파악한 것과 다른 시각이다. 교(教)를 주제어로 파악하고 있는 것이 그것을 단적으로 말해 준다.

【도표】 전십장도(傳十章圖)

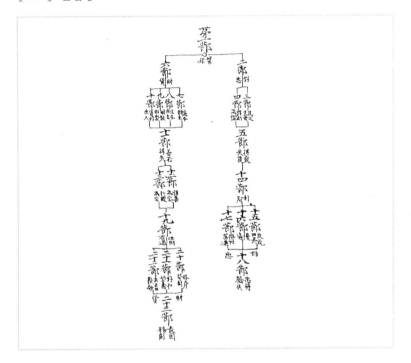

【도설】 右傳十章圖 一依章句所定 盖章句之意 以好惡財貨 對說絜矩與不能者之得失 文王詩以上 說好惡 先愼乎德以下 說財貨 楚書[10]以下 復說好惡 生財以下 復說財貨 章內凡再言好惡財貨 皆所以發明絜矩之意也

이 「전십장도(傳十章圖)」는 한결같이 『대학장구』의 주를 따라 그린 것이다. 대개 주의 뜻은 호오(好惡)·재화(財貨)로써 혈구(絜矩)하는 경우와 능히 혈구하지 못하는 경우의 득실을 상대적으로 말한 것이다. 「문왕(文王)」을 인용한 제5절 이상은 호오를 말하였고, 제6절 '선신호덕(先愼乎

---

10 원문의 '楚書'는 '秦誓'의 오류인 듯하다. '楚書'는 제12절이고 '秦誓'는 제14절인데, 그림을 보면 제12절은 재화의 영역에 속해있고 제14절이 다시 호오의 영역에 배치된다.

德)' 이하는 재화를 말하였고, 「진서(秦誓)」를 인용한 제14절 이하는 다시 호오를 말하였고, 제19절 '생재유대도(生財有大道)' 이하는 다시 재화를 말하였다. 한 장 안에 호오·재화를 거듭 말한 것은 모두 혈구의 뜻을 드러내 밝혔기 때문이다.

[도표 해설] 이 그림은 전 제10장 23절의 요지를 간추려 한 장의 도표로 만든 것이다. 제1절의 혈구(絜矩)를 상단 중앙에 배치하고, 그 밑에 제2절의 호오(好惡)와 제6절의 재화(財貨)를 두 축으로 삼아 그 아래에 관련된 구절을 유기적으로 연결시켰다.

　전 제10장에 대해서는 운봉 호씨가 일찍이 여덟 단락으로 나누어 논리구조를 파악한 바 있으며, 우리나라에서는 신응태(申應泰, 1643-1728)가 운봉 호씨의 설에 따라 단락을 나누어 도표를 그린 것이 있다. 참고로 운봉 호씨의 8분절설을 제시하면 다음과 같다.

단락	범 위	요 지
제1단락	제01절	言所以有絜矩之道
제2단락	제02절	言此之謂絜矩之道
제3단락	제03절-제05절	就好惡上言絜矩
제4단락	제06절-제11절	就財用言絜矩
제5단락	제12절-제13절	當連上文善與不善者看……兼財用好好惡言也
제6단락	제14절-제17절	就用人言
제7단락	제18절	不分言好惡與財用之絜矩 但言君子有大道
제8단락	제19절-제23절	生財大道 亦卽絜矩之道

　김근행은 이런 운봉 호씨의 설과는 다르게 단락을 나누어 논리구조를 파악하였는데, 위에 보이는 그의 설에 따라 정리하면 다음과 같다. 도표

에는 호오(好惡)와 재화(財貨)를 두 축으로 하여 세로로 그렸기 때문에
단락이 명확하게 구분되지 않는데, 그의 설에는 다음과 같이 단락을
나누어 설명하고 있다.

단락	범 위	요 지
제1단락	제01절-제05절	好惡(能絜矩와 不能絜矩)
제2단락	제06절-제13절	財貨(能絜矩와 不能絜矩)
제3단락	제14절-제18절	好惡(能絜矩와 不能絜矩)
제4단락	제19절-제23절	財貨(能絜矩와 不能絜矩)

【도표】 남당전십장도(南塘傳十章圖)

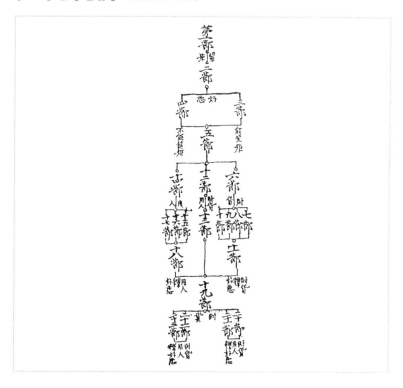

【도설】右南塘傳十章圖 先生之意 以好惡釋絜矩 用人財貨 爲兩柱 釋公
好惡之實 楚書舅犯兩節 說用人而兼說財貨 生財以下 說財貨而兼說用人
此與章句 不同 而亦可備一說 詳見記聞錄

이 그림은 남당(南塘)의 「전십장도(傳十章圖)」이다. 남당 선생의 뜻은
호오(好惡)로써 혈구(絜矩)를 풀이하였는데, 용인(用人)·재화(財貨)를 두
기둥으로 삼아 공적인 호오의 실상을 풀이하였다. 「초서(楚書)」·'구범
(舅犯)'을 인용한 2절은 용인을 말하면서 재화를 아울러 말하였고, '생재
유대도(生財有大道)' 이하는 재화를 말하면서 용인을 겸하여 말하였다.
이는 장구의 해석과 같지 않지만 또한 일설로 갖추어 놓을 만하다. 상세
한 내용은 『경의기문록』에 보인다.

【도표 해설】이 그림은 남당 한원진이 전 제10장을 그린 도표를 그대로
인용한 것이다. 위의 설에 보이듯, 한원진의 설이 주희의 설과 다르지
만, 일설로 갖추어 놓을 만하기 때문에 채록해 둔 것이라 하고 있다.
이 그림은 자신이 그린 「전십장도」와 다르지만, 자신이 속한 학맥의
스승의 설이므로 취한 듯하다.

한원진이 전 제10장의 논리구조를 여섯 단락으로 나누어 파악한 것
은 그의 저술 『경의기문록』에 보인다. 그러나 이를 바탕으로 도표로
그린 그림은 보이지 않는다. 김근행이 자신의 도설 속에 이를 부록으로
첨부해 놓아 세상에 전하게 되었다.

한원진은 전 제10장의 요지를 운봉 호씨처럼 8분절로 보지 않고 여섯
단락으로 나누어 구조를 파악하였다. 『경의기문록』에 의거해 이를 정
리하면 다음과 같다.

단락	범 위	요 지
제1단락	제01절-제02절	言上行下效 以明君子不可無絜矩之道 言好惡之公 以釋絜矩之義
제2단락	제03절-제05절	南山有臺言君子能公好惡 而得其絜矩之道 則爲民父母 節南山言在上者不能公好惡 而失其絜矩之道 則爲天下僇
제3단락	제06절-제11절	就財貨上 言好惡之公不公
제4단락	제12절-제13절	所以結上財貨之說 而起下用人之意
제5단락	제14절-제18절	就用人上 言好惡之公不公
제6단락	제19절-제23절	復合財貨用人而言 以應楚書舅犯之意

이러한 논리구조 파악은 김근행의 지적처럼 호오(好惡)의 공(公)·불공(不公)을 말해 혈구의 뜻을 해석한 것인데, 재화(財貨)와 용인(用人)을 두 축으로 삼은 것이다.

【도표】 삼강팔목총회도(三綱八目摠會圖)

【도설】 右三綱八目摠會圖 夫八條目 約之爲明新 明新 約之爲至善 自八目而收入 則至善爲八目之標的 自至善而推出 則八目爲至善之節度 橫分而細推之 則格致誠正修 屬之明德 齊治平天下 屬之新民 縱橫推去 各得其說 妙哉

이 그림은 「삼강팔목총회도(三綱八目摠會圖)」이다. 대저 팔조목은 요약하면 명명덕·신민이 되고, 명명덕·신민은 요약하면 지어지선이 된다. 팔조목에서부터 수렴해 들어가면 지어지선이 팔조목의 표적이 되고, 지어지선에서부터 미루어 나가면 팔조목은 지어지선의 절도가 된다. 횡분(橫分)하여 자세히 미루어 나가면, 격물·치지·성의·정심·수신은 명명덕에 속하고, 제가·치국·평천하는 신민에 속한다. 종횡으로 미루어 가더라도 각각 그 설을 얻으니 오묘하다.

【도표 해설】 이 그림은 삼강령·팔조목을 하나의 도표로 만든 것이다. 가운데 명명덕·신민의 표적이 되는 지어지선을 배치하고, 그 밖에 명명덕·신민을 그렸으며, 그 밖에 팔조목을 배열하였다.

이 도표는 우선 삼강령과 팔조목을 원으로 그렸다는 데 종래의 그림과 차별화된다. 원의 안쪽 중앙에 명명덕과 신민의 준적인 지어지선을 써 넣고, 그 다음의 원에 명명덕과 신민을 써 넣었으며, 그 밖의 원에 팔조목을 명명덕과 신민에 나누어 배열하였다.

【도표】 팔조추뉴도(八條樞紐圖)

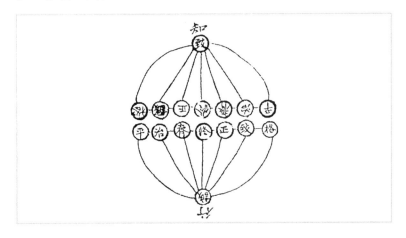

【도설】 右八條樞紐圖 夫爲學之要 不外乎知行二事 以八條言之 致知知也 誠意行也 七目 非致知 無以知矣 非誠意 無以行矣 故從知而言 則致知爲七 條之樞紐 從行而言 則誠意爲七目之樞紐 按圖可見

이 그림은 「팔조추뉴도(八條樞紐圖)」이다. 대저 학문을 하는 요점은 지·행 두 가지를 벗어나지 않는다. 팔조목으로 말하자면, 치지(致知)가 지(知)이고, 성의(誠意)가 행(行)이다. 나머지 일곱 조목은 치지가 아니면 알 길이 없고, 성의가 아니면 행할 방법이 없다. 그러므로 지(知)로부터 말하자면 치지가 일곱 조목의 추뉴(樞紐)[11]가 되고, 행(行)으로부터 말하자면 성의가 나머지 일곱 조목의 추뉴가 되니, 그림을 살펴보면 알 수 있다.

【도표 해설】 이 그림은 팔조목의 치지(致知)와 성의(誠意)를 지·행의 추뉴로 파악해 상하에 배치하고, 나머지 팔조목의 일곱 조목을 각기 상하의 두 축에 연결시켜 그린 것이다. 치지·성의가 고리의 역할을 하는 것을 그림을 통해 알 수 있다. 그래서 특별히 이를 '추뉴'라고 한 것이다.

이 도표는 팔조목 가운데서 지(知)의 측면을 말할 때는 치지를 추뉴로, 행(行)의 측면을 말할 때는 성의를 추뉴로 파악해 그린 저자의 독특한 그림이다.

---

11 추뉴(樞紐) : 추는 문의 지도리이고, 뉴는 종을 매다는 끈이다. 이는 양자를 연결하는 중요한 고리이다.

백봉래(白鳳來)의 대학도

【명칭】 사서통리지도(四書通理之圖) · 대학위학규모지도(大學爲學規模之
圖) · 경전위대학대전지도(經傳爲大學大全之圖) · 삼강팔조체락용하지도
(三綱八條體洛用河之圖) · 신민위본불유구지도(新民爲本不踰矩之圖) · 수신
위본좌우규지도(修身爲本左右規之圖) · 왈경위학대지지도(曰敬爲學大旨之
圖) · 군자혈구지도(君子絜矩之圖) · 삼인시신명혈구능불능지도(三引詩申
明絜矩能不能之圖) · 인진서재신명남산절남산도(引秦誓再申明南山節南山
圖) · 신독위용학존심지도(愼獨爲庸學存心之圖) · 특서증자왈지도(特書曾子
曰之圖) · 영유도신위편종지도(寧有盜臣爲篇終之圖)

【출전】 『사서통리–대학통리(大學通理)』(『구룡재집(九龍齋集)』)

【작자】 백봉래(白鳳來, 1717-1799) : 자는 내백(來伯), 호는 구룡재(九龍
齋), 본관은 수원(水原)이다. 부친은 백수화(白受和)이고, 모친은 경주 이
씨로 이시건(李時建)의 딸이다. 고조부 때부터 경상도 고성에 살았다.
1717년 고성 거류산(巨流山) 아래 가리동(佳里洞)에서 출생하였다. 어려
서 허간(許侃)에게 배웠고, 13세 때에는 영산(靈山) 신처사(辛處士)에게
배웠다. 통사(通史)와 칠서(七書)를 수년 동안 통독했으며, 중년 이후 거
류산 아래에 구룡재(九龍齋)라는 정사를 짓고 후진을 양성하기 시작하였
다. 1793년 70세 이상에게 내리는 수직인 절충장군 첨지중추부사를 하

사받았다.

　백봉래는 경서를 통합적 관점에서 유기적으로 해석하여 수십 개의 도표를 그렸다. 문인록에는 이광벽(李光璧)·심취제(沈就濟) 등 327명의 문하생 명단이 있다.

　저술로는 20권 10책의 『구룡재집』 외에 『경사도서(經史圖書)』·『역대통운(歷代通運)』·『삼경통의(三經通義)』·『사서통리(四書通理)』 등이 있다. 경학 관계 자료로는 『사서통리』에 수록된 「대학」·「중용」·「논어」·「맹자」, 『삼경통의』에 수록된 「시전」·「서전」·「역전」, 그리고 문집에 실린 「서역본의(序易本義)」·「중화대인도설(中和大人圖說)」 및 시에 실린 『시경』에 관련된 시 47수 등이 있다.

【도표】 사서통리지도(四書通理之圖)

【도설】 　吁 三經爲體 四書爲用 則通義者三經 通理者四書 何則 羲文作易而孔子傳之 帝王迭運而孔子序之 文武述詩而孔子刪之者 此正三經之通義也 大學則祖宗二典而曾子傳之 論語則形容道德而門人記之 孟子則存遏理

慾而門人書之 中庸則率修命道而子思述之者 此亦四書之通理也 然則七書
都是學也 堯以是傳之舜 舜以是傳之禹 禹以是傳之湯 湯以是傳之文武周公
孔子 則以心相傳者 心學也 以道相傳者 道學也 窮理盡性者 理學也 窮神知
化者 性學也 如非吾夫子經傳之通義 則前後聖之學 誰能傳之 如非思孟發
明經傳之理 則前後聖之學 誰能闡焉 三經無四書 則難以發明 四書無三經
則難以體用 彼以經此以書者 不過曰一理而已

아! 삼경(三經)은 체(體)가 되고, 사서(四書)는 용(用)이 되니, 의(義)에
통한 것은 삼경이고, 리(理)에 통한 것은 사서이다. 어째서인가? 복희씨
(伏羲氏)·문왕(文王)이 『주역』을 지었는데 공자가 전(傳)을 지었고, 제왕
이 번갈아가며 국정을 운영하였는데 공자가 그것을 서술하였고,[1] 문
왕·무왕이 시(詩)를 기술하였는데 공자가 그것을 산정(刪定)한 것, 이것
이 바로 삼경이 의(義)에 통한 것이다.

『대학』은 이전(二典)[2]을 조종으로 한 것인데 증자가 이를 전했고, 『논
어』는 도덕을 형용한 것인데 공자의 문인들이 그것을 기록하였고, 『맹
자』는 천리(天理)를 보존하고 인욕(人慾)을 막는 내용인데 맹자의 문인
들이 이를 서술하였고, 『중용』은 천명을 따르고 도를 닦는 내용인데
자사가 그것을 기술한 것이니, 이 또한 사서가 리(理)에 통한 것이다.

그렇다면 이 일곱 책은 모두 학문에 관한 것이다. 요임금이 이것을
순임금에게 전했고, 순임금은 우임금에게 전했고, 우임금은 탕임금에
게 전했고, 탕임금은 문왕·무왕·주공·공자에게 전했다. 그러니 마음
으로 서로 전한 것이 심학(心學)이고, 도를 서로 전한 것이 도학(道學)이

---

1 이는 요(堯)의 당(唐)나라, 순(舜)의 우(虞)나라, 우(禹)의 하(夏)나라, 탕(湯)의 상(商)나
   라, 문왕의 주(周)나라가 차례로 서서 정치를 하였다는 말로, 그 정치철학을 기록한
   것이 지금 전하는 『서경』이다.
2 이전(二典) : 『서경』의 「요전(堯典)」·「순전(舜典)」을 가리킨다.

고, 이치를 궁구하여 본성을 극진히 한 것이 이학(理學)이고, 정신을 궁구하여 변화를 안 것이 성학(性學)이다.

만약 공자께서 경전의 의(義)를 통하게 하지 않았다면 전후 성인의 학문을 누가 능히 전했을 것이며, 자사·맹자가 경전의 리(理)를 발명하지 않았다면 전후 성인의 학문을 누가 능히 드러냈겠는가. 삼경은 사서가 없으면 그 의리를 발명하기 어렵고, 사서는 삼경이 없으면 그 체용을 구분하기 어렵다. 삼경은 '경(經)'으로 말하고 사서는 '서(書)'로 말하는 것은, 일리(一理)를 말한 것에 불과할 따름이다.

何以明之 二典爲大學之祖宗 勅天爲三百篇之權輿 則先儒所謂大學之爲規模 明矣 中庸之爲微妙 亦明矣 論語之爲一本 孟子之爲萬殊 則大學之在明德 其非規模乎 論語之務本 其非根本乎 孟子之存遏 此爲發越 中庸之天命 此爲微妙之學也 絜矩明道 則上下四方 無不均齊 本立而道生 則言行樞機 無不形容 存仁行義 則千籟萬象 無不發越 鳶魚明道 則無聲無臭 無非上天之載也 若然則庸學爲表裏 語孟爲本末也 至規者學 至妙者庸 而孔子爲生生之花 孟子爲剪綵之花 則庸學之表裡 語孟之本末 似或不待辨說而明矣

무엇으로 증명할 것인가? 이전(二典)이 『대학』의 조종이 되고, 순임금이 '하늘의 명을 삼갈진댄[勅天之命]'이라고 노래한 것이 『시경』의 시초가 되니,[3] 선유들이 이른바 『대학』이 규모가 된다고 한 것이 분명하고, 『중용』이 미묘한 것이 된다고 한 것도 분명하다. 『논어』는 일본(一本)이 되고, 『맹자』는 만수(萬殊)가 되니, 『대학』의 '자기의 명덕을 밝히는 데 달려있다.[在明明德]'라는 것이 그 규모가 아니겠으며, 『논어』의

---

3 『서경』 권2 우서(虞書) 「익직(益稷)」의 "帝庸作歌曰 勅天之命 惟時惟幾"의 주에 "순임금과 고요(皐陶)가 이어서 노래한 것은 『시경』의 시초이다."라고 하였다.

'근본에 힘쓴다.[務本]'라는 것이 그 근본이 아니겠는가? 『맹자』의 '천리 (天理)를 보존하고 인욕(人慾)을 막는다.'는 것은 드러난 것이 되고, 『중 용』의 '천명(天命)'은 미묘한 학문이 된다.

　『대학』의 혈구(絜矩)로 도를 밝히면, 상하·사방이 균평하게 다스려 지지 않음이 없을 것이다. 『논어』에서 '근본이 확립되면 도가 생겨난 다.[本立而道生]'[4]고 한 것처럼 하면, 언행의 중요한 기미를 형용하지 않 음이 없을 것이다. 『맹자』에서 말한 것처럼 인(仁)을 보존하고 의(義)를 행하면, 온갖 소리와 삼라만상이 발현되지 않음이 없을 것이다. 『중용』 에서 '솔개는 날아 하늘에 이르고 물고기가 연못에서 뛰어 논다.'고 한 것처럼 은미한 이치를 살펴 도를 밝히면, 소리도 없고 냄새도 없어서 하늘의 일 아닌 것이 없게 될 것이다.[5]

　그렇다면 『중용』·『대학』은 표리가 되고, 『논어』·『맹자』는 본말이 된다. 지극한 규모는 『대학』이고, 지극히 오묘한 것은 『중용』이다. 공 자는 끊임없이 피어나는 꽃과 같고, 맹자는 꺾어다 꽂은 꽃과 같다. 그러므로 『중용』·『대학』이 표리가 되고, 『논어』·『맹자』가 본말이 되 는 것은 변설을 기다리지 않더라도 명백한 듯하다.

　噫 世之學者 不知庸學之表裡 全昧語孟之本末 而自能於三經之義者 恐 或未安 後之學者 讀大學以規模 誦論語以根本 而正心於孟子之發越 誠意 於中庸之微妙 則吾夫子刪序之義 可考於易之繫辭矣 然後 三經之經緯 四 書之體用 庶有萬一之明焉 敢爲通理之圖 以明通義之志 義理本無二致 貫 通經書 然後可爲義理之學 如其義理 以俟明經

4　이 말은 『논어』 「학이」에 보인다.
5　이 말은 『중용장구』 제33장에 보인다.

아! 세상의 학자들 중에『중용』·『대학』이 표리라는 것을 알지 못하고,『논어』·『맹자』가 본말이라는 사실도 전혀 모르면서 스스로 삼경의 뜻에 능하다고 하는 자들은, 아마도 온당치 않을 듯하다. 후학들이 규모로서의『대학』을 읽고, 근본으로서의『논어』를 암송하고,『맹자』의 발현되는 데에서 정심(正心)하고,『중용』의 미묘한 데에서 성의(誠意)한다면, 공자가 산삭하여 서술하신 뜻을『주역』「계사전」에서 살필 수 있을 것이다. 그런 뒤에 삼경의 경위(經緯)와 사서의 체용을 만분의 일이나마 밝힘이 있을 것이다.

내가 감히「사서통리지도(四書通理之圖)」를 만들어 의(義)에 통하는 뜻을 밝혔다. 의(義)·리(理)는 본래 두 가지 이치가 아니니, 경서를 관통한 뒤에야 의리지학(義理之學)이 될 수 있다. 의리를 이와 같이 하여 경전에 밝은 사람을 기다린다.

【도표 해설】 이 그림은, '삼경은 의(義)에 통하고 사서는 리(理)에 통한다.'는 전제 하에, 리를 도표 중앙의 원에 두고, 그 주변에『대학』에는 도(道),『논어』에는 덕(德),『맹자』에는 성(性),『중용』에는 명(命) 자를 써 넣었다. 중간의 원은 그와 같은 논리에서『대학』은 칙규지학(則規之學)으로,『논어』는 무본지학(務本之學)으로,『맹자』는 발원지학(發源之學)으로,『중용』은 현묘지학(顯妙之學)으로 규정한 것이다.

바깥의 원은『대학』을 위학지규모(爲學之規模)로,『논어』를 위학지근본(爲學之根本)으로,『맹자』를 위학지발월(爲學之發越)로,『중용』을 위학지미묘(爲學之微妙)로 본 것이다.

이 그림은 사서의 요지를 도(道)·덕(德)·성(性)·명(命)으로 파악한 점과 사서를 칙규지학(則規之學)·무본지학(務本之學)·발원지학(發源之

學)·현묘지학(顯妙之學)으로 규정한 것이 이채롭다. 저자가 사서와 삼경을 통합적 관점에서 이해한 독자적 깨달음을 반영한 것이다.

【도표】 대학위학규모지도(大學爲學規模之圖)

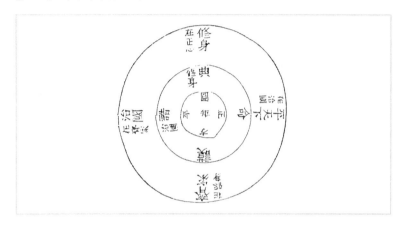

【도설】 吁 孟夫子曰 規矩方圓之至也 聖人人倫之至 則天下之理 無不由諸方圓 天下之事 無不由諸聖人 何則 羲文作易 取以方圓 禹箕敍範 則以方圓 而吾夫子序書以方圓 乃正乾坤之義 則君臣之綱 爲南北之正位也 曾氏之學 盖出於夫子 而以大學爲學之規模者 其非方圓之至耶

아! 맹자께서 말씀하기를 "규구(規矩)는 네모[方]와 원[圓]을 그리는 데 지극한 것이고, 성인은 인륜의 지극함이다."[6]라고 하였으니, 천하의 이치는 둥글고 모난 것을 말미암지 않은 것이 없고, 천하의 일은 성인을 말미암지 않은 것이 없다. 어째서인가? 복희씨·문왕이 『주역』을 지을 때 네모와 원을 취하였고, 우임금·기자(箕子)가 「홍범(洪範)」을 서술할 적에 네모와 원으로써 하였고, 공자께서 『서경』을 서술하실 때에도 네

---

6 이 말은 『맹자』 「이루 상」에 보인다.

모와 원으로써 하였다. 이에 『주역』건(乾)·곤(坤)의 뜻을 바르게 하면 임금과 신하의 법도가 남북의 바른 위치에 자리하게 된다. 증자의 학문은 대체로 공자에게서 나왔는데, 『대학』으로 학문의 규모를 삼은 것은 방원(方圓)의 지극함이 아니겠는가.

二典爲大學之祖宗 則典謨爲修齊之規模也 誥命爲治平之規模也 然則正心爲修身之規模 修身爲齊家之規模 而治國之規模 在齊其家 平天下之規模 在治其國也 事事物物 無非修齊治平之規模 字字言言 亦無非修齊治平之規模 故二帝之修齊治平 規以明德 三王之脩齊治平 規以新民 而窮理盡性之學 窮神知化之妙 止於至善 則止者矩也 尙書之欽厥止 大學之敬厥止 抑其非規模之至 方圓之極功耶

이전(二典)[7]이 『대학』의 조종이 되었으니, 전(典)·모(謨)[8]가 수신·제가의 규모가 되고, 고(誥)·명(命)[9]이 치국·평천하의 규모가 된다. 그렇다면 정심(正心)이 수신의 규모가 되고, 수신이 제가의 규모가 되며, 치국의 규모는 자기 집안사람들을 균평히 다스리는 데에 있고, 평천하의 규모는 자기 나라를 잘 다스리는 데에 있다. 온갖 사물에 수신·제가·치국·평천하의 규모 아닌 것이 없으며, 온갖 글자와 말에 수신·제가·치국·평천하의 규모 아닌 것이 없다.

그러므로 요임금·순임금의 수신·제가·치국·평천하는 명명덕으

---

7 이전(二典) : 『서경』맨 앞에 있는 「요전」과 「순전」을 말함.

8 전(典)·모(謨) : 『서경』의 「요전」·「순전」및 「대우모(大禹謨)」·「고요모(皐陶謨)」를 가리킨다.

9 고(誥)·명(命) : 『서경』의 「중훼지고(仲虺之誥)」·「탕고(湯誥)」·「대고(大誥)」·「강고(康誥)」·「주고(酒誥)」·「소고(召誥)」·「낙고(洛誥)」·「강왕지고(康王之誥)」및 「미자지명(微子之命)」·「채중지명(蔡仲之命)」·「고명(顧命)」·「필명(畢命)」·「경명(冏命)」·「문후지명(文侯之命)」을 가리킨다.

로 법도를 삼고, 우임금·탕임금·문왕·무왕의 수신·제가·치국·평천하는 신민으로 법도를 삼았다. 그리하여 이치를 궁구하고 본성을 극진히 하는 학문[理學]과 정신을 궁구하고 변화를 아는 오묘함[性學]이 지선(至善)에 이르러 머물렀으니, '머문다[止]'는 것은 법도[矩]이다. 『서경』의 '흠(欽)'이 그 '지(止)'이고, 『대학』의 경(敬)이 그 '지(止)'이니, 또한 규모의 지극함과 방원의 극진한 공부가 아니겠는가.

古之人立大學 以爲敎人之方 則心正而後意誠 意誠而後身修 身修而後家齊 家齊而後國治 國治而後天下平也 人生八歲 則入小學 敎以灑掃應對進退之節 禮樂射御書數之文 及其十五 則入大學 敎以窮理正心修己治人之道者 莫非方圓之至 亦莫非聖人之至也 若然則學之當奈何 先讀大學 以正規模 次讀論語 以立根本 次讀孟子 以究發越 次讀中庸 以窮微妙 則易之時 書之欽 詩之思無邪 無不平正於學之絜矩也

옛사람은 태학(太學)을 세워 사람을 가르치는 방법으로 삼았으니, 마음이 바른 뒤에 생각이 선으로 가득 차게 되고, 생각이 선으로 가득 찬 뒤에 몸이 닦여지고, 몸이 닦여진 뒤에 집안이 균평히 다스려지고, 집안이 균평히 다스려진 뒤에 나라가 잘 다스려지고, 나라가 잘 다스려진 뒤에 천하가 평치된다.

사람이 태어나서 8세가 되면 소학(小學)에 입학하여 물 뿌리고 비질하며 응하고 답하며 나아가고 물러나는 예절[灑掃應對進退之節]과 예(禮)·악(樂)·사(射)·어(御)·서(書)·수(數)의 글을 가르치고, 15세가 되면 태학에 입학하여 이치를 궁구하고 마음을 바루며 몸을 닦고 사람을 다스리는 방법을 가르친 것은, 방원의 지극함 아닌 것이 없으며, 또한 성인의 지극함 아닌 것이 없었다.

그렇다면 학문은 어떻게 해야 하는가? 먼저『대학』을 읽어서 규모를 바르게 하고, 그 다음『논어』를 읽어 근본을 세우고, 그 다음『맹자』를 읽어 발현되는 것을 궁구하고, 그 다음『중용』을 읽어 미묘함을 궁구하는 것이다. 그러면『주역』의 '그때에 알맞게 함[時]',『서경』의 '공경함[欽]',『시경』의 '사무사(思無邪)'가『대학』의 혈구(絜矩)에서 공평하고 정대해지지 않음이 없게 될 것이다.

噫 庸學自相表裡 語孟自相貫串 則四書三經 無非一理之規模也 其非至精至神之前後聖 孰能與於此哉 學者熟讀玩味 則庶幾近於大學之規模也

아!『중용』·『대학』이 서로 표리가 되고,『논어』·『맹자』가 서로 관통하니, 사서삼경은 한 가지 이치의 규모 아닌 것이 없다. 지극히 정밀하고 지극히 신묘한 전후의 성인들이 아니었다면 누가 능히 이에 참여할 수 있었겠는가. 학자들이 숙독하고 완미한다면『대학』의 규모에 거의 가까이 다가갈 것이다.

[도표 해설] 이 도표는『대학』이 학문을 하는 규모가 되는 점에 천착해 만든 것이다. 도표 중앙 안쪽 원의 한 가운데 '구(矩)'를 써서 이를 표시하고, 그 사방에 법도에 해당하는 '방(方)·원(圓)·평(平)·정(正)'을 써 넣었다. 중간의 원은 이『대학』의 규모가 어디에서 나왔는지의 연원을 밝힌 것이다. 저자는『대학』의 규모가『서경』의 전(典)·모(謨)·고(誥)·명(命)에서 나온 것으로 파악하여, 그와 연관된 수신·제가·치국을 옆에 표기하였다. 바깥의 원은 안쪽의 원과 연관하여 수신은 정심에 있고, 제가는 수신에 있고, 치국은 제가에 있고, 평천하는 치국에 있음을 말한 것이다.

　이 그림은 규모(規模)에 대한 개념이 종래의 설과 다르다. 이황은 규모를 모든 경서의 내용을 담을 수 있는 '큰집[大廈]'으로 보았다. 이는 주희가 『대학』을 '간가(間架)'라고 한 데서 연유한 말이다. 『대학』은 격물·치지의 진리탐구, 성의·정심·수신의 자기 실천, 제가·치국·평천하의 사회적 실천 등으로 수기·치인에 관한 논리가 모두 담겨 있기 때문에 '학문의 규모'라고 한 것이다. 그런데 백봉래는 그와는 다른 차원에서 '인륜의 법도'라는 의미로 규모를 해석하고 있다.

〔도표〕 경전위대학대전지도(經傳爲大學大全之圖)

〔도설〕　吁 前後聖經傳之義也 羲文之易爲經二卷 而孔子之傳爲十卷 堯舜之二典爲經 而孔子之傳序以五十八篇 文王之二南爲經 而孔子之傳刪以三百篇 則堯舜禹湯文武 經也 詩書易 傳也 然則傳者 釋經之辭也 詩書無非體易 而夫子傳之者 其非釋經之義耶 至若大學之傳 此亦釋經之辭也 何則 易之經二卷傳十卷 則大學之經一章傳十章 抑其非體易而以明詩書之體用耶 董子所謂道之大原出於天 則天不變 道亦不變者 此也 羲文帝王之經 無非道也

아! 전후 성인의 경(經)·전(傳)의 뜻이여! 복희씨·문왕의『주역』은
2권의 경(經)이 되고, 공자의 전(傳)은 10권이 된다.[10] 요임금·순임금의
이전(二典)은 경이 되는데 공자의 전은 58편으로 서술하였고,[11] 문왕의
이남(二南)[12]은 경이 되는데 공자의 전은 300편으로 산삭하였으니, 요임
금·순임금·우임금·탕임금·문왕·무왕은 경이고,『시경』·『서경』·
『주역』은 전이다. 그렇다면 전은 경을 풀이한 말이다.『시경』·『서경』
은『주역』을 본뜨지 않음이 없으니, 공자가 전을 지은 것은 경을 풀이한
뜻이 아니겠는가?

　『대학』의 전에 대해 이 또한 경을 풀이한 말이라고 하는 것은 어째서
인가?『주역』은 경이 2권이고 전이 10권이니,『대학』의 경일장·전십
장은『주역』을 본떠『시경』·『서경』의 체용을 밝힌 것이 아니겠는가?
동중서(董仲舒)[13]가 이른바 "도의 큰 근원은 하늘에서 나온다. 하늘이
변하지 않으면 도도 변하지 않는다."[14]고 한 것이 이것이니, 복희씨·문
왕 등 제왕의 경은 도가 아닌 것이 없다.

　大學之道 在明明德 在新民 在止於至善 則明德者 帝王明天之明德也 新

<hr />

10 '2권의 경(經)'이라는 말은『주역』이 상경·하경으로 되어 있기 때문이다. '공자의 전
　　(傳)이 10권'이라는 말은 공자가『주역』을 풀이해 지은 이른바 십익(十翼)을 말하는
　　것으로,「단전(彖傳)」상·하,「상전(象傳)」대·소,「계사전(繫辭傳)」상·하,「문언(文
　　言)」·「설괘(說卦)」·「서괘(序卦)」·「잡괘(雜卦)」등 10종의 저술을 가리킨다.
11 이는 십삼경 속에 들어 있는 동진(東晉)의 매색(梅賾)이 올린『위고문상서(僞古文尙
　　書)』를 가리킨다.
12 이남(二南) :『시경』국풍(國風)의「주남(周南)」·「소남(召南)」을 가리킨다.
13 동중서(董仲舒) : 전한 때 경학가로, 경제(景帝) 때 박사가 되었다. 현량대책(賢良對策)
　　을 올려 유학을 존중하고, 백가사상을 배척할 것을 주장하여 경학의 지위를 높이는
　　데 영향을 끼쳤다. 춘추공양학의 대표적 인물이다. 저술로『동자문집(董子文集)』·『춘
　　추번로(春秋繁露)』·『춘추결옥(春秋決獄)』등이 있다.
14 이 말은『중용장구』제1장 제1절의 주에 보인다.

民者 以新天之民也 止善者 以止天之善也 此爲經一章 而事有終始 物有本末 故第一章以釋明明德 第二章以釋新民 第三章以釋止善 第四章以釋本末 第五章以釋格物致知 第六章釋誠意 第七章釋正心修身 第八章釋修身齊家 第九章釋齊家治國 第十章釋治國平天下 則一章至四章 經也 五章至十章 傳也 分以言之 則經傳 合以言之 則經也

"대학의 도는 명덕을 밝히는 데 달려 있고, 백성을 새롭게 하는 데 달려 있고, 지극한 선에 이르러 머무는 데 달려 있다."[15]고 하였으니, 명덕을 밝히는 것은 제왕이 하늘의 밝은 덕을 밝히는 것이고, 백성을 새롭게 하는 것은 하늘이 내린 백성을 새롭게 하는 것이고, 지극한 선에 이르러 머무는 것은 하늘의 선에 머무는 것이다. 이것이 경일장이 된다. 일에는 처음과 끝이 있고, 사물에는 본과 말이 있다. 그러므로 전 제1장은 명명덕을 풀이하였고, 제2장은 신민을 풀이하였고, 제3장은 지어지선을 풀이하였고, 제4장은 본말(本末)을 풀이하였고, 제5장은 격물·치지를 풀이하였고, 제6장은 성의를 풀이하였고, 제7장은 정심·수신을 풀이하였고, 제8장은 수신·제가를 풀이하였고, 제9장은 제가·치국을 풀이하였고, 제10장은 치국·평천하를 풀이하였다. 그러니 제1장부터 제4장까지는 경이고, 제5장부터 제10장까지는 전이다. 나누어 말하면 경과 전이고, 합해 말하면 경이다.

何以明之 易之六十卦 無非乾坤之一腔子也 書之五十篇 無非二典之一影子也 詩之三百篇 盖莫非二南之一樣子 則大學之傳十章 此其非三綱領之八條目耶 以八條言之 則似爲八章 而合三綱爲十章者 其義安在 十章中首釋明德新民止善 而爲十章者 此實經傳之通義也 乾坤爲父母而首於八卦 三

皇繼天而列於五帝 三綱爲體而序於五倫 則大學之三領包八條者 此亦經傳
之通義也 若然則經傳互相經緯綱目互相表裏者 此正曾子之學 體吾夫子經
傳之義也 敢爲一圖 以俟明經

　　무엇으로 이를 증명할 것인가? 『주역』 60여 괘는 건괘·곤괘 속에
들어있지 않은 것이 없고, 『서경』 50여 편은 이전(二典)의 그림자가 아
닌 것이 없고, 『시경』 300편은 대개 이남(二南)의 형태 아닌 것이 없다.
그러니 『대학』의 전 10장은 삼강령의 팔조목이 아니겠는가?

　　팔조목으로써 말하면 8장이 될 듯하지만, 삼강령을 합하여 10장이
된 것은 그 뜻이 어디에 있겠는가? 10장 중 첫머리에 명명덕·신민·지
어지선을 풀이하여 전체를 10장으로 만든 것은 진실로 경·전의 통의(通
義)이다. 건괘와 곤괘는 부모가 되어서 팔괘에서 첫머리가 되고, 삼황
(三皇)[16]이 하늘을 이어 오제(五帝)[17] 앞에 나열되고, 삼강(三綱)이 체(體)
가 되어 오륜 앞에 자리하니, 『대학』의 삼강령이 팔조목을 포함하는
것 또한 경·전의 통의이다.

　　그렇다면 경·전이 서로 경위(經緯)가 되고, 강령·조목이 서로 표리
가 되는 것은 바로 증자의 『대학』이 공자의 경·전의 뜻을 본뜬 것이다.
이에 감히 도표 하나를 그려 경전에 밝은 자를 기다린다.

【도표 해설】 이 그림은 경(經)·전(傳)이 『대학대전(大學大全)』[18]이 된
것을 도표로 만든 것이다. 위의 설에서 설명하고 있듯이, 중앙 가운데
의 원에는 '도(道)' 자를 쓰고 그 주위에 『시경』·『서경』·『주역』의 경

16　삼황(三皇) : 복희(伏羲)·신농(神農)·황제(皇帝)를 말한다.
17　오제(五帝) : 소호(少昊)·전욱(顓頊)·제곡(帝嚳)·제요(帝堯)·제순(帝舜)을 말한다.
18　대학대전(大學大全) : 백봉래는 『대학장구대전』을 '대학대전' 또는 '학대전(學大全)'이
　　라 쓰고 있다.

(經)이 있었는데, 그에 대해 공자가 전(傳)을 지었다는 점을 그려 넣었
다. 그리고 바깥의 원에는『대학장구』에 의거하여, 삼강령·팔조목 및
경일장·전십장을 차례로 표기하였다. 이 그림은 주희의『대학장구』의
설을 그대로 따라 그린 것이다. 다만『대학』이 삼경에서 나온 것이라는
점을 연관시킨 점이 그의 독특한 설이다.

【도표】 삼강팔조체락용하지도(三綱八條體洛用河之圖)

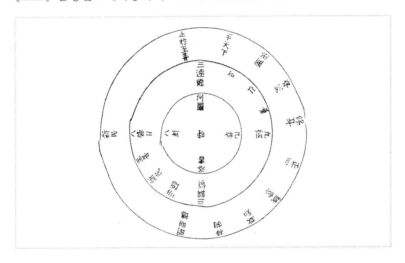

【도설】 吁 羲文作易 河圖是也 禹箕敍範 洛書是也 河洛互相經緯 卦章互相
表裏 則體洛用河者易 體河用洛者範也 詩書無非體易 則體河用洛者書 體洛用
河者詩也 然則吾夫子刪序之義 其不爲大矣至哉 夫子之孫子思作中庸 而以體
河用洛之義 夫子之高弟曾子述大學 而以體洛用河之義 此莫非詩書之體用也
    아! 복희씨·문왕이『주역』을 지었으니,「하도(河圖)」[19]가 그것이다.

_____

19 하도(河圖) : 복희씨 때 황하에서 용마(龍馬)가 등에 지고 나왔다는 그림으로,『주역』
    팔괘의 근원이 되었다.

우(禹)임금·기자(箕子)가 「홍범(洪範)」을 서술하였으니, 「낙서(洛書)」²⁰가 그것이다. 「하도」·「낙서」가 서로 경위(經緯)가 되고 팔괘(八卦)·구장(九章)²¹이 서로 표리가 되니, 「낙서」를 체(體)로 삼고 「하도」를 용(用)으로·삼은 것이 『주역』이고, 「하도」를 체로 삼고 「낙서」를 용으로 삼은 것이 「홍범」이다. 『시경』·『서경』은 『주역』을 본뜨지 않음이 없으니, 「하도」를 체로 삼고 「낙서」를 용으로 삼은 것이 『서경』이고, 「낙서」를 체로 삼고 「하도」를 용으로 삼은 것이 『시경』이다. 그렇다면 공자께서 『시경』을 산정하고 『서경』을 서술한 뜻은 위대한 것이 되지 않음이 지극하다. 공자의 손자 자사는 『중용』을 지었는데 「하도」를 체로 삼고 「낙서」를 용으로 삼은 뜻으로써 하였고, 공자의 고제 증자는 『대학』을 기술하였는데 「낙서」를 체로 삼고 「하도」를 용으로 삼은 뜻으로써 하였으니, 이는 『시경』·『서경』의 체·용 아닌 것이 없다.

何以明之 中庸之提綱以三達德 而序以九經 則九章九經 互相表裏也 大學之挈領以三綱領 而序以八條 則八卦八條 亦相表裏也 三達德三綱領 此爲河洛之經緯 故學之八條序次於綱領之下 而庸之九經序次於二十之章者 抑其非河洛之經緯卦章之表裏耶 庸之三德提綱於中和之次 而學之三綱挈領於經之一章者 似或河洛之體用卦章之時中也 前後聖刪序修撰之意 一體而殊用 則大易所謂隨之時義 其不大矣哉

무엇으로 이를 증명할 것인가? 『중용』은 삼달덕(三達德)²²으로써 강(綱)을 제시하고, 구경(九經)²³으로써 차례를 지었으니, 『서경』의 구장

---

20 낙서(洛書) : 하우씨(夏禹氏) 때 낙수(洛水)에서 나온 신귀(神龜)의 등에 있었다는 글로, 『서경』 「홍범」에 있는 홍범구주(洪範九疇)의 근원이 되었다.

21 구장(九章) : 『서경』의 「홍범」을 가리킨다.

22 삼달덕(三達德) : 『중용』에 보이는 지(智)·인(仁)·용(勇)을 가리킨다.

(九章)과 『중용』의 구경이 서로 표리가 된다. 『대학』은 삼강령으로써 령(領)을 이끌고 팔조목으로써 차례를 지었으니, 『주역』의 팔괘와 『대학』의 팔조목이 또한 서로 표리가 된다. 삼달덕과 삼강령은 「하도」와 「낙서」의 경위가 된다. 그러므로 『대학』의 팔조목이 삼강령의 아래에 위치하고, 『중용』의 구경이 제20장에 위치한 것은 「하도」·「낙서」의 경위이고, 팔괘·구장의 표리가 아니겠는가? 『중용』의 삼달덕이 '중화(中和)'의 다음에[24] 강(綱)을 제시하고, 『대학』의 삼강령이 경일장에서 령(領)을 이끈 것은, 혹 「하도」·「낙서」의 체용과 팔괘·구장의 시중(時中)인 듯하다. 전후의 성인이 산삭하고 서술하여 수찬한 뜻은 체를 하나로 하되 용은 다르게 하였으니, 이는 『주역』에서 이른바 "때의 옳음을 따른다.[隨之時義]"[25]고 한 것이다. 그러니 위대하지 않겠는가?

前後聖心學 子思述之 前後聖道學 曾子序之 則三綱旣立 萬目畢擧 而幾失之傳 賴中庸而不墜 幾絶之學 賴大學而復明 則七書都是學也 道命德性 無非理也 若然則河洛之經緯 卦章之表裏 究之經書 豈其然乎 敢爲一圖 以俟明經

전후 성인의 심학(心學)은 자사가 기술하였고, 전후 성인의 도학(道學)을 증자가 서술하였으니, 삼강령이 이미 확립되고 온갖 조목이 모두

<hr>

23 구경(九經) : 『중용장구』 제20장에 보이는 아홉 가지 법으로, 수신(修身)·존현(尊賢)·친친(親親)·경대신(敬大臣)·체군신(體群臣)·자서민(子庶民)·래백공(來百工)·유원인(柔遠人)·회제후(懷諸侯)를 가리킨다.

24 중화(中和)는 『중용장구』 제1장 제4절의 "喜怒哀樂之未發 謂之中 發而皆中節 謂之和 中也者 天下之大本也 和也者 天下之達道也"와 제5절의 "致中和 天地位焉 萬物育焉"에서 거론하였다. 그리고 주자는 「독중용법」에서 『중용』을 여섯 개의 단락으로 나누어 보았는데, 그 요지는 다음과 같다. 〈제1장 : 中和, 제2장~제11장 : 中庸, 제12장~제19장 : 費隱, 제20장~제26장 : 誠, 제27장~제32장 : 大德小德, 제33장 : 首章之義〉 이를 보면 제20장의 '삼달덕'이 '중화'의 다음에 있음을 알 수 있다.

25 이 말은 『주역』 「수괘(隨卦)」에 보인다.

거론되었다. 그래서 거의 잃어가던 도의 전수가 『중용』에 힘입어 추락
하지 않았고, 거의 끊어져가던 학문이 『대학』에 힘입어 다시 밝아졌으
니, 칠서(七書)가 모두 이 학문이다. 도(道)・명(命)・덕(德)・성(性)은 리
(理) 아닌 것이 없다. 그렇다면 「하도」・「낙서」가 경위가 되고, 팔괘・구
장이 표리가 되는 것은 경서(經書)에서 궁구해 보면 진실로 그러하다.
이에 감히 그림 하나를 그려 경전에 밝은 자를 기다린다.

【도표 해설】 이 그림은 『대학』의 삼강령・팔조목이 「낙서」를 체로 하
고 「하도」를 용으로 한 것을 드러낸 것이다. 중앙 가운데 원에 '시(時)'를
써서 『주역』의 '시의(時義)'의 의미를 드러냈고, 그 주위에 『주역』의 팔
괘와 『서경』의 구장(九章)을 써 넣었다. 중간의 원에는 『대학』의 삼강령
과 『중용』의 삼달덕을 써 넣고, 『대학』의 팔조목과 『중용』의 구경을
아울러 써 넣어 표리관계를 드러냈다. 바깥의 원에는 『대학』의 삼강령
과 팔조목을 차례로 나열하였다.

【도표】 신민위본불유구지도(新民爲本不踰矩之圖)

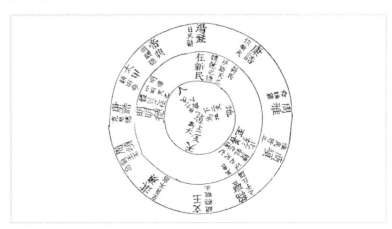

【도설】 吁 宗聖公述學之義也 以三綱挈領 以八條列目 則三綱中新民爲
本 八條中修身爲本也 此亦述聖公之作中庸 以三達德提綱 以九經列條之通
例也 三德中以仁爲本 九經中以修身爲本 則彼以天地人 此以天人地也 何
則 學以規模 庸以微妙 故彼以窮神知化 此以窮理盡性者 其非一理之流行
耶 互相經緯 互相表裏 則無非三才之提頭也

아! 종성공(宗聖公)[26]이 『대학』을 기술한 뜻이여. 삼강으로써 령(領)을
이끌고 팔조로써 목(目)을 나열하였으니, 삼강 중에는 신민을 본으로
하고, 팔조 중에는 수신을 본으로 하였다. 이는 또한 술성공(述聖公)[27]이
『중용』을 지을 적에 삼달덕(三達德)으로 강(綱)을 제시하고, 구경(九經)
으로 조목을 나열한 것과 공통된 예이다.

삼달덕 중에서는 인(仁)을 본으로 삼고, 구경 중에서는 수신을 본으로
삼았으니, 『중용』에서 천(天)·지(地)·인(人)으로써 하고, 『대학』에서
천·인·지로써 한 것은 어째서인가? 『대학』은 규모로써 하고, 『중용』
은 미묘로써 한다. 그러므로 『중용』은 신묘함을 궁구하여 조화를 알고,
『대학』은 이치를 궁구하여 본성을 극진히 하는 것이니, 그것이 하나의
이치가 유행하는 것이 아니겠는가? 서로 경위가 되고 서로 표리가 되
니, 삼재(三才)[28]가 서두를 이끌지 않음이 없다.

何以明之 乾包四德 而道命德性 無不咸具於一理之流行 故下二爻爲地
中二爻爲人 上二爻爲天者 此實綱目之包含德 經之含弘也 然則明明德 明

<hr/>

26 종성공(宗聖公) : 증자(曾子)를 가리킴. 원나라 문종(文宗) 때 성국종성공(郕國宗聖公)
  이라는 봉호를 내렸다.
27 술성공(述聖公) : 자사(子思)를 가리킴. 원나라 문종(文宗) 때 기국술성공(沂國述聖公)
  이라는 봉호를 내렸다.
28 삼재(三才) : 천(天)·지(地)·인(人)을 가리킨다.

天之明德也 在新民 新天之新民也 止於至善 止天之至善也 其爲人上者 明
天之德 以新其民 敬厥止善 以新其民 則新民 其不爲三綱之本耶

　　무엇으로 이를 증명할 것인가? 건괘는 사덕(四德)[29]을 포함하고, 도(道)
· 명(命) · 덕(德) · 성(性)은 하나의 이치가 유행하는 데 있어 모두 갖추어
지지 않음이 없다. 그러므로 아래의 두 효(爻)가 '지(地)'가 되고, 중간의
두 효가 '인(人)'이 되고, 위의 두 효가 '천(天)'이 되는 것이다. 이는 진실
로 강목이 덕(德)을 포함하고 있는 것으로, 『주역』곤괘에 '포용하고 너그
럽다[含弘]'고 한 것이다. 그렇다면 '명명덕'은 하늘의 명덕을 밝히는 것
이고, '재신민(在新民)'은 하늘의 신민을 새롭게 한 것이고, '지어지선'은
하늘의 지선(至善)에 머무는 것이다. 남의 윗자리에 있는 자가 하늘의
덕을 밝혀서 그 백성을 새롭게 하고, 그 지선에 머물기를 공경히 하여
백성을 새롭게 한다면 '신민'이 삼강령의 근본이 되지 않겠는가?

明天之德性者人 存天之道命者 亦人也 至靈者人 至神者 亦人 故康誥之
克明德 太甲之顧明命 帝典之明峻德 皆自明也 湯盤之日又新 康誥之作新民
周雅之命維新 無非自新之極也 商頌之惟民所止 綿蠻之止于丘隅 文王之緝
熙敬止 此正欽厥止也 至若淇澳之至善不忘 周頌之前王不忘 極言其新民之
功也 若然則二帝三王之修齊治平 抑其非新民之功耶 敢爲一圖 以俟明經

　　하늘의 덕(德) · 성(性)을 밝히는 것은 사람이고, 하늘의 도(道) · 명(命)
을 보존하는 것도 사람이다. 지극히 영험한 것은 사람이고, 지극히 신
묘한 것도 사람이다. 그러므로 『서경』「강고(康誥)」의 "능히 덕을 밝힌
다.",[30] 「태갑(太甲)」의 "밝은 명을 돌아본다.",[31] 「제전(帝典)」의 "큰 덕

29　사덕(四德) :『주역』의 원(元) · 형(亨) · 이(利) · 정(貞)을 가리킨다.
30　『대학장구』 전 제1장에 보인다.

을 밝힌다.”[32]라고 한 것들은 모두 스스로 밝히는 것이다.

탕임금 반명(盤銘)의 “날마다 새롭게 하고 또 새롭게 하라.”,[33] 「강고」의 “새로워지는 백성을 진작하라.”,[34] 「문왕(文王)」의 “명(命)이 새롭다.”[35]고 한 것들은 스스로 새로워지는 극치가 아닌 것이 없다.

「현조(玄鳥)」의 “오직 백성들이 머무는 곳이다.”,[36] 「면만(緜蠻)」의 “언덕 모퉁이에 머무는구나.”,[37] 「문왕」의 “선왕의 도를 계승해 밝혀서 공경히 하고 그에 머물다.”[38]라고 한 것들은 바로 그 머무는 바를 공경히 한 것이다.

「기욱(淇澳)」의 “지극한 선을 백성들이 잊지 못한다.”,[39] 「열문(烈文)」의 “전왕(前王)을 잊지 못한다.”[40]고 한 것에 이르러서는, 그 신민의 공(功)을 극도로 말한 것이다. 그렇다면 이제(二帝)·삼왕(三王)의 수신·제가·치국·평천하한 것이 또한 신민의 공이 아니겠는가? 이에 감히 그림 하나를 그려 경전에 밝은 자를 기다린다.

【도표 해설】 이 그림은 『대학』 삼강령의 신민이 근본이 되어 법도를 벗어나지 않는다는 의미를 드러낸 것이다. 『주역』 건괘의 육효(六爻) 중 위의 2효는 천(天)으로, 아래의 2효는 지(地)로, 중간의 2효는 인(人)

---

31 『대학장구』 전 제1장에 보인다.
32 『대학장구』 전 제1장에 보인다.
33 『대학장구』 전 제2장에 보인다.
34 『대학장구』 전 제2장에 보인다.
35 『대학장구』 전 제2장에 보인다.
36 『대학장구』 전 제3장에 보인다.
37 『대학장구』 전 제3장에 보인다.
38 『대학장구』 전 제3장에 보인다.
39 『대학장구』 전 제3장에 보인다.
40 『대학장구』 전 제3장에 보인다.

으로 보아 중앙의 원에 표기하였다. 그리고 두 번째 원에는 『대학』의
삼강령인 명덕·신민·지어지선을 표기하였다. 그리고 바깥의 원에
는 『대학장구』의 명명덕전·신민전·지어지선전에 인용된 『시경』·『서
경』의 문구를 표기하여 이제(二帝)·삼왕(三王)의 수신·제가·치국·평
천하를 신민의 공으로 본 것이다.

【도표】 수신위본좌우규지도(修身爲本左右規之圖)

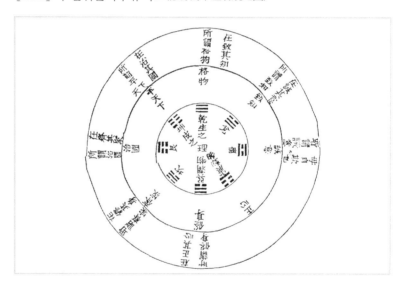

【도설】 吁 三領旣立 八目畢擧 以八爲條者 似或體八卦之用也 羲聖畫卦
體三才而畫八卦 則定其位也 八八六十四 則極其數也 何則 乾以生之 兌以
感之 离以虛之 震以動之 巽以潤之 坎以盈之 艮以止之 坤以成之 則生成者
乾坤 感止者兌艮 虛盈者坎离 動潤者震巽

　아! 삼강령이 이미 확립되고 팔조목이 모두 거론되었으니, 여덟 가지
로 조목을 만든 것은 혹 팔괘의 용(用)을 본뜬 듯하다. 복희씨(伏羲氏)가

괘를 그릴 때 삼재(三才)를 본떠 팔괘를 그렸으니, 그 위치를 확정한 것이다. 팔괘를 운용하여 64괘를 만든 것은 그 수를 극도로 한 것이다.

어째서인가? 건괘(乾卦)로써 그것을 낳고, 태괘(兌卦)로써 그것에 감응하고, 이괘(离卦)로써 그것을 비우고, 진괘(震卦)로써 그것을 움직이고, 손괘(巽卦)로써 그것을 윤택하게 하고, 감괘(坎卦)로써 그것을 가득 채우고, 간괘(艮卦)로써 그것을 그치게 하고, 곤괘(坤卦)로써 그것을 이루었다. 그러니 낳고 이룬 것은 건괘·곤괘이고, 감응하고 그친 것은 태괘·간괘이고, 비우고 채운 것은 감괘·이괘이고, 움직이고 윤택하게 한 것은 진괘·손괘이다.

故生成動潤 各以其時 虛盈感止 亦各以時 則格物致知正心誠意 無不是底乾坤 修身齊家治國平天下 亦無不是底乾坤也 乾坤既爲一本 則流行坎离 其不爲萬殊耶 修身爲本 則治國平天下 此正萬殊也 物格而后知至 知至而后意誠 意誠而后心正 則窮理盡性也 身修而后家齊 家齊而后國治 國治而后天下平 則窮神知化也 然則八卦八目 無非窮理盡性 亦無非窮神知化也 所過者化 所存者神 則卦條各有次第

그러므로 낳고 이루고 움직이고 윤택하게 하는 것은 각각 알맞은 때로써 하고, 비우고 채우고 감응하고 그치게 하는 것도 각각 제때에 맞게 하니, 격물·치지·정심·성의는 이 건괘·곤괘 아님이 없고, 수신·제가·치국·평천하도 이 건괘·곤괘 아님이 없다. 건괘·곤괘가 하나의 근본이 되었으니, 감괘·이괘를 유행함은 만수(萬殊)가 되는 것이 아니겠는가? 수신이 근본이 되면 치국·평천하는 바로 만수이다.

사물의 이치가 이른 뒤에 앎이 지극해지고, 앎이 지극해진 뒤에 생각이 선으로 가득 차고, 생각이 선으로 가득 찬 뒤에 마음이 바루어지는

것은 이치를 궁구하여 본성을 극진히 하는[窮理盡性] 것이다. 몸이 닦여
진 뒤에 집안이 균평해지고, 집안이 균평해진 뒤에 나라가 잘 다스려지
고, 나라가 잘 다스려진 뒤에 천하가 평치되는 것은 신묘함을 궁구하여
조화를 아는 것[窮神知化]이다.

그렇다면 팔괘와 팔조목은 이치를 궁구하여 본성을 극진히 하지 않
음이 없고, 또한 신묘함을 궁구하여 조화를 알지 않음이 없다. 군자가
지나간 곳은 교화되고, 군자가 머무는 곳은 교화가 신묘불측해지니,[41]
팔괘와 팔조목에는 각각 차례가 있다.

何以明之 乾坤相對 兌艮相配 坎离相配 震巽相配者 其非次第而言耶 格
物致知 是爲窮理 正心誠意 是爲盡性 修身齊家 是爲窮神 治國平天下 是爲
知化者 此實次第而言也 所謂格物在致知 致知在意誠 意誠在正心 正心在
修身 修身在齊家 齊家在治國 治國在平天下者 反覆言之 申明其八條之義
則此正體洛用河之意也 然後三領八目之義 不待辨說而明矣 世之學者 探於
章句之末 寄於言語之餘 則孰知大學之綱目也 有志於學者 究於三領之體
繹於八目之用 則庶乎知大學之綱目也 敢爲一圖 以俟明經

무엇으로 이를 증명할 것인가? 건괘와 곤괘가 상대하고, 태괘와 간
괘가 서로 짝이 되고, 감괘와 이괘가 서로 짝이 되고, 진괘와 손괘가
서로 짝이 되는 것은 차례대로 말한 것이 아니겠는가? 격물·치지는
이치를 궁구하는 것이 되고, 정심·성의는 본성을 극진히 하는 것이
되고, 수신·제가는 신묘함을 궁구하는 것이 되고, 치국·평천하는 조
화를 아는 것이 된다. 이는 참으로 차례대로 말한 것이다.

이른바 "사물의 이치를 궁구함은 앎을 극진히 하는 데 달려 있고,

---

41 이 말은 『맹자』「진심 상」에 보인다.

앎을 극진히 하는 것은 생각이 선으로 가득 찬 데에 달려 있고, 생각이
선으로 가득 찬 것은 마음을 바르게 하는 데 달려 있고, 마음을 바르게
하는 것은 몸을 닦는 데 달려 있고, 몸을 닦는 것은 집안을 균평히 하는
데 달려 있고, 집안을 균평히 하는 것은 나라를 잘 다스리는 데 달려
있고, 나라를 잘 다스리는 것은 천하를 평치하는 데 달려 있다."[42]고
한 것은, 반복해서 말하여 팔조목의 뜻을 거듭 밝힌 것이니, 이것이
바로 「낙서(洛書)」를 체로 삼고 「하도(河圖)」를 용으로 삼은 뜻이다. 그
런 뒤에 삼강령·팔조목의 뜻이 분변하는 설을 기다리지 않아도 분명해
질 것이다.

　세상의 학자들은 장구의 말단만을 탐구하고 언어의 찌꺼기에 의지하
니, 누가 『대학』의 강령과 조목을 알겠는가? 배움에 뜻을 둔 자가 삼강
령의 체를 궁구하고 팔조목의 용을 연역한다면 『대학』의 강령·조목을
거의 알 수 있을 것이다. 이에 감히 도표 하나를 그려 경전에 밝은 자를
기다린다.

【도표 해설】 이 그림은 『대학』의 팔조목이 『주역』의 팔괘에서 나온 것
임을 드러낸 것이다. 중앙의 원에 팔괘를 배열하고, 그 다음에 팔조목
을 배열하고, 바깥에 『대학장구』 경일장 제4절의 역추공부에 해당하는
팔조목을 나열하였다. 저자는 위의 설에서 학자들이 장구의 뜻에만 연
연하여 그보다 더 근원적인 이치를 모르는 것에 대해 안타까움을 표하
고 있다. 이런 이유 때문에 그는 보다 근원적인 이치를 『주역』 팔괘를
통해 드러내 보이고자 한 것이다.

42　이는 『대학장구』 경일장 제4절에 보인다.

【도표】 왈경위학대지지도(日敬爲學大旨之圖)

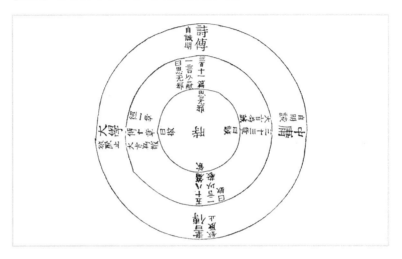

【도설】　吁 前後聖序經述書之義也 經書無非體易 則書之欽詩之思無邪
無非時也 學之曰敬 庸之曰誠 亦無非時也 欽爲六體之主 思無邪爲六義之
主 則學之經傳 不過曰敬 庸之時中 不過曰誠也 二典爲大學之祖宗 勅天
爲三百篇之權輿 則學之敬 即書之欽也 庸之誠 即詩之思無邪也 然則欽與
思無邪 其非易之時耶 曰敬曰誠 此正易之時也 二典之心法 以心而時中也
二南之形氣 以氣而時中也 曰敬曰誠 用雖殊 而理則一 故吾必曰七書都是
時也

아! 전후의 성인(聖人)이 경(經)을 서술하고 사서(四書)를 기술한 뜻이
여! 경서는 『주역』을 체로 삼지 않음이 없으니, 『서경』의 '흠(欽)'과 『시
경』의 '사무사(思無邪)'는 『주역』의 시(時) 아닌 것이 없다. 『대학』을 '경
(敬)'이라 하고, 『중용』을 '성(誠)'이라 한 것도 『주역』의 시 아닌 것이
없다. '흠'은 육체(六體)[43]의 주체가 되고, '사무사'는 육의(六義)[44]의 주
체가 되니, 『대학』의 경(經)·전(傳)은 '경(敬)'이라 하는 데 불과하고,

『중용』의 '시중(時中)'은 '성(誠)'이라 하는 데 불과하다.

　『서경』의 이전(二典)은 『대학』의 조종(祖宗)이 되고, '칙천(勅天)'[45]은 『시경』300편의 시초가 되니, 『대학』의 '경'은 곧 『서경』의 '흠'이고, 『중용』의 '성'은 곧 『시경』의 '사무사'이다. 그렇다면 '흠'과 '사무사'는 『주역』의 '시(時)'가 아니겠는가? '경(敬)'이라 하고 '성(誠)'이라 하였으니, 이는 바로 『주역』의 '시'이다. 이전(二典)의 심법은 심(心)으로써 하여 그때그때 알맞게 하는 것이고, 이남(二南)의 형기(形氣)는 기(氣)로써 하여 그때그때 알맞게 하는 것이다. '경'이라 하고 '성'이라 한 것은, 작용은 다르지만 이치는 한 가지이다. 그러므로 나는 반드시 '칠서는 모두 시(時)이다'라고 말하는 것이다.

　地之相距也 千有餘里 世之相後也 千有餘歲 而得志行于中國 若合符節者 先聖所謂前聖後聖 其揆一也 若然則三經四書 盖莫非一體而殊用也 至若庸學 互相表裏 故誠爲中庸之大旨 敬爲大學之大旨者 抑其非誠敬之表裏者耶 三綱之領 敬也 八條之目 亦敬也 君子之絜矩 無敬可乎 絜矩之爲道 此實敬也 內德外財 敬之節用也 其有聚斂寧有盜臣 損益之節中也 經傳無非敬 則敬之爲德 大矣至哉 敬之爲用 至美至善也 然後學之大體 無不是底敬 學之大用 亦無不是底敬也 世之學者 本之三領 以究其端 參之八目 以要其止 則庶乎知學之大旨也 敢爲一圖 以俟明經

　땅이 서로 떨어진 것이 1천여 리이고, 세대가 서로 멀어진 것이 1천여

43　육체(六體) : 『서경』의 체례(體例)인 전(典)·모(謨)·훈(訓)·고(誥)·서(誓)·명(命)을 가리킨다.
44　육의(六義) : 『시경』의 육의(六義)인 풍(風)·아(雅)·송(頌)·부(賦)·비(比)·흥(興)을 가리킨다.
45　칙천(勅天) : 『서경』 우서(虞書) 「익직(益稷)」에 보이는 '勅天之命'을 말함.

년이지만, 뜻을 얻어 나라 안에서 도를 행함이 부절을 합한 것과 같은 것은, 맹자가 이른바 "앞의 성인과 뒤의 성인이 그 헤아려 본 것은 똑같다."[46]고 한 것이다. 그렇다면 삼경·사서는 대체로 체를 하나로 하되 용을 달리 하지 않음이 없다.

『중용』·『대학』은 서로 표리가 된다. 그러므로 '성(誠)'이 『중용』의 대지(大旨)가 되고, '경(敬)'이 『대학』의 대지가 되는 것은, 또한 '성'·'경'이 표리가 되는 것이 아니겠는가? 삼강령은 '경'이고, 팔조목 또한 '경'이다. 군자의 혈구(絜矩)에 '경'이 없으면 가능하겠는가? 혈구의 도 됨은 진실로 '경'이다. 덕을 안으로 하고 재물을 밖으로 함은 '경'의 절용(節用)이다. 취렴(聚斂)하는 신하를 두기보다는 차라리 도둑질하는 신하를 두는 것이 더 낫다[47]는 것은 손익(損益)의 절중(節中)이다.

경전(經傳)은 '경' 아님이 없으니 '경'의 덕 됨은 위대하고 지극하며, '경'의 쓰임은 지극히 아름답고 지극히 선하다. 그런 뒤에 학문의 대체가 이 '경' 아닌 것이 없고, 학문의 대용(大用)도 이 '경' 아닌 것이 없다. 세상의 학자들이 삼강령을 근본으로 하여 그 단서를 궁구하고, 팔조목을 참조하여 그 머물 바를 구한다면, 학문의 대지를 거의 알게 될 것이다. 이에 감히 도표 하나를 그려 경전에 밝은 자를 기다린다.

【도표 해설】 이 그림은 '경(敬)'을 『대학』의 대지로 삼은 것이다. 그리고 이 '경'은 『중용』의 '성(誠)', 『시경』의 '사무사(思無邪)', 『서경』의 '흠(欽)'과 마찬가지로 『주역』의 '시(時)'에서 연원한 것이라고 파악하여 도표 중앙에 배치하였다. 그 다음에는 『대학』·『중용』·『시경』·『서경』

---

46 이 말은 『맹자』「이루 하」에 보인다.
47 이 말은 『대학장구』전 제10장에 보인다.

의 대지를 사방에 배치하였고, 바깥의 원에는 『대학』은 '경궐지(敬厥止)'를, 『중용』은 '자명성(自明誠)'을, 『시경』은 '자성명(自誠明)'을, 『서경』은 '흠궐지(欽厥止)'를 요지로 파악하여 써 넣었다.

이 그림의 특징은 『대학』의 대지를 '경(敬)'으로 파악하고, 그것의 연원을 『주역』의 '시(時)'로 파악한 데 있다.

【도표】 군자혈구지도(君子絜矩之圖)

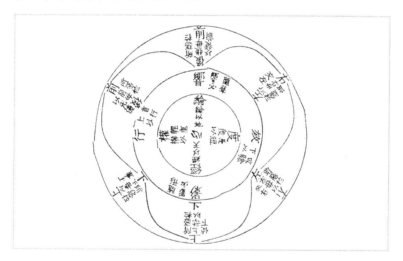

【도설】 吁 聲爲律 身爲度 神禹所以一身之矩也 從心所欲 不踰矩 孔子所以一心之矩也 心爲本然之矩 故均齊形氣者 矩也 平正聲音者 亦矩也 物之輕重 則以矩權之 物之長短 則亦以矩度之也 然則律度義理者 以是矩衡之 量度事物者 亦以矩稱之

아! "소리는 음률이 되고, 몸은 법도가 된다."[48]고 한 것은, 신묘한

---

48 이 말은 『논어집주』 「위정(爲政)」 "七十而從心所欲 不踰矩"의 주에 보이는 호씨(胡氏 : 胡寅)의 말이다. 이 말은 또한 사마천의 『사기』 「하본기(夏本紀)」에도 보인다.

우임금이 일신(一身)의 법도[矩]가 된 까닭이고, "마음이 하고자 하는 바를 따라도 법도를 넘어서지 않았다."[49]고 한 것은, 공자가 일심(一心)의 법도가 된 까닭이다. 마음은 본연의 법도이다. 그러므로 형기(形氣)를 고르게 다스리는 것이 법도이고, 성음(聲音)을 평정하게 하는 것도 법도이다. 사물의 경중은 법도로써 저울질하고, 사물의 장단도 법도로써 잰다. 그렇다면 의리를 헤아리는 것은 이 법도로써 저울질하고, 사물을 헤아리는 것도 이 법도로써 저울질하는 것이다.

何則 二帝之恊時月正律度 無不是底矩 三王之撫四夷來百工 亦無不是底矩也 矩以絜之 則修齊治平之道 自然合于矩 絜之不以矩 則格物致知之理 無適而不乖於義也 子曾子傳心述學 而以絜矩二字 序於平天下之後者 其不其義之大矣哉 三綱之領 以是矩絜之 八條之目 亦以矩絜之 則格致誠正 其非矩之絜歟 修齊治平 此正矩之絜也

어째서 그런가? 이제(二帝)[50]가 계절[時]과 달수[月]를 조화하고 율(律)과 도(度)를 바르게 한 것[51]은 이 법도[矩] 아닌 것이 없고, 삼왕(三王)[52]이 사방의 오랑캐를 위무하고 온갖 장인(匠人)을 불러 온 것도 이 법도 아닌 것이 없다. 법도로써 헤아리면 수신·제가·치국·평천하의 도가 자연히 법도에 합치될 것이다. 헤아릴 적에 법도로써 하지 않으면 격물·치지의 이치가 가는 곳마다 의리에 어긋나지 않음이 없을 것이다. 증자께서 심법을 전하고 『대학』을 기술하면서 '혈구(絜矩)' 두 자를 평천

---

49 이 말은 『논어집주』「위정」에 보인다.

50 이제(二帝) : 요임금과 순임금을 가리킨다.

51 이는 『서경』「우서(虞書)」「순전(舜典)」에 보인다.

52 삼왕(三王) : 하나라 우(禹)임금, 상나라 탕(湯)임금, 주나라 문왕(文王)·무왕(武王)을 말한다.

하의 뒤에 서술한 것[53]은 그 뜻이 큰 것이 아니겠는가? 삼강령을 이 법도로써 헤아리고, 팔조목도 이 법도로써 헤아린다면 격물·치지·성의·정심이 이 법도의 헤아림이 아니겠는가? 수신·제가·치국·평천하는 바로 법도의 헤아림인 것이다.

　三綱之挈領 如聲形之影響 八條之列目 如上行而下效也 其所謂所惡於上 毋以使於下 所惡於下 毋以事上 則上下之絜矩也 所惡於前 毋以先後 所惡於後 毋以從前 則前後之絜矩也 所惡於右 毋以交左 所惡於左 毋以交右 則左右之絜矩也 方寸者心 稱物者矩 則心者本然之矩也 以本然之矩 度之事物之當然 揆之律度之固然 則上下旣平 前後適中 左右合理者 此正絜矩之道也 然後經綸天地之道 權度事物之宜 而一本之爲萬殊 萬殊之爲一本者 正得中和之道 而各適其用 則神禹之身爲度 夫子之不踰矩 可得而言矣 世之志學者 明於絜矩之道 則庶乎知大學之義也 敢爲一圖 以俟明經

　삼강(三綱)이 령(領)을 이끄는 것은 소리·형체가 메아리·그림자에 대한 관계와 같고, 팔조(八條)가 목(目)을 나열하는 것은 위에서 행하여 아랫사람이 본받는 것과 같다. 이른바 "윗사람에게서 싫었던 것으로써 아랫사람을 부리지 말고, 아랫사람에게서 싫었던 것으로써 윗사람을 섬기지 말라는 것"[54]은 상하(上下)의 혈구(絜矩)이다. "앞사람에게서 싫었던 것으로써 뒷사람에게 먼저 가며 그런 짓을 행하지 말고, 뒷사람에게서 싫었던 것으로써 앞사람을 따라가며 그런 짓을 행하지 말라는 것"[55]은 전후(前後)의 혈구이다. "오른쪽 사람에게서 싫었던 것으로써 왼쪽 사람과 사귀지 말고, 왼쪽 사람에게서 싫었던 것으로써 오른쪽

---

53 『대학장구』 전 제10장 제1절에 '혈구지도(絜矩之道)'를 말하였다.

54 이 말은 『대학장구』 전 제10장 제2절에 보인다.

55 이 말도 『대학장구』 전 제10장 제2절에 보인다.

사람과 교제하지 말라는 것"⁵⁶은 좌우(左右)의 혈구이다.

사방 한 치밖에 안 되는 것은 심장[心]이고, 사물을 헤아리는 것은 법도[矩]이니, 심(心)은 본연(本然)의 법도이다. 본연의 법도로써 사물의 당연함을 헤아리고, 율(律)·도(度)의 본디 그러함을 헤아린다면, 상하가 균평해져서 전후가 중도에 맞고, 좌우가 이치에 합치될 것이니, 이것이 바로 혈구의 도이다.

그런 뒤에 천지의 도를 경륜하고 사물의 마땅함을 헤아려서, 하나의 근본[一本]이 온갖 현상[萬殊]이 되고 온갖 현상이 하나의 근본이 되는 것이, 바로 중화(中和)의 도를 얻어서 각각 그 용에 알맞게 하는 것이다. 그렇게 되면 신묘한 우임금의 몸이 법도가 되고, 공자가 마음대로 해도 법도를 벗어나지 않은 경지를 말할 수 있을 것이다. 배움에 뜻을 둔 세상 사람들이 혈구의 도를 밝힌다면『대학』의 의리를 거의 알 수 있을 것이다. 이에 감히 도표 하나를 그려 경전에 밝은 자를 기다린다.

【도표 해설】이 도표는『대학장구』전 제10장의 '혈구지도(絜矩之道)'의 의미를 집중적으로 부각시켜 그린 것이다. 중앙에 '심(心)' 자를 표기하여, 그 심이 천지를 경륜하고 사물을 헤아리는 주재 능력이 있음을 드러냈다. 그 다음의 중간 원에는 그것을 행한 효과를 표기하였고, 바깥의 원에는 상하·전후·좌우를 모두 법도로써 헤아린다는 의미를 드러냈다.

---

56 이 말도『대학장구』전 제10장 제2절에 보인다.

【도표】 삼인시신명혈구능불능지도(三引詩申明絜矩能不能之圖)

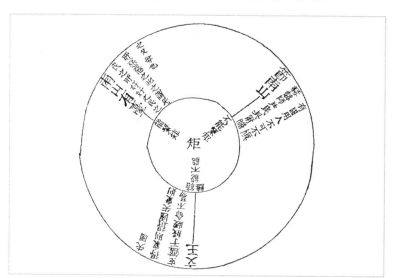

【도설】 吁 三綱領八條目 無非絜矩之道也 以是矩絜之於明德新民 則止
於至善者矩 以是矩絜之於治國平天下 則修身齊家亦矩也 能矩則三綱立焉
八條擧矣 不能矩則三綱頹焉 八條紊矣 然則矩之爲德 至矣盡乎

　아! 삼강령·팔조목은 혈구(絜矩)의 도가 아닌 것이 없다. 이 법도[矩]
로써 명덕·신민을 헤아리면 지어지선이 법도가 되고, 이 법도로써 치
국·평천하를 헤아리면 수신·제가가 또한 법도가 된다. 능히 헤아리면
삼강령이 확립되고 팔조목이 다 거론되지만, 능히 헤아리지 못하면 삼
강령은 무너지고 팔조목도 문란해질 것이다. 그러니 법도의 덕됨은 지
극하고 극진하구나.

　子曾子述大學 而以矩之一字序於八條之下者 以明綱目之無非矩也 矩之
下引以三詩 申明絜矩之能不能者 又申明能不能之無非矩也 可以易引之

宜以書引之 而此以詩引之者 詩之爲體 以立綱紀之首 以明萬化之原 則善
惡兼備 好惡同歸也 感發人之善心 懲創人之逸志者 此正詩之理性情也 子
思子作中庸 亦以五引詩 則盖莫非一本萬殊 萬殊一本之義也 若然則三引
之詩 盖莫非申明絜矩之義 而亦莫非歸本之義也 敢爲一圖 以明申明反覆
之意

증자가 『대학』을 기술하면서 '구(矩)' 한 자를 팔조목의 아래에 서술
한 것[57]은 삼강령·팔조목이 법도[矩] 아님이 없음을 밝힌 것이다. 혈구
(絜矩)를 말한 다음에 3편의 시[58]를 인용하여 능히 혈구함과 능히 혈구
하지 못함을 거듭 밝힌 것은, 또한 능함과 능하지 못함이 법도 아님이
없음을 거듭 밝힌 것이다. 『주역』·『서경』을 인용하는 것이 마땅한데도
여기에서 『시경』의 시를 인용한 것은, 시가 체(體)가 되어 기강(紀綱)의
첫머리를 세우고 온갖 조화의 근원을 밝히면 선악이 아울러 갖추어지고
호오(好惡)가 함께 귀결되기 때문이다.

사람의 선한 마음을 감발시키고 사람의 나태한 의지를 징계하는 것,
이것이 바로 시가 성정(性情)을 다스리는 것이다. 자사가 『중용』을 지을
적에도 5편의 시[59]를 인용하였으니, 대체로 하나의 근본이 온갖 현상이
되고 온갖 현상이 하나의 근본이 되는 뜻 아닌 것이 없다. 그렇다면
삼인시(三引詩)는 대체로 혈구의 뜻을 거듭 밝힌 것 아님이 없고, 또한
근본으로 돌아가려는 뜻 아님이 없다. 이에 감히 도표 하나를 그려서
거듭 밝히고 반복해 말한 뜻을 밝힌다.

---

57 『대학장구』 전 제10장의 '혈구(絜矩)'를 가리킨다.
58 3편의 시 : 『대학장구』 전 제10장 제3절·제4절·제5절에 인용된 시를 가리킨다.
59 5편의 시 : 『중용장구』 제12장부터 제19장 사이에 인용된 5편의 시를 가리킨다.

【도표 해설】이 도표는『대학장구』전 제10장 제3절부터 제5절까지 인
용된 삼인시의 의미를 부연 설명하면서 그 중요성을 드러낸 것이다.
저자는 이 삼인시가 모두 혈구의 의미를 강조한 것으로 보아, '구(矩)'를
도표 중앙에 표기하고 있다. 그리고 중간에는 능혈구(能絜矩)와 불능혈
구(不能絜矩)를 제시하였고, 바깥의 원에는 삼인시를 인용하여 그 뜻을
드러냈다.

【도표】인진서재신명남산절남산도(引秦誓再申明南山節南山圖)

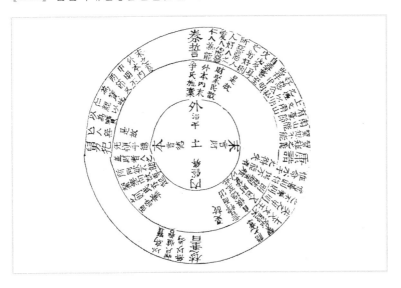

【도설】 吁 土爰稼穡 則金木火水無不資土以生也 有土則生財 故修身齊
家無非恒産也 治國平天下 亦無非財用也 德者爲本 財者爲末 故爲人上者
內本外末 則修齊治平之功溥矣 外本內末 則修齊治平之用乏矣 財德兼濟然
後 可以輔相天地之宜 本末兼備然後 可以財成天地之道

　아! 흙[土]은 농사지어 심고 거두니,[60] 금·목·화·수는 토를 바탕으로

하여 생겨나지 않는 것이 없다. 땅이 있으면 재화를 생산한다. 그러므로 수신·제가는 항산(恒産)이 아님이 없으며, 치국·평천하도 재용(財用) 아님이 없다. 덕이 근본이 되고 재물은 말단이 된다.[61] 그러므로 남의 윗자리에 있는 자가 근본을 안으로 하고 말단을 밖으로 하면, 수신·제가·치국·평천하의 공(功)이 넓을 것이다. 반대로 근본을 밖으로 하고 말단을 안으로 하면, 수신·제가·치국·평천하의 용(用)이 궁핍할 것이다. 재물과 덕이 함께 이루어진 뒤에야 천지의 마땅함을 도울 수 있으며, 근본과 말단이 겸비된 뒤에야 천지의 도를 재단하여 이룰 수 있다.[62]

何則 子曾子述學之日 以三引詩 以明絜矩能 不能之義 以愼德 申明不能絜矩而欲專 則民亦起而爭奪之義 以財聚民散 申明外本內末爭民施奪之義 以言悖而出 申明能絜矩與不能者得失 則三引詩 申明也 三是故 鉤連也 至若康誥以命不常 以明善惡之得失 則再申明上文文王絜矩能 不能之義 楚書以明惟善爲寶之義 舅犯以明仁親爲寶之義 又申明不外本內末之義 秦誓以明善惡好惡公移之極 再申明上文南山節南山能絜矩 不能絜矩之義 則康誥愼德申明也 楚書舅犯鉤連也 至若秦誓 再申明南山節南山之義者

어째서 그런가? 증자가 『대학』을 기술하던 날, 삼인시(三引詩)로써 능히 혈구하고 능히 혈구하지 못하는 뜻을 밝혔다. 그리고 '덕을 삼가는 것[愼德]'[63]으로써 "능히 혈구하지 못하여 독차지 하고자 하면 백성들도 일어나 다투어 빼앗게 된다."[64]는 뜻을 거듭 밝혔고, "재물이 모이면

---

60 이 말은 『서경』 주서(周書) 「홍범(洪範)」에 보인다.

61 이 말은 『대학장구』 전 제10장 제7절에 보인다.

62 이는 『주역』 「태괘(泰卦)」의 "象日 天地交泰 后以 財成天地之道 輔相天地之宜 以左右民"에서 인용한 것이다.

63 이는 『대학장구』 전 제10장 제6절에 보인다.

64 이는 『대학장구』 전 제10장 "外本內末 爭民施奪"의 주에 보인다.

백성이 흩어진다."[65]는 것으로써 "근본을 밖으로 하고 말단을 안으로 하면, 백성들을 다투게 하여 빼앗는 것을 가르치게 된다."[66]는 뜻을 거듭 밝혔고, "말이 도리에 어긋나게 나간다."[67]는 것으로써 "능히 혈구한 자와 혈구하지 못한 자의 득실"을 거듭 밝혔다. 그러니 삼인시는 이를 거듭 밝힌 것이고, 3개의 '시고(是故)'는 앞뒤를 연결하는 고리이다.

「강고(康誥)」의 "천명은 일정하지 않다.[命不常]"[68]는 것은 선악의 득실을 밝힌 것이니, 위의 「문왕(文王)」을 인용하여 혈구의 능함과 능하지 못함의 뜻을 다시 거듭 밝힌 것이다. 「초서(楚書)」를 인용하여 "오직 선한 사람을 보배로 여긴다.[惟善爲寶]"[69]는 뜻을 밝혔고, 구범(舅犯)의 말을 인용하여 "어버이 사랑함을 보배로 여긴다.[仁親爲寶]"[70]는 뜻을 밝혔으니, 또한 근본을 밖으로 하고 말단을 안으로 하지 않는 뜻을 거듭 밝힌 것이다. 「진서(秦誓)」를 인용하여 선악·호오가 공적으로 이행된 극치를 밝힌 것[71]은, 위의 「남산유대(南山有臺)」·「절남산(節南山)」의 능히 혈구하는 것과 능히 혈구하지 못하는 바의 뜻을 거듭 밝힌 것이니, 「강고」는 '덕을 삼가는 것[愼德]'을 거듭 밝힌 것이고, 「초서」와 구범의 말은 그 연결고리이다. 「진서」의 경우는 「남산유대」·「절남산」의 뜻을 다시 거듭 밝힌 것이다.

---

65 이는 『대학장구』 전 제10장 제9절에 보인다.
66 이는 『대학장구』 전 제10장 제8절에 보인다.
67 이는 『대학장구』 전 제10장 제10절에 보인다.
68 이는 『대학장구』 전 제10장 제11절에 보인다.
69 이는 『대학장구』 전 제10장 제12절에 보인다.
70 이는 『대학장구』 전 제10장 제13절에 보인다.
71 『대학장구』 전 제10장 제14절에 『서경』 「진서(秦誓)」의 "秦誓曰 若有一个臣 斷斷兮 無他技 其心 休休焉 其如有容焉 人之有技 若 己有之人之彦聖 其心好之 不啻若自其口出 寔能容之 以能保我子孫黎民 尙亦有利哉 人之有技 媢疾以惡之 人之彦聖 而違之 俾不通 寔不能容 以不能保我子孫黎民 亦曰殆哉"라는 말을 인용하였다.

或以申明 或以鉤連 則盖莫非絜矩之一串 亦莫非絜矩之反復申明也 然後文理接續 脉絡貫通也 以秦誓終篇者 此正曾子之體 吾夫子序書之義也 書以帝王之道統 學以帝王之心法 則書之終秦繆 學之終秦誓者 其非堯典舜典爲大學之祖宗耶 反覆詠嘆 深有味於序書述學之本義也.

거듭 그 뜻을 밝히기도 하고, 혹 연결고리가 되기도 하였으니, 대체로 혈구가 하나로 꿰뚫지 않음이 없고, 또한 혈구가 반복되어 거듭 밝히지 않은 것이 없다. 「진서」로써 편을 마무리한 것이 바로 증자의 체례(體例)이고, 공자께서『서경』을 서술하신 뜻이다.『서경』은 제왕의 도통(道統)을 밝힌 것이고,『대학』은 제왕의 심법을 밝힌 것이니,『서경』에서는 진 목공(秦穆公)으로 끝을 맺고,[72]『대학』에서「진서」로 끝맺은 것이,『서경』의「요전」·「순전」이『대학』의 조종이 되는 것이 아니겠는가. 반복하여 읊조려 보니『서경』을 서술하고『대학』을 기술한 본의에 대해 깊이 음미할 바가 있다.

【도표 해설】 이 도표는『대학장구』전 제10장 제11절에『서경』「강고(康誥)」를 인용한 것, 제12절에『국어(國語)』의「초어(楚語)」를 인용한 것, 제13절에『예기』「단궁(檀弓)」에 보이는 구범의 말을 인용한 것, 제14절에『서경』「진서(秦誓)」를 인용한 것에 대해, 그 의미를 드러내『서경』과『대학』의 관계를 밝힌 것이다. 저자는 이를 통해『서경』의「요전」·「순전」을『대학』의 조종으로 보고 있는데, 그 근거로『서경』은 공자가 편차를 정해 정리한 책이고,『대학』은 그 편차를 따라 공자의 문인 증자가 기술한 책이라는 점을 강조하고 있다. 또한 제14절의「진

---

72 이는『서경』의 마지막 장이「진서(秦誓)」임을 말한 것이다.

서」를 인용한 것은 제3절의 「남산유대」 및 제4절의 「절남산」을 인용해 말한 의미를 거듭 밝힌 것으로 파악하고 있다.

『대학』이 오경의 어느 경전에서 연유한 것인가에 대해서는 여러 설이 있는데, 백봉래는 『서경』에서 연유한 것으로 보고 있는 점이 이 도표의 특징이다. 저자는 『서경』 「홍범」에 보이는 '토(土)'를 『대학장구』 전 제10장 제6절에 보이는 '토(土)'와 연관시켜 국가의 근본이 땅임을 드러내고, 그 주위에 본말·내외를 표기하여 그 중요성을 드러냈다. 그리고 그 밖의 원에는 전 제10장 제6절·제9절·제10절을 써 넣었고, 바깥의 원에는 제11절의 「강고」를 인용한 말, 제12절의 「초서」를 인용한 말, 제13절의 구범의 말을 인용한 것, 제14절의 「진서」를 인용한 말을 통해 그 의미를 확장시켜 놓았다.

【도표】 신독위용학존심지도(愼獨爲庸學存心之圖)

【도설】 叮 人所不知而己所獨知之之謂獨 則獨者素居之位也 千言萬語之

要 一理百行之體也 中庸之三達德九經之要 無非存諸心 大學之三綱領八條
之要 亦無非存諸心也 存此心 則省察隱顯之妙 省此心 則擴充見聞之要 故
誠者誠之者 無非謹獨也 與人好之 與人惡之者 亦無非愼獨也 然則 君子可
不愼其獨歟

아! 남은 알지 못하고 자기만이 홀로 아는 것을 일컬어 '독(獨)'이라
하니,[73] '독(獨)'은 평소에 거처하는 위치이고, 천 마디 만 마디 말의
요로(要路)이며, 하나의 이치와 온갖 행실의 요체이다. 『중용』의 삼달덕
(三達德)·구경(九經)의 요점은 마음에 보존되지 않음이 없고, 『대학』의
삼강령·팔조목의 요체도 마음에 보존되지 않음이 없다. 이 마음을 보
존하고 있으면 은미하거나 드러나는 미묘함을 성찰하고, 이 마음을 성
찰하면 보고 듣는 것을 단속하는 요점을 확충하게 된다. 그러므로 성
(誠)의 경지에 이른 자[誠者]나 자신을 성하게 하려는 자[誠之者] 모두
혼자만 아는 것에 대해 삼가지 않음이 없다. 남과 더불어 좋아하고 남과
더불어 싫어하는 자 또한 혼자만 아는 것을 삼가지 않음이 없다. 그러니
군자가 자기 혼자만 아는 것에 대해 삼가지 않을 수 있겠는가?

愼於獨 故無欺心之端也 謹於獨 故有敬心之端也 無欺心之弊 故有誠之
不可揜 有敬心之效 故有敬之不可揜 則如泉之始達 如火之始燃 而暢於四
肢者 美之至也 如日月之恒 如松栢之茂 而發於事業者 此亦盛之至也 臨事
而必愼 故誠愼之功 極其修齊 處事而必謹 故恐懼之功 極其治平者 此亦愼
獨之一大驗 則吾必曰 愼獨一字爲庸學存心之要也 莫顯乎隱 莫顯乎微 可
不愼歟 十目所視 十手所指 其嚴乎

---

73 이는 『대학장구』 전 제6장의 '신기독(愼其獨)'의 '독(獨)' 자를 풀이한 주희의 주에 보
   인다.

혼자만 아는 것을 삼가기 때문에 마음을 속이는 단서가 없게 되고, 혼자만 아는 것을 삼가기 때문에 마음을 공경히 하는 단서가 있게 된다. 마음을 속이는 폐단이 없기 때문에 성(誠)의 발현을 가릴 수 없음[74]이 있고, 마음을 공경히 하는 공효가 있기 때문에 공경함을 가릴 수 없음이 있다. 그러니 샘물이 처음 솟아나고 불이 처음으로 타오르는 것[75]과 같아서, 사지(四肢)에 드러나는 것이 지극히 아름답다. 또 해와 달이 일정하게 운행을 하고 소나무·잣나무가 늘 무성한 것과 같아서, 사업에서 드러나는 것이 또한 지극히 성대하다.

일에 임하면 반드시 삼가기 때문에 경계하고 삼가는 공이 수신·제가를 극진히 하고, 일에 처하면 반드시 삼가기 때문에 두려워하는 공이 치국·평천하를 극진히 하는 것 또한 신독(愼獨)의 하나의 큰 징험이다. 그러니 내가 굳이 '신독' 하나가 『중용』·『대학』의 마음을 보존하는 요점이 된다고 말하는 것이다. 『중용』에 "은미한 것보다 더 드러나는 것은 없으며, 미세한 것보다 더 잘 나타나는 것은 없다."[76]고 하였으니, 혼자만 아는 것을 삼가지 않을 수 있겠는가. 열 개의 눈이 지켜보고, 열 개의 손가락이 가리키는 것과 같으니, 두려워할 만한 일이다.[77]

【도표 해설】 이 도표는 『대학장구』 전 제6장에 보이는 '신독(愼獨)'과 『중용장구』 제1장에 보이는 '신독'을 상호 연관시켜, 이 신독이 『대학』· 『중용』의 마음을 보존하는 요체가 됨을 그린 것이다.

도표 한 가운데는 '신독(愼獨)'의 '독(獨)'을 표기하였고, 주변에 『중

---

74 이 말은 『중용장구』 제16장에 보인다.

75 이 말은 『맹자』 「공손추 상」에 보인다.

76 이 말은 『중용장구』 제1장에 보인다.

77 이 말은 『대학장구』 전 제6장에 보인다.

용』의 '막현호은 막현호미(莫見乎隱 莫顯乎微)'와 '견(見)'·'문(聞)'을 써 넣었다. 바깥의 원에는 『대학』의 요지인 경(敬), 『중용』의 요지인 성(誠), 그리고 『중용』의 공구(恐懼)·신독(慎獨)을 써 넣어 마음을 보존하는 요체가 여기에 있음을 드러냈다.

【도표】 특서증자왈지도(特書曾子曰之圖)

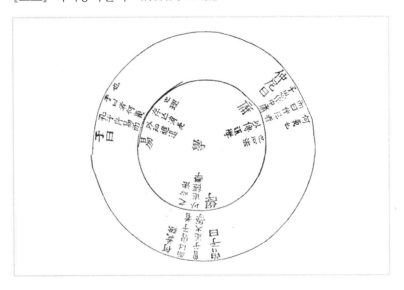

【도설】 吁 有大人先生問於余曰 子知易乎 余乃敷衽而臙詞曰 作之者伏羲 演之者文王周公 序之者孔子也 經緯乎河洛 表裏乎卦章 以達進退存亡消長之理者 然也

아! 어느 대인 선생이 나에게 묻기를 "그대는 『주역』을 아는가?"라고 하여, 내가 이에 옷자락을 펼치며 말하기를 "지으신 분은 복희씨이고, 부연하신 분은 문왕과 주공이고, 서술하신 분은 공자입니다. 「하도(河圖)」·「낙서(洛書)」를 경위(經緯)로 하고, 팔괘(八卦)·구장(九章)을 표리로 해서 진퇴(進退)·존망(存亡)·소장(消長)의 이치에 통달한 것이 그것입니다."라고 하였다.

日 子知大學乎 日 子曾子述帝王經學之心法 以明三領八條之綱目者 然也
그가 묻기를 "그대는 『대학』을 아는가?"라고 하여, 내가 답하기를 "증자가 제왕의 경학의 심법을 서술하여 삼강령·팔조목의 강목(綱目)을 밝힌 것이 그것입니다."라고 하였다.

日 子知中庸乎 日 子思子憂帝王道學之失其傳 以明三德九經之綱紀者 然也
그가 다시 묻기를 "그대는 『중용』을 아는가?"라고 하여, 내가 대답하기를 "자사가 제왕의 도학이 그 전함을 잃을까 근심하여 삼달덕(三達德)·구경(九經)의 기강(紀綱)을 밝힌 것이 그것입니다."라고 하였다.

日 然則 孔子序易 而以子曰者何歟 日 其旨微矣 先儒多以子曰字疑後學之加書云者 恐或不然 設爲問答 以質其正之義 於卦見矣 文言 初九曰 潛龍勿用 何謂也者 問之也 子曰 龍德隱者 答之也 似皆出於夫子之手 而聖門高弟之加子曰以別之者 理或然也
그가 다시 묻기를 "그렇다면 공자께서 『주역』을 서술할 적에 '자왈(子曰)'이라고 한 것은 어째서인가?"라고 하여, 내가 답하기를 "그 뜻이 미묘합니다. 선유들 중에는 '자왈' 2자를 후학이 덧붙여 써 넣은 것이라 의심하는 이가 많았는데, 그렇지 않은 듯합니다. 문답의 형식을 설정해서 그 바른 뜻을 질정한 것이니, 괘(卦)에서 그런 것을 볼 수 있습니다. 건괘(乾卦) 「문언(文言)」에 '초구효(初九爻)에 말하기를 〈잠겨 있는 용은 쓰지 말라〉고 한 것은 무슨 말인가?'라고 하였는데, 이것은 질문한 것

입니다. 이에 대해 공자께서 말씀하시기를 '용의 덕을 가지고 은둔한
자이다.'라고 하였는데, 이는 대답한 것입니다.[78] 그러니 모두 공자의
손에서 나온 듯합니다. 그러나 성인 문하의 고제들이 '자왈' 자를 붙여
구별했다고 하는 설도 이치는 혹 그럴 듯합니다."라고 하였다.

日 然則 大學之特書曾子曰者何歟 日 學之經一章 則孔子之言 曾子述之
其下傳十章 則曾子之意 門人記之也 旣曰門人記之 則特書曾子曰者 學之
全篇 盖以明經傳 故特書曾子 以明大學之述於曾子也

그가 다시 묻기를 "그렇다면 『대학』에 특별히 '증자왈(曾子曰)'[79]이라
고 쓴 것은 어째서인가?"라고 하여, 내가 답하기를 "『대학』의 경일장은
공자의 말씀인데 증자가 서술한 것이고, 그 아래의 전문 10장은 증자의
뜻인데 그의 문인들이 기록한 것입니다.[80] 이미 '그의 문인들이 기록한
것이다.[門人記之]'라고 하였는데 특별히 '증자왈'이라 쓴 것은, 『대학』
전체가 경·전을 밝힌 것이므로 특별히 '증자왈'을 써서 『대학』이 증자
에게서 서술된 것을 밝힌 것입니다."라고 하였다.

日 然則 子思作中庸 而書夫子之字曰仲尼者何歟 日 子思子以夫子之孫
纘夫子之志 以明道學之心法 則庸之爲體 帝王心法之道學也 至如道學之傳
安敢諱夫子之字乎 自堯舜 歷序禹湯文武周公孔子之學 而子思述之 則書仲
尼曰者 盖明道統之傳者 然也

그가 다시 묻기를 "그렇다면 자사가 『중용』을 지으면서 공자의 자(字)

78 이 내용은 『주역』 「건괘」 문언(文言)에 "初九日 潛龍勿用 何謂也 子曰 龍德而隱者也"라
　고 한 데에 보인다.
79 이 3자는 『대학장구』 전 제6장에 보인다.
80 이는 주희의 『대학장구』 경일장 장하주에 보인다.

인 '중니(仲尼)'⁸¹라고 쓴 것은 어째서인가?"라고 하여, 내가 대답하기를 "자사는 공자의 손자로서, 공자의 뜻을 이어 도학의 심법을 밝혔으니, 『중용』의 요체는 제왕의 심법인 도학입니다. 도학의 전수에 있어서 어찌 감히 공자의 자를 피하겠습니까? 『중용』은 요·순으로부터 우·탕·문·무·주공·공자의 학문을 차례로 기술하였는데 자사가 그것을 서술하였으니, '중니왈(仲尼曰)'이라 쓴 것은 아마도 도통(道統)의 전해짐을 밝힌 것이 그러합니다."라고 하였다.

曰 然則 易之子曰者 其設問答而然歟 學之曾子 以明曾子之述學歟 庸之仲尼 以明道統之傳歟 敷衽敬對曰 理或然矣 安敢的然特揭其經傳之義 敢此告及其有合於大人之學耶 大人曰 難以言語形容 亦難以文字理會 吾與子設爲問答 以待明經云爾

그가 다시 묻기를 "그렇다면 『주역』에서 '자왈(子曰)'이라 쓴 것은 문답을 가설해서 그런 것인가? 『대학』에서 '증자왈'이라 쓴 것은 증자가 『대학』을 서술하였음을 밝힌 것인가? 『중용』의 '중니왈'이라고 쓴 것은 도통의 전해짐을 밝힌 것인가?"라고 하여, 내가 옷자락을 펼치며 공경히 대답하기를 "이치가 혹 그렇다는 것입니다. 어찌 감히 확실하게 경전의 뜻임을 내세워 저의 말씀이 대인의 학문에 합치됨이 있기를 바라서 말씀드린 것이겠습니까?"라고 하자, 대인이 말하기를 "언어로 형용하기 어렵고, 또한 문자로써 이해하기도 어렵네. 나와 그대가 문답한 것으로 경전에 밝은 자를 기다리세."라고 하였다.

【도표 해설】 이 도표는 『대학장구』 전 제6장에 '증자왈(曾子曰)'이라 쓴

---

81 이는 『중용장구』 제2장에 보인다.

것에 대해, "『대학』의 전문이 주희의 설처럼 증자의 문인들이 기록한 것이라면, 굳이 증자의 말씀인데 다시 '증자왈' 3자를 써서 구별하는 것은 문제가 있지 않느냐?"라는 의혹을 해명한 것이다.

　　저자는 공자가 서술한『주역』에 '자왈(子曰)' 자가 있는 점, 그리고 『중용』에 '중니왈(仲尼曰)'이라 쓴 점을 예로 들어, 이 점을 적극 해명하고 있다. 저자는 도통이 전해진 것을 드러내기 위해 문인들이 특별히 그렇게 썼다는 점을 강조하고 있는데, 이는 저자의 독창적인 설이다. 이 그림은 이 점을 특별히 부각시켜 증명한 것이다.

【도표】 영유도신위편종지도(寧有盜臣爲篇終之圖)

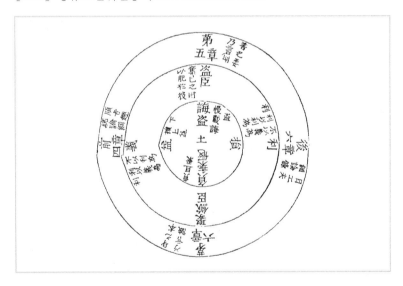

【도설】　叮　君以民爲天　民以食爲天　則土者生財也　國之財用足　則民興於孝悌　國之財用不足　則民興於悖慢　故易之損益　所以明損上之財　以益於民者　爲益　亦所以明損下之財　以益於上者　爲損也　至若我奪人之財　則人奪我

之財者 所謂負且乘也 慢我之藏 則誨人之盜者 亦所謂誨盜也 何以明之 文
武之治 損上益下 故家齊而天下平 桀紂之亂 損下益上 故家敗而國亡也 至
如陽貨之奪季氏 其非負且乘耶 后羿之簒相 抑其非寒浞之誨盜耶

아! 임금은 백성을 하늘로 여기고, 백성은 먹을 것을 하늘로 여기니,
땅은 재화를 생산하는 것이다. 나라의 재용이 풍족하면 백성은 효도·
우애에서 흥기하고, 나라의 재용이 부족하면 백성은 어긋나고 태만함
에 흥기한다. 그러므로『주역』의 손괘(損卦)·익괘(益卦)에서 윗사람의
재물을 덜어 백성에게 더해 주는 것이 이익이 되는 까닭을 밝혔고, 또한
백성의 재물을 덜어 윗사람에게 더해 주는 것이 손해가 되는 까닭을
밝힌 것이다. 내가 남의 재물을 빼앗으면 남도 나의 재물을 빼앗는 것이
이른바 '짐꾼이 수레를 타는 것[負且乘]'[82]이라고 하는 것이다. 나의 곳
간 단속을 허술히 하면 남에게 도둑질을 가르치는 격이 되니, 이 또한
이른바 '도둑질을 가르치는 것[誨盜]'[83]이라는 것이다.

무엇으로 증명할 것인가? 문왕·무왕의 다스림은 '윗사람의 재물을
덜어 백성에게 더해주는 것[損上益下]'[84]이었기 때문에 집안이 가지런하
고 천하가 평안하였으며, 걸(桀)·주(紂)의 어지러움은 '백성의 재물을
덜어 윗사람에게 더해 주는 것[損下益上]'[85]이었기 때문에 집안이 무너지
고 나라가 망한 것이다. 양화(陽貨)가 계씨(季氏)를 찬탈한 경우[86]에 이
른 것도 '짐꾼이 수레를 타는' 경우가 아니겠는가. 후예(后羿)가 상(相)의

---

82 이 말은『주역』「해괘(解卦)」육삼효(六三爻)에 보인다.
83 이 말은『주역』「해괘」에 보인다.
84 이는『주역』「익괘(益卦)」단전(彖傳)에 보인다.
85 이는『주역』「손괘(損卦)」단전(彖傳)에 보인다.
86 양화(陽貨)는 노나라 대부 계환자(季桓子)의 가신이었는데, 반역하여 계환자를 가두고
　　국정을 멋대로 휘둘렀다.『춘추좌씨전』에 보인다.

왕위를 찬탈하였으니 또한 한착(寒浞)에게 도둑질을 가르친 것[87]이 아
니겠는가?

天下之治亂 國家之興亡 無非用財之節與不節 則孟獻子所謂 百乘之家
不畜聚斂之臣 寧有盜臣云者 此也 厚斂於民 肥富於己者 所謂聚斂之臣 奪
己之財 以肥於彼者 亦所謂盜臣 則聚斂者 害民之財也 盜臣者 傷我之財也
其有聚斂之臣 則損下益上 而邦本頹矣 其有盜臣 則傷我財而不害於民也
然則 寧有盜臣不畜聚斂之臣者 眞所謂格論矣 百乘之家 以義爲利 不以利
爲利 則聚於民有制 而國泰民安 如或以利爲利 不以義爲利 則聚於民無制
而國敗民亂矣 孟子所謂不奪不厭者 此也 易曰 不傷財 不害民者 亦此也 爲
人上者 可不節用而愛民也哉

천하의 치란과 국가의 흥망이 재물을 쓸 적에 절제하고 절제하지 않
음에 달려 있지 않음이 없으니, 맹헌자(孟獻子)가 말한 "백승의 집안은
취렴하는 신하를 기르기보다는 차라리 도둑질하는 신하를 두는 편이
낫다."[88]라고 한 것이 이것이다. 백성에게서 두텁게 거두어 자신을 살
찌우고 부유하게 하는 자를 이른바 '취렴하는 신하[聚斂之臣]'라고 한다.
나의 재물을 훔쳐 그것으로 저들을 살찌우는 자를 또한 '도둑질 하는
신하[盜臣]'라고 한다.

취렴하는 자는 백성의 재물을 해치고, 도둑질하는 신하는 나의 재물
을 상하게 한다. 취렴하는 신하가 있으면 백성의 재물을 덜어 윗사람에
게 더해 주어 나라의 근본을 무너뜨린다. 도둑질하는 신하가 있으면

87 후예(后羿)가 하(夏)나라 임금 상(相)을 폐위하고 제위(帝位)를 찬탈하였는데, 다시 후
   예의 신하인 한착(寒浞)이 후예를 죽이고 제위를 찬탈하였다.
88 이 말은 『대학장구』 전 제10장에 보인다.

나의 재물은 상하지만 백성에게는 해를 끼치지 않는다. 그렇다면 '차라
리 도둑질하는 신하를 둘지언정 취렴하는 신하를 기르지 말라.'고 한
것은, 진실로 이른바 격언이다. 백 대의 전차를 출동하는 대부의 집안
에서 의(義)를 이롭게 여기고 이익을 이롭게 여기지 않는다면, 백성에
게서 거두는 것이 법도가 있어서 나라가 태평하고 백성들이 편안할 것
이다. 혹 이익을 이롭게 여기고 의를 이롭게 여기지 않는다면, 백성에
게서 거두는 것이 법도가 없어서 나라는 패망하고 백성은 혼란스러워
질 것이다. 맹자가 말한 "빼앗지 않으면 만족하지 않는다."[89]라는 것이
이것이며, 『주역』에서 말한 "재물을 상하지 않고 백성을 해치지 않는
다."[90]라는 것이 또한 이것이니, 남의 윗사람이 되어 재물 사용을 절도
에 맞게 하고 백성을 사랑하지 않을 수 있겠는가.

　　用財之道 無非絜矩之權度 則以寧有盜臣 爲大學之終篇者 正如中庸無
聲無臭之載爲篇終之義也 庸以誠 學以敬 則誠敬本無二致 而學以此終篇者
三綱八條之次第也 庸以彼終篇者 一理萬殊 萬殊一本之義也 若然 則前四
章 統論綱領旨趣 後六章 細論條目工夫 第五章 乃明善之要 第六章 乃誠身
之本 在初學 尤爲當務之急 讀者不可以其近而忽之也 後之學者 反覆詠歎
則庶幾知庸學表裏也哉

　　재화를 쓰는 도는 혈구로써 헤아리지 않음이 없으니, "차라리 도둑
하는 신하를 두는 것이 낫다.[寧有盜臣]"라는 것으로써 『대학』의 마지막
단락을 삼은 것은 바로 『중용』에서 말한 '소리도 없고 냄새도 없는 일[無
聲無臭之載]'[91]로 마지막 부분을 삼은 뜻과 같다.

---

89 이 말은 『맹자』「양혜왕 상」에 보인다.
90 이 말은 『주역』「절괘(節卦)」 단전(彖傳)에 보인다.

『중용』은 '성(誠)'을, 『대학』은 '경(敬)'을 하는 것이니, '성'과 '경'은 본래 두 가지 이치가 아니다. 『대학』이 이것으로 한 편을 끝맺은 것은 삼강령·팔조목의 차례이다. 『중용』이 저것으로 한 편을 끝맺은 것은 하나의 근본이 온갖 현상이 되고 온갖 현상이 하나의 근본이 되는 뜻이다. 그렇다면 전문의 앞 4장은 강령의 지취(旨趣)를 통괄하여 논한 것이고, 뒤 6장은 조목의 공부를 상세히 논한 것이다. 전 제5장은 바로 선을 밝히는 요체이며, 제6장은 몸을 성실히 하는 근본으로, 초학자에 있어 더욱 급선무가 되니, 읽는 자들은 천근(淺近)하다고 하여 소홀히 해서는 안 될 것이다.[92] 후세의 학자들이 이를 반복하여 읊조리면 『중용』·『대학』이 서로 표리가 됨을 거의 알 수 있을 것이다.

[도표 해설] 이 도표는 『대학장구』 전 제10장 제22절에서 말한 취렴하는 신하를 두기보다는 차라리 도둑질하는 신하를 두는 편이 더 낫다는 의미를 『주역』의 괘와 연관하여 드러낸 것이다.

도표 중앙에는 재물을 생산하는 기반인 '토(土)'를 써 넣고, 그 주위에 『주역』의 익괘·손괘와 해괘에 보이는 '부승구(負乘寇)'·'회도(誨盜)'를 써 넣었다. 그 다음에는 '취렴지신(聚斂之臣)'과 '도신(盜臣)'을 써 넣고, 제22절·제23절의 요지인 '의(義)'·'이(利)'를 표기하였다. 바깥의 원에는 전문 제1장부터 제4장까지, 그리고 제5장부터 제10장까지의 의미를 나누어 좌우로 배치한 뒤, 제5장과 제6장이 특별히 중요하다는 점을 드러내기 위해 상하에 배열하였다.

---

91 이 말은 『중용장구』 제33장 말미에 보인다.
92 이 말은 『대학장구』 전 제10장 장하주에 보인다.

이종수(李宗洙)의 대학도

【명칭】 성의장도설(誠意章圖說)

【출전】 『후산집(后山集)』 권13

【작자】 이종수(李宗洙, 1722-1797) : 자는 학보(學甫), 호는 후산(后山), 본관은 진보(眞寶)이다. 부친은 이덕삼(李德三)이고, 모친은 의성 김씨로 김이감(金以鑑)의 딸이다. 1722년 안동부 일직현(一直縣)에서 출생하였다. 백부 이기삼(李起三)에게 입양되었다. 이상정(李象靖)의 문하에서 수학하였으며, 이광정(李光靖)의 충고로 과거를 단념하고 학문에 전념하였다. 그리고 권구(權榘)·권덕수(權德秀)·김낙행(金樂行)·권상일(權相一) 등을 존경하며 종유하였다. 또한 김종덕(金宗德)·권병(權炳)과 깊이 교유하며 학문을 토론하였다. 이종수와 김종덕·유장원(柳長源)을 '호문삼로(湖門三老)'라고 한다.

저술로는 18권 10책의 『후산문집(后山文集)』과 『주자감흥시제가집해(朱子感興詩諸家集解)』·『근사록주어류집(近思錄朱語類輯)』·『주어훈문인분류(朱語訓門人分類)』·『퇴계선생시집차의(退溪先生詩集箚疑)』·『퇴도서절요차의(退陶書節要箚疑)』·『퇴계선생유사(退溪先生遺事)』·『학습(學習)』·『수사전습록(洙泗傳習錄)』·『구경려작(九經蠡酌)』·『가례집유(家禮輯遺)』 등이 있다. 경학 관계 자료로는 문집 잡저에 실린 독서차록의 「대

학」·「중용」·「논어」와 「성의장도설(誠意章圖說)」·「솔성지위도설(率性
之謂道說)」·「예의차록(禮疑劄錄)」·「춘추호씨전차의집해괄부(春秋胡氏
傳劄疑集解括附)」가 있다.

【도표】성의장도설(誠意章圖說)

【도설】 誠意之功 只在毋自欺三字 自慊之功 必自毋自欺始 而愼其獨 所
以毋自欺也 如惡惡臭以下 所以言必自慊而毋自欺也 閒居爲不善以下 言由
於不能毋自欺而至於甚者也 十目以下 申戒閒居一節 富潤以下 申勸如惡一
節 故必誠其意 所以申結毋自欺之意也 如是看 上下文義義理 皆有段落 有
下手孔穴處 故排列爲圖如右 以便觀省

성의(誠意)의 공부는 '무자기(毋自欺)' 3자에 달려 있을 뿐이니, '스스

로 만족하는[自慊]' 공부는 반드시 '자신을 속이지 않는 것[毋自欺]'으로
부터 시작되는데, '자기 혼자만 아는 것을 삼가는 것[愼其獨]'이 '자신을
속이지 않는 것[毋自欺]'이다. '여오악취(如惡惡臭)' 이하는 반드시 스스
로 만족하여 자신을 속이지 않음을 말한 것이고, '소인한거위불선(小人
閒居爲不善)' 이하는 스스로 속이지 않음을 능히 하지 못하여 심한 지경
에 이른 것을 말한다. '십목소시(十目所視)' 이하는 '소인한거(小人閒居)'
1절을 거듭 경계한 것이고, '부윤옥(富潤屋)' 이하는 '여오악취(如惡惡臭)'
1절을 거듭 권면한 것이고, '고군자필성기의(故君子必誠其意)'는 '무자기
(毋自欺)'의 뜻을 거듭 결론지은 것이다.

이와 같이 보면 위아래의 글뜻과 의리가 모두 단락이 있어 착수할
곳이 있게 된다. 그러므로 이와 같이 배열하여 도표를 그려 살펴보기
편하게 하였다.

語類 誠意章上云必愼其獨 欲其自慊也 下云必愼其獨者 防其自欺也 蓋
上言如惡惡臭 如好好色 此之謂自慊 故君子必愼其獨者 欲其察於隱微之間
必吾所發之意 好善必如好好色 惡惡必如惡惡臭 皆以實而無不自慊也 下言
小人閒居爲不善 而繼以誠於中形於外 故君子必愼其獨者 欲其察於隱微之
間 必吾所發之意 由中及外 表裏如一 皆以實而毋少自欺也

『주자어류(朱子語類)』[1] : 성의장의 위에서 말한 '필신기독(必愼其獨)'은
'스스로 만족[自慊]'하고자 하는 것이며, 아래에서 말한 '필신기독(必愼其
獨)'은 '자신을 속임[自欺]'을 막는 것이다.

대체로 위에서 "악을 싫어하기를 악취를 싫어하는 것처럼 하며, 선을
좋아하기를 아름다운 이성을 좋아하는 것처럼 해야 하니, 이것을 스스

---

1 아래에 인용한 것은 『주자어류』 권16 「대학」 3 전 제6장 성의를 해석한 데에 보인다.

로 만족하는 것이라고 한다. 그러므로 군자는 반드시 자기가 혼자만
아는 것을 삼간다."라고 말한 것은, 은미한 사이에서 살펴 내 마음속에
서 발하는 의(意)가 선을 좋아하기를 반드시 아름다운 이성을 좋아하는
것 같이 하며, 악을 싫어하기를 반드시 악취를 싫어하는 것 같이 함이
모두 가득 차서 스스로 만족하지 않음이 없고자 함이다.

　아래에서 '소인이 한가로이 지낼 때 불선함을 행하는 것'에 대해 말한
뒤, 이어서 "마음속에 꽉 차면 밖으로 나타난다. 그러므로 군자는 반드
시 자기가 혼자만 아는 것을 삼간다."고 말한 것은, 은미한 사이에서
살펴서 반드시 내 마음속에서 발하는 의(意)가 안에서부터 밖에 이르기
까지 표리가 한결같음이 모두 가득 차서 조금도 스스로 속임이 없고자
함이다.

　或說謹獨 日公自是看錯了[2] 如惡惡臭 如好好色 此之謂自慊 已是實理了
下面故君子必謹其獨 是別擧一句致戒[3] 又是一段工夫 至下一段 又是反說
小人之事以致戒 君子亦豈可謂全無所爲[4] 雖只恁地滔滔地去[5] 然段段致戒
如一下水船相似 也要柂要楫

　『주자어류』[6] : 혹자가 '신독(愼獨)'에 대해 말하자, 주자가 말씀하기를
"그대가 스스로 잘못 본 것이다. '악을 싫어하기를 악취를 싫어하는 것
처럼 하며, 선을 좋아하기를 아름다운 이성을 좋아하는 것처럼 해야
하니, 이것을 스스로 만족하는 것이라고 한다.'라는 것은, 이미 실제의

---

2 『주자어류』에는 "有錯了"로 되어 있다.
3 『주자어류』에는 "是別擧起一句致戒"로 되어 있다.
4 『주자어류』에는 이어 "且如著衣喫飯 也是爲飢寒 大學看來"라고 되어 있다.
5 『주자어류』에는 "雖只恁地滔滔地說去"로 되어 있다.
6 아래 인용한 내용은 『주자어류』 권16 「대학」3 전 제6장 성의를 해석한 데에 보인다.

이치이다. 아래에 '그러므로 군자는 반드시 자기 혼자만 아는 것을 삼간다.'라는 것은 별도로 한 구절을 들어 경계한 것이며, 또한 이 한 단락의 공부이다. 아래 한 단락에서는 또한 소인의 일을 역설(逆說)하여 경계하였으니, 군자 또한 어찌 이러한 행위가 전혀 없다고 할 수 있겠는가. 이처럼 거침없이 말을 한 것 같으나, 일일이 경계하고 있는 것이다. 이는 마치 물을 내려가는 한 척의 배와 비슷하니, 또한 키를 잡고 노를 잡아야 하는 것과 같다."고 하였다.

居甫問 誠意章結句云 此大學之樞要 樞要說誠意 是說致知 曰上面關著致知格物 下面關著四五項 須是致知 能致其知 知之旣至 方可以誠得意 到得意誠 便是過得箇大關 方始照管得箇身心 若意不誠 便自欺 便是小人 過得這箇關 便是君子 又云意誠 便全然在天理上行 意未誠之前 尙泪在人欲裏

『주자어류』[7] : 거보(居甫)[8]가 묻기를 "성의장의 결구에 '이는 『대학』의 핵심[樞要]이다.'라고 하셨는데, 핵심이란 성의를 말하는 것입니까? 치지를 말하는 것입니까?"라고 하자, 주자가 말씀하기를 "성의장은 위로는 치지·격물과 연결되어 있고, 아래로 4~5조목과 연결되어 있다. 모름지기 이 '치지'라는 것은 능히 자기의 앎을 지극히 하는 것이니, 앎이 이미 지극해져야 바야흐로 의(意)를 성(誠)하게 할 수 있다. 의(意)가 성해지면 곧 큰 관문을 지날 수 있으니, 비로소 심(心)·신(身)을 살필 수 있다. 의(意)가 성(誠)하지 않으면 곧 스스로를 속이게 되어 소인이 된다. 그러나 그 관문을 지나면 군자가 되는 것이다. 또한 의(意)가 성해

---

7 아래 인용한 내용도 『주자어류』권16 「대학」3 전 제6장 성의를 해석한 데에 보인다.
8 거보(居甫) : 주희의 문인 서우(徐寓)의 자임.

지면 모두 천리 위에서 행하게 되지만, 의가 아직 성해지기 전에는 오히려 인욕 속에 빠져 있다고 할 수 있다."라고 하였다.

論語 論富與貴章 富貴貧賤 不處不去 此一節 且說麤底[9] 方是箇君子皮殼 裏面更多有事[10] 如所謂誠其意者 毋自欺也[11] 毋自欺有多少事 他却只說小人閒居爲不善 見君子而後 厭然掩其不善 而著其善處 說爲甚先 要去了這箇 蓋不切則磋無所施 不琢則磨無所措矣

『주자어류』「논어(論語)」부여귀장(富與貴章)[12] : 부귀와 빈천에 있어서 처하지 않거나 떠나가지 않는다는 이 한 절[13]은, 또한 대략적인 것을 말한 것으로, 이는 군자의 외적인 공부이다. 내면 공부에도 또한 여러 가지 일이 많으니, 예를 들면 '이른바 자기의 의(意)를 성(誠)하게 한다는 것은 자신을 속이지 않는 것이다.'라고 하는 것이다. 자신을 속이지 않는 것에도 여러 방법이 있다. 그러나 『대학』을 지은 사람은 도리어 '소인이 혼자 거처할 때 불선한 행동을 하다가 군자를 본 뒤에 슬그머니 그 불선함을 가리고 선함을 드러내는 것'을 말하였다. 심한 것을 먼저 말해 그것을 없애버리고자 한 것이다. 대체로 뼈나 뿔은 자르지 않으면 갈 수가 없고, 옥이나 돌은 쪼지 않으면 갈 수가 없는 것이다.

因說誠意章曰 若如舊說 是便[14]初學無所用其力也 中庸所謂明辨 誠意章

---

9 『주자어류』에는 "且說箇粗底"로 되어 있다.

10 『주자어류』에는 "裏面更多有事在"로 되어 있다.

11 『주자어류』에는 "如大學所謂誠其意者 毋自欺也"로 되어 있다.

12 이 아래 내용은 『주자어류』권26 「논어」8 「이인(里仁)」의 부여귀장(富與貴章)을 해석한 데에 보인다.

13 이는 『논어』「이인」 "子曰 富與貴 是人之所欲也 不以其道得之 不處也 貧與賤 是人之所惡也 不以其道得之 不去也"를 가리킨다.

而今方始辨得分明

　『주자어류』[15] : 주자가 그로 인하여 성의장에 대해 말씀하기를 “만약 구설(舊說)[16]과 같다면 초학자들은 그 힘을 쓸 곳이 없다. 『중용』에 ‘명변(明辨)’[17]이라 하였으니, 성의장은 이제 바야흐로 분명하게 분별할 수 있을 것이다.”라고 하였다.

　舊看誠意章 重言必愼其獨 終無脈絡 何故重疊言之 若是尋常未透 偶看若有會通處 蓋傳文所謂誠其意者 毋自欺也 當爲一章之綱領 不可與下文自慊必愼其獨爲對待說 吐當云尼羅 而如惡惡臭 如好好色 此之謂自慊 是言自慊之功 而曰必愼其獨 是言毋自欺也 小人閒居 止 此之謂誠於中 是言自欺之甚者 而曰必愼其獨 是言毋自欺也 曾子曰以下 戒閒居之自欺也 富潤以下 言善惡之自慊也 故必誠其意者 是言誠意之必毋自欺也 如是看 則上下文皆有脈絡照應 遂考語類誠意章數條 正說此義 今謾錄如右 又錄泛論者二條于後 以爲紬繹之資云

　전에 성의장을 볼 때 “‘필신기독(必愼其獨)’을 2번 말한 것은 끝내 맥락이 없다. 어째서 중첩하여 말한 것인가?”라는 생각을 평소 하였는데, 우연히 환하게 이해시켜 주는 것을 보게 되었다. 대체로 전문(傳文)의 “이른바 자기의 의(意)를 성(誠)하게 한다는 것은 자신을 속이지 않는 것이다.[所謂誠其意者 毋自欺也]”라는 것은 마땅히 성의장의 강령이 되니,

---

14 『주자어류』에는 ‘使’로 되어 있다.
15 이 아래 내용은 『주자어류』권16 「대학」3 전 제6장을 해석한 데에 보인다.
16 구설(舊說) : 청대 호위(胡渭)의 『대학익진(大學翼眞)』권6에는 이 구설에 대해 “謂倫則自行之說”이라고 주석을 달았다. ‘倫則自行之說’이란 『순자』권15 「해폐(解蔽)」의 “心臥則夢 偸則自行 使之則謀”를 가리킨다. 주희는 이를 인용하여 “荀子所謂偸則自行 佛家所謂流注不斷 皆意不誠之本也”라고 하였다.
17 명변(明辨) : 『중용장구』제20장에 보인다.

아래의 '자겸(自慊)'·'필신기독(必愼其獨)'과 대대(待對)로 말해서는 안
되고, 토(吐)도 마땅히 '니라'가 되어야 한다.

　그리고 "악을 싫어하기를 악취를 싫어하는 것처럼 하며, 선을 좋아하
기를 아름다운 이성을 좋아하는 것처럼 해야 하니, 이것을 스스로 만족
하는 것이라고 한다.[如惡惡臭 如好好色 此之謂自慊]"라는 것은 스스로 만
족하는[自慊] 공부를 말한 것이고, "반드시 자기 혼자만 아는 것을 삼간
다.[必愼其獨]"라고 한 것은 자신을 속이지 않는 것[毋自欺]을 말한 것이
다. '소인한거(小人閒居)'로부터 '차지위성어중(此之謂誠於中)'까지는 자
신을 속임[自欺]이 심한 경우를 말한 것이고, '필신기독(必愼其獨)'이라고
한 것은 자신을 속이지 않음을 말한 것이다. '증자왈(曾子曰)' 이하는
홀로 지낼 때 자신을 속이는 것[自欺]을 경계한 것이다. '부윤옥(富潤屋)'
이하는 선악(善惡)[18]에 대해 스스로 만족함[自慊]을 말한 것이다. '고군
자필성기의(故君子必誠其意)'는 성의(誠意)에 있어서 반드시 자신을 속이
지 말아야 함[毋自欺]을 말한 것이다.

　이와 같이 보면 상하의 문장 모두 맥락이 조응하게 된다. 마침내『주
자어류』성의장의 몇 조목을 살펴보니, 정히 이러한 뜻으로 말한 것이
었다. 지금 위와 같이 기록하고, 또 범론(泛論) 두 조목도 뒤에 적어두어
실마리를 찾아내는 근거로 삼는다.

【도표 해설】 이 도표는『대학장구』전 제6장 성의장의 논리구조를 '무
자기(毋自欺)'와 '신기독(愼其獨)'에 맞추어 그린 것이다. 저자는 '신기독'
이 두 번 언급되고 있는 점에 의문을 갖고 궁구하다가『주자어류』에
해석해 놓은 말을 통해 그 의미를 깨닫고 위와 같이 도표를 그린 것이다.

18　선악(善惡) : 본문의 "如惡惡臭 如好好色"을 말한다.

권병(權炳)의 대학도

【명칭】 대학전십장호운봉분절변(大學傳十章胡雲峯分節辨)

【출전】 『약재집(約齋集)』 권8

【작자】 권병(權炳, 1723-1772) : 자는 경회(景晦), 호는 약재(約齋), 본관은 안동이다. 부친은 권세해(權世楷)이고, 모친은 전주 유씨로 유득시(柳得時)의 딸이다. 1723년 경상도 안동 금계리(金溪里)에서 출생하였다. 유승현(柳升鉉)과 권구(權榘)의 문하에서 수학하였으며, 이상정(李象靖)을 종유하며 학문을 질정하였다. 이종수(李宗洙)·김낙행(金樂行)·유장원(柳長源)·최흥원(崔興遠)·윤광소(尹光紹) 등과 교유하며 학문을 토론하였다.

저술로는 9권 4책의 『약재집(約齋集)』이 있다. 경학 관계 자료로는 잡저에 실린 「대학의의변(大學疑義辨)」·「대학전십장호운봉분절변(大學傳十章胡雲峯分節辨)」·「격치전변(格致傳辨)」·「중용수장소주변(中庸首章小註辨)」·「서명시중용지리변(西銘是中庸之理辨)」·「시습설(時習說)」·「무자기설(毋自欺說)」·「물망물조여연비어약동의변(勿忘勿助與鳶飛魚躍同意辨)」·「사문록-대학(思問錄-大學)」·「사문록-논어(思問錄-論語)」·「사문록-맹자(思問錄-孟子)」·「차의-중용(箚疑-中庸)」 등이 있다.

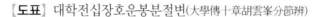

【도표】대학전십장호운봉분절변(大學傳十章胡雲峯分節辨)

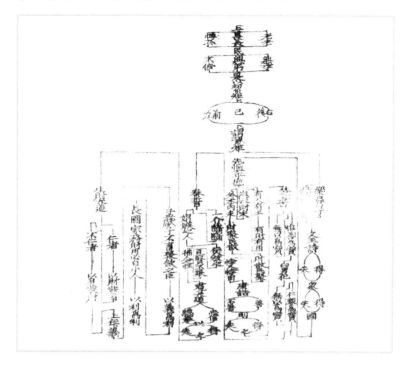

【도설】 節內第三節就好惡一言 先輩有非之者 然以愚觀之 未見有病 夫好
惡一事 極其至而言 人情固不出此兩端 若就待人接物上 平論之 有好惡 有
義利焉 有財用 有用人焉 好惡非不兼財用也 對用人則用人尤切 義利非不
兼用人也 對財用則財用尤緊 故第三節言好惡 而第六節以用人實之 第四節
言財用 而第八節以義利結之 其錯綜反覆 爲人深切 果有如或問所論 其實
不出於好惡義利兩端而已

전 제10장의 여러 절 가운데 제3절의 '호오(好惡)에 나아가서[就好
惡]'[1]라는 말에 대해, 선배 중에는 그것을 비판하는 사람이 있다. 그러
나 내가 살펴보건대, 병통이 있음을 보지 못하겠다. 무릇 '호오(好惡)'

한 가지 일은 그 지극한 점에 끝까지 나아가 말한 것이니, 인정은 참으로 이 양단에서 벗어나지 않는다.

사람을 대하고 사물과 접하는 것에 나아가 공평하게 그것을 논해 본다면, 호오가 있으면 의리(義利)가 거기에 있고, 재용(財用)이 있으면 용인(用人)이 거기에 있다. 호오가 재용을 겸하지 않는 것은 아니나, 용인과 비교하면 용인이 더욱 절실하다. 의리가 용인을 겸하지 않는 것은 아니나, 재용과 비교하면 재용이 더욱 긴요하다. 그러므로 제3절에서 호오를 말했는데 제6절에서 용인으로 그것을 실증했고, 제4절에서 재용을 말했는데 제8절에서 의리를 가지고 결론지었으니, 이리저리 반복해서 말한 것이 사람에게 깊고 절실하다. 과연 『대학혹문(大學或問)』에서 논한 "그 실제의 일은 호오·의리의 양단에서 벗어나지 않을 따름이다."[2]라고 한 것과 같은 점이 있다.

大抵 專言則財用用人義利 皆好惡中節目 而好惡爲絜矩之綱領 偏言則好惡亦絜矩中節目 而與財用用人義利錯綜 而爲四節 正如仁爲四德之長 亦爲四德之一 若以爲長於四德 便謂不可列於四德 斯不亦謬之甚乎 雲峯之意 雖未易窺 竊意或出於此 因排列成圖 以俟就正

대저 전체적으로 말하면 재용·용인·의리는 모두 호오 속의 절목이니, 호오는 혈구(絜矩)의 강령이 된다. 한쪽으로 말하면 호오 또한 혈구속의 절목이니 재용·용인·의리와 뒤섞여 네 개의 절목이 된다. 바로인(仁)이 사덕(四德)의 으뜸이 되면서 또한 사덕의 하나가 되는 것과 같다. '사덕의 으뜸이 되면 곧 사덕에 열거할 수 없다.'고 말한다면, 이는

또한 매우 잘못된 것이 아닌가? 운봉(雲峯)의 뜻을 비록 쉽게 엿볼 수는 없지만, 나는 여기에서 나왔다고 생각해 배열하여 도표를 그려 바로잡아 줄 사람을 기다린다.

第雲峯分節有可疑處 旣以文王詩得失 繫之上好惡 康誥得失 繫之上財用 亦當以君子得失 繫之上用人 今却判爲一節 又傳文先言好惡 繼言財用 而楚書舅犯兩文 合財用好惡言之 中言用人 末言財用義利 而孟獻子長國家兩文 合用人義利言之 如此方見語意反覆 文勢齊整 今雲峯於楚書舅犯 旣以此意分節 獨孟獻子長國家則繫之上文 合爲一節 將一樣語 作兩截看 此爲可疑耳

다만 운봉의 분절(分節)에는 의심할 만한 점이 있다. 이미 「문왕(文王)」의 득실을 위쪽의 호오에 연결시켰고, 「강고(康誥)」의 득실을 위쪽의 재용에 연결시켰으며, 또 군자의 득실[3]을 위쪽의 용인에 연결시켜야 하는데, 운봉 호씨는 도리어 이를 떼어 한 절로 삼았다.

또 전문에 먼저 호오를 말하고 이어 재용을 말하고서 「초서(楚書)」·'구범(舅犯)' 2절은 재용·호오를 합하여 말하였으며, 중간에 용인을 말하고 끝에는 재용·의리를 말하고서 '맹헌자(孟獻子)'·'장국가(長國家)' 2절[4]은 용인·의리를 합하여 말하였다. 이와 같이 해야 바야흐로 어의(語意)가 반복되고 문세가 정제됨을 알 수 있다. 그런데 지금 운봉 호씨는 「초서」·'구범'에 대해 이러한 뜻으로 분절해 놓고, 유독 '맹헌자'·'장국가'는 윗 문장에 연결해 합하여 한 절로 만들었다. 한 종류의 말을

---

3 『대학장구』 전 제10장 제18절의 "是故 君子有大道 必忠信以得之 驕泰以失之"를 가리킨다.
4 『대학장구』 전 제10장의 제22절과 제23절을 가리킨다.

가지고 두 개로 나누어 보았으니, 이것이 의심할 만한 점이다.

【도표 해설】이 그림은『대학장구』전 제10장 23절의 요지를 운봉 호씨가 8단락으로 분절한 것에 대해 문제점을 발견하고, 이를 호오(好惡)·용인(用人)·재용(財用)의 측면에서 나누어 일목요연하게 그린 것이다. 운봉 호씨가 23절을 순서대로 분절하여 요지를 파악한 것과는 달리, 저자는 이를 종합적으로 분석해 논리구조를 파악한 것이다. 따라서 이 그림은 전 제10장 23절을 분절에 따라 요지를 파악하는 시각이 아니라, 전 제10장의 전체 논리구조에 맞게 각 절을 재배치하여 도표화한 것이라 하겠다. 그러므로 저자는 전 제10장을 몇 단락으로 나눌 것인가에 대해서는 명확하게 언급하지 않고, 논리구조 파악에 초점을 맞추어 도표를 그렸다.

김수민(金壽民)의 대학도

【명칭】 삼강령도(三綱領圖)·팔조목도(八條目圖)·명덕신민혼합도(明德新民渾合圖)·역추공부도(逆推工夫圖)·순추공효도(順推功效圖)·혈구도(絜矩圖)

【출전】 『명은고(明隱稿)』 권8

【작자】 김수민(金壽民, 1734-1811) : 자는 제옹(濟翁), 호는 명은(明隱), 본관은 부안(扶安)이다. 부친은 김계형(金啓亨)이며, 모친은 흥덕 장씨(興德張氏)이다. 1734년 전라도 남원부 진전방(眞田坊) 월곡(月谷)에서 출생하였다. 중부 김연장(金鍊章)에게 입양되었다. 김원행(金元行)의 문하에서 수학하였다. 김수민은 청나라가 들어서자 도가 없어진 세상이라 여겨 벼슬을 단념하고 '명은(明隱)'이라 자호하고서, 초야에 묻혀 학문에 몰두하며 산수 유람을 즐겼다. 그는 배청존명의 정신을 철저히 견지하여 북쪽이나 서쪽을 향하여 앉지도 않고, 청나라 연호를 쓰지도 않았으며, 제갈량·도연명을 흠모하였다. 학문적으로는 주희·송시열을 가장 흠모하였다. 인물성동이논쟁에서는 낙론(洛論)을 지지하면서도 절충적인 태도를 취하였다. 1855년 승정원 좌승지 겸 경연참찬관에 추증되었다.

저술로는 22권 22책의 필사본 『명은고(明隱稿)』가 있다. 이 가운데는 1백여 개의 성리학 관계 도표가 있고, 우리나라 주요 인물을 노래한 387편의 「기동악부(箕東樂府)」가 들어 있다. 경학 관계 자료로는 1798년 정조(正祖)가 사서오경에 대해 의심나는 부분을 조목별로 질문한 것에 답한 「경의조대(經義條對)」와 「주역차기(周易箚記)」가 있다. 「경의조대」는 「대학」 6조, 「중용」 6조, 「맹자」 8조, 「논어」 8조, 「모시」 6조, 「상서」 6조, 「주역」 7조, 「춘추」 8조, 「삼례(三禮)」 7조로 되어 있다.

【도표】 삼강령도(三綱領圖)

【도설】 敬按 以綱領言 則明明德新民止至善 各爲壹事 而以標的言 則明明德新民 皆當止於至善之地 此朱子說也 是以栗谷老先生嘗日 大學之止至善 分而言之 則明德亦有止至善 新民亦有止至善 合以言之 則明德新民 皆止於至善 然後乃極其止至善之分耳 由是而言 三綱之中止至善 又爲明德新民之綱 晦翁栗翁 豈欺我哉 兹敢敬纂一圖 而尤庵老先生 以明新二字 名異而實同 明德 是新己德也 新民 是明民德也 寒泉亦日 不是明德新民外 又別有止至善一箇地頭 此意亦通 又按栗翁以爲至善之体 卽未發之中 而率性之道也 止於至善者 卽時中之中 而修道之敎也 栗翁以至善當中庸首三句 則其爲明德新民綱者 尤較然矣

　　삼가 살펴보건대, 강령(綱領)으로 말하면 명명덕·신민·지어지선이 각각 하나의 일이 되지만, 표적(標的)으로 말하면 명명덕·신민은 모두 지선(至善)의 경지에 마땅히 머물러야 한다. 이것은 주자의 설이다.[1] 이 때문에 율곡 선생도 일찍이 "『대학』의 지어지선을 나누어 말하면 명명덕에도 지어지선이 있고 신민에도 지어지선이 있지만, 합하여 말하면 명명덕·신민 모두 지선에 머문 뒤에야 이에 지어지선의 명분을 극진히 할 수 있을 뿐이다."[2]라고 하셨다. 이로 말미암아 말하면 삼강령 중의 지어지선은 또한 명명덕과 신민의 강령이 된다. 주자·율곡이 어찌 우리를 속이겠는가? 이에 삼가 도표 하나를 그린다.

　　우암 노선생도 "'명(明)' 자와 '신(新)' 자는 명칭은 다르지만 실상은 같으니, 명명덕은 자기의 덕을 새롭게 하는 것이고, 신민은 백성의 덕을 밝히는 것이다."[3]라고 하였다. 한천(寒泉)[4]도 "명명덕·신민의 밖에 별도로 지어지선의 경지가 있는 것이 아니다."[5]라고 하였으니, 이 뜻도 상통한다. 또 살펴보건대, 율곡은 "지선(至善)의 본체는 아직 발하지 않은 중(中)으로서 솔성지도(率性之道)이며, 지어지선은 시중(時中)의 중(中)으로서 수도지교(修道之敎)이다."[6]라고 하였다. 율곡도 지선을 『중용』 첫머리의 세 구절에 해당시켰으니, 지어지선이 명명덕·신민의 강령이 되는 것이 더욱 명백하다.

1　『대학장구』 경일장 "大學之道 在明明德" 주에 "言明明德新民 皆當止於至善之地而不遷"이라고 말하였다.
2　이는 이이의 『율곡집』 권9 「여기명언대승○정묘(與奇明彦大升○丁卯)」에 보인다.
3　이는 송시열(宋時烈)의 『송자대전』 권131 「간서잡록(看書雜錄)」에 보인다.
4　한천(寒泉) : 이재(李縡, 1680-1746)의 호이다.
5　이는 이재(李縡)의 저술 『도암선생용학강설(陶庵先生庸學講說)』 「대학강설(大學講說)」 경일장에 대한 해석에 보인다.
6　이는 이이의 『율곡집』 권9 「답성호원정묘(答成浩原丁卯)」에 보인다.

【도표 해설】 이 그림은 매우 간단하다. 권근·이황의 대학도에 명명덕·신민·지어지선 삼강령을 횡으로 나란히 배열한 것에 대해 문제의식을 갖고, 지어지선은 명명덕·신민의 준적(準的)이라는 점을 드러내기 위해 명명덕·신민의 밑에 귀결되도록 그린 것이다.

【도표】 팔조목도(八條目圖)

> ※ 이 도표는 일실되어 지금 문집에는 전하지 않는다.

【도설】 敬按 經曰 自天子 以至於庶人 一是皆以修身爲本 以其序言 則修身次於正心之下 而以其本言 則這箇七條 皆以修身爲本 此朱子所謂正心以上 皆所以修身也 家之所以齊 國之所以治 天下之所以平 莫不由是出焉者 此亦朱子之訓也 修身所以爲本者 爲如何哉 如至善之爲明德新民之綱 故分作三綱八條之圖 以識標準之所在 而朱子又於垂拱箚 又曰 身不可以徒修也 深探其本 則在乎格物以致其知而已 此意亦不可不知也

삼가 살펴보건대, 경문(經文)에 "천자로부터 서인에 이르기까지 일체 모두 수신을 근본으로 삼는다."고 하였다. 차례로써 말하면 수신은 정심(正心)의 다음이지만, 근본으로써 말하자면 저 7조목[7]은 모두 수신을 근본으로 한다. 이는 주자가 "정심 이상은 모두 수신하는 것이다."[8]라고 한 것이다. "집안이 가지런해지는 것, 나라가 다스려지는 것, 천하가 평치되는 것은 수신을 말미암아 나오지 않는 것이 없습니다."[9]라는 것도 주자의 가르침이다.

---

7 팔조목에서 수신을 제외한 나머지 일곱 개의 조목을 가리킨다.
8 이는『대학장구』경일장 "自天子 以至於庶人 一是皆以修身爲本"아래 주에 보인다.
9 이는 주희의『회암집』권13「계미수공주차일(癸未垂拱奏箚一)」에 보인다.

　　수신이 근본이 되는 것은 무엇 때문인가? 지어지선이 명명덕·신민의 강령이 되는 것과 같다. 그러므로 「삼강령도(三綱領圖)」·「팔조목도(八條目圖)」를 나누어 그려 표준의 소재를 알게 한 것이다. 주자는 또한 「수공주차(垂拱奏箚)」에서 "몸은 한갓 닦기만 해서는 안 됩니다. 그 근본을 깊이 찾아보면 사물에 나아가 자기의 앎을 극진히 하는 데 달려 있을 뿐입니다."[10]라고 하였으니, 이 뜻 또한 알지 않으면 안 된다.

【도표 해설】 김수민의 「팔조목도」는 지금 전하는 문집에 보이지 않는다. 설의 내용으로 보면, 팔조목 가운데 수신이 근본이 되는 점을 드러낸 듯하다.

【도표】 명덕신민혼합도(明德新民渾合圖)

【도설】　敬按 尤庵夫子嘗有言 明新二字 名異而實同 明明德 是新己德也 新民 是明民德也 此所謂體用一源 顯微無間也 夫子此訓 明白稱停 置水不漏 其所以發揮聖賢之本意者 深矣 何以知其然也 經曰 古之欲明明德於天下 此所謂明民德也 傳曰 苟日新 此所謂新己德也 明新二字 果此有異乎哉 新安陳氏 亦嘗言此 而終不若夫子之訓 簡當親切 故敬纂一圖以爲明新之資耳

----
10 상동.

삼가 살펴보건대, 우암 선생은 일찍이 말씀하기를 "'명(明)' 자와 '신(新)' 자는 명칭은 다르지만 실상은 같다. 명명덕은 자기의 덕을 새롭게 하는 것이며, 신민은 백성의 덕을 밝히는 것이다. 이것이 이른바 '체(體)·용(用)이 하나의 근원으로, 드러나거나 은미함에 틈이 없다.'는 것이다."[11]라고 하였다. 선생의 이러한 가르침은 명백하고 적절하여 담긴 물에 샐 틈이 없는 것과 같으니, 성현의 본뜻을 드러낸 것이 깊다.

무엇으로 그것이 그러한 줄을 아는가? 경문의 '옛날 천하 사람들로 하여금 모두 그들의 명덕을 밝히게 하려 했던 사람은'이라는 것은 이른바 백성의 덕을 밝히는 것이고, 전문의 '진실로 어느 날 자신을 새롭게 했다'는 것은 이른바 자기의 덕을 새롭게 한 것이니, '명'·'신' 두 자에 과연 다름이 있겠는가? 신안 진씨(新安陳氏) 또한 일찍이 이 점에 대해 말했지만,[12] 끝내 선생의 가르침과 같이 간결하고 온당하며 절실하지는 못했다. 그러므로 삼가 이 도표를 그려 명(明)·신(新)에 관한 근거로 삼는다.

【도표 해설】 이 도표는 명덕·신민을 합해서 그린 그림이다. 명명덕은 자신의 명덕만 밝히는 것이 아니라 궁극적으로는 온 세상 사람들의 명덕을 스스로 밝히도록 하는 것이고, 신민은 자신의 덕을 새롭게 한다는 의미까지 포함하고 있음을 드러낸 것이다.

---

11 이는 송시열의 『송자대전』 권131 「간서잡록(看書雜錄)」에 보인다.
12 이 내용은 『대학장구대전』 전 제2장 "湯之盤銘曰" 아래 소주 신안 진씨의 설에 보인다.

【도표】 역추공부도(逆推工夫圖)

【도설】　敬按 先言明明德於天下者 所以明其明德新民非兩件也 此泉翁所謂此一句儘是千勻筆力 而其要又在於先之一字 爲樞紐也 爲關鍵也 此圖之所以成也 然至於格物 獨不言先而曰在者 格物致知 非兩項地頭 致知之要 在於格物之中 然則先字已言於先致其知 何必疊床爲哉 且道此在字 與首句三在字 相爲照應 不但致知在格物而已 深探其本 則三綱七條 都在格物 此所謂格物者 窮理之謂也 知其理然後以行之 故於此遂分知行焉

　삼가 살펴보건대, 먼저 '천하 사람들로 하여금 그들의 명덕을 밝히게 하는 것[明明德於天下]'에 대해 말한 것은 명명덕·신민이 두 가지 일이 아님을 밝힌 것이다. 이는 한천(寒泉)이 이른바 "이 한 구절은 천 균(均)

의 필력을 다한 것이다."[13]라고 한 것이다. 이 단락의 요점은 또한 '선(先)' 한 자에 달려 있으니, 이것이 핵심이 되고 관건이 된다. 이것이 도표를 그린 까닭이다.

그런데 격물(格物)에 이르러서 유독 '선(先)'이라 하지 않고 '재(在)'라고 한 것은 격물·치지가 두 첫머리가 아니며, 치지의 요점이 격물 가운데 있기 때문이다. 그래서 '선' 자는 이미 '먼저 자기의 앎을 극진히 한다[先致其知]'는 것에서 말했으니, 어찌 중복해서 말할 필요가 있겠는가. 또한 여기서 말한 '재(在)' 자는 『대학』 첫 구절의 세 '재' 자와 서로 조응하니, 치지만이 격물에 달려 있을 뿐이 아니다. 그 근본을 깊이 찾아보면 삼강령과 일곱 개의 조목이 모두 격물에 달려 있으니, 이것이 이른바 "격물이란 이치를 궁구함을 말하는 것이다."[14]라고 한 것이다. 그 이치를 안 뒤에 행하기 때문에 거기서 마침내 지(知)·행(行)이 나누어진다.

【도표 해설】 이 도표는 팔조목의 역추공부에 대해 '선(先)' 자를 중심에 두고 그린 것이다.

---

13 이는 이재(李縡)의 『도암선생용학강설』「대학강설」경일장의 해석에 보인다.
14 이는 주희의 『회암집』권13「계미수공주차일(癸未垂拱奏劄一)」에 보인다.

【도표】 순추공효도(順推功效圖)

【도설】 敬按 逆推工夫 在六箇先字 順推工效 在七箇后字 經文所謂 知所 先后 卽近道者 亦如此意也 圖豈無所以乎 修身以上 明明德之事也 齊家以 下 新民之事也 物格而知至 則知所至矣 意誠以下 則皆得所止之序 此朱先 生之訓也 謹依其說 而標的於各條之下而觀之 則不啻若指掌 眞所謂一棒 一條痕 一摑一掌血也

삼가 살펴보건대, 역추(逆推)의 공부는 여섯 개의 '선(先)' 자에 달려 있고, 순추(順推)의 공효는 일곱 개의 '후(后)' 자에 달려 있다. 경문의 "먼저 해야 할 것과 나중에 해야 할 것을 알면 도에 가까울 것이다."라는 것 또한 이러한 뜻과 같으니, 도표에 어찌 이런 까닭이 없겠는가.

"수신 이상은 명명덕의 일이고, 제가 이하는 신민의 일이다. 사물의 이치가 이르고 앎이 지극해지는 것은 그칠 바15를 아는 것이다. 의성(意

---

15 이는 『대학장구』 경일장 주의 "物格知至 則知所止矣"를 말한 것인데, "則知所至矣"의

誠) 이하는 모두 그칠 바를 얻는 순서이다."¹⁶라고 한 것은 주자의 가르침이다. 삼가 그 설에 의거하여 각 조목의 아래에 표적을 그려 보면 손바닥에 올려놓고 보는 것과 같을 뿐만이 아니라, 참으로 이른바 "회초리로 한 번 치니 한 줄기의 흔적이 남고, 주먹으로 한 번 치니 한 움큼의 피를 쏟는다."¹⁷라는 것이다.

〖도표 해설〗 이 도표는 팔조목의 순추공효에 대해 '후(后)' 자를 중심에 두고 그린 것이다.

〖도표〗 혈구도(絜矩圖)

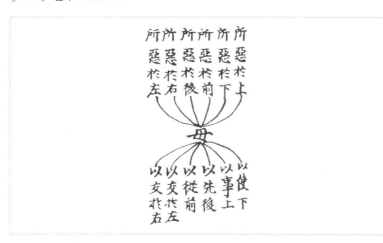

〖도설〗 敬按 矩所以爲方也 卽匠人之曲尺也 吾儒借此 以心之方寸爲矩 推以度物 至於上下前後左右 均齊方正 如匠人之曲尺然也 同其所惡如此

'지(至)' 자는 오류인 듯하다.

16 이는 『대학장구』 경일장 "物格而后知至 知至而后意誠" 아래 주에 보인다.

17 이 말은 『주자어류』 권10 「학(學)」4 및 『회암집』 권45 「답양자직(答楊子直)」에 보인다.

則其所好 可知也 我欲孝 則必推此心 使人爲孝 我欲忠 則亦推此心 使人爲
忠 以至百千萬事 皆舉此措之 然則絜矩之道 一言蔽之曰 恕也 其要在毋字
如視聽言動四者 皆關於勿字上 此圖之所以成也 絜此矩 使彼我之間 各得
分願 而上下四旁 無不方正 則其於平天下 何有

　　삼가 살펴보건대, 구(矩)는 네모를 만드는 것이니 장인(匠人)의 곡척
(曲尺)이다. 우리 유학자들이 이를 빌려 사방 한 치의 마음을 구(矩)로
삼았으니, 그것으로 미루어 사물을 헤아려서 상하·전후·좌우가 균등
하고 바르게 되는 것이 장인의 곡척을 가지고 직각을 그리는 것과 같다.
싫어하는 것을 같이하는 것이 이와 같으면 그가 좋아하는 바에 대해서
도 알 수 있다. 내가 효도하고자 한다면 반드시 이러한 마음을 미루어
다른 사람으로 하여금 효도하게 하며, 내가 충성하고자 한다면 또한
이러한 마음을 미루어 다른 사람으로 하여금 충성하게 한다.

　　온갖 일에 대해서도 모두 이러한 것을 들어서 조처할 뿐이다. 그러므
로 혈구지도(絜矩之道)를 한 마디로 정의하자면 '서(恕)'인 것이다. 그
요점은 '무(毋)' 자에 있으니, 보고 듣고 말하고 행동하는 네 가지가 모두
'물(勿)' 자에 달려 있는 것[18]과 같다. 이것이 그림을 그린 까닭이다.
이 구(矩)로 재어 저들과 나 사이로 하여금 각각 분수에 맞는 소원을
얻어 상하·사방이 바르지 않음이 없게 하면 평천하함에 있어 무슨 어
려움이 있겠는가.

[도표 해설] 이 도표는 『대학장구』 전 제10장 제2절 혈구지도를 설명
한 여섯 절의 의미를 '무(毋)' 자에 중점을 두어 그린 것이다.

---

18 이는 『논어』 「안연」에 보이는 "子曰 非禮勿視 非禮勿聽 非禮勿言 非禮勿動"의 '勿' 자를
　　가리킨다.

김상진(金相進)의 대학도

【명칭】 대학도(大學圖)·명덕도(明德圖)

【출전】 『탁계집(濯溪集)』 권3

【작자】 김상진(金相進, 1736-1811) : 자는 사달(士達), 호는 탁계(濯溪), 본관은 김해(金海)이다. 부친은 김덕사(金德泗)이고, 모친은 선산 곽씨(善山郭氏)로 곽세규(郭世圭)의 딸이다. 충청도 보은 출신이다. 어려서 홍명원(洪命元)에게 배웠고, 성장해서는 김원행(金元行)·송명흠(宋明欽)에게 수학하였다. 1755년 생원시에 합격하였으나 대과에 여러 번 낙방하자, 과거를 단념하고 학문에 전념하였다. 김이안(金履安)·홍직필(洪直弼)·송환기(宋煥箕) 등과 교유하였으며, 인물성동이논쟁에 있어서는 인물성동론(人物性同論)을 지지하였다. 어려서부터 퇴계(退溪)를 매우 존모하였다고 한다. 뒤에 천거로 조경전 참봉(肇慶殿參奉)을 지냈다.

저술로는 10권 5책의 『탁계집(濯溪集)』이 있다. 경학 관계 자료로는 잡저에 실린 「대학경의(大學經義)」·「중용경의(中庸經義)」·「중용귀신장차록(中庸鬼神章箚錄)」·「논어경의(論語經義)」·「맹자경의(孟子經義)」 등이 있다.

【도표】 대학도(大學圖)

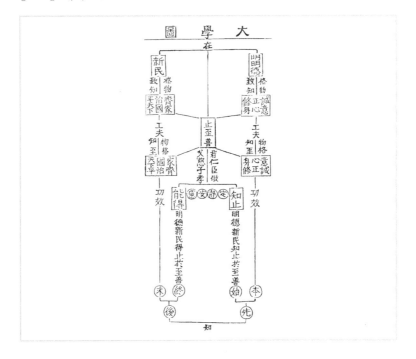

【도설】 朱子曰 大學首三句 說一箇體統 用力處却在致知格物 – 語類端蒙
錄 – 大學之書 綱領三而至善爲其本體 條目八而格致爲其妙用 本末始終 皆
事物而爲格致之地也 三綱而虛一 則明新實而對立爲本末 八條而實六 則格
致虛而妙合爲終始 終始一事也 本末一物也 虛實無間也

　　주자가 말하기를 "『대학』 첫머리의 세 구절은 체통(體統)을 말한 것인
데, 힘을 쓰는 곳은 도리어 치지(致知)·격물(格物)에 있다."[1]라고 하였다.
–『주자어류』 단몽(端蒙)의 기록 –『대학』이라는 책은 강령이 세 개인데 지어
지선이 그 본체가 되고, 조목이 여덟 개인데 격물·치지가 그 묘용(妙用)이

---

1 이는 『주자어류』 권14 「대학(大學)」1에 보인다.

된다. 본말·시종은 모두 사물인데, 격물·치지의 터전이 된다. 세 개의 강령이지만 하나를 비웠으니, 명명덕·신민이 실상으로 대립해 본(本)·말(末)이 된다. 여덟 개의 조목이지만 여섯 조목을 실상으로 하였으니, 격물·치지는 허가 되어 묘하게 합해 종(終)·시(始)가 된다. 종·시는 한 가지 일이며, 본·말은 한 가지 물건이다. 허(虛)·실(實)은 간격이 없다.

以學之次序言之 則明德爲體 新民爲用 以道之本然言之 則至善爲體 明新爲用 學 – 格致 – 能也 道 – 至善 – 所能也 所能之體一而神大道之原歟 能之用二而妙大學之門歟 至精至微至正至大 所當深玩 朱子補亡章 盡平生之精力 見得前賢所未到處 建天地 質鬼神 俟百世而不惑 乃此天地未毁前宇宙間儒學之宗也 今謹就語類舊圖 正訛補闕 撰定爲此圖 如右

학문의 차례로서 말하면, 명명덕은 체(體)가 되고 신민은 용(用)이 된다. 도의 본연으로써 말하면, 지어지선은 체가 되고 명명덕·신민은 용이 된다. 학문 – 격물·치지 – 은 능한 것[能]이고, 도 – 지선 – 는 능히 하는 바[所能]이다. 능히 하는 바의 체(體)는 하나인데 대도의 근원에 신묘하고, 능한 용(用)은 둘인데 『대학』의 문에서 묘용한다. 이는 지극히 정밀하고 지극히 정미하고 지극히 바르고 지극히 크니, 마땅히 깊이 음미해야 한다.

주자의 보망장은 평생의 정력을 다하여 선현들이 미처 이르지 못한 바를 터득한 것이니, 이 세상에 세우고 귀신에게 질정하며 백세를 기다려도 의혹되지 않을 것이다. 바로 이것이 이 세상에서 없어지지 않을 유학의 종지(宗旨)이다. 지금 삼가 『주자어류』에 있는 옛 그림에 나아가 그릇된 것을 바로잡고 빠진 것을 보충하여 찬정해서 이 그림을 만들었으니, 위와 같다.

【도표 해설】이 도표는 삼강령 가운데 지어지선은 허(虛)로 보고 명명덕·신민은 실(實)로 보아, 명명덕·신민을 두 축으로 삼고 그 밑에 지어지선을 배치한 것, 그리고 팔조목 가운데 격물·치지를 허로 보고 나머지 6조목을 실로 보아 명명덕·신민 밑에 나누어 배치한 것이 특징이다. 특히 격물·치지를 명명덕·신민 밑에 모두 써 넣은 데에 저자의 독창적인 견해가 담겨 있다. 그리고 공부와 공효를 지어지선 밑에 배치하고, 중앙에 지지(知止)로부터 능득(能得)에 이르는 것을 표기해 넣었다. 이 그림은 종전의 그림과 구도를 달리하고 있다는 점에서 새로운 대학도의 양상을 드러내고 있다.

【도표】명덕도(明德圖)

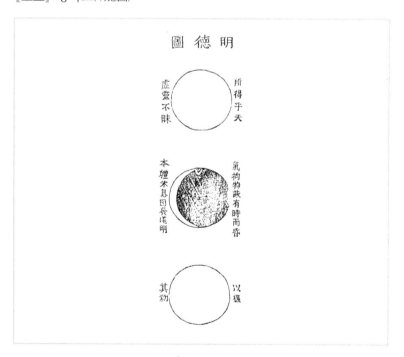

【**도표 해설**】 이 그림은 '명덕(明德)'을 『대학장구』 경일장 제1절 주희의 주에 따라 그린 것이다. 상단의 원은 주희의 주에 "명덕은 사람이 하늘에서 얻은 것으로 텅 비고 신령스러워 혼매하지 않은 것이다.[明德者 人之所得乎天 而虛靈不昧]"라는 의미를 그린 것이다. 중간의 원은 주희의 주에 "다만 기품에 구애되고 인욕에 가려지면 때로 혼매함이 있다. 그러나 그 본체의 밝음은 일찍이 없어지지 않은 것이 있다. 그러므로 학자들은 마땅히 그것이 발한 것을 인하여 드디어 그 명덕을 밝혀서[但爲氣稟所拘 人欲所蔽 則有時而昏 然其本體之明 則有未嘗息者 故學者當因其所發而遂明之]"라고 한 것에 의거해 기품과 인욕에 의해 가려진 부분을 검게 그리고 본연적으로 밝아 없어지지 않는 부분을 흰 색으로 그린 것이다. 하단은 주희의 주에 "그 처음을 회복한다.[以復其初也]"고 한 말에 의거하여 다시 본연의 밝음을 회복한 것을 나타낸 것이다.

강정환(姜鼎煥)의 대학도

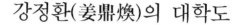

【명칭】 명명덕도(明明德圖)·신민도(新民圖)·지지선도(止至善圖)

【출전】 『전암집(典庵集)』 권7

【작자】 강정환(姜鼎煥, 1741-1816) : 자는 계승(季昇), 호는 전암(典庵), 본관은 진주(晉州)이다. 부친은 장릉 참봉(章陵參奉)을 지낸 강주제(姜柱齊)이고, 모친은 전주 최씨로 최진망(崔震望)의 딸이다. 경상도 칠원현(漆原縣)에서 출생하였다. 김원행(金元行)의 문하에서 수학하였고, 이정인(李廷仁)·김이안(金履安) 등과 교유하며 학문을 토론하였다. 경학과 성리학을 깊이 연구하였다. 그가 지은 시에도 성리(性理)에 관한 내용이 많다.

저술로는 8권 4책의 『전암문집(典庵文集)』이 있다. 경학 관계 자료로는 잡저에 실린 「대학격치장강의(大學格致章講義)」·「대학강령삼도(大學綱領三圖)」 등이 있다.

【도표】명명덕도(明明德圖)

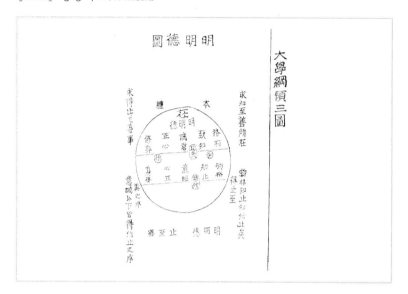

【도표】신민도(新民圖)

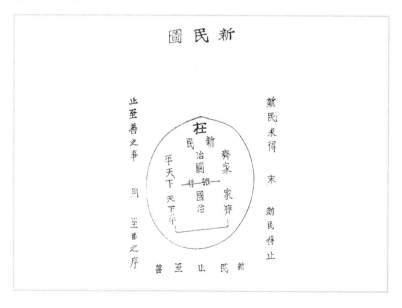

【도표】 지지선도(止至善圖)

【도설】 　　愚嘗觀退溪先生大學圖 置在字於上面 劃一字形 從右邊書明明德 居中書新民 從左邊書止至善 又就明明德下 分書格物致知 屬於知 又從左 分書誠意正心修身 屬於行 又就知字行字下 劃一字形 其中書明明德三字 其下分左右 書曰 求知至善之在 求得止至善之事 就所謂居中書新民下 分 書齊家治國平天下 其下書推行二字爲方圈 其下書新民求得止於至善之事 自 事字至求知至善之所在 畫長一畫 就其中作方圈 書功夫二字

　　내가 일찍이 퇴계 선생의 「대학도」를 보니, '재(在)' 자를 맨 위에 두 고 '일(一)' 자 모양의 선을 그어 오른쪽에는 '명명덕(明明德)'을 쓰고, 가운데에는 '신민(新民)'을 쓰고, 왼쪽에는 '지지선(止至善)'을 썼다. 또

‘명명덕’ 아래에는 ‘격물(格物)’·‘치지(致知)’를 나누어 쓰고 ‘지(知)’에 소속시켰다. 또 그 왼쪽에는 ‘성의(誠意)’·‘정심(正心)’·‘수신(修身)’을 나누어 쓰고 ‘행(行)’에 소속시켰다. 또 ‘지’ 자·‘행’ 자 아래에 ‘일(一)’ 자 모양의 선을 그어 그 중간에 ‘명명덕’ 세 자를 썼다. 그 아래를 좌우로 나누어 ‘지선의 소재를 알고자 함[求知至善之所在]’, ‘지선에 머물기를 구하는 일[求得止至善之事]’이라고 썼다. 상단 가운데 ‘신민’이라고 써 놓은 아래에는 ‘제가(齊家)’·‘치국(治國)’·‘평천하(平天下)’를 나누어 쓰고, 그 아래에는 ‘추행(推行)’ 두 자를 써서 방권(方圈)을 그렸다. 그 아래에 ‘신민이 지선에 머물기를 구하는 일[新民求得止至善之事]’이라고 썼다. ‘사(事)’ 자에서 ‘구지지선지소재(求知至善之所在)’까지 길게 한 획을 긋고, 그 가운데에 방권을 그려 ‘공부(工夫)’ 두 자를 썼다.

其下分書意誠心正身修 右邊分書物格知至 以表明明德得止至善之序 左邊分書家齊國治天下平 書其下曰 新民得止至善之序 從上面止至善下 右邊書知止二字 左邊書能得二字 就其中 分書定靜安慮 總會爲四間 書曰 四者自知止至能得之脈絡皆以效言 就上面知止下 書始字 能得下 書終字 又連書曰 明明德新民知至善所在之效 此在始字下 又連書曰 明明德新民皆得止於至善 此在終字下 蓋其圖形與注脚 如是彷彿 而愚何敢改以爲圖也

그 아래에 ‘의성(意誠)’·‘심정(心正)’·‘신수(身修)’를 나누어 쓰고, 오른쪽에는 ‘물격(物格)’·‘지지(知至)’를 나누어 써서 ‘명명덕’이 지선에 머물게 되는 순서를 나타냈다. 왼쪽에는 ‘가제(家齊)’·‘국치(國治)’·‘천하평(天下平)’이라고 나누어 쓰고, 그 아래에 ‘신민이 지선에 머물게 되는 순서[新民得止至善之序]’라고 썼다. 상단의 ‘지지선’ 아래의 오른쪽에는 ‘지지(知止)’ 두 자를 쓰고, 왼쪽에는 ‘능득(能得)’ 두 자를 쓰고, 그 가운데

에는 '정(定)'·'정(精)'·'안(安)'·'려(慮)'를 나누어 썼다. 모두 합해 네
칸이 되는데, '네 가지는 지지(知止)로부터 능득(能得)에 이르는 맥락으로
모두 공효로써 말했다.[四者自知止至能得之脈絡皆以效言]'라고 썼다. 위쪽
의 '지지' 아래에는 '시(始)' 자를 쓰고, '능득'의 아래에는 '종(終)' 자를
썼다. 또 이어서 '명명덕·신민이 지선의 소재를 알게 된 공효[明明德新民
知至善所在之效]'라고 쓴 것은 '시' 자 아래에 있고, '명명덕·신민이 모두
지선에 머묾[明明德新民皆得止於至善]'이라고 쓴 것은 '종' 자 아래에 있다.
대체로 그 도표의 형태와 주석이 이처럼 그럴 듯한데, 내가 어찌 감히
고쳐서 새 도표를 그리겠는가.

　　大率明明德新民止至善 皆推而極之 以止於至善 則從極字意作圓圈上中
下三圖者 如周子太極圖上圈之樣 新安吳氏所謂各具一太極之義也 退溪只
書上面一箇在字 而愚則書三在字者 從經文也 退溪則以意誠心正等目 謂功
夫 而愚則就誠意正心等目 書功夫 而至於意誠心正 則書功效者 從沙溪辨
疑之訓也 此外一從退溪之說 而或參以朱子章句之言 覽者當知而恕之也
　　대체로 명명덕·신민·지어지선은 모두 미루어 끝까지 나아가 지선
에 머무는 것이니, '극(極)' 자의 뜻으로부터 원권(圓圈)의 상·중·하 세
그림을 만든 것은 주자(周子)[1]의 태극도(太極圖)[2] 상권(上圈)의 모양을 본
뜬 것으로, 신안 오씨(新安吳氏)가 말한 "하나의 사물은 각각 하나의 태
극을 갖추고 있다."[3]라는 뜻이다.
　　퇴계는 단지 맨 위에 '재(在)' 자 하나만 썼는데, 내가 3개의 '재' 자

---

1 주자(周子) : 주돈이(周敦頤, 1017-1073)를 가리킨다.
2 태극도(太極圖) : 주돈이의 「태극도설(太極圖說)」을 가리킨다.
3 이는 『대학장구대전』 경일장 '大學之道' 아래 소주 신안 오씨(新安吳氏)의 설에 보인다.

를 쓴 것은 경문을 따른 것이다. 퇴계는 '의성'·'심정' 등의 조목을 '공
부'라고 했는데,[4] 나는 '성의'·'정심' 등의 조목을 '공부'라 쓰고 '의
성'·'심정'에 이르러서는 '공효'라고 썼으니, 사계(沙溪)[5]의 『대학변의
(大學辨疑)』의 가르침을 따른 것이다. 이 외에는 한결같이 퇴계의 설을
따랐으나, 간혹 주자의 주를 참고하였으니, 보는 사람은 마땅히 그 점
을 알고 너그러이 여기길 바란다.

[도표 해설] 강정환은 명명덕도·신민도·지어지선도를 세 개로 나누
어 그리고, 그 밑에 설은 하나로 합해 기술하였다. 위의 설에 의하면,
그가 이황의 대학도를 따랐다고 하였는데, 실제로 이황의 대학도와는
상당한 차이를 보이고 있다. 다만 명명덕·신민 밑에 팔조목을 나누어
배치한 것, 그리고 지어지선 밑에 지지(知止)로부터 능득(能得)에 이르는
것을 표기한 것은 이황의 대학도를 따른 것이다. 특히 지지로부터 능득
에 이르는 것을 지어지선 밑에 배치한 것은 후대 기호학파에서 여러
가지 다른 설이 제기되어, 강정환이 이를 모를 리 없었을 텐데 이황의
설을 추종한 것을 보면, 입장을 달리한 것을 알 수 있다.
　이 그림은 삼강령에 대해 별도로 세 개의 원권을 만들어 그린 것이
특이하다.

4　이는 저자가 퇴계의 그림을 곡해한 듯하다.
5　사계(沙溪) : 김장생(金長生, 1548-1631)을 가리킨다.

정경(鄭炅)의 대학도

【명칭】 대학도(大學圖)

【출전】 『호와집도(好窩集圖)』

【작자】 정경(鄭炅, 1741-1807) : 자는 회이(晦而), 호는 호와(好窩), 본관은 오천(烏川)이다. 부친은 정상정(鄭相鼎)이고, 모친은 영해 신씨(寧海申氏)이다. 1741년 출생하였다. 경상도 흥해군(興海郡)에 살았다. 특별한 사승 관계없이 가정에서 수학하였다. 1783년 생원시에 합격하였다. 몇 차례 문과 회시에 낙방한 뒤로는 학문에 전념하였다. 도천(道薦)·향천(鄉薦)을 받았으나 관직에 임명되지는 못하였다. 문하에서 60여 명의 제자가 배출되었다. 조술도(趙述道)·손성악(孫星岳)·남경희(南景羲)·이정엄(李鼎儼) 등과 교유하였다.

저술로는 2권 1책의 『호와문집(好窩文集)』과 1책의 『호와집도(好窩集圖)』가 있다. 경학 관계 자료로는 『호와집도』에 실린 「대학도(大學圖)」·「중용도(中庸圖)」·「지행선후분도(知行先後分圖)」·「기질고하등도(氣質高下等圖)」·「삼지삼인삼근도(三知三仁三近圖)」·「지인용도(智仁勇圖)」·「태극음양오행인심성사단칠정오륜삼강도(太極陰陽五行人心性四端七情五倫三綱圖)」·「칙도획괘도(則圖劃卦圖)」·「하도십수급십오수지도(河圖十數

及十五數之圖)」・「낙서십수급십오수지도(洛書十數及十五數之圖)」・「하도
태극양의사상팔괘생출지도(河圖太極兩儀四象八卦生出之圖)」・「낙서태극
양의사상팔괘생출지도(洛書太極兩儀四象八卦生出之圖)」・「십이율상생지
도(十二律相生之圖)」・「두율분배십이율도(杜律分排十二律圖)」 등과 문집
잡저에 실린 「칠정변(七情辨)」, 책(策)에 실린 「문대학(問大學)」이 있다.

[도표] 대학도(大學圖)

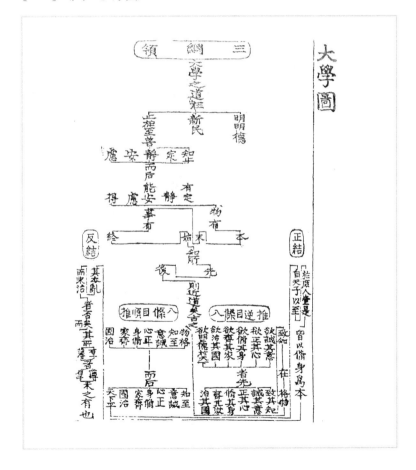

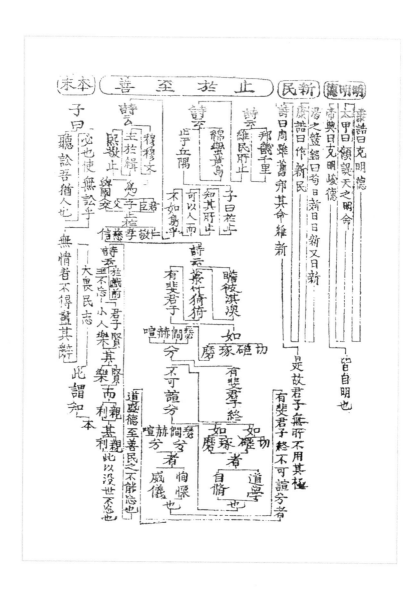

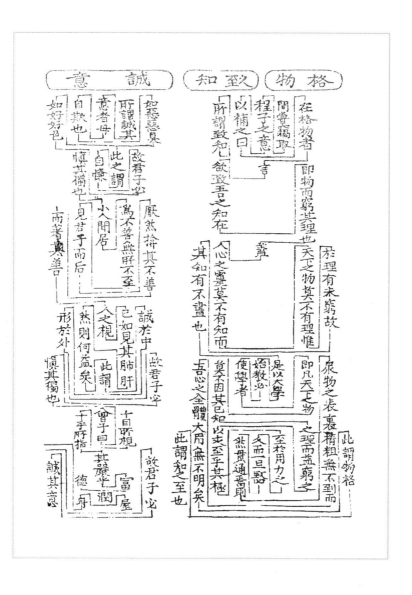

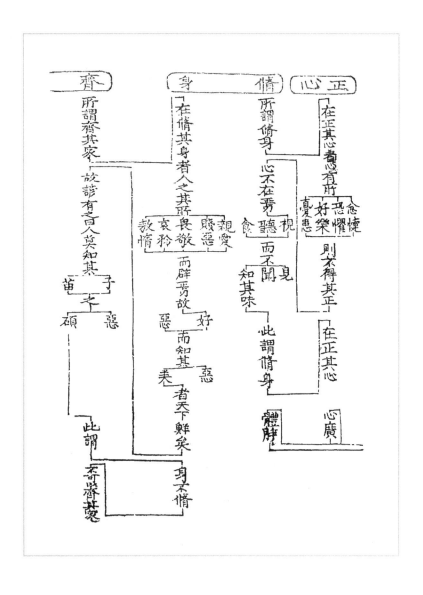

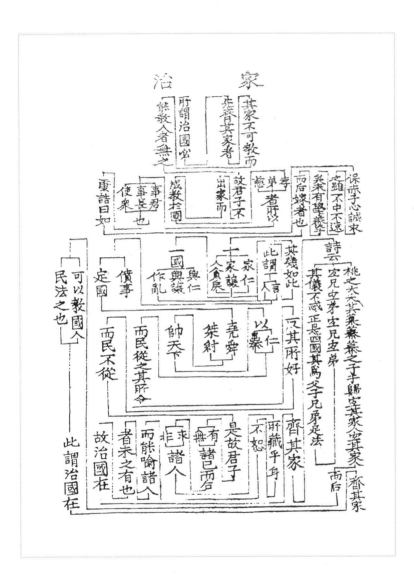

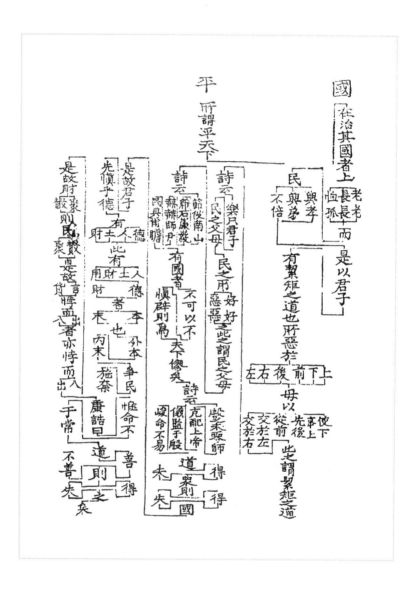

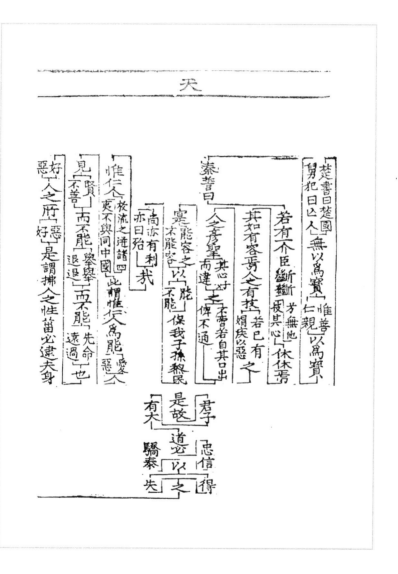

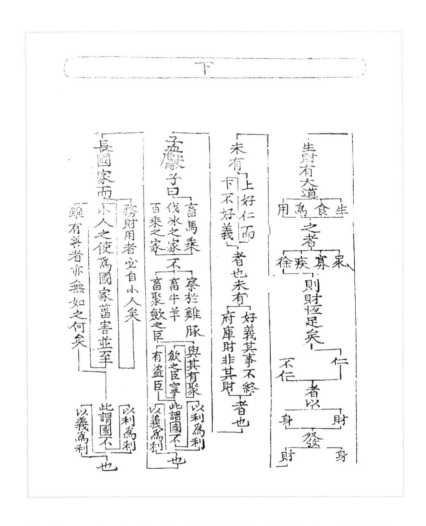

〔도설〕 大學圖 本綱條連接 有如衣裳相綴 要縫漸廣而下 今雖離其上下
而左右片段 未嘗不相比 中庸圖 本鉅細畢擧 有如玉佩相貫 珩璜間實於中
今雖折其從橫 而大小脈絡 未嘗不相承 分裂者 有渾全之體 散落者 有聯屬
之妙 要在人離合看 今不暇詳焉

　　대학도(大學圖)는 본래 강령·조목이 이어져서 마치 심의(深衣)의 상의(上衣)·하상(下裳)이 서로 꿰매어져 요봉(要縫)[1]이 점점 넓어지면서 내려가는 것과 같다. 지금은 비록 그 상하를 분리시켰지만, 좌우의 단락은 일찍이 서로 이어지지 않은 적이 없다. 중용도(中庸圖)는 본래 크고 작은 것이 모두 거론되어 마치 옥패가 서로 꿰어져 형황(珩璜)[2]이 그 속에 사이사이 끼어있는 것과 같다. 지금은 비록 그 가로·세로를 끊었지만, 크고 작은 맥락은 일찍이 서로 이어지지 않은 적이 없다. 분열된 것에는 혼전(渾全)한 본체가 있고, 흩어진 것에는 연속된 묘함이 있다. 요점은 사람들이 나누어 보거나 합쳐 보는 데 달려 있으니, 지금 여기서는 자세하게 말할 수 없다.

[도표 해설] 이 도표는 한적 여덟 판으로 된 그림으로, 경일장 및 전십장의 요지를 장별로 나누어 모두 11개로 그린 그림이다. 그런데 이를 별도로 구별하지 않고 하나의 대학도로 묶어 놓았다.

삼강령도는 삼강령의 지어지선 밑에 지지(知止)로부터 능득(能得)에 이르는 것을 그리고 경일장의 편차에 따라 팔조목의 공부와 공효를 모두 그 밑에 연결시켜 놓았다. 따라서 종래에 찾아볼 수 없는 그림인데, 명명덕·신민이 공허하게 되는 것이 문제점으로 지적된다.

이하 전 제1장부터 전 제10장까지의 그림도 모두 『대학장구』의 편차에 따라 그 요지를 적출해 그린 것이다. 전 제3장 지어지선을 해석한 장의 경우도 제3절 밑에 제4절과 제5절을 연결시켜 삼강령 가운데 지어지선에 중점을 두어 그린 것과 유사한 점을 발견할 수 있다.

---

1 요봉(要縫) : 상의(上衣)의 단을 허리에 해당하는 부분에서 꿰맨 곳이니, 이것은 상의(上衣)·하상(下裳)이 이어지는 곳이다.
2 형황(珩璜) : 고대의 옥패(玉佩)로 윗부분은 형(珩)이 되고 아랫부분은 황(璜)이 된다.

배상열(裵相說)의 대학도

【**명칭**】 대학도(大學圖) · 대학연의지도(大學衍義之圖)

【**출전**】 『사서찬요(四書纂要)』

【**작자**】 배상열(裵相說, 1759-1789) : 자는 군필(君弼), 호는 괴담(槐潭), 본관은 흥해(興海)이다. 부친은 배집(裵緝)이고, 모친은 안동 권씨로 권경여(權慶餘)의 딸이다. 경상도 안동부 내성현(乃城縣) 유로리(留老里)에서 생장하였다. 독학을 하다가 22세 때 이상정(李象靖)의 문하에 들어가 성리학에 뜻을 두고 학문에 침잠하였다. 다방면에 두루 통달하였는데, 특히 상수학에 조예가 깊었다. 31세의 나이로 일찍 졸하였다.

　저술로는 6권 3책의 『괴담유고(槐潭遺稿)』와 『성리찬요(性理纂要)』 · 『사서찬요(四書纂要)』 · 『계몽도해(啓蒙圖解)』 등이 있다. 경학 관계 자료로는 『사서찬요』와 문집 잡저에 실린 「독서차록(讀書箚錄)」 · 「역설제도(易說諸圖)」 · 「해채씨사십구시허일체수설(解蔡氏四十九著虛一體數說)」 · 「추대연수(推大衍數)」 · 「괘변도해(卦變圖解)」 · 「계몽전의고의(啓蒙傳疑攷疑)」 · 「기삼백해(朞三百解)」 · 「기해제도(朞解諸圖)」 · 「기포책후서(朞布策後敍)」 등이 있다.

【도표】 대학도(大學圖)

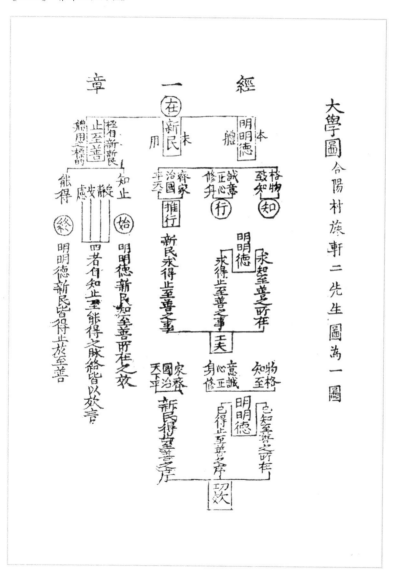

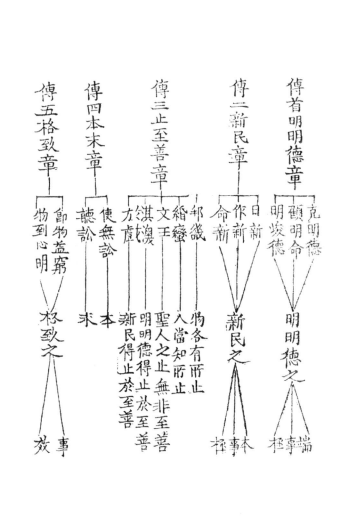

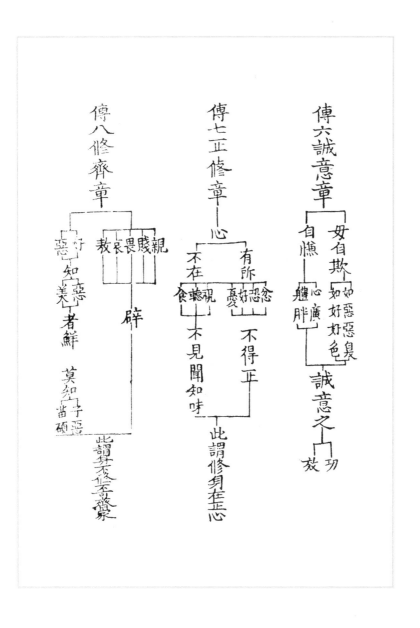

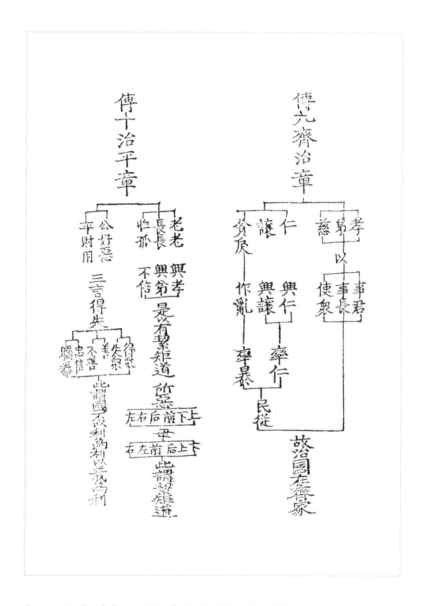

【도표 해설】 저자는 제목 밑에 이 대학도는 양촌 권근과 여헌 장현광의 대학도를 합해 그린 것이라 하였다. 이 도표는 크게 경일장도와

전십장도로 나누어 볼 수 있다. 경일장도는 권근의 대학도를 약간 수
정한 이황의 대학도를 그대로 따른 것이다. 저자가 권근의 대학도라
고 한 것은 이황의 대학도가 권근의 대학도를 그대로 따른 것이기 때
문이다. 따라서 경일장도는 권근·이황의 대학도를 그대로 따른 것이
라 하겠다.

　전십장도는 장현광의 「대학개정지도」를 참조한 것인데, 장현광의
설을 그대로 따르지 않고 오히려 주희의 설에 입각해 그렸다. 전 제1
장부터 전 제10장까지의 요지를 각 장별로 간명하게 그렸는데, 장현
광의 대학도와는 상당히 다르다.

〖도표〗 대학연의지도(大學衍義之圖)

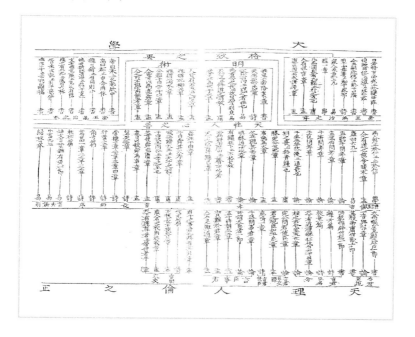

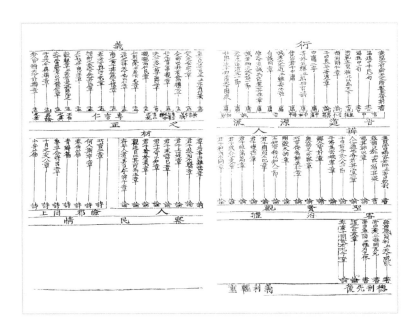

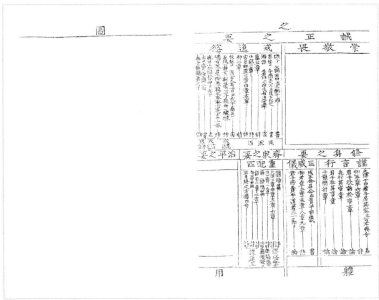

【도표 해설】 이 「대학연의지도」는 『대학연의』를 도표화한 것이다. 전체가 한적 5면으로 되어 있으며, 큰 틀은 격치지요(格致之要)·성정지요(誠正之要)·수신지요(修身之要)·제가지요(齊家之要)로 되어 있다. 격치지요에는 격물치지에 관련된 내용을 뽑아 배열하였다. 『대학연의』에는 그 하위 조목으로 명도술(明道術)·변인재(辨人才)·심치체(審治體)·찰민정(察民情)을 두고 있는데, 이 도표에도 그 조목대로 표기하였다.

중간의 오도연원지정에는 중(中)·황극(皇極)·인(仁)·충서(忠恕)·중용(中庸)·중화(中和)·시중(時中)·성(誠) 등을 언급한 구절을 뽑아 배열하였다.

성정지요에는 『대학연의』의 조목대로 숭경외(崇敬畏)·계일욕(戒逸慾)으로 나누었다. 수신의 요점, 제가의 요점에도 『대학연의』를 따라 배치하였다. 그 옆에 치평지요(治平之要)라는 조목을 두었는데, 이는 『대학연의보(大學衍義補)』를 따른 것이다. 그런데 치평지요는 공란으로 되어 있다. 이를 보면, 『대학연의보』보다는 『대학연의』만을 따라 그린 것으로 볼 수 있다.

신호인(申顥仁)의 대학도

【명칭】 대학도(大學圖)

【출전】 『삼주문집(三洲文集)』 권2

【작자】 신호인(申顥仁, 1762-1832) : 자는 사길(士吉)・원명(原明), 호는 삼주(三洲), 본관은 평산(平山)이다. 부친은 신중규(申重奎)이고, 모친은 전주 최씨로 최중회(崔重會)의 딸이다. 경상도 삼가(三嘉)에 살았다. 송환기(宋煥箕)의 문하에서 수학하였다. 삼가의 용암서원(龍巖書院)에서 유생을 모아 강회를 열었고, 송시열이 지은 남명(南冥) 조식(曺植)의 비문을 세우기도 하였다. 용암서원의 제도를 재확립하고, 학풍을 크게 진작시켰다.

저술로는 5권 2책의 『삼주문집(三洲文集)』이 있다. 경학 관계 자료로는 문집 독서수록(讀書隨錄)에 실린 「대학차의(大學箚疑)」・「대학도설(大學圖說)」・「중용차의(中庸箚疑)」・「중용수장도설(中庸首章圖說)」 등이 있다.

【도표】 대학도(大學圖)

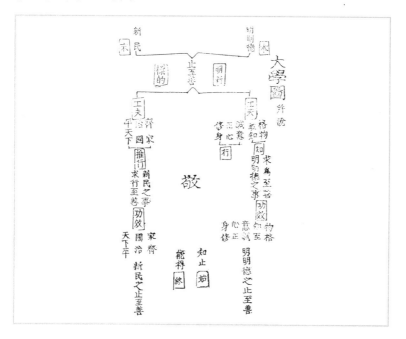

【도설】 三綱領中止至善 經文之下 – 古之欲明明德以下 – 不復言 而傳則與
明新二章 一例釋之 故遂以三綱領言之矣 然章句曰 明德新民 皆當止於至
善 則惟此止至善 實是明新二綱之標準也

　삼강령 중 지어지선(止於至善)은 경문 아래 – '고지욕명명덕(古之欲明明
德)' 이하 – 에서 다시 언급하지 않았는데, 전문에서는 명명덕·신민 두
장과 같은 방식으로 풀이하였다. 그러므로 마침내 삼강령으로서 말한
것이다. 그러나 『대학장구』 주자의 주에서 말하기를 "명명덕·신민은
모두 마땅히 지선(至善)의 경지에 이르러 머문다."[1]고 하였으니, 오직
이 지어지선이 실로 명명덕·신민 두 강령의 표준이 된다.

---

1 이는 『대학장구』 경일장 '大學之道' 아래 주에 보인다.

尹屛溪文集中 有庸學二圖 惟是學圖 排置以明德新民止至善 依經文 橫
列於上一層 爲三綱領 則未可謂有欠闕也 然而明新工夫 間架各有本末體用
之異 若從上綱領分屬 則及至功效處 物格以下八目 自歸於一邊止至善之下
雖有上一橫畫之連於明新上 而未知爲恰好也

　윤병계(尹屛溪)[2]의 문집 중 『대학』·『중용』에 관한 두 개의 그림이 있
는데, 그의 대학도(大學圖)는 명명덕·신민·지지선(止至善)을 배치하면
서 경문에 의거하여 위의 일층에 가로로 나열해 삼강령으로 삼았으니,
부족하거나 빠진 것이 있다고 말할 수는 없다. 그러나 명명덕·신민의
공부에는 칸마다 각각 본말(本末)·체용(體用)의 차이가 있다. 윤병계의
강령 분속을 따른다면, 공효에 이른 곳에 미쳐서는 물격(物格) 이하 팔
조목의 공효가 저절로 한쪽의 지어지선 아래로 귀속되어 버리니, 비록
위에 가로로 획을 하나 그어 명명덕·신민에 연결시키더라도 그것이
합당한 것이 되는지는 알 수 없다.

　且觀韓南塘所著 以止至善三字 書之於中間 而上下四隅分工夫功效 斜
書以入屬之於止至善 此與他圖有異 不無意見 而但以意誠心正身修三目 屬
于新民條下 齊治平者 未可知也 誠正修 雖以行言之 自是明德中事 則何可
如是分定乎

　또한 한남당(韓南塘)[3]이 그린 대학도를 보면, '지지선(止至善)' 3자를
그림의 중간에 쓰고 위아래 네 모퉁이에는 공부와 공효를 나누어 비스
듬히 써서 지지선에 소속시켰으니, 이 그림은 다른 그림과 차이가 있다.
나름대로의 의견이 없지는 않을 것이나, 다만 의성(意誠)·심정(心正)·

신수(身修) 세 조목을 신민의 조목 아래에 귀속시켰으니, 제가 · 치국 · 평천하는 그런지 알 수 없으나, 의성 · 심정 · 신수는 행(行)으로써 말하더라도 명명덕 중의 일이니, 어찌 이와 같이 나누어 정할 수 있겠는가?

兩圖皆與鄙見不同 故茲忘僭猥 畫成一圖 三綱領 從朱先生章句之意 以明德新民 分書于上 而止至善書于明新下當中 爲第一層 其餘八條目 則分知行與推行 書于止至善下 左右功效 凡例亦以類屬之 而特以敬字 書于圖之中 蓋一篇宗旨 不出此一字 而格致誠正修之工 非敬 無以專一 程夫子所謂未有致知而不在敬 涵養須用敬者 是也 全圖排布 綱條井井 脈絡自相貫通 似無虧欠而最是 敬之一字 傳文中 敬止之外 無表出者 則亦不無妄率之嫌矣 後之覽者 須知此而商量也夫

이 두 그림은 모두 나의 견해와 다르다. 그러므로 이에 외람됨을 잊고 도표 하나를 그렸다. 삼강령은 주자 장구의 뜻을 따라 명명덕 · 신민을 위쪽에 나누어 쓰고, 지지선을 명명덕 · 신민의 아래에 써서 중앙에 해당시켜 제1층을 삼았다. 그 나머지 팔조목은 지행(知行) · 추행(推行)으로 나누어 지지선 아래에 쓰고, 공효도 좌우로 배치했으며, 범례도 그런 유형별로 소속시켰다.

다만 '경(敬)' 자를 그림의 중앙에 썼으니, 대체로 『대학』 한 편의 종지(宗旨)는 이 한 글자를 벗어나지 않는다. 격물 · 치지 · 성의 · 정심 · 수신의 공부는 경이 아니면 전일할 수 없다. 정자(程子)께서 말씀하신 "앎을 극진히 하면서도 마음을 공경에 두지 않는 사람은 없다. 함양(涵養)은 모름지기 경으로 해야 한다."[4]라는 것이 이 뜻이다.

---

4 『대학혹문』 전 제5장에 "又曰 入道莫如敬 未有能致知而不在敬者 又曰 涵養須用敬 進學則在致知"라고 하였다.

전체 그림의 구성은 강령·조목이 질서정연하여 맥락이 저절로 상호 관통하니, 부족함이 없이 가장 괜찮은 듯하다. 그러나 '경'이라는 한 글자가 전문 가운데 '공경하여 그쳤다.[敬止]'[5]는 것 외에는 드러내 말한 것이 없으니, 또한 망령되고 경솔한 혐의가 없는 것은 아니다. 나중에 보는 자들은 모름지기 이 점을 알고 헤아려야 할 것이다.

[도표 해설] 이 그림은 위의 설에서 알 수 있듯이, 한원진·윤봉구의 대학도에 모두 문제점이 있음을 발견하고 자신의 견해로 수정한 것이다.

대체로 권근·이황의 대학도가 수용되어 내려오다, 중기에 지어지선을 명명덕·신민이 모두 귀결되는 것으로 파악해 하단 중앙에 배치하는 대학도가 등장하는데, 이는 주희의 대학도를 따른 것이다. 이 그림도 그런 측면에서 한원진의 대학도와 유사하다.

다만 저자가 지적하고 있듯이, 한원진의 대학도에는 신민 밑에 팔조목의 공효에 해당하는 의성·심정·신수를 배열하고 있어 문제의식을 갖는 학자들이 나타났다. 신호인도 이 점을 특별히 거론하고 있다. 따라서 그의 그림을 보면 명명덕·신민을 두 축으로 하고, 그 두 축의 귀결점을 지어지선으로 파악하고 있으며, 지지(知止)로부터 능득(能得)에 이르는 이른바 육사(六事)는 그 의미를 축소하여 하단 중앙에 간결하게 드러내었다.

이 그림은 『대학』의 요지를 경(敬)으로 파악하는 조선 경학가들의 정신을 계승하여 전면에 부각시킨 것이 특징이며, 기호학파에 속한 학자로서 한원진·윤봉구의 대학도를 일부 수정하여 독자적인 대학도를 만들었다는 데에 그 의의가 있다.

---

5 이는 『대학장구』 전 제3장 제3절의 "詩云 穆穆文王 於緝熙敬止"의 '敬止'를 가리킨다.

정약용(丁若鏞)의 대학도

【**명칭**】 삼강령도(三綱領圖)·격치도(格致圖)

【**출전**】 『대학공의(大學公議)』 권1

【**작자**】 정약용(丁若鏞, 1762-1836) : 자는 미용(美庸), 호는 사암(俟菴)·다산(茶山)·여유당(與猶堂), 본관은 나주이다. 부친은 진주목사를 지낸 정재원(丁載遠)이고, 모친은 해남 윤씨로 윤두서(尹斗緖)의 손녀이다. 1762년 광주(廣州) 초부면(草阜面) 마현리(馬峴里)에서 출생하였다. 16세 때 이익(李瀷)의 유고를 보고 사숙하였다. 1783년 생원시에 합격하였고, 1789년 식년시 문과에 합격하였다.

1789년 희릉 직장에 임명되고 초계문신으로 뽑혔다. 이후 예문관 검열, 사간원 정언, 홍문관 수찬 등을 거쳐 1795년 동부승지에 올랐다. 주문모(周文謨) 신부의 변복잠입사건에 연루되어 금정도 찰방으로 좌천되었고, 1797년 황해도 곡산부사로 나갔으며, 1799년 형조 참의에 제수되었다. 그러나 1800년 정조가 승하한 뒤, 경상도 장기로 유배되었다가 전라도 강진으로 이배되었다. 1818년 8월에 해배되어 고향으로 돌아갔다. 유배 생활 중 경학과 실학에 관한 방대한 저술을 남겼다.

저술로는 154권 76책의 『여유당전서』와 5책의 『여유당전서보유』가 있다. 경학 관계 자료로는 『여유당전서』에 실린 「대학강의」·「대학공의

(大學公義)」·「중용강의보(中庸講義補)」·「중용자잠(中庸自箴)」·「논어고금주(論語古今註)」·「맹자요의(孟子要義)」·「시경강의」·「시경강의보유(詩經講義補遺)」·「매씨서평(梅氏書平)」·「상서고훈(尙書古訓)」·「주역사전(周易四箋)」·「역학서언(易學緒言)」·「단궁잠오(檀弓箴誤)」·「상례사전(喪禮四箋)」·「상례외편(喪禮外編)」·「상의절요(喪儀節要)」·「제례고정(祭禮考定)」·「가례작의(嘉禮酌義)」·「예의문답(禮疑問答)」·「춘추고징(春秋考徵)」과 『여유당전서보유』에 실린 「시경강의속집(詩經講義續集)」·「상서지원록(尙書知遠錄)」·「독상서보전(讀尙書補傳)」·「서의(書義)」·「주역잉언(周易賸言)」·「역의(易義)」·「독례통고전주(讀禮通考箋註)」등이 있다.

【도표】삼강령도(三綱領圖)

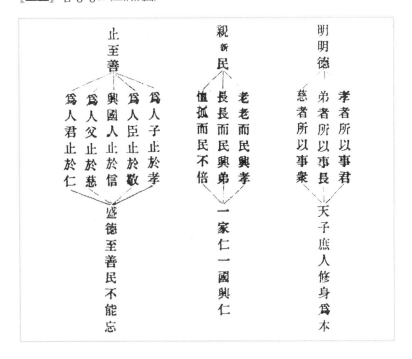

【도설】 總之大學之三綱領 皆人倫之說 今其條目 或頗不明 茲爲圖如左

    총괄하자면, 『대학』의 삼강령은 모두 인륜에 관한 설이다. 지금 그 조목이 상당히 명확하지 않아, 이에 다음과 같이 도표를 그린다.

【도표 해설】 정약용이 삼강령도를 그리면서 특별히 드러낸 설은 없다. 대체로 삼강령에 대해 논의한 것을 종합해서 그린 것이다. 정약용은 명덕을 주희처럼 사람이 하늘에서 얻어 허령불매한 것으로 보지 않고, 효(孝)·제(弟)·자(慈)로 보았다. 그리고 정주(程朱)의 설에 '친민(親民)'을 '신민(新民)'으로 보는 설을 따르지 않고, 그대로 '친민'의 의미로 보았다.

    이런 관점에서 정약용은 명덕의 효·제·자를 중심에 두고, 삼강령을 해석하여 위와 같이 도표로 드러낸 것이다. 명명덕 밑의 효·제·자는 주희의 『대학장구』전 제9장에 보이는 것이다. 저자는 이 세 가지를 천자로부터 서인에 이르기까지 수신을 근본으로 삼는 요체가 되는 것으로 파악하고 있다. 삼강령의 친민 밑에도 『대학장구』전 제9장에 보이는 효·제·자를 가지고 설명하였으며, 삼강령의 지어지선에는 『대학장구』전 제3장의 효(孝)·경(敬)·신(信)·자(慈)·인(仁)을 효·제·자와 연결시켜 그렸다.

【도표】 격치도(格致圖)

【도설】 議曰 自知止而后有定以下 至此節 都是格物致知之說 格物致知
不得更有一章 玆爲格致圖如左

　의(議) : '지지이후유정(知止而后有定)' 이하로부터 이 절[1]까지는 모두
격물(格物)·치지(致知)에 관한 설이다. 격물·치지는 다시 하나의 장이

있을 수 없으니, 이에 다음과 같이 격치도(格致圖)를 그린다.

【도표 해설】 이 격치도는 두 개의 그림으로 되어 있다. 오른쪽 그림은
격물에 관한 그림이고, 왼쪽 그림은 치지에 관한 그림이다. 이를 상징
해서 중앙 상단에 '격물(格物)'·'치지(致知)'를 써 넣었다.

　정약용은 '물유본말(物有本末)'의 물(物)을 격물(格物)의 물로 보고, 그
물은 의(意)·심(心)·신(身)·가(家)·국(國)·천하(天下)로 본다. 그리고
'사유종시(事有終始)'의 사(事)는 성(誠)·정(正)·수(修)·제(齊)·치(治)·
평(平)으로 본다. 그리고 치지는 먼저 할 바와 뒤에 할 바를 아는 '지소선
후(知所先後)'로 보아 성의 이하 여섯 가지를 배열하였다. 그리고 '차위
지본(此謂知本)'은 격물의 결어로, '차위지지지야(此謂知之至也)'는 치지
의 결어로 삼았다.

　이 격물치지도는 주희의 격물치지설과 시각을 달리하는 해석에 의거
해 그린 것으로, 정약용의 격물치지에 대한 독자적인 해석을 반영한
것이다. 왼쪽 그림의 중앙 하단 오른쪽 '성의자선치치(誠意者先致治)'의
'치(治)' 자는 '지(知)' 자의 오자이다.

---

1 이 절은 『고본대학』의 편차에 따라 "自天子 以至於庶人…… 此謂知之至也"를 가리킨다.

권택모(權宅模)의 대학도

【명칭】 대학수장도(大學首章圖)

【출전】 『만수재집(晚修齋集)』 권2

【작자】 권택모(權宅模, 1774-1829) : 자는 경인(景仁), 호는 만수재(晚修齋), 본관은 안동이다. 부친은 권세언(權世彦)이고, 모친은 풍산 유씨로 유운룡(柳雲龍)의 후손인 통덕랑 유익춘(柳益春)의 딸이다. 1774년 출생하였다. 경상도 안동에 살았다. 조목수(趙沐洙)의 문하에서 배웠고, 뒤에 남한조(南漢祖)의 문하에 나아가 수학하였다. 실질적인 학문에 전념하여 이기(理氣)의 본원을 탐구하고 예(禮)의 상변(常變)을 연구하였다. 천문·역법·군사 등에도 두루 통하였다. 유치명(柳致明)·남한호(南漢皜)·박휴령(朴休寧)·송상천(宋相天)·조승수(趙承洙) 등과 교유하며 학문을 토론하였다.

저술로는 4권 2책의 『만수재문집(晚修齋文集)』이 있다. 또한 『심의집설(深衣集說)』을 저술한 것으로 보이나, 지금은 전하지 않는다. 경학 관계 자료로는 문집 잡저에 실린 「대학수장도(大學首章圖)」·「대학보망장간자논의(大學補亡章間字論義)」·「중용수장도(中庸首章圖)」·「기삼백포산도(碁三百布算圖)」·「역학계몽의의(易學啓蒙疑義)」 등이 있다.

〔도표〕 대학수장도(大學首章圖)

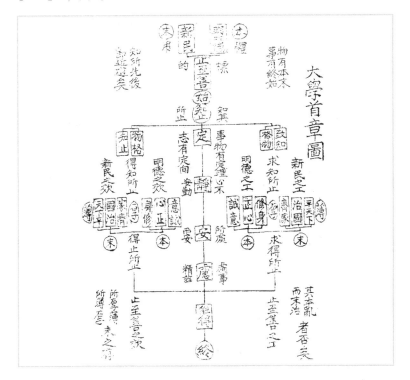

〔도설〕 朱子曰 明德本體也 新民末用也 止於至善 明德新民之標的 此三
者 大學之綱領也

주자가 말씀하기를 "명덕은 본(本)·체(體)이며, 신민은 말(末)·용(用)
이고,[1] 지어지선은 명덕·신민의 표적이니,[2] 이 세 가지는 『대학』의 강
령이다.[3]"라고 하였다.

---

1 이는 『대학장구』 경일장 '物有本末' 아래의 주에 보인다.
2 『대학혹문』 경문 해석에 "然則此篇所謂在明明德 …… 故必指是而言 以爲明德新民之標
  的也"라 하였다.
3 이는 『대학장구』 경일장 '大學之道' 아래의 주에 보인다.

又日 知止爲始 能得爲終 明德新民所以止於至善之由也 蓋明德新民 皆欲止於至善 而非先有以知夫至善之所在 則不能得其所當止者而止之也 旣眞知所止 其必得所止 固已不甚相遠 中間四節 - 定靜安慮 - 推言所以然之故 有此四者 蓋一事而首尾相因 故曰終始

또 말씀하기를 "'지지(知止)가 시(始)가 되고, 능득(能得)이 종(終)이 된다.'⁴라고 한 것은 명덕·신민이 지선(至善)에 머물게 되는 바의 유래이다. 대체로 명덕·신민이 모두 지선에 머물고자 하지만, 먼저 저 지선이 있는 곳을 알지 못하면 마땅히 머물러야 할 곳을 얻어 거기에 머물 수 없다. 이미 진실로 머물 곳을 알게 되면 반드시 머물 곳을 얻게 되니, 참으로 상호 멀리 있는 것이 아니다. 중간의 4절 - 정(定)·정(靜)·안(安)·려(慮) - 은 소이연(所以然)의 연고를 미루어 말한 것이다.⁵ 이 네 가지는 대개 하나의 일로 수미(首尾)가 서로 연결되기 때문에 '종시(終始)'라고 한 것이다.⁶"라고 하였다.

又日 本始所先 末終所後 此結上文兩節

또 말씀하기를 "본(本)·시(始)가 먼저 할 바이고, 말(末)·종(終)이 뒤에 할 바이니, 이는 위의 2절을 맺은 것이다.⁷"라고 하였다.

又日 修身以上 明明德之事也 齊家以下 新民之事也 格物致知 求知至善之所在 自誠意以下至平天下 所以求得夫至善而止之也 此八者 大學之條目

---

4 이는 『대학장구』 경일장 '物有本末' 아래의 주에 보인다.
5 『대학혹문』 경문 해석에 "然旣眞知所止 則其必得所止 固已不甚相遠 其間四節 蓋亦推言其所以然之故 有此四者 非如孔子之志學以至從心 孟子之善信以至聖神 實有等級之相懸 爲終身經歷之次序也"라 하였다.
6 『대학혹문』 경문 해석에 "故日 本末知止能得 一事而首尾相因 故日終始"라 하였다.
7 이는 『대학장구』 경일장 '物有本末' 아래의 주에 보인다.

也 - 陳氏曰 誠正修 明德所以求至善之次序 齊治平 新民所以得止至善之次序也 -

또 말씀하기를 "수신 이상은 명명덕의 일이고, 제가 이하는 신민의 일이다. 격물·치지는 지선(至善)이 있는 곳을 알고자 하는 것이고, 성의 이하로부터 평천하에 이르기까지는 저 지선을 얻어서 거기에 머물고자 하는 것이다.[8] 이 여덟 가지는 『대학』의 조목이다.[9]"라고 하였다. - 신안 진씨(新安陳氏)가 말하기를 "성의·정심·수신은 명덕이 지선을 구하는 차례이고, 제가·치국·평천하는 신민이 지선에 머무는 차례이다."[10]라고 하였다. -

又曰 格物致知 是求知所止 誠意正心修身至平天下 求得所止 物格知至 是知其所止 意誠心正身修至天下平 是得所止 前一節是工夫 後一節是功效

또 말씀하기를 "격물·치지는 머물 바를 알고자 하는 것이고, 성의· 정심·수신에서 평천하까지는 머물 바를 얻고자 하는 것이다. 물격·지 지는 그 머물 바를 아는 것이고, 의성·심정·수신에서 천하평까지는 머물 바를 얻은 것이다."[11]라고 하였다. 앞의 한 절은 공부이고, 뒤의 한 절은 공효이다.[12]

又曰 末兩節 結上文兩節

또 말하길 "끝의 두 절은 윗글 두 절을 맺은 것이다."[13]라고 하였다.

---

8 『대학혹문』 경문 해석에 "蓋綱領之條目也 格物致知誠意正心修身者 明明德之事也 齊家 治國平天下者 新民之事也 格物致知 所以求知至善之所在 自誠意 以至於平天下 所以求 得夫至善而止之也"라 하였다.
9 이는 『대학장구』 경일장 '古之欲明明德於天下者' 아래의 주에 보인다.
10 이는 『대학장구대전』 경일장 '物格而后知至' 아래의 소주에 보인다.
11 『대학혹문』 경문 해석에 "朱子曰 格物致知 是求知其所止 誠意正心修身至平天下 是求得 其所止 物格知至 是知所止 意誠心正身修家齊國治天下平 是得其所止"라고 하였다.
12 『대학장구대전』 경일장 '物格而后知至' 아래의 소주 쌍봉 요씨(雙峯饒氏)의 설에 "上一 節 就八目逆推工夫 後一節 就八目順推功效"라고 하였다.

【**도표 해설**】 이 그림은 주희의 『대학장구』에 의거해 경일장의 요지를 도표로 그린 것이다. 명명덕·신민을 두 축으로 하고 그 밑에 지어지선을 둔 것이 권근·이황의 대학도와 다르다.

이 그림의 특징은 지어지선 밑에 지지(知止)로부터 능득(能得)에 이르는 육사(六事)를 세로로 배열한 것, 지지(知止) 밑에 좌우로 공부와 공효에 관한 팔조목을 배열한 것이 특징이다. 대체로 지지(知止)는 물격(物格)·지지(知至)로 보고, 그 다음의 정(定)·정(靜)·안(安)·려(慮)·득(得)은 성의(誠意) 이하 여섯 조목의 공부가 의성(意誠) 이하 여섯 조목의 공효에 이르는 과정을 말한 것으로 보는데, 권택모는 지지(知止)를 지어지선을 이어 말한 삼강령의 공효로 보고, 그 밑에 다시 물격(物格)·지지(知止)를 써 넣고, 정·정·안·려·득을 도표 중앙에 세로로 네모 권역 속에 넣어 중시하는 관점을 드러내었다. 내용은 주자의 해석에서 벗어나지 않는다.

---

13 이는 『대학장구』 경일장 '其本亂而末治者否' 아래의 주에 보인다.

박경가(朴慶家)의 대학도

【명칭】 경강령제일도(經綱領第一圖)·경강령제이도(經綱領第二圖)·경강령제삼도(經綱領第三圖)·경제사본말도(經第四本末圖)·경제오조목도(經第五條目圖)·경제육조목도(經第六條目圖)·전일장명명덕도(傳一章明明德圖)·전이장신민도(傳二章新民圖)·전삼장지지선도(傳三章止至善圖)·전사장본말도(傳四章本末圖)·전오장격물치지도(傳五章格物致知圖)·전육장성의도(傳六章誠意圖)·전칠장정심수신도(傳七章正心修身圖)·전팔장수신제가도(傳八章修身齊家圖)·전구장제가치국도(傳九章齊家治國圖)·전십장혈구도(傳十章絜矩圖)

【출전】 『학양집(鶴陽集)』 권8

【작자】 박경가(朴慶家, 1779-1841) : 자는 남길(南吉), 호는 학양(鶴陽), 본관은 고령(高靈)이다. 부친은 박문국(朴文國)이고, 모친은 교하 노씨(交河盧氏)로 노석채(盧錫采)의 딸이다. 1779년 경상도 창원 회연리(檜淵里) 외가에서 출생하였다. 대대로 경상도 고령 도진리(桃津里)에서 살았는데, 부친이 용담(龍潭)의 산수를 좋아하여 학동(鶴洞)으로 이주하였다. 어려서 부친 송천공(松泉公)에게 수학하였다. 1810년 진사시에 합격하여 성균관에 유학하였으나, 얼마 뒤 낙향하여 대과를 보지 않고 학문에 전념하였다. 26세 때 정종로(鄭宗魯)를 찾아가 수학하였다.

저술로는 12권 6책의 『학양집(鶴陽集)』이 있다. 잡저에 실린 「빈홍재 규약십이조(賓興齋規約十二條)」는 저자의 교육관이나 학문 경향을 살펴보기에 좋은 자료이다. 경학 관계 자료로는 문집 잡저에 실린 「대학잡록(大學雜錄)」·「대학장구도(大學章句圖)」와 「요전기삼백장해병도(堯典朞三百章解幷圖)」·「순전선기옥형장해병도(舜典璿璣玉衡章解幷圖)」·「우공고이(禹貢考異)」 12조 등이 있다. 그리고 사서(四書)에 대해 문답식으로 풀이한 필사본 1책의 『사서문대(四書問對)』가 있다.

【도표】 경강령제일도(經綱領第一圖)

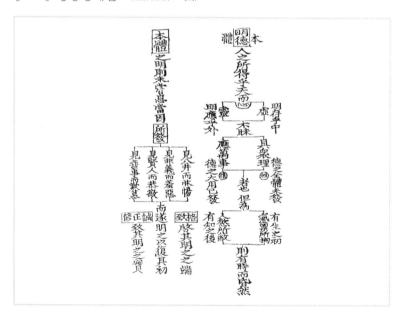

【도표 해설】 박경가는 「대학장구도(大學章句圖)」라는 제목으로 주희의 『대학장구』에 의거 16개의 도표를 그렸다. 그 첫 번째 그림이 경문 삼강령에 대한 제1도이다. 이 제1도는 명덕(明德)에 대한 주희의 해석에 근거

하여 그린 것으로, 명명덕의 조목에 해당하는 격물·치지는 명덕을 밝
히는 단서를 여는 것으로, 성의·정심·수신은 명덕을 밝히는 실상을
극진히 하는 것으로 파악하고 있다.

【도표】 경강령제이도(經綱領第二圖)

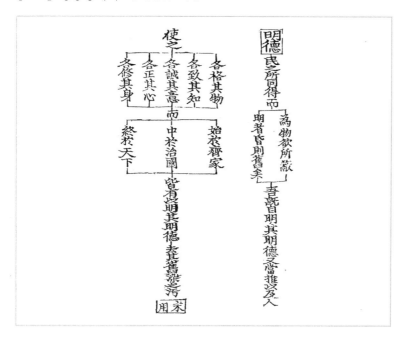

【도표 해설】「경강령제이도」는 명명덕에 대한 주희의 주석에 의거하
여 그린 것이다. 명덕은 사람이 모두 다 같이 얻은 것이지만, 물욕에
가려 어두워지는데, 내가 나의 명덕을 밝히고, 또 다른 사람에게까지
미루어 나가 그들로 하여금 각기 격물·치지·성의·정심·수신하게 해
서 제가·치국·평천하에까지 이르게 하는 것은, 모두 자기의 명덕을
밝히는 데 있음을 드러낸 것이다.

【도표】 경강령제삼도(經綱領第三圖)

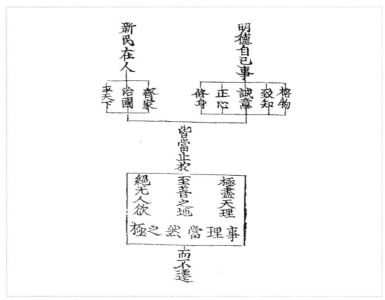

【도표 해설】「경강령제삼도」는 명덕은 자기의 일이고, 신민은 남에게 달린 일이라는 점을 두 축으로 하고, 그 밑에 팔조목을 분배한 뒤, 그것들은 모두 지어지선의 경지에 이르러 옮기지 말아야 한다는 내용을 도표로 만든 것이다. 또 지지(知止)로부터 능득(能得)에 이르기까지를 별도의 도표로 그렸다. 이 그림은 삼강령과 육사(六事)를 별도로 구분하여 두 개의 도표로 나타낸 것이 특징이다.

이 그림에서 저자의 견해를 드러낸 것은 정(定)·정(靜)의 밑에는 일이 아직 닥치기 전의 경우로 마음이 적연부동(寂然不動)한 경지를 말하고, 안(安)·려(慮)의 밑에는 일이 바야흐로 다가오는 시점에서 마음이 감이수통(感而遂通)한 경지를 말하는 것으로 표기한 점이다.

또는 정(定)은 정리(定理)가 있는 것으로, 정(靜)은 정심(靜心)을 능히 하는 것으로, 안(安)은 안신(安身)을 능히 하는 것으로, 려(慮)는 려사(慮事)를 능히 하는 것으로 파악한 것도 주희의 주석과는 다르다.

【도표】 경제사본말도(經第四本末圖)

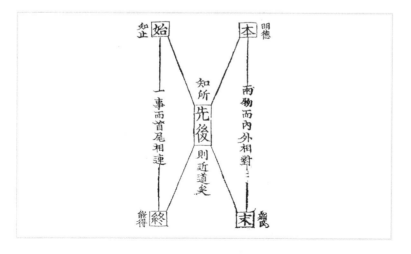

[**도표 해설**] 이 「경제사본말도」는 『대학장구』 경일장 제3절의 내용을 도표로 만든 것이다. 주희의 설에 의거, 명덕을 본(本)으로 신민을 말(末)로 보아 우측에 상하로 배치하였고, 지지(知止)를 시(始)로 능득(能得)을 종(終)으로 보아 좌측에 상하로 배치하였다. 그리고 중앙에 '지소선후(知所先後)'의 '선후'를 중심으로 하여 사방의 본·말·종·시에 선으로 연결하였다.

이 그림에서 저자의 견해를 드러낸 것은, 본말을 내외가 상대하는 것으로, 시종을 수미가 서로 연결되는 것으로 파악해 표기한 점이다. 또한 본과 말, 시와 종을 사방에 배치하고 중앙에 '지소선후'를 두어 연결시킨 것도 종래의 도표에서 찾아볼 수 없는 저자의 독특한 견해이다.

[**도표**] 경제오조목도(經第五條目圖)

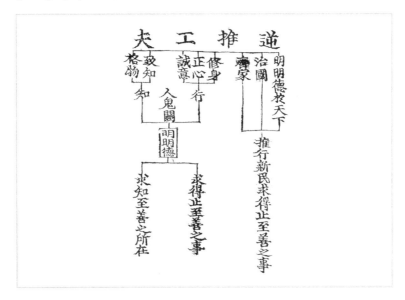

【도표 해설】 이「경제오조목도」는『대학장구』경일장 제4절 팔조목의 역추공부(逆推工夫)를 도표로 만든 것이다. 역추이기 때문에 우측에서부터 평천하를 배치하여 좌측 끝에 격물을 표기하였다. 이황의 설에 의거해 격물·치지 밑에는 지(知)를, 성의·정심·수신 밑에는 행(行)을, 제가·치국·평천하 밑에는 추행(推行)을 써 넣었다. 그리고 지·행 사이에는 주희의 설에 의거해 인귀관(人鬼關)을 써 넣었다. 그 밑에도 모두 주희의 설에 따라 요지를 표기한 것이다.

이 그림에는 저자의 특별한 견해가 발견되지 않는다.

【도표】 경제육조목도(經第六條目圖)

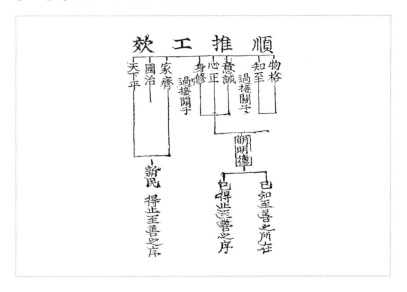

【도표 해설】 이「경제육조목도」는『대학장구』경일장 제5절의 팔조목의 순추공효(順推功效)를 도표로 만든 것이다. 이 그림에도 저자의 특별한 견해가 개입되어 있지 않다.

【도표】 전일장명명덕도(傳一章明明德圖)

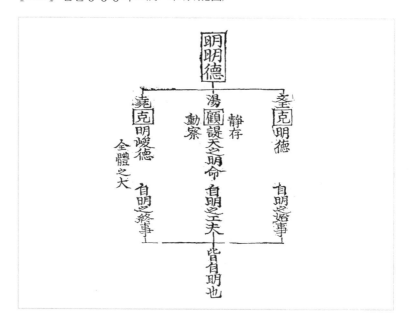

【도표 해설】이 「전일장명명덕도」는 『대학장구』 전 제1장 명명덕을 해석한 것을 도표로 만든 것이다. 전 제1장 제1절의 '극(克)', 제2절의 '고(顧)', 제3절의 '극(克)'을 특별히 중시하여 네모의 권역 속에 넣었으며, '고(顧)'자 권역 좌우에는 '정존동찰(靜存動察)'이라고 표기하여 동정에 모두 존양·성찰이 중요함을 드러냈다. 그 밑에 표기한 '자명지시사(自明之始事)'·'자명지공부(自明之工夫)'·'자명지종사(自明之終事)'는 저자가 제1절·제2절·제3절의 차서를 자명(自明)에 초점을 맞추어 드러낸 것으로, 저자의 독자적인 발명에 해당한다.

【도표】 전이장신민도(傳二章新民圖)

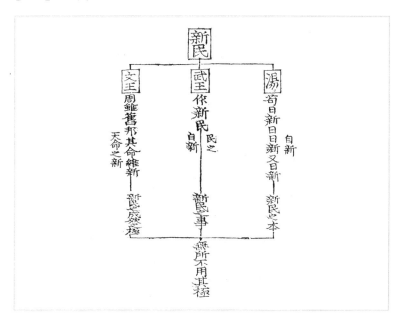

【도표 해설】 이 「전이장신민도」는 『대학장구』 전 제2장 신민을 해석한 것을 도표로 만든 것이다. 제1절·제2절·제3절을 우측부터 차례로 배열하였는데, 그 요지를 제1절은 자신(自新)으로 파악하여 신민지본(新民之本)으로 보고, 제2절은 민지자신(民之自新)으로 보아 신민지사(新民之事)로 보고, 제3절은 천명지신(天命之新)으로 보아 신민지성효지극(新民之成效之極)으로 본 것이 저자의 독자적인 견해에 해당한다.

【도표】 전삼장지지선도(傳三章止至善圖)

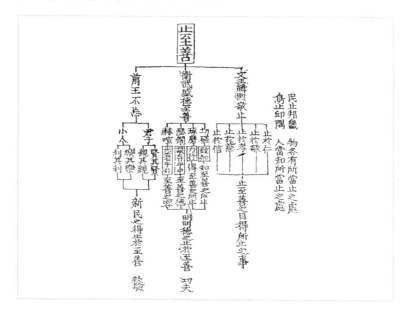

【도표 해설】 이「전삼장지지선도」는『대학장구』전 제3장 지어지선을 해석한 것을 도표로 만든 것이다. 이 그림은 전 제3장 5절 중 제1절은 '만물은 각기 마땅히 그쳐야 할 곳이 있다.'는 뜻으로, 제2절은 '사람은 마땅히 그쳐야 할 곳을 알아야 한다.'는 뜻으로 파악하여 오른쪽에 별도로 배치하고, 제3절・제4절・제5절을 '지지선(止至善)' 밑에 배열한 것이 독특하다. 주희의 해석에는 제1절・제2절・제3절을 지어지선을 해석한 것으로 보고, 제4절은 명명덕이 지선에 이른 것을 해석한 것, 제5절은 신민이 지선에 이른 것을 해석한 것으로 보았는데, 이런 점을 수용하면서도 제1절과 제2절에 비중을 두지 않고, 제3절・제4절・제5절에 비중을 두어 그린 것이 독특하다.

　저자는 제3절을 지어지선의 조목으로 보고 '그칠 바의 일을 얻은 것'

으로 파악했으며, 제4절의 '절차(切磋)'는 치지(致知)로, '탁마(琢磨)'는 역행(力行)으로, '슬혜한혜(瑟兮僩兮)'는 경존호중(敬存乎中)으로, '혁혜훤혜(赫兮喧兮)'는 광저호외(光著乎外)로 파악하여 명명덕이 지선의 경지에 이르는 공부로 파악하였으며, 제5절은 신민이 지어지선을 얻은 효험으로 파악하였다. 이는 주희가 제4절을 명명덕이 지선의 경지에 이른 것으로, 제5절을 신민이 지선의 경지에 이른 것으로 파악하여 모두 공효로 본 것과는 다른 설이다.

그리고 제4절의 요지를 파악한 것도 주희의 설과 조금 차이가 있다. 주희는 절차(切磋)를 강습토론(講習討論)의 일을 말한 것으로, 탁마(琢磨)를 성찰극치(省察克治)의 공을 말한 것으로 보았다. 이런 점에서 이 도표는 박경가의 독자적인 견해를 드러내고 있다.

【도표】 전사장본말도(傳四章本末圖)

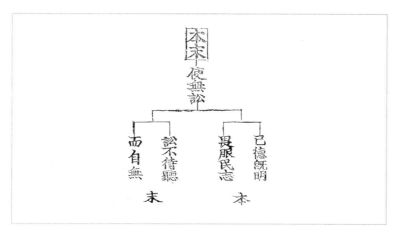

【도표 해설】 이 「전사장본말도」는 『대학장구』 전 제4장 본말을 해석한 내용을 도표로 만든 것이다. '본말(本末)'을 이 장의 요지로 보아 중앙

상단에 네모 권역 속에 넣었으며, 그 밑에 사무송(使無訟)을 표기하여 공효를 드러냈다. 그리고 그 밑에 본(本)에 해당하는 것을 우측에, 말(末)에 해당하는 것을 좌측에 표기하였는데, 자신의 덕이 이미 밝아져 백성들의 심지를 외복시킴이 있는 것을 본(本)으로 보았고, 소송이 판결을 기다리지 않고 저절로 없어지는 것을 말(末)로 보았다.

　본말장에 대해 무엇을 본으로 보고 무엇을 말로 볼 것인가에 대해서는, 여러 가지 설이 있다. '사무송'을 본으로 보고 청송을 말로 보는 것이 일반적인 해석인데, 저자는 그렇게 보지 않고 자신이 명덕을 밝혀 백성의 마음을 외복시키는 것을 본으로 보고, 소송이 저절로 없어진 것을 말로 보고 있다. 물론 이는 『대학장구』 전 제4장 주희의 주에 의거한 것이지만, 이 그림은 박경가의 독자적인 견해가 개입된 그림이라는 점에서 다른 그림과 구별된다.

【도표】 전오장격물치지도(傳五章格物致知圖)

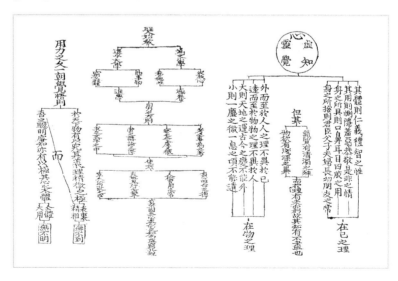

【도표 해설】이「전오장격물치지도」는『대학장구』전 제5장 격물치지에 대해 저자의 독자적인 견해로 그린 그림이다. 주희는 격물치지전이 궐실되었다고 판단해 자신의 견해로 보망장을 지었다. 그런데 이 도표는 주희의 보망장의 내용을 가지고 그린 것이 아님을 알 수 있다. 물론 넓은 의미에서 보면 주자학적 격물치지설과 통할 수 있지만,『대학』 팔조목의 격물치지를 해석한 전문으로서의 격물치지전과는 그 의미가 다르다.

이 그림은 한적 2면으로 된 두 개의 그림이다. 앞의 그림은 격물치지의 대상이 되는 것에 대해 그린 것이고, 뒤의 그림은 격물치지를 함양공부(涵養工夫)와 진학공부(進學工夫)의 넓은 틀 속에서 파악한 것이다.

앞의 그림은 상단 중앙에 허령불매한 '심(心)'을 원 속에 넣고, 그 밑에 선을 그어 관련 내용을 적어 넣었다. 이는 허령불매한 심을 격물치지의 주체로 나타낸 것이다. 그리고 그 심은 허령불매하지만, 기질에 청탁이 있고, 물욕에 심천이 있기 때문에 리(理)에 대해 다 알지 못하는 것이 있으므로 이를 탐구해야 하는 필요성을 제기하고 있다. 이는 주희의 보망장에도 유사한 내용이 있다.

그림 하단을 보면, 우측에는 '재기지리(在己之理)'를, 좌측에는 '재물지리(在物之理)'를 써 넣어 나에게 있는 리와 외부에 있는 리를 구별해 놓았다. 그리고 그 위에 그에 해당하는 내용을 4줄로 써 넣었다. 이는 저자의 견해를 드러낸 것으로, 박경가의 격물치지관을 잘 보여주는 부분이다. 즉 격물치지의 대상이 되는 것을 구체적으로 적시했다는 점에서 그 특징을 발견할 수 있다.

뒤의 그림은 성인의 가르침을『소학』을 통한 수방심(收放心)과 양덕성(養德性),『대학』을 통한 즉사물(卽事物)과 궁의리(窮義理)로 보고, 그것을 함양공부와 진학공부로 분류한 뒤, 이 양자를 합해 공부를 해야 하는데, 이에 힘을 기울이는 방법으로 일을 하면서 고찰하기, 미미한 생각에서 살피기, 강론할 적에 탐색하기, 문자 속에서 구하기 등으로 나누어 그렸다. 그리고 그런 공부를 통해 추구할 내용을 적시한 뒤, 이런 노력을 부단히 계속하면 어느 날 이치를 깨닫게 됨을 도표로 드러냈다.

이 두 그림은 주희의 『대학장구』 격물치지전을 그대로 도표화하지 않고, 자신의 격물치지설에 의거 독자적인 견해를 드러냈다는 점에 그 의의가 크다.

【도표】 전육장성의도(傳六章誠意圖)

【도표 해설】이 「전육장성의도」는 『대학장구』 전 제6장 성의장의 요지를 도표로 그린 것이다. 저자는 심(心)이 발하고 난 뒤의 기미를 중시하

여 상단에 이를 표기하였고, 그 기미를 살펴 선을 행하고 악을 제거할 줄 아는 것을 그 밑에 표기하였다. 이런 점에서 이 그림은 다른 그림이 '무자기(毋自欺)'·'자겸(自慊)'·'신독(愼獨)' 등을 중심으로 그린 것과 변별된다.

또한 '심이 발한 것이 선으로 가득한가, 가득하지 못한가'를 그 밑에 그렸고, 그 밑에 자겸(自謙)·자기(自欺)를 그렸으며, 그 밑에 이를 하나로 합해 성찰(省察)로 표기하였다. 그러니까 이 그림은 심이 발한 뒤의 기미[幾]에 초점을 맞추어 선·악으로 나누어지는 점을 성찰하여 선으로 가득 차게 하는 성의의 의미를 두 축으로 나누어 그린 그림이다.

【도표】 전칠장정심수신도(傳七章正心修身圖)

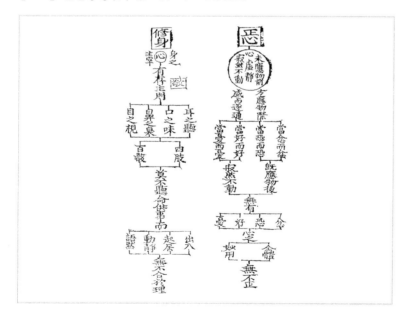

【도표 해설】 이 「전칠장정심수신도」는 『대학장구』 전 제7장 정심수신

을 해석한 내용을 도표로 만든 것이다. 그림은 정심·수신을 두 축으로 하여 세로로 그린 것이다. 정심을 그린 그림은 마음이 움직이기 이전의 적연부동한 허정(虛靜)을 먼저 원 속에 넣어 드러낸 것이 눈에 들어온다. 이는 『대학장구』 전 제7장에서는 심지용(心之用)만 말하고 심지체(心之 體)는 말하지 않았는데, 심지체가 근본임을 드러낸 것이다. 이는 대체로 17세기 이후 조선 성리학자들이 공유하는 개념이었는데, 이를 전면에 드러낸 것은 조선주자학이 심화된 면을 표현한 것이다.

그 밑에는 마음이 발하여 응사접물하고 난 뒤의 마음의 작용이 바르지 않음이 없게 되는 것을 도표로 나타냈다.

수신을 그린 그림은 심(心)이 몸의 주재임을 먼저 드러내고, 그 밑에 경(敬)을 통해 주재를 늘 보존하면 신체의 기관이 이 주재자의 명을 들어 이치에 합하지 않음이 없게 된다는 내용을 도표로 나타냈다.

【도표】 전팔장수신제가도(傳八章修身齊家圖)

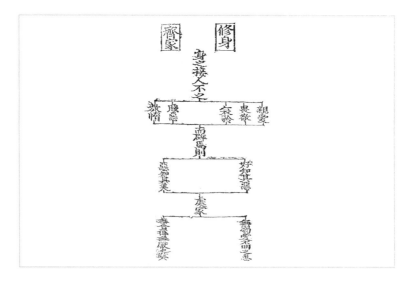

[도표 해설] 이「전팔장수신제가도」는 수신을 통해 제가로 이어지는 내용을 그린 것이다. 상단에 수신·제가를 네모 권역 속에 표기하고, 그 밑에 자신이 남을 접할 때의 다섯 가지 치우친 마음가짐을 갖지 말아야 함을 드러내고, 집안사람들을 대할 적에 사랑에 빠져 이치에 밝지 못한 근심과 탐욕스런 마음으로 만족함이 없는 폐단이 없도록 해야 함을 강조해 나타냈다.

이 그림에는 저자의 특별한 견해가 드러나지 않는다.

[도표] 전구장제가치국도(傳九章齊家治國圖)

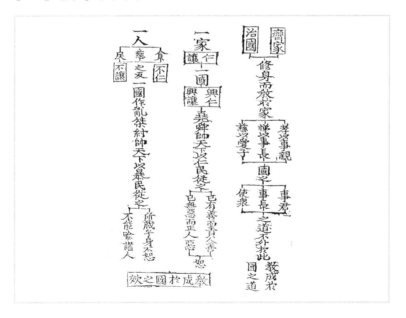

[도표 해설] 이「전구장제가치국도」는『대학장구』전 제9장의 내용을 도표로 그린 것이다. 그림은 크게 두 개로 되어 있다. 앞의 그림은 제가로부터 치국으로 이어지는 내용을 그린 것이다. 우선 수신을 통해 집안

을 교화하는 데에는 효(孝)·제(悌)·자(慈)가 근본임을 드러내고, 그 다음에는 그 효·제·자가 나라를 다스리는 기초가 됨을 드러냈다. 즉 가정의 교화가 나라에서 이루어진다는 의미를 강조했다.

뒤의 그림은 한 집안을 인(仁)·양(讓)으로 교화하는 것이 한 나라를 교화하는 데 미친다는 것을 한 축으로 하고, 한 임금이 나라를 다스리는 데 불인(不仁)·불양(不讓)을 하게 되는 경우를 한 축으로 하여, 가정의 교화가 나라에서 나타나는 효험을 드러냈다.

이 그림 역시 특별한 내용이 있는 것은 아니지만, 인(仁)·양(讓)을 중심으로 그 의미를 드러냈다는 점에서 그 의미를 찾을 수 있다.

【도표】 전십장혈구도(傳十章絜矩圖)

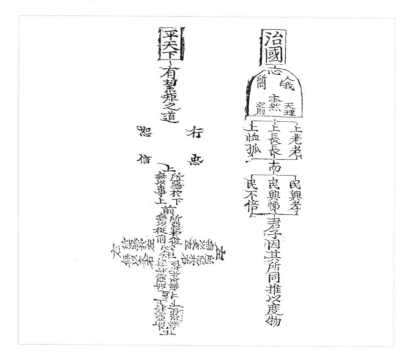

【**도표 해설**】이「전십장혈구도」는『대학장구』전 제10장의 내용을 도
표로 그린 것이다. 그림은 치국(治國)·평천하(平天下) 두 축으로 되어
있다. 치국을 그린 그림은 나와 남이 다 같이 가지고 있는 본연의 천리
지칙(天理之則)을 통해 나라를 다스려야 한다는 점을 나타내고, 이어 그
대표적인 예로 노노(老老)·장장(長長)·휼고(恤孤)를 드러내 함께 소유
하고 있는 것을 통해 미루어 남에게 미치는 점을 강조하였다.

　뒤의 그림은 평천하를 그린 것인데, 혈구지도(絜矩之道)를 먼저 드러
내고, 그 밑에 자신의 심구(心矩)로 상하·좌우·전후 모든 이들을 미루
어 헤아려야 한다는 점을 나타냈다.

　이 그림은 혈구를 중심에 두고 나머지는 과감하게 생략했다는 점에
서 저자의 의도를 읽을 수 있다. 다만 주희의 주에서 주요하게 언급한
호오(好惡)·재화(財貨)·용인(用人)에 대해 생략한 것이 아쉽다.

이회경(李晦慶)의 대학도

【명칭】 대학도(大學圖)

【출전】 『학남집(鶴南集)』 권5

【작자】 이회경(李晦慶, 1784~1866) : 자는 서구(敍九), 호는 학남(鶴南), 본관은 경주이다. 부친은 이양덕(李養德)이고, 모친은 전주 유씨로 유봉래(柳鳳來)의 딸이다. 1784년 경상도 기계(杞溪)에서 출생하였다. 19세 때부터 유범휴(柳範休)에게 수학하였고, 정동필(鄭東弼)에게도 질의하였다. 유치명(柳致明)·유정문(柳鼎文)·박규수(朴珪壽)·이원조(李源祚)·정유곤(鄭裕昆) 등과 교유하며 학문을 토론하였다.

저술로는 8권 4책의 『학남집(鶴南集)』이 있다. 경학 관계 자료로는 문집 잡저에 실린 「중용도병설(中庸圖并說)」·「대학도(大學圖)」·「대학대지(大學大旨)」·「대학혹문대지(大學或問大旨)」·「경신도(敬身圖)」·「홍범도설(洪範圖說)」 등이 있다. 또한 이재목(李在穆)에게 답한 편지에는 『중용』의 '연비어약(鳶飛魚躍)'과 『대학』의 '격물치지(格物致知)'를 연관시켜 표리 관계로 논한 내용이 있다.

【도표】 대학도(大學圖)

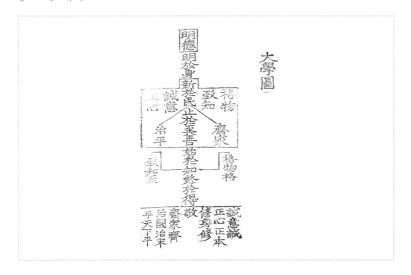

【도표 해설】 이 그림은 삼강령·팔조목을 간결하게 한 장의 도표로 만든 것이다. 명덕을 중앙 상단에 배치하여 그 중요성을 드러냈다. 그 밑에 '명어신(明於身)'·'신어민(新於民)'·'지어지선(止於至善)'을 세로로 배열한 것이 특징이다. 또 '명어신' 밑에 네모 권역을 만들고 그 안에 팔조목을 넣은 것도 이채롭다. 또한 '지어지선' 밑에 세로로 '시어지(始於知)'·'종어득(終於得)'을 표기하고, 그 좌우에 '격물·치지'와 '물격(物格)·지지(知至)'를 표기하였는데, 이 역시 특이하다. 그리고 하단에는 '경(敬)'을 중앙에 두고, 본에 해당하는 '성의·의성, 정심·심정, 수신·신수'를 우측에, 말에 해당하는 '제가·가제, 치국·국치, 평천하·천하평'을 좌측에 배열하였다. 이 또한 저자의 독창적인 성향을 보여준다.

이 그림은 팔조목의 공부·공효를 하단에 함께 표기한 점, 명덕을 중심개념으로 보고 명명덕은 명어신으로, 신민은 신어민으로 본 점, 본말과 시종을 주희와 다르게 본 점 등이 특징이다.

최상룡(崔象龍)의 대학도

〔**명칭**〕 대학도(大學圖)

〔**출전**〕 『봉촌집(鳳村集)』 권6

〔**작자**〕 최상룡(崔象龍, 1786~1849) : 자는 덕용(德容), 호는 봉촌(鳳村), 본관은 경주이다. 부친은 최흥한(崔興漢)이고, 모친은 영산 신씨(靈山辛氏)로 신광준(辛光俊)의 딸이다. 경상도 대구 봉무촌(鳳舞村)에 살았다. 정종로(鄭宗魯)의 문하에서 수학하였다. 1822년 생원시에 합격하여 성균관에 들어가 공부하였다. 홍직필(洪直弼)·유치명(柳致明)·김익동(金翊東) 등과 학문을 토론하였다. 만년에는 향리에 독암재당(讀巖齋堂)을 짓고 후진을 양성하였다.

저술로는 22권 11책의 『봉촌문집(鳳村文集)』이 있다. 경학 관계 자료로는 잡저에 실린 「사서변의(四書辨疑)」·「경서팔도(經書八圖)」·「계몽차의(啓蒙箚疑)」 등이 있다. 「경서팔도」는 「대학도」·「중용도」·「논어도」·「맹자도」·「시전도」·「서전도」·「주역도」·「예기도」로 되어 있는데, 각 경전의 내용을 간추려 도표화하고 그에 관한 설을 곁들였다. 「사서변의」는 「대학변의」·「중용변의」·「논어변의」·「맹자변의」로 거의 전편에 대해 의문점을 들어 논변하고 있는데, 「대학변의」 뒤에는 이언적(李彦迪)의 『대학장구보유』를 소개하고 그 설을 지지하였다. 「계

몽차의」는 주자의『역학계몽』에 대해 도표를 그리고 의심나는 부분에
대해 주석을 단 것이다.

【도표】 대학도(大學圖)

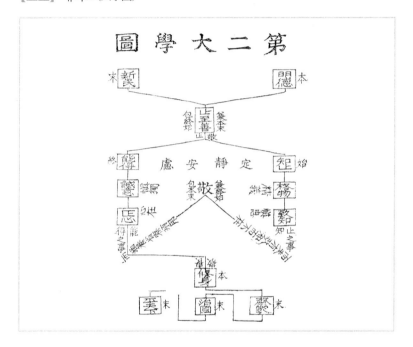

【도설】　謹按 大學學問之始條理 而敬爲一部之大旨 此有先儒許多辯論
故一依先儒說 對置明德新民 以示本末 對待置止至善於中 以示明新之該於
至善 繼以知止能得 對置而上續止至善 以示始終 對待而曰知曰得 皆要止
於至善 格物致知 知止之事 故置之於知止之下 誠意正心 能得之事 故置之
於能得之下 而知止能得 皆由於敬 故又用程子所言未有致知而不在敬 涵養
須用敬之語 以歸屬於敬 至於修身一條 上包下該 爲八條之總會 故引而置
之于中 以示兼統上下之義 齊治平三者 是推行之事 而對修身爲一邊事 故

橫布於下 以示其雖是新民之末 而對明德自爲一綱之義 此固經傳之本義 先儒之定論也 至若止至善 固兼明德新民 而知止能得 在其中 故曰兼本末包終始 敬是兼知行說工夫 明德新民在其中 故曰兼終始包本末 定靜安慮 置之知止能得之間 以示四件效在物格知至之後 止至善爲三綱領之要領 而有敬止之敬 修身爲八條目之總會 而有畏敬之敬 敬止之敬 固是全體之敬 而爲一篇之大旨也 畏敬之敬 雖是一事之敬 而亦非偶然也 故表揭而以向中敬字 精義愼思愼獨心在 是格致誠正之事 而皆切於敬字義 故附之四隅 以應敬字 全圖義意 不過如此 或者無牽强杜撰之病歟 又按 我東方權陽村李退溪李栗谷權屛谷諸先生 皆有圖焉 而或就言知行之先後 或指示工夫之次第 愚之此圖 只明敬爲大旨之義 故不敢不小異云爾

　　삼가 살펴보건대, 『대학』은 학문의 시조리(始條理)이고, 경(敬)은 『대학』 전체의 대지(大旨)가 된다. 이에 대해서는 선유들이 허다하게 변론해 놓은 것이 있다. 그러므로 선유의 설에 따라 명덕과 신민을 대(對)가 되게 배치하여 본말(本末)을 드러냈다. 그리고 가운데 지어지선을 대대(對待)가 되게 배치하여 명덕과 신민이 지선에 포괄됨을 드러냈다. 그리고 연이어 지지(知止)와 능득(能得)을 상대가 되게 배치하고 위로 지어지선에 연결시켜 시종(始終)을 드러냈다. 대대하여 지(知)와 득(得)을 말한 것은 모두 지선(至善)에 머물기를 구한 것이다.

　　격물·치지는 지지(知止)의 일이다. 그러므로 지지 밑에 배치하였고, 성의·정심은 능득(能得)의 일이다. 그러므로 능득 밑에 배치하였다. 지지·능득은 모두 경(敬)을 말미암는다. 그러므로 또 정자(程子)가 '치지할 적에 마음이 경에 있지 않은 사람은 없다.'라고 한 말씀과 '함양할 적에는 모름지기 경을 써야 한다.'고 한 말씀을 인용하여, 경에 귀속되게 하였다.

수신 한 조목에 대해서는 팔조목의 총회(總會)가 되기 때문에 끌어다 중앙에 배치하여 상하의 의미를 겸하여 통섭하게 하였다. 제가·치국·평천하 세 조목은 추행(推行)의 일이어서 수신과 대가 되어 한 방면의 일이 된다. 그러므로 하단에 횡으로 포치하여 그것이 비록 신민의 말단적인 것이기는 하지만 명명덕과 대가 되어 스스로 한 강령이 되는 의미를 드러냈다. 이는 참으로 경문과 전문의 본의(本義)이고, 선유들의 정론(定論)이다.

지어지선(止於至善)에 이르면 참으로 명명덕·신민을 겸하는데, 지지와 능득이 그 안에 들어 있다. 그러므로 '본말을 겸하고 종시를 포함한다.'고 말하는 것이다. 경(敬)은 지(知)·행(行)을 겸하여 공부를 말하는 것인데, 명명덕·신민이 그 안에 있기 때문에 '종시를 겸하고 본말을 포함한다.'고 말하는 것이다. 정(定)·정(靜)·안(安)·려(慮)를 지지와 능득 사이에 두어 네 가지 공효가 물격(物格)·지지(知至)의 뒤에 있음을 보였다.

지어지선은 삼강령의 요령이 되는데, '경지(敬止)'[1]의 '경(敬)'의 뜻이 있다. 수신은 팔조목의 총회가 되는데, 외경(畏敬)의 경(敬)의 뜻이 있다. 경지(敬止)의 경은 참으로 전체의 경으로『대학』한 책의 대지(大旨)가 된다. 외경의 경은 비록 한 가지 일의 공경이지만 또한 우연은 아니다. 그러므로 드러내어 중앙의 '경(敬)' 자를 향하게 하였다.

의리를 정밀하게 함[精義], 신중하게 사색함[慎思], 혼자만 아는 바를 삼감[慎獨], 마음이 거기에 있음[心在]은 격물·치지·성의·정심의 일이다. 그런데 모두 경(敬) 자의 의미에 절실하기 때문에 네 모서리에 붙여 '경' 자에 조응하게 하였다.

1 경지(敬止) :『대학장구』전 제3장 제3절 '於緝熙敬止'의 '敬止'를 말함.

전체 도표의 의미는 이와 같은 데 불과하다. 혹자가 '견강부회하여 두찬한 병폐는 없는가?'라고 하여, 또 살펴보니 우리나라 양촌 권근, 퇴계 이황, 율곡 이이, 병곡(屛谷) 권구(權榘) 등 여러 선생들도 모두 이런 도표를 그린 것이 있다. 그런데 혹 지·행의 선후에 나아가 말하기도 하고, 혹 공부의 차례를 지적해 드러내기도 하였다. 나의 이 도표는 단지 '경(敬)' 자가 『대학』의 대지가 되는 점을 밝힌 것일 뿐이다. 그러므로 감히 여러 선생들의 그림과 조금 다르게 하지 않을 수 없었다.

【도표 해설】 이 「대학도」는 삼강령의 명명덕과 신민을 상단에 두 축으로 배치하고, 그 하단 중앙에 지어지선을 두어 명명덕과 신민이 모두 지어지선에 귀결되게 하였다. 이는 앞 시대 학자들이 권근·이황의 대학도에 삼강령을 상단에 횡으로 배열한 것이 적절치 않다는 반성에서 나온 견해를 수용한 것이다.

최상룡의 대학도에는 몇 가지 독특한 특징이 있는데, 이를 정리하면 다음과 같다. 첫째, 지어지선 바로 밑에 지지(知止)로부터 능득(能得)에 이르는 육사(六事)를 횡으로 배열하고 지지와 능득을 두 축으로 하여 지지 밑에는 격물(格物)과 치지(致知)를, 능득 밑에는 성의(誠意)와 정심(正心)을 종으로 배열한 것이다.

둘째, 경(敬)을 지지(知止)·격물(格物)·치지(致知)와 능득(能得)·성의(誠意)·정심(正心)의 두 축 사이 중앙에 써 넣고, 그 좌우에 '겸종시(兼終始)'·'포본말(包本末)'을 써 넣어 경(敬)이 종시를 겸하고 본말을 포함하는 것으로 해석한 점이다.

셋째, 팔조목의 수신을 도표 중앙에 배치하고 왼쪽 축의 정심과 선으로 연결하여 팔조목의 전개를 드러냈으며, 그 하단에 제가·치국·평천하를 횡으로 배열하고 차례로 선을 그어 연결시켰는데, 수신을 본(本)으로 제가·치국·평천하를 말(末)로 표기하여 수신 이상이 본이 되고, 제가 이하가 말이 된다는 점을 선명하게 드러낸 것이다.

　이런 점으로 보면, 최상룡의 이 대학도는 팔조목 가운데 수신 이상의 공부에 중점을 두어 해석한 것을 알 수 있다. 그는 지어지선은 본말을 겸하고 종시를 포함한 공부의 최종 목표로, 경(敬)은 종시를 겸하고 본말을 포함하는 공부의 핵심으로 제시하고 있다.

김익동(金翊東)의 대학도

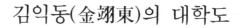

【명칭】 대학도(大學圖)·명명덕도(明明德圖)

【출전】 『직재집(直齋集)』 권4

【작자】 김익동(金翊東, 1793-1860) : 자는 자익(子翼), 호는 직재(直齋), 본관은 청도(淸道)이다. 부친은 김용(金溶)이고, 모친은 고성 이씨(固城李氏)로 이시린(李時麟)의 딸이다. 경상도 하양현(河陽縣) 출신이다. 유치명(柳致明)의 문하에서 수학하였다. 1819년 진사시에 합격하였고, 이듬해 정시(庭試)에 응시하였으나 낙방하였다. 그 후로 과거를 단념하고 학문에 전념하는 한편, 노은정사(老隱精舍)·구연정(龜淵亭)을 설립하여 후진양성에 진력하였다. 배극소(裵克紹)와 함께 상제의(喪祭儀)를 채집하여 『상제의집록(喪祭儀輯錄)』 4책을 편찬하였다.

저술로는 6권 3책의 『직재집(直齋集)』이 있다. 경학 관계 자료로는 문집 잡저에 실린 「대학도(大學圖)」·「명명덕도(明明德圖)」·「중용도(中庸圖)」·「구경도(九經圖)」·「인심도심도(人心道心圖)」 등이 있다.

【도표】 대학도(大學圖)

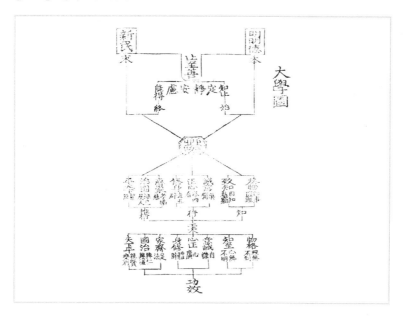

【도설】 夫大學學者事 學者用工 莫如主敬也 是以 傳文特言敬止於至善章
以包括一部之義 朱夫子於正心章句 補入敬字 以示存心之要法 信乎 敬者
此書之大旨也 乃敢拈出敬字 畫作圈子 排列綱條於上下而連屬之 以見敬之
貫本末成終始 而爲開發聰明進德修業之資云

　　대저 『대학』은 학자의 일이니, 학자의 공부로는 주경(主敬)만 한 것이
없다. 이 때문에 특별히 전문(傳文) 지어지선장(止於至善章)에서 '경지(敬
止)'를 말하여[1]『대학』전체의 뜻을 포괄하였다. 주자께서는 정심장(正心
章)의 주에 '경' 자를 보충하여[2] 마음을 보존하는 요법을 드러냈으니,
진실로 '경'은 이 책의 대지(大旨)이다. 이에 감히 '경' 자를 뽑아 권역

---

1 『대학장구』 전 제3장 "詩云 穆穆文王 於緝熙敬止"라고 한 것을 가리킨다.
2 『대학장구』 전 제7장 '心不在焉' 아래 주에 "是以 君子必察乎此 而敬以直之"라고 하였다.

속에 그려 넣고, 그 위아래에 삼강령·팔조목을 배열하여 서로 연속시
켰다. 이로써 '경'이 본말(本末)을 관통하고 종시(終始)를 이루어 총명함
을 개발하고 덕에 나아가고 학업을 닦는 바탕이 됨을 드러내었다.

【도표 해설】 이 「대학도」는 삼강령의 명명덕·신민을 상단 위에 두 축
으로 배치하고, 그 밑 중앙에 지어지선을 배치하여 권근·이황의 대학
도 계열과 다른 시각을 반영하고 있다. 지어지선 밑에 지지(知止)로부터
능득(能得)에 이르는 육사(六事)를 배치하였다. 그리고 그 밑에 '경(敬)'
자를 중앙에 큰 글자로 써 넣어 '경'이 『대학』의 요지임을 드러냈다.
그 아래에는 팔조목의 공부를 차례로 배열하고, 그 밑에는 팔조목의
공효를 차례로 배열하였다.

　이 그림은 '경(敬)' 자를 부각시켜 드러낸 것이 가장 두드러진 특징이다.

【도표】 명명덕도(明明德圖)

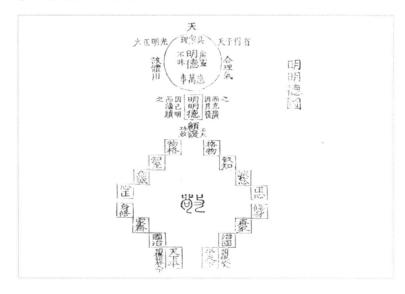

【도표 해설】 이「명명덕도」는 명명덕을 특별히 중시해서 그린 것이다. 상단 중앙 원 안에 '명덕'을 표기하고 그 옆에는 주희의 주에 나오는 허령불매·구중리·응만사를 써 넣었다. 그리고 원 밖에는 명덕이 하늘로부터 나온 것임을 드러냈으며, 그 명덕은 합리기(合理氣)·해체용(該體用)임을 드러냈다. 명덕 밑에는 '명명덕'을 네모 권역 속에 넣고 그 주변에 명덕이 발하는 것을 통해 확충하는 점과 이미 밝힌 것을 통해 계속 밝혀나가는 점을 말하였다. 명명덕의 중요한 방법으로 전 제1장에 보이는 '고시천지명명(顧諟天之明命)'의 '고시(顧諟)'를 제시하고 우측에는 팔조목의 공부를, 좌측에는 팔조목의 공효를 차례로 써 넣었다. 그리고 팔조목의 공부·공효의 중앙에 역시 '경(敬)' 자를 써 넣어『대학』의 요지를 경(敬)으로 보는 사고를 드러냈다.

【도표】 부유중사학용도(附柳仲思學庸圖)

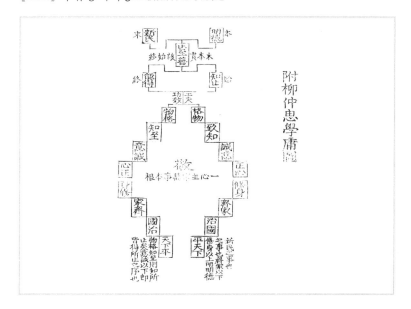

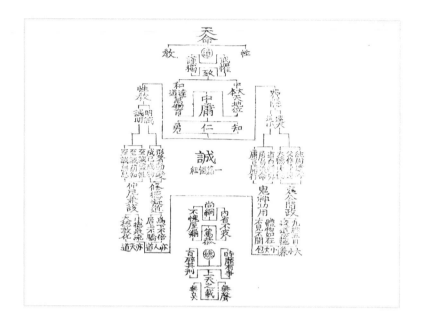

【도설】 翊東嘗著學庸諸圖 萬山柳仲思構此兩圖而寄來 余觀 其摸畫正方 條緒分明 且中庸圖不無參互取補 故附存其圖於左 以備觀省云

내가 일찍이 「대학도」·「중용도」를 그릴 적에, 만산(萬山) 유중사(柳仲思)[3]가 이 두 그림을 그려 보내 왔다. 내가 이 그림을 보니, 그림이 방정하고 조리가 분명하였으며, 또한 「중용도」는 상호 참고하고 취하여 보충할 만한 점이 없지 않았다. 그래서 그 그림을 다음과 같이 첨부하여 살필 자료로 삼는다.

---

3 유중사(柳仲思) : 유치엄(柳致儼, 1810-1876)을 가리킴. 중사는 자이고, 호는 만산(萬山), 본관은 전주로, 유치명(柳致明)의 문인이다. 『성리진상(性理眞像)』 2책을 엮었고, 퇴계의 문집을 간추려 『계훈집요(溪訓輯要)』를 엮었다. 문집으로 『만산집(萬山集)』이 있다.

【**도표 해설**】 김익동이 부록으로 붙여놓은 이 유치엄의 학용도는「대학
도」·「중용도」의 두 개로 되어 있다. 여기서는 대학도만 거론하기로
한다. 유치엄의「대학도」는 김익동의「대학도」와 상당히 유사하다. 이
를 보면 김익동이 유치엄의 도표를 참고한 것을 알 수 있다. 대체로
김익동은 유치엄의「대학도」를 보고 자신의 견해를 더하여「대학도」와
「명명덕도」로 나누어 그린 듯하다. 이 도표는 19세기 경상도 안동권
퇴계학파의『대학』해석을 살펴볼 수 있는 귀중한 자료이다.

이장찬(李章贊)의 대학도

【**명칭**】 대학도(大學圖)1・대학도(大學圖)2

【**출전**】 『향은집(鄕隱集)』 권4

【**작자**】 이장찬(李章贊, 1794-1860) : 자는 양숙(襄叔), 호는 향은(鄕隱), 본관은 한산(韓山)이다. 이지함(李之菡)의 후손으로 부친은 이약채(李若采)이고, 모친은 함창 김씨(咸昌金氏)로 김규오(金奎五)의 딸이다. 1794년 충청도 청양 연서(硯西)에서 출생하였다. 외조부 김규오는 윤봉구(尹鳳九)의 고제(高弟)인데, 후사가 없어 외손 이장찬이 봉사(奉祀)하였다. 송치규(宋穉圭)의 문하에서 수학하였으며, 임헌회(任憲晦) 등과 교유하며 학문을 강마하였다.

저술로는 6권 3책의 『향은집(鄕隱集)』이 있다. 경학 관계 자료로는 「역학원류(易學源流)」・「역학기의(易學記疑)」・「주역강해(周易講解)」・「대학경의(大學經義)」・「대학설(大學說)」 등이 있다.

【도표】 대학도(大學圖)1

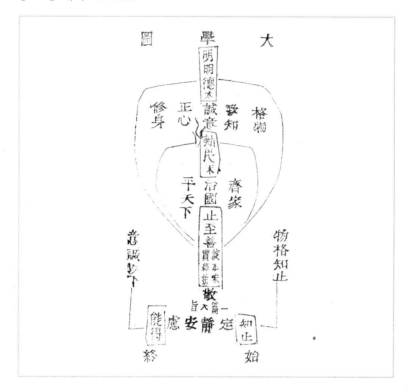

【도설】 明其明德 又當推以及人 而明明德新民 皆當止於至善 故三綱領不
爲條列 而竪圖之 以明德新民 皆左右連畫於止至善 以明三者之非有各項
條件 － 且可見新民之事 都包在於吾之明德之中 所謂止於至善也 －

　자기의 명덕을 밝히고 나면, 또한 그 덕을 미루어 남에게까지 미쳐야
하고, 명명덕·신민이 모두 지선(至善)의 경지에 이르러 머물러야 한다.
그러므로 삼강령은 조목으로 나열하지 않고 세로로 세워 그림을 그렸
다. 그리고서 명명덕·신민 모두 좌우로 선을 그어 지지선(止至善)에 연
결시켜, 삼강령이 각 항마다 조건이 있는 것이 아님을 밝혔다. － 또한

신민의 일이 모두 나의 명덕 안에 포함되어 있음을 볼 수 있으니, 이른바 '지선에 이르러 머물다'라는 것이다. –

修身以上 爲明明德之事 故屬之明明德 齊家以下 爲新民之事 故屬之新民 而依本文 各加連畫 – 卽工夫之次序也 –

수신 이상은 명명덕의 일이므로 명명덕에 소속시키고, 제가 이하는 신민의 일이므로 신민에 소속시켰다. 경문에 의거해 각각 선으로 연결시켰다. – 곧 공부의 순서이다. –

知止者 知所止也 能得 謂得其所止 故屬之止至善 而以定靜安慮 列知止能得之間 而物格知至 則知所止 故屬于知止 意誠以下 皆得所止之序 故屬于能得 而亦各有連畫 – 卽功效之次序也 –

지지(知止)는 머물 곳을 아는 것이고, 능득(能得)은 머물 곳을 얻는 것을 말한다. 그러므로 두 항목을 지지선에 소속시키고 정(定)·정(靜)·안(安)·려(慮)를 지지·능득 사이에 나열하였다. 물격(物格)·지지(知至)는 머물 곳을 아는 것이므로 지지(知止)에 소속시켰고, 의성(意誠) 이하는 모두 머물 곳을 얻는 순서이므로 능득에 소속시켰다. 그리고서 또 각각 선으로 연결하였다. – 곧 공효의 순서이다. –

明德爲本 新民爲末 知止爲始 能得爲終 故書本末始終於明新知得之下 而止至善之下 以該本末貫始終書之 以爲明新之標的

명덕이 본(本)이 되고 신민이 말(末)[1]이 되며, 지지가 시(始)가 되고 능득이 종(終)이 된다. 그러므로 명명덕·신민·지지·능득 아래에 각

---

1 원문에는 '本'으로 되어 있는데, 이는 '末'의 오자이다.

각 본·말·시·종을 적었고, 지지선 아래에는 '본말을 갖추고 시종을 관통한다.[該本末貫始終]'라고 적어 명명덕·신민의 표적으로 삼았다.

八條目每章 皆并釋兩條 而惟誠意別爲一章 故以誠意特排於致知正心之間 而左右各其一行 以明其爲自修之首

팔조목은 매 장마다 모두 두 조목을 아울러 해석했는데, 오직 성의장만은 특별히 한 장을 만들었다. 그러므로 성의는 특별히 치지·정심 사이에 두고, 좌우로 각각 한 항을 두어 성의가 자수(自修)의 첫머리가 되는 의미를 밝혔다.

先儒以敬爲一篇大旨 而敬止二字 見於止至善章 故以敬字書於止至善之下 知止能得之上 卽章句中安所止之義也

선유들은 경(敬)을 『대학』 한 편의 대지(大旨)로 여겼는데, '경지(敬止)' 2자가 지어지선장에 나오므로[2] '경(敬)'자를 지지선의 아래, 지지·능득의 위에 써 넣었으니, 곧 『대학장구』 주의 '그치는 바에 편안하다.[安所止]'[3]는 뜻이다.

【도표 해설】 이 도표는 삼강령의 명명덕·신민·지어지선을 세로로 배열하고 명명덕과 지어지선, 신민과 지어지선을 선으로 연결하여 지어지선이 준적(準的)임을 드러냈다. 또한 팔조목의 공효인 물격(物格)·지지(知止)[4]를 지지(知止)에 연결시키고, 의성(意誠) 이하 6조목을 능득(能

2 이는 『대학장구』 전 제3장 "詩云 穆穆文王 於緝熙敬止"의 '敬止'를 가리킨다.
3 『대학장구』 전 제3장 '詩云 穆穆文王' 아래의 주에 "敬止 言其無不敬而安所止也"라 하였다.
4 이는 사물의 이치가 이르러 그칠 바를 안다는 의미에서 일부로 '止' 자로 쓴 듯하다.

得)에 연결시켰다. 이는 종래 의성 이하는 정(定)·정(靜)·안(安)·려(慮)를 거쳐 능득에 이른다고 한 설에 비해 부족한 감이 없지 않다. 이 도표는 삼강령을 세로로 중앙에 배치하였다는 점, 육사를 지어지선 밑에 배열하였다는 점, 그리고 지어지선 밑에 '경(敬)' 자를 써 넣었다는 데에 특징이 있다.

【도표】 대학도(大學圖)2

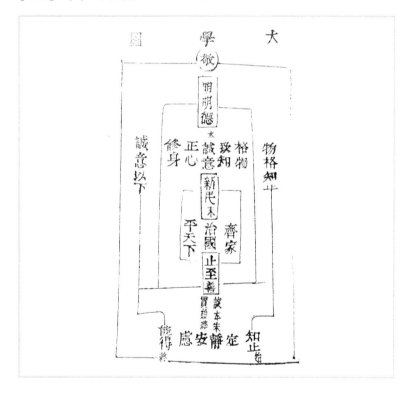

【도설】 修身以上 爲明明德之事 故屬之明明德

　수신 이상은 명명덕의 일이므로 명명덕에 소속시켰다.

齊家以下 爲新民之事 故屬之新民

제가 이하는 신민의 일이므로 신민에 소속시켰다.

知止者 知所止也 能得 謂得其所止 故屬之止至善 而以定靜安慮 列於知
止能得之間

지지(知止)는 머물 곳을 아는 것이고, 능득(能得)은 머물 곳을 얻는
것을 말한다. 그러므로 두 항목을 지지선에 소속시키고 정(定)·정(靜)·
안(安)·려(慮)를 지지·능득 사이에 나열하였다.

明其明德 又當推以及人 而明明德新民 皆當止於至善 故三綱領 皆不爲
條列 而竪圖之 明與新 皆各左右連畫於止至善 以明三者之非各項條件

자기의 명덕을 밝히고 나면, 또한 그 덕을 미루어 남에게까지 미쳐야
하고, 명명덕·신민은 모두 지선(至善)의 경지에 이르러 머물러야 한다.
그러므로 삼강령은 모두 조목으로 나열하지 않고 세로로 그림을 그렸
다. 그리고 명명덕·신민 모두 각각 좌우로 지지선(止至善)에 연결시켜
삼강령이 각 항마다 조건이 아님을 밝혔다.

物格知止 則知所止 故屬于知止

물격(物格)·지지(知止)는 머물 곳을 아는 것이므로 지지(知止)에 소속
시켰다.

意誠以下 皆得所止之序 故屬于能得

의성(意誠) 이하는 모두 머물 곳을 얻는 순서이므로 능득(能得)에 소속
시켰다.

明德爲本 新民爲末 知止爲始 能得爲終 故書本末始終於明新知得之下
而止至善之下 以該本末貫始終書之 以爲明新之標的

명덕은 본(本)이 되고 신민은 말(末)이 되며, 지지는 시(始)가 되고 능
득은 종(終)이 된다. 그러므로 명명덕·신민·지지·능득 밑에 각각
본·말·시·종을 적었고, 지지선 밑에는 '본말을 갖추고 시종을 관통
한다.[該本末貫始終]'라고 적어서 명명덕·신민의 표적으로 삼았다.

八條目每章 皆并釋兩條 而惟誠意別爲一章 故以誠意特排於致知正心之
間 而別書之

팔조목은 매 장마다 모두 두 조목을 아울러 해석했는데, 오직 성의장
만은 특별히 한 장을 만들었다. 그러므로 성의는 특별히 치지·정심
사이에 두어 구별해 적었다.

敬爲一篇之大旨 故包乎三綱領

'경(敬)'은 『대학』 한 편의 대지이므로, 삼강령을 포괄한다.

【도표 해설】 이 도표는 앞의 「대학도」1을 수정한 것으로 보인다. 내용
도 거의 비슷한데 약간 수정을 가한 흔적을 발견할 수 있다. 전체적으로
보면, '경(敬)'을 상단 중앙으로 끌어 올린 것, '물격지지(物格知止)'와 '성
의이하(誠意以下)'도 위로 끌어 올린 것, '의성이하(意誠以下)'를 '성의이
하(誠意以下)'로 바꾼 것, 연결선을 보다 정돈한 것 등이 달라진 점이다.

김재락(金在洛)의 대학도

【명칭】 대학명덕도(大學明德圖)

【출전】 『양몽재집(養蒙齋集)』 권4

【작자】 김재락(金在洛, 1798-1860) : 자는 대숙(大淑), 호는 양몽재(養蒙齋), 본관은 경주이다. 부친은 김종백(金宗伯)이고, 모친은 곡강 최씨(曲江崔氏)로 최종(崔琮)의 딸이다. 1798년 경상도 영덕 눌곡(訥谷)에서 출생하였다. 어려서 중부 김종우(金宗禹)에게 배웠다. 뒤에 송용호(宋龍湖)에게 집지하였고, 다시 유치명(柳致明)을 사사하였다. 김재락은 김흥락(金興洛)의 종형으로, 평생 시골에 묻혀 경학에 전념한 학자이다. 시에도 사서·삼경을 제목으로 한 것이 많다.

저술로는 4권 2책의 『양몽재집(養蒙齋集)』이 있다. 경학 관계 자료로는 문집 산록(散錄)에 실린 「경사동점통록(經史東漸通錄)」·「소학변의(小學辨疑)」·「대학변의(大學辨疑)」·「중용변의(中庸辨疑)」·「논어연의(論語衍義)」·「맹자연의(孟子衍義)」·「시전연의(詩傳衍義)」·「서전연의(書傳衍義)」·「심경석의(心經釋義)」와 논(論)에 실린 「논선기옥형도(論璿璣玉衡圖)」 및 도(圖)에 실린 「소학명륜도(小學明倫圖)」·「대학명덕도(大學明德圖)」·「중용희노애락도(中庸喜怒哀樂圖)」·「맹자부동심도(孟子不動心圖)」·「논어궁장도(論語宮墻圖)」·「시전청묘슬도(詩傳淸廟瑟圖)」·「서전기삼백도(書傳碁三百圖)」·「주역괘효도(周易卦爻圖)」 등이 있다.

【도표】 대학명덕도(大學明德圖)

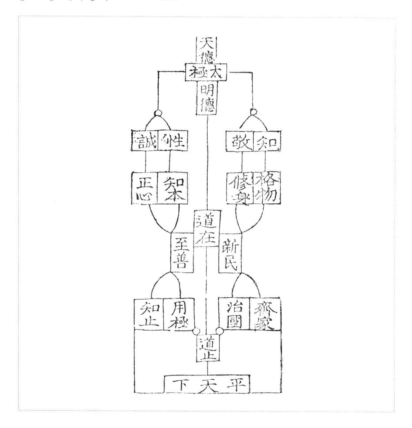

【도설】 明德本體 得之天 而至善所在 乃太極異名也 吾心之體統太極 見
於日用之間者 自性誠知敬 皆有本然之則 則正心知本格物修身之道 與夫新
齊治平之效 終見湊泊於太極之中 故曰 君子無所不用其極 所 讀者昧 明明
兩切

  명덕의 본체는 하늘에서 얻어 지선(至善)이 있는 곳이니, 곧 태극의

다른 이름이다. 내 마음의 통체태극(統體太極)으로 일상에서 드러나는
것은 성(性)·성(誠)·지(知)·경(敬)으로부터 모두 본연의 법칙이 있다.
그러니 정심(正心)·지본(知本)·격물(格物)·수신(修身)의 방법과 신민
(新民)·제가(齊家)·치국(治國)·평천하(平天下)의 공효는 결국 태극 안
에 모인 데에서 드러난다. 그러므로 "군자는 어느 곳인들 그 극을 쓰지
않음이 없다."[1]고 한 것이다. '소(所)' 자를 독자들이 완미하면 둘로 나누
어지는 것이 분명할 것이다.

[**도표 해설**] 이 그림은 명덕을 특별히 중시하여 태극(太極)에 연관시켜
해석한 것이다. 그 밑에 격물을 통한 지(知), 수신을 하는 경(敬), 본(本)
을 아는 것에 해당하는 성(性), 마음을 바르게 한 성(誠) 등을 명덕의
조목으로 제시하고 그것을 통해 얻은 도는 신민·지선(至善)에 있음을
드러냈다. 그리고 그것을 통해 제가·치국 및 용극(用極)·지지(知止)에
이르고 평천하에 이르러 도가 그침을 드러냈다.
　이 그림의 특징은 명덕을 태극으로 본 점, 명덕을 신민·지선의 근원
으로 본 점, 신민·지선을 두 축으로 본 점, 용극(用極)을 태극과 연결시
킨 데 있다.

1　이는 『대학장구』 전 제2장에 보인다.

유치엄(柳致儼)의 대학도

【명칭】 대학도(大學圖)

【출전】 『만산집(萬山集)』 권4

【작자】 유치엄(柳致儼, 1810-1876) : 자는 중사(仲思), 호는 만산(萬山)·조암(操庵), 본관은 전주이다. 유범휴(柳範休)의 손자로 부친은 유노문(柳魯文)이고, 모친은 한산 이씨로 이상정(李象靖)의 손녀이다. 경상도 안동 박곡리(朴谷里)에서 태어났다. 어려서부터 조부에게 배웠다. 뒤에는 유치명(柳致明)·유정문(柳鼎文)·유건휴(柳健休)·유희문(柳徽文) 등에게 질정하였다. 김익동(金翊東)과 교유하였다.

저술로는 8권의 『만산집(萬山集)』과 『성리진원(性理眞源)』·『계훈집요(溪訓輯要)』·『호학집성(湖學輯成)』·『심경장구(心經章句)』·『인설집해(仁說集解)』·『사칠휘편(四七彙編)』·『학부연의(學符演義)』 등이 있다. 『만산집』 권4에는 「호학십도(湖學十圖)」가 들어 있는데, 이는 대산 이상정의 학술을 10개의 도표로 요약한 것이다. 경학 관계 자료로는 문집 잡저에 실린 「대학도(大學圖)」·「중용도(中庸圖)」·「중용수장도(中庸首章圖)」·「중용이십칠장도(中庸二十七圖章)」 등이 있다.

[도표] 대학도(大學圖)

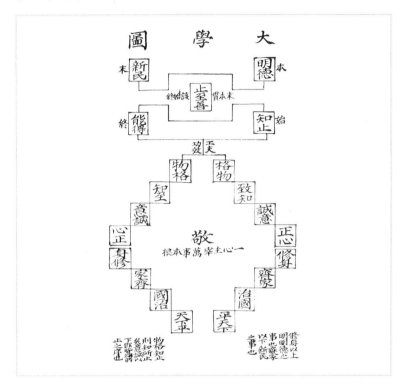

[도표 해설] 이 도표는 명명덕·신민을 상단 양쪽에 배치하고, 지어지
선을 그 아래 중앙에 배치하여 명명덕·신민이 모두 지어지선으로 귀결
되게 한 대학도의 형식을 따르고 있다. 다만 '지어지선' 옆에 '본말을
관통하고 시종을 갖추고 있다.[貫本末 該始終]'는 글자를 삽입하여, 지어
지선이 명명덕의 본과 신민의 말을 관통하고, 지지(知止)의 시(始)와 능
득(能得)의 종(終)을 갖추고 있는 것을 강조하고 있다. 그리고 지어지선
밑에 지지(知止)·능득(能得)을 양쪽에 배치하여 지어지선과 연결되게
한 점이 특징이다. 또한 팔조목의 공부와 공효를 좌우에 상하로 배치한

점, 그 중앙에 일심의 주재이며 만사의 근본인 '경(敬)' 자를 써 넣은 점이 특징이다.

이 도표는 대체로 전통적인 주희의 해석을 바탕으로 하되, 조선후기 『대학』해석의 흐름을 반영하여 그린 점에서 크게 독창적인 면은 없다. 다만 지어지선이 본말을 관통하고 시종을 갖추고 있다는 점을 단적으로 드러낸 것은 저자의 창안이라 하겠다.

이진상(李震相)의 대학도

【명칭】 명덕총괄지도(明德總括之圖)·지지선표적지도(止至善標的之圖)·
강조공관도(綱條共貫圖)

【출전】 『구지록(求志錄) – 대학차의(大學箚義)』

【작자】 이진상(李震相, 1818-1886) : 자는 여뢰(汝雷), 호는 운도재(雲陶
齋)·한주(寒洲), 본관은 성산(星山)이다. 부친은 이원호(李源祜)이고, 모
친은 의성 김씨로 김종옥(金宗沃)의 딸이다. 1818년 성주 대포(大浦)에서
출생하였다. 숙부 이원조(李源祚) 및 유치명(柳致明)에게 수학하였다.
1849년 생원시에 합격하여 성균관에 들어갔다가 대과를 포기하고 돌아
왔다.

　1866년 제도개혁을 제시한 『묘충록(畝忠錄)』을 저술하였다. 대원군의
서원철폐령에 반대하였고, 운양호사건 때 의병을 일으키려고 하다가
그만두었다. 67세 때 유일로 천거되어 의금부 도사에 임명되었으나 나
아가지 않았다. 주희·이황의 학문을 주축으로 하였음에도 이발일도설
(理發一途說)·심즉리설(心卽理說) 등을 주창하여 학계에 파문을 일으켰
다. 문하에 곽종석(郭鍾錫)·허유(許愈)·이정모(李正模)·윤주하(尹冑夏)
·이승희(李承熙) 등 수많은 학자가 배출되었다.

　저술로는 38권 22책의 『한주집(寒洲集)』과 『묘충록』·『이학종요(理學

綜要)』·『사례집요(四禮輯要)』·『춘추집전(春秋集傳)』·『춘추익전(春秋翼傳)』·『천고심형(千古心衡)』·『직자심결(直字心訣)』·『구지록(求志錄)』·『변지록(辨志錄)』 등이 있다. 경학 관계 자료로는 『구지록』에 실린 「대학차의(大學箚義)」·「중용차의」·「논어차의」·「맹자차의」·「시전차의」·「서전차의」·「역학관규(易學管窺)」·「예기차의」·「의례차의」·「주례차의」 등과 『구지록』 어류차의(語類箚義)에 실린 「대학」·「중용」·「논어」·「맹자」·「서」·「시」·「춘추」·「의례」·「주례」 등과 『춘추집전』·『춘추익전』·『사례집요』 등이 있다. 문집 잡저에도 「대학차의후설(大學箚義後說)」·「명덕설(明德說)」·「중용차의후설(中庸箚義後說)」·「맹자출척설(孟子怵惕說)」·「상서금고문변(尙書今古文辨)」·「문왕팔괘방위변(文王八卦方位辨)」·「괘획설(卦劃說)」·「주역괘서설(周易卦序說)」·「괘변설(卦變說)」·「춘왕정월론(春王正月論)」 등이 있다.

【도표】 명덕총괄지도(明德總括之圖)

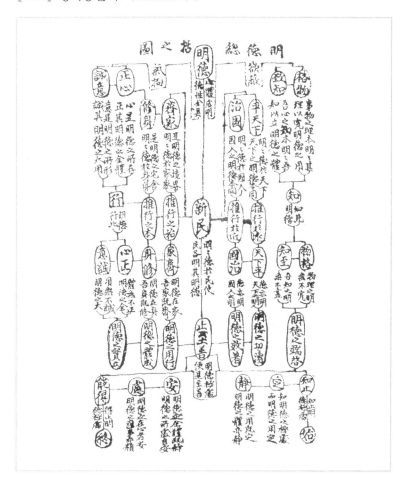

【도표】 지지선표적지도(止至善標的之圖)

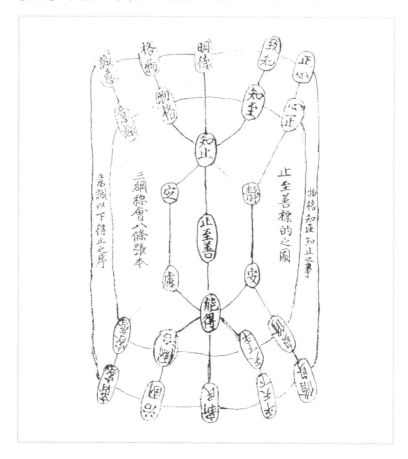

【도표】 강조공관도(綱條共貫圖)

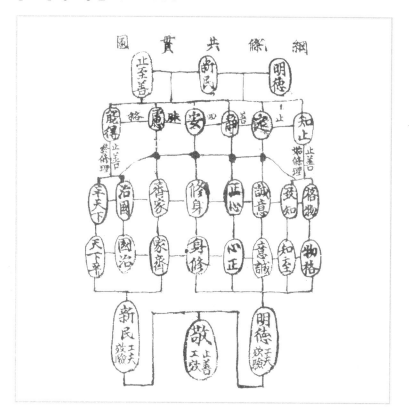

【도설】 余旣定三圖 有問者曰 大學圖前人已備述 而子舍舊而新是圖 將欲
求多乎哉 抑別有所指歟 曰 主臣 顧語類有之 大體甚好 而間有差謬 似出傳
錄之訛 陽村入學圖有之 大綱甚正 故退陶先生 取用於聖學十圖 余何敢求
多乎 揆其餘意 而補以迷見 要以爲自省之資耳 頃聞南塘韓氏經說多精到
故借見其所著記聞錄者 其首篇 乃大學說 而又以一圖并焉 位置極爲巧密
名目皆有來歷 殊可喜 但明新之分置左右 不相統攝 知得之對立兩傍 反若
添了 綱領八條之布列四外 又似失位 終未見網在綱裘挈領之樣 故輒生意

見 爲此畵蛇之足 而安知人之見之 不有如吾之疑前人而又□焉者耶

　　내가 세 개의 도표를 그린 뒤에 어떤 이가 질문을 하여, 다음과 같이 문답하였다.

　　문 : 대학도(大學圖)는 예전 사람들이 이미 완비해 만들었는데, 그대가 예전 것을 버리고 이 그림을 새롭게 그린 것은, 많이 아는 것을 드러내려는 것입니까, 아니면 따로 가리키는 바가 있어서입니까?

　　답 : 송구스럽습니다.[1] 『주자어류』를 보면 대학도가 있는데, 대체는 매우 좋으나 간혹 오류가 있으니, 아마도 전해 기록하는 과정에서 와전된 듯합니다. 양촌(陽村) 권근(權近)의 『입학도설(入學圖說)』에도 대학도가 있는데, 대강(大綱)이 매우 바르기 때문에 퇴계 선생이 「성학십도(聖學十圖)」에서 취해 썼습니다. 제가 어찌 감히 남들보다 낫기를 구하겠습니까? 그 남은 뜻을 살피고 미혹한 견해를 덧붙여 스스로 살펴보는 자료로 삼고자 한 것일 뿐입니다.

　　근래 남당(南塘) 한원진(韓元震)의 경설(經說)이 매우 정밀하다 듣고서, 그가 지은 『경의기문록(經義記聞錄)』을 빌려 보았습니다. 그 첫 부분은 『대학』에 관한 설인데, 또한 대학도가 붙어 있었습니다. 위치가 매우 정밀하고 명목은 모두 내력이 있어 매우 기뻐할 만하였습니다. 다만 명명덕·신민을 좌우로 나누어 배치한 것이 서로 통섭하지 않고, 지지(知止)·능득(能得)을 양쪽에서 대립시킨 것은 도리어 첨부한 듯하고, 삼강령·팔조목을 사방에 펼쳐 나열한 것도 위치를 잃은 듯하니, 끝내 그물에 벼리가 있고 갖옷에 옷깃을 드는 모양과 같음이 있음을 보지 못하겠습니다. 그러므로 문득 제 의견을 내어 이처럼 사족에 해당하는 그림을 그렸으니, 남들이 이 그림을 볼 적에 내가 선인을 의심하고 또

1　원문의 '主臣'은 황송 또는 황공하다는 뜻의 발어사이다.

그 설을 버린 것과 같은 점이 있지 않으리라 어찌 알겠습니까?

曰 然則上圖之格致誠正 不因其序 而東西分置 何也 曰 明德之得乎天
聖凡無異 而氣拘欲蔽 明反爲昏 欲祛其蔽 當先明理 而明理之要 在於格致
欲脫其拘 宜急治心 而治心之要 主乎誠正 且格致知也 誠正行也 知先行後
先後不紊 物格知至 知止之事 誠正以下 能得之事 而知始得終 始終有條 此
所以不嫌於分置也

　문 : 그렇다면 상도(上圖)의 격물(格物)·치지(致知)와 성의(誠意)·정심
(正心)을 그 순서대로 놓지 않고 동서로 나누어 둔 것은 어째서입니까?

　답 : 명덕(明德)은 하늘에서 얻으니 성인과 범인이 차이가 없습니다.
그러나 기품(氣稟)에 구애되고 인욕에 가려 밝음이 도리어 어둡게 됩니
다. 그 가려짐을 떨쳐내고자 하면 먼저 이치를 밝혀야 하는데, 그 이치
를 밝히는 요점은 격물·치지에 달려 있습니다. 그 구애됨에서 벗어나
고자 하면 마음을 다스리는 것이 급선무인데, 그 마음을 다스리는 요점
은 성의·정심을 주로 합니다. 또 격물·치지는 지(知)이고, 성의·정심
은 행(行)입니다. 지를 먼저 하고[先], 행을 뒤에 해야[後] 선후가 어지럽
지 않습니다. 물격(物格)·지지(知至)는 지지(知止)의 일이고, 의성(意
誠)·심정(心正) 이하는 능득(能得)의 일입니다. 지(知)가 시(始)이고 득
(得)이 종(終)이라야 시종(始終)에 조리가 있습니다. 이것이 나누어 배치
하는 데에 혐의가 없는 이유입니다.

曰 修身行也 而置於推行之位 何也 曰 意旣誠 心旣正 而又能修身 則行
之達於外 而爲推行之本 推之本 亦行之事也 由是以往身而家而國而天下
其序繹如 以達於格致之傍 則終始相沿 而天地萬物 一理無間也

문 : 수신은 행(行)인데 추행(推行)의 자리에 둔 것은 어째서입니까?

답 : 이미 의성(意誠)하고 심정(心正)하고서, 또 능히 몸을 닦으면 행은 밖으로 이르러 추행의 근본이 됩니다. 그 근본을 미루어가는 것 또한 행의 일입니다. 이것을 말미암아 신(身)·가(家)·국(國)·천하(天下)로 미쳐 나가니, 그 순서가 차례로 거슬러 올라 격물·치지의 곁에 이르면 종시(終始)가 서로 이어져서 천지만물은 틈이 없이 하나의 이치가 될 것입니다.

日 定靜安慮得不連上 何歟 日 此則知止之功效 與八條之序 旁照而已 又其脉絡相循 而條理自明 知止爲始 能得爲終 而八條之功效 都該以功效 言 則中間四者 有不必一一相準矣

문 : 정(定)·정(靜)·안(安)·려(慮)·득(得)이 위쪽으로 연결되지 않은 것은 어째서입니까?

답 : 이는 지지(知止)의 공효이니, 팔조목의 차례와는 곁에서 조응할 뿐입니다. 또 그 맥락이 서로 따르고 조리가 자명하여, 지지는 시(始)가 되고, 능득은 종(終)이 됩니다. 그런데 팔조목의 공효는 모두 해당 공부의 공효로써 말한 것이니, 중간의 네 가지가 하나하나 서로 준거할 필요는 없습니다.

日 中圖八條 分係於知止以下六事 何歟 日 此圖以止至善爲主 而止善之 目 有此六事 故環置四中 知止能得 譬則射埒也 定靜安慮 則射帿之四均也 止至善其紅心也 明德新民 射矢之貫乎中也 八條之布 其射耦之分 而各志 於中者也 格致之於知止 固不待言 而志有定向 則意以誠矣 心不妄動 則心 以正矣 所處而安 身以修矣 處事精詳 家以齊矣 章句所釋意 自可見 非謂身

心無待於定 而治平無待於慮也 八條莫不有得處 而國治天下平 又是能得之
事之終也 且自裏而推 則知止之爲始 明德之爲本 知所先也 能得之爲終 新
民之爲末 知所後也 六事主知 八條主行 而知行相資 綱條相應 則分看合看
各有精義 未可以舊說之認行爲知 例歸之牽合也

문 : 중도(中圖)에서 팔조목을 지지(知止) 이하 육사(六事)[2]에 나누어
연결한 것은 어째서입니까?

답 : 이 그림은 지어지선을 주로 삼은 것입니다. 지어지선의 조목이
이 육사에 있으므로 사면의 중앙에 빙 둘러 배치한 것입니다. 지지·
능득은 비유하자면 활터이고, 정·정·안·려는 사방이 반듯한 과녁이
고, 지어지선은 과녁의 중심[紅心]입니다. 그리고 명명덕·신민은 쏜
화살이 과녁의 중앙을 관통하는 것입니다. 팔조목의 분포는 활을 쏠
적에 짝을 나누는 것과 마찬가지인데, 각자 과녁의 중심에 뜻을 두고
있습니다.

격물·치지가 지지(知止)에 이르면, 참으로 말을 기다리지 않습니다.
지(志)에 정해진 방향이 있게 되면, 의(意)는 그로써 성(誠)하게 됩니다.
심(心)이 함부로 움직이지 않으면, 심은 그로써 정(正)하게 됩니다. 처하
는 곳에 따라서 편안하면, 신(身)은 그로써 수(修)하게 됩니다. 일을 처
리함에 정밀하고 상세하면 가(家)는 그로써 제(齊)하게 됩니다. 『대학장
구』의 주에서 해석한 의도를 저절로 알 수 있습니다.

그러나 신(身)·심(心)이 정(定)을 기다리지 않고, 치(治)·평(平)이 려
(慮)를 기다리지 않는다는 것이 아닙니다. 팔조목이 제자리를 얻지 않음
이 없지만, 국치·천하평도 능득(能得)하는 일의 끝이 됩니다. 또 안으

---

2 육사(六事) : 『대학장구』경일장 제2절에 보이는 '知止·定·靜·安·慮·能得'을 가리
킨다.

로부터 미루어 나가면, 지지(知止)는 시(始)가 되고 명덕은 본(本)이 되니 먼저 할 바를 아는 것이며, 능득은 종(終)이 되고 신민은 말(末)이 되니 뒤에 할 바를 아는 것입니다. 육사(六事)는 지(知)를 주로 삼고, 팔조목은 행(行)을 주로 삼아 지·행이 서로 바탕이 되고, 강령과 조목이 상응합니다. 그러니 나누어 보거나 합하여 보거나 각각 정밀한 뜻이 있습니다. 구설에 행을 지로 본 것 때문에 의례적으로 견강부회한 것이라 할 수는 없습니다.

曰 修身之又隷於新民部下 何也 曰 八條相貫 非截然對立之形 由正心至於修身 則新民之型範 已具矣 此以兩耦之相交 明此推行之有本也

문 : 수신이 또한 신민 부분의 아래에 속해 있는 것은 어째서입니까?

답 : 팔조목은 서로 관통하니, 끊어져서 대립하는 형상이 아닙니다. 정심을 말미암아 수신에 이르면 신민의 법도는 이미 갖추어집니다. 이는 두 짝이 상호 작용하는 것으로, 이 추행(推行)에 근본이 있음을 밝힌 것입니다.

曰 格誠齊治同在左 致正修平同在右 何也 曰 此則僭擬於陽動陰靜之象 以明道原之出天也 細分則 物之在外 意之已誠 齊家之恩義 并行 治國之禮樂 交通 皆動底意也 知之在中 心之未發 修身之內省 平天下之化成 皆靜底意也

문 : 격물·성의·제가·치국은 모두 왼쪽에 있고, 치지·정심·수신·평천하는 모두 오른쪽에 있는 것은 어째서입니까?

답 : 이는 양이 움직이고 음이 고요한[陽動陰靜] 형상에서 외람되게 본뜬 것으로, 도의 근원이 하늘에서 나온 것을 밝힌 것입니다. 세분하

면 사물이 외부에 있는 것, 의(意)가 이 이미 성(誠)해진 것, 제가(齊家)의 은의(恩義)가 아울러 행해지는 것, 치국의 예악이 교통한 것이 모두 동(動)의 뜻입니다. 지(知)가 안에 있는 것, 심(心)이 아직 발하지 않은 것, 수신의 내면으로의 성찰, 평천하의 교화가 이루어진 것은 모두 정(靜)의 뜻입니다.

曰 下圖之六事 又在上面 何也 曰 此經文之序也 本始之所先 末終之所後 審知而實得 然後 方有向道進步之望 而工夫不迷 功效自至 到得綱條 旣整 六事 各有究竟也

　문 : 하도(下圖)의 육사가 다시 윗부분에 있는 것은 어째서입니까?

　답 : 이는 경문의 순서입니다. 본(本)·시(始)가 먼저 할 바이고, 말(末)·종(終)이 나중에 할 바에 대해, 살펴서 알고 실제로 얻은 뒤에야 바야흐로 도를 향해 나아가는 희망이 있게 됩니다. 공부가 미혹되지 않으면 공효가 저절로 이르고, 강령과 조목을 얻으면 육사가 가지런해져서 각각 끝까지 궁구함이 있게 됩니다.

曰 六事八條中間 交係互貫 何也 曰 八條上 莫不有六事之應驗 故交互其脉絡 以明知行之相須也

　문 : 육사와 팔조목 사이에 연결하여 서로 관통하게 한 것은 어째서입니까?

　답 : 팔조목에는 육사가 응한 효험이 있지 않음이 없습니다. 그러므로 그 맥락을 서로 교차시켜 지·행이 서로 기다린다는 뜻을 밝힌 것입니다.

日 以一敬字 言止善之工夫功效 何歟 日 敬則徹上徹下之事也 進德而居
敬 則天理益明 莅民而施敬 則邦政日新 樊遲之執事敬 子張之行篤敬 初學
入德之工夫 禹祇湯慄堯欽舜恭 聖人成德之功效 豈非三綱八條一以貫之之
妙乎

문 : '경(敬)' 한 자로 지어지선의 공부·공효를 말한 것은 어째서입니까?

답 : 경은 위로도 통하고 아래로도 통하는 일입니다. 덕에 나아가
경에 처하면 천리가 더욱 밝아지고, 백성에게 임하여 경을 베풀면 나라
의 정치는 나날이 새로워질 것입니다. 공자께서 번지(樊遲)에게는 '일을
집행할 적에는 공경히 하라.' 하시고,[3] 자장(子張)에게는 '행실은 독실하
고 공경히 하라.' 하신 것[4]은, 초학자가 덕으로 들어가는 공부이고, 요
(禹)임금의 공경[祇], 탕(湯)임금의 두려움[慄], 요(堯)임금의 공경[欽], 순
(舜)임금의 공손[恭][5]은 성인이 덕을 이룬 공효입니다. 그러니 어찌 삼강
령·팔조목이 하나로써 모든 것을 관통한 오묘함이 아니겠습니까?

日 循三圖而入德 則將何先 日 從事於敬 以至善爲的 則在我之明德 無拘
蔽之患 由是而該括衆善 終始惟一 則庶乎有契於一貫之道 而敬字之上達天
德 可驗矣 余知之未能眞 行之不能力 倘能藉此三圖 有所開發而進進者乎
姑識其後 以竢他日看 如何

문 : 세 그림을 따라 덕에 들어가려면 장차 무엇을 먼저 해야 합니까?

---

3 이는 『논어』 「자로」에 "樊遲問仁 子曰 居處恭 執事敬 與人忠 雖之夷狄 不可棄也"라 한
   것을 가리킨다.
4 이는 『논어』 「위령공」에 "子張問行 子曰 言忠信 行篤敬 雖蠻貊之邦 行矣 言不忠信 行不
   篤敬 雖州里 行乎哉"라 한 것을 가리킨다.
5 이에 관한 내용은 『서경』 「요전(堯典)」·「순전(舜典)」·「대우모(大禹謨)」·「탕고(湯
   誥)」에 보인다.

답 : 경(敬)에 종사하여 지선(至善)을 표적으로 삼으면 나에게 있는 명덕이 기품(氣稟)에 구애되고 인욕에 가려지는 병통이 없을 것입니다. 이것을 말미암아 여러 선을 포괄하여 처음과 끝이 한결 같으면 하나로 모든 것을 꿰는 도에 합치됨이 있을 것이고, '경(敬)' 자가 위로는 하늘의 덕에 도달함을 징험할 수 있을 것입니다. 저는 아는 것이 능히 참되지 못하고, 행하는 것이 능히 힘써 하지 못합니다. 이 세 그림에 의지한다면, 개발되고 진보함이 있을 것입니다. 짐짓 그림 뒤에 이 말을 써서 훗날 이를 볼 사람을 기다리는 것이 어떠하겠습니까?

上之三年 壬子 肇夏 星山 李震相書
철종(哲宗) 3년(1852) 4월 성산(星山) 이진상(李震相)이 쓰다.

[도표 해설] 이진상의 대학도는 명덕총괄지도(明德總括之圖)·지지선표적지도(止至善標的之圖)·강조공관도(綱條共貫圖) 3개로 되어 있는데, 설은 위와 같이 3개의 도표 밑에 하나로 되어 있다.

제1도인 「명덕총괄지도(明德總括之圖)」는 명명덕·신민·지어지선 삼강령을 세로로 중앙에 배열한 것이 일반적으로 나타나는 대학도와 다르다. 이는 조선 후기에 간혹 나타나는 새로운 유형이다. 상단의 명명덕 좌우에 팔조목을 나누어 배치하였는데, 수신을 제가와 나란히 배열한 것도 독특하다. 중간 아래 팔조목의 공효를 분산 배치한 것도 위와 같다. 하단 중앙의 지어지선 좌우에 지지(知止)로부터 능득(能得)에 이르는 육사(六事)를 배열하였다.

제2도인 「지지선표적지도(止至善標的之圖)」는 지어지선을 중앙에 두고, 그 주위에 지지로부터 능득에 이르는 육사를 배치하여 선으로 연결하고, 다시 그 밖에 팔조목의 공부를 나누어 배치하고서 선으로 연결하였으며, 그 밖에 또 명덕·신민을 배치하고 팔조목의 공효를 곁에 표기하였다.

제3도인 「강조공관도(綱條共貫圖)」는 명명덕·신민·지어지선 삼강령을 상단에 가로로 배열하고, 그 밑에 지지로부터 능득에 이르는 육사를 가로로 배열하였다. 그리고 그 밑에 팔조목의 공부와 공효를 가로로 배열하고서, 명덕명·신민에 연결시킨 뒤, 마지막으로 '경(敬)'자에 귀결되게 하였다.

이진상은 성리설에서 그만의 독특한 심즉리설을 주장한 학자이다. 그는 혼륜간(渾淪看)·분개간(分開看)으로 보는 관점에 모두 문제가 있다고 판단해 다양한 관점에서 이치를 궁구하는 방법을 제시하였는데, 그것이 이른바 근원으로부터 개체로 곧장 나가면서 보는 수간(竪看), 나누어진 개체를 중심으로 하여 횡적으로 보는 횡간(橫看), 개체로부터 근원으로 거슬러 올라가며 보는 도간(倒看)이다.

위의 3개 도표도 이와 같은 관점을 적용하여 그린 그림으로, 주희의 설에 집착하여 그린 대학도와는 다른 양상을 보이고 있다.

유중교(柳重教)의 대학도

【명칭】 대학고금본도(大學古今本圖)·대학강목도(大學綱目圖)·소대학 합도(小大學合圖)

【출전】 『성재집(省齋集)』 권24

【작자】 유중교(柳重教, 1832-1893) : 초명은 맹교(孟敎), 자는 치정(穉程), 호는 성재(省齋), 본관은 고흥(高興)이다. 부친은 진사 유조(柳鼂)이고, 모친은 한산 이씨로 이희복(李羲復)의 딸이다. 이항로(李恒老)의 문인으로, 뒤에는 김평묵(金平默)에게 배웠다. 1876년 선공감 감역에 임명되었고, 1882년 사헌부 지평에 제수되었으나 모두 나아가지 않았다. 1881년 김홍집(金弘集)이 일본을 다녀와 개화를 주장하자, 스승 김평묵과 함께 위정척사를 주장하였다. 심(心)을 리(理)로 보는 이항로·김평묵의 설에 이의를 제기하여 심을 기(氣)로 보는 설을 폄으로써 화서 문하에서 심설논쟁이 일어났다.

저술로는 60권 30책의 『성재문집(省齋文集)』이 있다. 경학 관계 자료로는 문집 잡저에 실린 「대학고금본도(大學古今本圖)」·「대학강목도(大學綱目圖)」·「소대학합도(小大學合圖)」·「대학설(大學說)」·「대학강의발문(大學講義發問)」·「중용설(中庸說)」·「중용강의발문(中庸講義發問)」·「논어강의발문(論語講義發問)」·「논어설(論語說)」·「논어편의(論語篇義)」·「맹자강

의발문(孟子講義發問)」·「맹자설(孟子說)」·「맹자편의(孟子篇義)」·「시강
의발문(詩講義發問)」·「삼서연의(三書衍義)」·「육경총설(六經總說)」·「역
설(易說)」·「하도낙서설(河圖洛書說)」·「구용구사합도(九容九思合圖)」」 등
이 있다.

【도표】 대학고금본도(大學古今本圖)

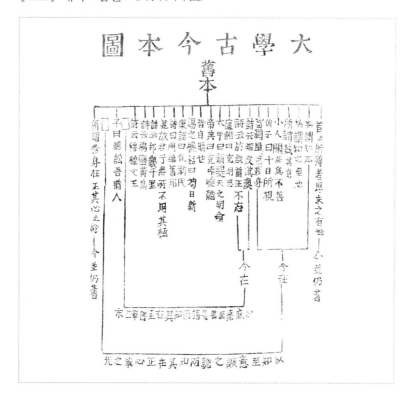

【도표 해설】 이 「대학고금본도」는 『고본대학』과 주희가 개정한 『대학
장구』의 편차를 상호 대조해 도표로 만든 것이다. 『고본대학』을 6단락
으로 나누어 볼 경우, 제2단락에 해당하는 성의장까지 주희가 편차를

대폭 개편했기 때문에, 이 도표도 제3단락 이하는 생략하였다.

　이 그림은 구본인『고본대학』의 편차를 중심으로 하고, 그 밑에 주희가 개정한 것을 선으로 그어 표기한 것이다. 대체로『대학장구』만을 텍스트로 하여 해석하던 것이 조선시대『대학』해석의 일반적인 경향이었는데,『고본대학』과 상호 비교하였다는 점에서, 그리고『대학장구』에 치중하지 않고 다른 점만을 표기하였다는 점에서 그 의미를 찾을 수 있겠다.

[도표] 대학강목도(大學綱目圖)

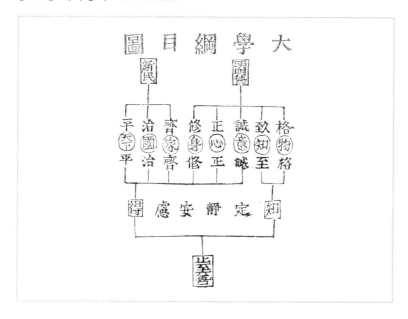

[도표 해설] 이 그림은 삼강령·팔조목을 하나의 도표로 나타낸 것이다. 상단에 명명덕·신민을 나란히 배열하고, 그 밑에 팔조목의 공부와 공효를 나누어 배치하였다. 그리고 격물·치지 밑에는 '지(知)'를 표기

하고, 그로부터 정(定)·정(靜)·안(安)·려(慮)를 나란히 표기한 뒤 득
(得)에 성의(誠意) 이하 여섯 조목을 연결시켰다. 이는 격물·치지를 통
해 그칠 바를 알게 된 뒤, 의성(意誠) 이하 여섯 조목의 공효를 얻게
됨을 드러낸 것이다. 그리고 지(知)로부터 득(得)을 선으로 연결하고 그
밑에 삼강령의 지지선(止至善)을 표기하였다.

이 그림은 간결하면서도 체계적이며 유기적인 구조를 갖도록 한 것이
특징이다. 그리고 종래의 대학도와는 달리 삼강령의 지어지선을 하단
맨 밑에 표기한 것도 독특한 발상이다. 또한 육사(六事)를 삼강령의 공효
로 보는데, 그것을 지어지선에 연결시켜 놓은 것도 독특한 시각이다.

【도표】소대학합도(小大學合圖)

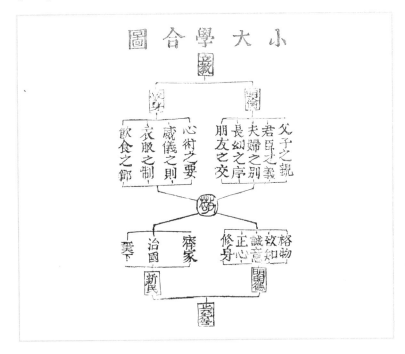

【**도표 해설**】 이 그림은 『소학』과 『대학』을 하나로 합해 그린 것이다.
상단에는 『소학』의 입교(立敎)·명륜(明倫)·경신(敬身)을 네모 권역에
표기한 뒤, 그 밑에 관련 내용을 적어 넣었다. 그리고 그 명륜·경신의
두 축을 하나로 합해 중앙의 '경(敬)' 자에 연결시켰다. 그 밑에는 『대학』
의 팔조목을 쓰고, 그 밑에 명명덕·신민으로 연결시켰으며, 다시 하나
로 합해 지어지선으로 귀결되게 하였다.

최세학(崔世鶴)의 대학도

【명칭】 대학지물유본말사유종시도(大學之物有本末事有終始圖)

【출전】 『성암문집(惺巖文集)』 권4

【작자】 최세학(崔世鶴, 1822-1899) : 자는 우석(羽錫), 호는 성암(惺巖), 본관은 월성(月城)이다. 부친은 통정대부를 지낸 최원복(崔元復)이고, 모친은 벽진 이씨(碧珍李氏)로 이옥현(李玉鉉)의 딸이다. 1822년 경주부 남이조리(南伊助里)에서 출생하였다. 이종상(李鍾祥)의 문하에서 수학하였다. 세상이 어지러워지자 송나라 사량좌(謝良佐)의 '성성(惺惺)'이란 뜻을 취하여 '성암(惺巖)'이라 자호하였다.

저술로는 8권 4책의 『성암문집(惺巖文集)』이 있다. 경학 관계 자료로는 문집 잡저에 실린 「대학의의문답(大學疑義問答)」·「대학지물유본말사유종시도(大學之物有本末事有終始圖)」·「중용수장지도(中庸首章之圖)」·「비은제장지도(費隱諸章之圖)」·「중용말장지도(中庸末章之圖)」·「선천변위후천설(先天變爲後天說)」·「선천변위후천도(先天變爲後天圖)」·「주역단전괘변설(周易彖傳卦變說)」·「주역삼십육궁도(周易三十六宮圖)」·「괘변제일도(卦變第一圖)」·「괘변제이도(卦變第二圖)」·「양의생사상사상생팔괘지도(兩儀生四象四象生八卦之圖)」 등이 있다.

【도표】 대학지물유본말사유종시도(大學之物有本末事有終始圖)

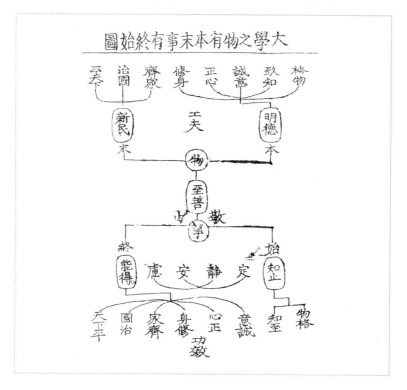

【도표 해설】 이 도표는 『대학장구』 경일장 제3절의 '물유본말 사유종시(物有本末 事有終始)'에서 본·말·종·시라고 한 것이 무엇을 가리키는지를 삼강령·팔조목 및 육사(六事)와 연관하여 그린 것이다. 따라서 이 그림은 삼강령·팔조목을 그린 그림의 한 유형이다.

상단에 팔조목의 공부를 나란히 배열한 뒤, 그 밑에 명명덕·신민 두 축으로 선을 그어 귀결되게 하였다. 그리고 '명덕' 밑에는 '본'을, '신민' 밑에는 '말'을 써 넣어 본말의 의미를 드러냈다. 그 '본'·'말'을 다시 선으로 연결하여 중앙에 '물(物)' 자를 써 넣었다. 이는 『대학장구』

의 주를 그대로 따른 것으로, '물유본말'에 대해 그린 것이다.

'물' 자 밑에 '지선(至善)'을 써 넣었는데, 이는 명명덕과 신민이 모두 지선의 경지에 이르러야 함을 드러낸 것이다. '지선' 밑에는 '경(敬)' 자와 '지(止)' 자를 써 넣었는데, 이는 『대학장구』 전 제3장 지어지선장의 '집희경지(緝熙敬止)'의 '경지'를 취해 요지를 드러낸 것이다. 다시 그 밑에 '사(事)' 자를 써 넣었으며, 좌우로 선을 그어 시(始)와 종(終)에 연결시키고 '시' 아래는 '지지(知止)'를, '종' 아래는 '능득(能得)'을 써 넣었다. 그리고 중간에는 정(定)·정(靜)·안(安)·려(慮)를 써 넣었다. 이는 '사유종시'를 그린 것이다.

하단에는 '지지(知止)' 밑에 팔조목의 공효인 물격(物格)·지지(知至)를 써 넣고, '능득' 아래에는 팔조목의 공효인 의성(意誠)·심정(心正)·신수(身修)·가제(家齊)·국치(國治)·천하평(天下平)을 써 넣었다. 이를 통해 지지(知止)가 물격지지의 공효임을 알 수 있으며, 그 나머지 정·정·안·려·득은 의성 이하 여섯 조목의 공효가 각각 그런 과정을 통해 이루어짐을 알 수 있게 했다.

조현익(趙顯翼)의 대학도

【명칭】 대학도(大學圖)·삼팔긴요도(三八緊要圖)

【출전】 『죽헌집(竹軒集)』 권3

【작자】 조현익(趙顯翼, 1826-1902) : 자는 세경(世卿)·공세(公世), 호는 죽헌(竹軒), 본관은 한양(漢陽)이다. 부친은 조창진(趙昌鎭)이고, 모친은 평산 신씨(平山申氏)로 신희(申僖)의 딸이다. 경상도 상주 출신으로, 이철연(李喆淵)에게 배웠다. 1882년 진사시에 합격하였다. 경학과 성리학에 두루 통하였다.

저술로는 5권 2책의 『죽헌집(竹軒集)』이 있다. 경학 관계 자료로는 「대학도(大學圖)」·「삼팔긴요도(三八緊要圖)」·「용학관견(庸學管見)」·「전시중용책(殿試中庸策)」이 있다.

【**도표**】 대학도(大學圖)

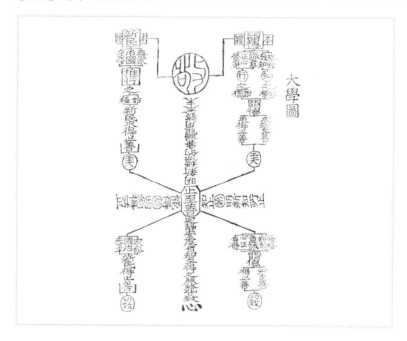

【**도표 해설**】 이 그림은 『대학』의 삼강령·팔조목을 한 장의 도표로
만든 것이다. 상단 중앙에 『대학』의 대지라고 하는 '경(敬)' 자를 써 넣
고, 그 좌우에 선으로 연결하여 삼강령의 명명덕·신민을 써 넣었다.
그리고 그 곁에 본·말과 체·용을 표기하였다. 다시 명명덕 밑에는
팔조목의 다섯 조목을, 신민 밑에는 팔조목의 세 조목을 써 넣고, 또
격물·치지 밑에는 지(知)를, 성의·정심·수신 밑에는 행(行)을, 제
가·치국·평천하 밑에는 추행(推行)을 써 넣었다. 그 밑에는 각각 명
명덕·신민이 지어지선에 이르기를 구한다는 뜻을 쓰고 '공부(工夫)'임
을 드러냈다. 그리고 양쪽 두 축을 하나로 합해 중앙의 '지어지선'에
귀결되게 하였다.

지어지선 옆에는 지지(知止)·능득(能得) 및 시(始)·종(終)을 표기하여
명명덕·신민이 그칠 바를 아는 것과 그칠 바를 얻은 것을 드러냈다.
그리고 지어지선 밑에는 정(定)·정(靜)·안(安)·려(慮)를 써 넣었다.

지어지선 밑에는 다시 양쪽으로 선을 그어 분리한 뒤, 팔조목의 공효
에 해당하는 다섯 조목과 세 조목을 나누어 쓰고, 그 밑에 명명덕이
지선을 알고 지어지선한 것, 신민이 지어지선을 얻은 것을 표기하였다.
그리고 그것이 공효(功效)임을 드러냈다.

이 그림은 주희의 『대학장구』의 설에 따라 정연하게 그린 것인데,
상단에 ‘경(敬)’ 자를 크게 써서 중심으로 삼은 점, 그리고 하단 중앙에
‘심(心)’ 자를 써 넣은 것이 특징이다.

【도표】 삼팔긴요도(三八緊要圖)

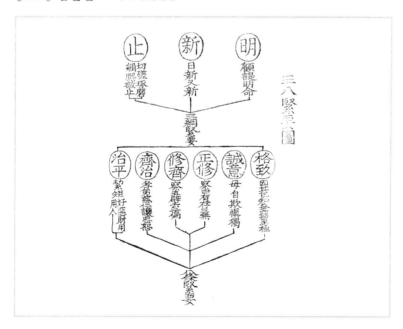

【도표 해설】 이 그림은 삼강령·팔조목 가운데 긴요한 점만 뽑아 더 간추려서 만든 것이다. 상단에는 삼강령 가운데 명명덕의 '명(明)', 신민의 '신(新)', 지어지선의 '지(止)'를 긴요처로 보아 원 속에 표기하고, 그 밑에 전문에 보이는 긴요한 말을 써 넣었다. 특히 명명덕전의 '고시명명(顧諟明命)'을 긴요처로 제시한 것에서, 작자가 명명덕의 '명'의 의미를 하늘이 밝게 명한 명덕을 돌아보는 데 있음을 알게 한다. 또 신민전의 '일신(日新)'·'우신(又新)'을 긴요처로 뽑아놓은 데에서, 작자가 자신(自新)에 비중을 두어 신민을 해석하는 성향을 알 수 있다. 또한 지어지선전에서 '절차탁마(切磋琢磨)'·'집희경지(緝熙敬止)'를 뽑아놓은 데에서, 작자의 지어지선에 대한 관점이 어디에 있는지를 가늠할 수 있다.

하단은 팔조목을 격물치지·성의·정심수신·수신제가·제가치국·치국평천하 여섯 항목으로 묶어 원 속에 표기하였고, 그 밑에 긴요처를 적출해 놓았는데, 역시 그것을 통해 작자의 팔조목에 대한 관점을 알 수 있다. 격물치지는 알고 있는 것을 통해 더욱 지극한 이치를 궁구하는 것으로, 성의는 무자기(毋自欺)와 신독(愼獨)을 긴요처로, 정심수신은 사유(四有)를 살펴서 삼무(三無)를 보전하는 것으로, 수신제가는 오벽(五僻)을 살펴서 이편(二偏)을 제거하는 것으로, 제가치국은 효제자(孝弟慈)·인양(仁讓)·충서(忠恕)를 요지로, 치국평천하는 혈구(絜矩)를 긴요처로 보면서 호오(好惡)·재용(財用)·용인(用人)을 말한 것으로 보았다. 이 가운데 정심수신장에서 삼무(三無)를 거론한 점, 수신제가장에서 이편(二偏)을 거론한 점 등은 작자의 독자적인 견해라 할 수는 없지만, 해석의 특징적인 성향을 말해준다.

김흥락(金興洛)의 대학도

【명칭】 정자격치설도(程子格致說圖)·주자격치설도(朱子格致說圖)

【출전】 『서산집(西山集)』 권13

【작자】 김흥락(金興洛, 1827-1899) : 자는 계맹(繼孟), 호는 서산(西山), 본관은 의성(義城)이다. 학봉(鶴峯) 김성일(金誠一)의 11대 종손으로 부친은 능주목사(綾州牧使)를 지낸 김진화(金鎭華)이고, 모친은 여강 이씨(驪江李氏)로 참봉 이원상(李元祥)의 딸이다. 1827년 경상도 안동부 금계동(金溪洞)에서 출생하였다. 어려서는 가정에서 수학하였고, 19세 때부터 유치명(柳致明)의 문하에 나아가 배웠다. 1867년 유일로 천거되어 경상도 도사 등에 임명되었으나 나아가지 않았다. 뒤에 사헌부 지평 등에 제수되었으나 역시 나아가지 않았다.

김흥락은 이현일(李玄逸) → 이재(李栽) → 이상정(李象靖) → 유치명(柳致明)으로 이어지는 퇴계학파의 학맥을 계승한 19세기의 학자로, 수백 명의 문하생을 배출하였다.

저술로는 30권 16책의 『서산집(西山集)』과 『제훈집설요람(諸訓集說要覽)』·『곤학록(困學錄)』·『가례의(家禮儀)』 등이 있다. 경학 관계 자료로는 문집 잡저에 실린 「논혹문정심장(論或問正心章)」·「논대학전십장호운봉분절(論大學傳十章胡雲峯分節)」·「논어차의(論語箚疑)」·「입학오도(入

學五圖)」·「정자격치설도(程子格致說圖)」·「주자격치설도(朱子格致說圖)」 등이 있다. 이 외에도 편지글에 유치명에게 질문하거나 문인들의 질문에 답한 경학 관계 글이 다수 들어 있다.

【도표】 정자격치설도(程子格致說圖)

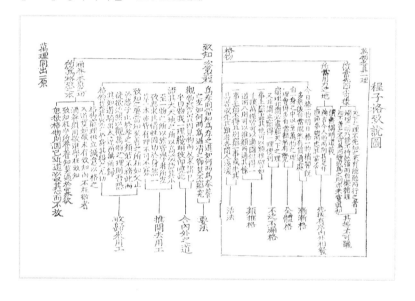

【도설】 朱子曰 程子之說 切於己 而不遺於物 本於行事之實 而不廢文字之功 極其大 而不略其小 究其精 而不忽其粗 學者循是 而用力焉 則旣不務博而陷於支離 亦不徑約而流於狂妄 旣不舍其積累之漸 而所謂豁然貫通者亦非見聞思慮之可及也 ○又曰 當時答問 各就人言 今須是合就許多不同處看作一意

　　주자께서 말씀하기를 "정자(程子)의 설은 자기에게 절실하면서도 다른 사람까지 포용하며, 일을 행하는 실제에 근본하면서도 문자의 공부를 폐하지 않으며, 그 큰 도리를 극진히 하면서도 작은 이치를 소략하게 하지 않으며, 그 정밀함을 궁구하면서도 거친 것을 소홀히 하지 않았다. 학자들이 이를 따라 힘쓰면 박학에 힘쓰더라도 지리한 데 빠지지 않을 것이고, 요약된 것을 따르더라도 광망한 데로 흐르지 않을 것이다. 이처럼 점진적으로 쌓아나가는 공부를 그만두지 않고 계속 공부를 하더라도 이른바 활연관통(豁然貫通)이라 한 것은 견문·사려로써 미칠 수 있는 것이 아니다."라고 하였다.[1] ○또한 말씀하기를 "당시의 문답은 각각 그 사람에 맞추어 말씀하신 것이다. 이제 모름지기 설이 같지 않은 여러 부분을 모아서 하나의 뜻으로 보아야 한다."라고 하였다.[2]

【도표 해설】 이 그림은 정자의 격물치지에 대한 해석을 모아 전체적으로 하나의 논리체계를 갖추어서 그린 것이다. 상단에 하나의 선을 횡으로 그어 우측에는 '만물각구일리(萬物各具一理)'라 표기하여 사물에는 모두 이치가 있음을 드러냈고, 좌측에는 '만리동출일원(萬理同出一原)'이라 표기하여 모든 이치는 하나의 근원에서 나옴을 드러냈다. 후자는 리일(理一)의 본원을 의미하고, 전자는 분수(分殊)의 개체를 의미한다.

상단 중앙에 격물(格物)·치지(致知)를 중앙에 위치시키고, 정자의 말 가운데 우측에는 먼저 할 것과 마땅히 힘써야 할 것에 해당하는 것을 적시하였으며, 좌측에는 본원을 함양하는 공부는 격물·치지의 근본이 된다는 점에 관한 내용을 적시하였다. 또 격물·치지 밑의 중앙에 격물치지를 하는 차례의 공정에 대한 말을 뽑아 우측으로부터 배열하였다. 그리고 그 요지를 하단에 적시하였는데, 우측부터 점점격(漸漸格)·전체격(全體格)·불범불루격(不泛不漏格)·유추격(類推格)으로 분류하고, 중앙

1 이는 『대학혹문』 전 제5장 해석에 보인다.
2 이는 『주자어류』 권18 「대학」5에 보인다.

에는 활법(活法)·요법(要法)을 표기하고, 좌측에는 합내외지도(合內外之道)·추개거용공(推開去用工)·수귀래용공(收歸來用工)으로 분류하였다.

이 그림은 정자의 격물치지에 대한 여러 설을 한 곳에 모아 정리함으로써 격물치지에 대해 단장취의식 해석을 지양하고, 전체적인 논리 속에서 파악하는 것이 바람직하다는 관점을 제시한 것이다.

【도표】 주자격치설도(朱子格致說圖)

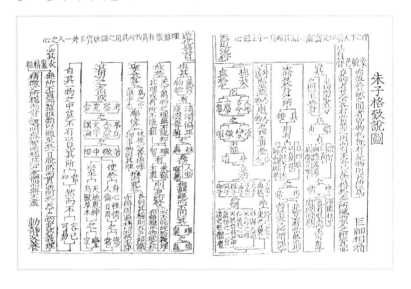

【도표 해설】 이 그림은 주희가 격물치지에 대해 말한 것을 모아 체계를 갖추어 정비한 것으로 한적 2면으로 되어 있다. 상단 중앙에 '천도유행 조화발육(天道流行 造化發育)'을 써 넣어 전체의 강령이 되게 하였다. 그리고 그 우측에 "심(心)은 비록 일신(一身)을 주재하는 것이지만, 심체(心體)의 허령(虛靈)함은 천하의 리(理)를 관장한다."는 말을 표기하여, 격물치지의 의미에 대해 일신의 주재자인 심이 천하의 이치를 궁구한다는

점을 드러냈으며, 좌측에 "리는 비록 만물에 흩어져 있으나 그 작용의 미묘함은 실로 한 사람의 마음에서 벗어나지 않는다."라는 말을 표기하여 일심으로 만물의 이치를 궁구할 수 있음을 드러냈다.

상단 중앙의 '천도유행 조화발육'으로부터 밑으로 선을 그어 차례로 격물치지의 의미를 드러냈다. 오른쪽으로 이어진 선을 따라가면서 보면 그 의미가 다음과 같다. 천도가 유행하는 데에는 성(聲)·색(色)·모(貌)·상(象)이 있는데, 이 세상에 가득 찬 것은 물(物)이다. 이런 물이 있으면 이런 물이 된 원인에는 각기 당연한 법칙이 있는데 스스로 그치지 않는다. 이는 모두 하늘이 부여한 것으로 사람이 능히 할 수 있는 바가 아니다. 여기까지는 모든 사물에 당연한 법칙이 있음을 말한 것이다.

다시 두 번째 칸으로 이어지는 선을 따라가며 보면 다음과 같다. 그 지극히 긴절하고 가까운 것으로 말하면 심이 일신을 주재한다. 그 체용에는 인의예지의 성(性)과 사단(四端)의 정(情)이 있다. 이 성·정은 혼연히 하나로 합해 마음속에 있다가 느낌을 따라 감응하여 각각 주로 하는 바가 있어서 혼란스럽지 않다. 그 다음 신이 갖추고 접하는 바에 미치면 군신·부자·부부·장유·붕우의 떳떳한 인륜과 이목구비·사지에서 작용하는 것이 있다. 여기에는 모두 당연한 법칙이 있는데, 스스로 그 만둠을 용납하지 않으니 이른바 리(理)이다. 밖으로 멀리 남과 사물에 이르면 남과 사물의 이치가 나와 남의 이치와 다르지 않다. 그 가운데 큰 이치를 지극히 하고, 작은 이치를 극진히 하면 천지·고금의 운행과 변화 및 하나의 티끌처럼 미세하고 한번 숨을 쉬는 것처럼 경각에 달린 것일지라도 능히 도외시하거나 빠뜨리지 않는다.

이것이 바로 상제가 내린 충심(衷心)이고, 모든 사람들이 부여받은 떳떳한 인륜의 도리이다. 그리고 이것이 바로 공자가 말한 성(性)·천도

(天道), 자사가 말한 천명지위성(天命之謂性), 맹자가 말한 인의지심(仁義
之心), 정자(程子)가 말한 천연자유지중(天然自有之中), 장자(張子:張載)가
말한 만물지일원(萬物之一原), 소자(邵子:邵雍)가 말한 도지형체자(道之形
體者)이다.

다만 기질에는 청(淸)·탁(濁)과 편(偏)·정(正)의 다름이 있고, 물욕에
는 심(深)·천(淺)과 후(厚)·박(薄)의 다름이 있어서 인물의 현부(賢否)가
서로 다르다. 그 리는 같지만 품부 받은 기질이 다르기 때문에 천지
만물의 리는 알지 않을 수 없는데, 그 리는 인간의 지혜로 다 궁구할
수 없는 점이 있다. 리에는 다 궁구할 수 없는 점이 있고, 지혜에는
극진하지 않은 점이 있으니, 마음이 발하는 바가 반드시 의리에 순수하
여 물욕의 사사로움에 섞임이 없을 수 없다. 성인이 이 점을 우려하여
『소학』을 통해 방심을 거두어 덕성을 함양하고, 『대학』을 통해 사물에
나아가 그 이치를 궁구하게 하였다. 이를 미루어 나가 더욱 궁구하여
각기 그 지극한 경지에 이르면 나의 지식에도 두루 통하고 정밀하고
절실함을 얻게 되어 극진하지 않음이 없을 것이다.

그런데 힘을 쓰는 방법에는 드러난 일을 고찰하기도 하고, 은미한
생각을 살피기도 하며, 문자 속에서 궁구하기도 하고, 강론할 적에 탐
색하기도 한다. 그래서 심신의 성정의 덕과 인륜의 일상의 떳떳함으로
부터 천지귀신의 변화와 조수초목의 마땅함에 이르기까지 저절로 한
물사 중에서 그 소이연과 소당연을 앎이 있게 하여, 표리정조가 어느
것인들 극진하지 않음이 없게 한다. 그리고 더욱 그 유형을 미루어 통달
해서 어느 날 활연관통하는 경지에 이르면 천하의 사물에 대해 그 의리
의 정미함이 지극한 바를 궁구할 것이며, 나의 총명예지도 그 심의 본체
를 지극히 하여 극진하지 않음이 없을 것이다.

신종호(申鍾浩)의 대학도

【명칭】 대학서분위육절도(大學序分爲六節圖)

【출전】 『사은집(泗隱集)』 권2

【작자】 신종호(申鍾浩, 1827-1906) : 자는 달원(達元), 호는 사은(泗隱), 본관은 평산(平山)이다. 부친은 신병흠(申秉欽)이고, 모친은 의성 김씨로 김굉운(金宏運)의 딸이다. 영남 지방의 학자로, 어려서 족숙 신필흠(申弼欽)에게 배웠고, 뒤에 유치명(柳致明)을 사사하였다. 김흥락(金興洛)·허훈(許薰)·신익호(申翼浩) 등과 교유하며 학문을 토론하였다.

저술로는 4권 2책의 『사은집(泗隱集)』이 있다. 경학 관계 자료로는 문집 잡저에 실린 「감암문견록(甘庵聞見錄)」이 있는데, 「총론(總論)」·「대학(大學)」·「중용(中庸)」으로 되어 있다. 「중용」 뒤에는 「중용수장도(中庸首章圖)」가 붙어 있고, 「대학」 뒤에는 「대학서분위육절도(大學序分爲六節圖)」가 붙어 있다.

【도표】 대학서분위육절도(大學序分爲六節圖)

【도표 해설】 이 도표는 주희가 지은 「대학장구서」를 여섯 단락으로 분절(分節)하여 그린 도표이다. 18세기에 이르면 이 「대학장구서」에 대해 각기 다른 분절설이 제기되는데, 이 그림도 그와 같은 맥락에서 만들어진 것이다.

『대학장구대전』「대학장구서」의 소주에 의하면 신안 진씨(新安陳氏)가 최초로 「대학장구서」를 분절하였는데, 자세한 내용은 전하지 않는다. 이에 따라 조선시대 학자들은 독자적인 시각으로 「대학장구서」의 분절문제를 논하며 요지를 파악하려 하였는데, 김근행(金謹行, 1712-1782)의 설에서 최초로 나타난다. 참고로 김근행의 설과 신종호의 설을 차례로 제시하면 다음과 같다.

〈김근행의 「대학장구서」 6분절〉

節 次	범 위	요 지
제1절	大學之書……所以敎人之法也	總斷一書之旨
제2절	蓋自天降生民……所由設也	推本立學之由
제3절	三代之隆……所能及也	論法而敎行
제4절	及周之衰……知者鮮矣	論敎廢而書存
제5절	自是以來……壞亂極矣	論異端害道
제6절	天運循環……無小補云	論學校復明

〈신종호의 「대학장구서」 6분절〉

節 次	범 위	요 지
제1절	大學之書……所以敎人之法也	總論大學之道 起頭也
제2절	蓋自天降生民……以復其性	言其理
제3절	此伏羲神農……所能及也	實其事
제4절	及周之衰……以發其意	言大學之敎廢而大學之書所以作也
제5절	及孟子沒……壞亂極矣	言大學之書不明不行之弊
제6절	天運循環……無小補云	言程子始能推明是書 章句所以作之意

이를 통해 볼 때, 김근행·신종호 모두 여섯 단락으로 나누고 있지만, 상당히 다른 관점을 드러내고 있음을 알 수 있다. 이들 외에도 조선후기 최상룡(崔象龍) 등 여러 사람들이 이에 대해 다양한 견해를 제시하였다.

박동혁(朴東奕)의 대학도

【명칭】 대학경일장도(大學經一章圖)

【출전】 『병와유고(病窩遺稿)』 권1

【작자】 박동혁(朴東奕, 1829-1889) : 자는 순중(舜仲), 호는 병와(病窩), 본관은 밀양(密陽)이다. 부친은 박홍(朴泓)이고, 모친은 풍천 노씨(豊川盧氏)로 노광헌(盧光獻)의 딸이다. 1829년 경상도 단성현 진태리(進台里)에서 출생하였다. 뒤에 산청군 덕산(德山)으로 이주하였고, 다시 함양 천동(泉洞)으로 이사하였으며, 나중에는 전라도 운봉(雲峯) 이동(梨洞)으로 옮겨가 살았다.

경사(經史)에 통달하고 천문·지리·의약·복서 등에 두루 통하였다. 저술이 수습되지 않아 남아 있는 것이 별로 없다. 문인 노공수(盧孔壽)가 베껴 모은 것을 뒤에 1책의 『병와유고(病窩遺稿)』로 간행하였으며, 수록(隨錄)이 『환여승람(寰輿勝覽)』에 실려 있다. 경학 관계 자료로는 유고 잡저에 실려 있는 「대학경일장도(大學經一章圖)」·「대학차의(大學箚義)」·「중용수장도(中庸首章圖)」·「중용차의(中庸箚義)」 등이 있다.

【도표】 대학경일장도(大學經一章圖)

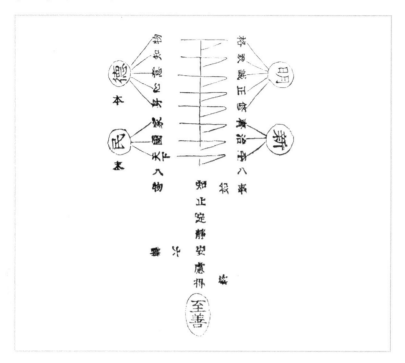

【도설】 明德者 自明己德之謂也 新民者 推明人德之謂也

　명덕은 스스로 자기의 덕을 밝히는 것을 말한다. 신민은 남의 덕을
미루어 밝히는 것을 말한다.

　明新之止於極處曰至善也

　명덕·신민이 극처에 이르러 머무는 것을 지선이라 한다.

　明新 事也 德民 物也 物有物知意心身家國天下之八物 事有格致誠正修
齊治平之八事 而若其用工 則六節目備矣

　명(明)과 신(新)은 사(事)이고, 덕(德)과 민(民)은 물(物)이다. 물에는 물

(物)·지(知)·의(意)·심(心)·신(身)·가(家)·국(國)·천하(天下)의 팔물
(八物)이 있으며, 사에는 격(格)·치(致)·성(誠)·정(正)·수(修)·제(齊)·
치(治)·평(平)의 팔사(八事)가 있다. 그 공부를 하는 것으로는 여섯 절목
이 갖추어져 있다.

六節之知止定靜安慮得 是用工之條理脈絡也 知止者 卽用工之始條理也
能得者 卽用工之終條理也 定而能靜 則事未來 而此心之寂然不動者 不失
安而能慮 則事方來 而此心之感而遂通者 不差

여섯 절목의 지지(知止)·정(定)·정(靜)·안(安)·려(慮)·득(得)은 공
부를 하는 조리의 맥락이다. 지지는 공부를 하는 시조리이고, 능득은
공부를 하는 종조리이다. 정해진 방향이 있어서 능히 고요한 것은 일이
아직 다가오지 않아 이 마음이 적연부동한 것이 잃지 않는 것이고, 편안
하여 능히 사려하는 것은 일이 바야흐로 다가와 이 마음이 감이수통한
것이 어긋나지 않는 것이다.

明德新民 是事物兩關 無其事 則物無可用 無其物 則事無所施 然又非六
節之脈絡 則安得以止於至善之地哉

명덕·신민은 사와 물 둘이 관계된 것이다. 그 일이 없으면 물은 쓸모
가 없으며, 그 물이 없으면 일은 베풀 곳이 없다. 그러나 또한 여섯
절목의 맥락이 아니면 어떻게 지선의 경지에 이르러 머물 수 있겠는가.

物本末 事終始 是形容事物之輕重緩急 而知所先後 則八條門戶次第
開矣

본문에 '물에 본말이 있고 사에 종시가 있다.'고 한 것은 사물의 경
중·완급을 형용한 것이며, '먼저 할 바와 뒤에 할 바를 알면'이라고
한 것은 팔조목의 문호의 차례가 열리는 것이다.

古之爲道者 於天下國家身心意知 知其所先而卽物窮理 故知有眞的 而
道無差謬矣 後世無復卽物窮理 故知無準的 而妄任自私 或以虛無爲知 或
以寂滅爲知 如此者 雖欲齊治家國 得乎 此吾夫子所以於先致其知之下 必
以致知在格物五言 結之 格致者 所以辨善惡幾也

옛날 도를 행하던 사람들은 천하·국·가·신·심·의·지에 대해 그
먼저 할 바를 알아 물에 나아가 리를 궁구하였다. 그러므로 지(知)에
진적(眞的)이 있어서 도가 어긋남이 없었다. 후세에는 다시 물에 나아가
이치를 궁구함이 없기 때문에 지(知)에 준적(準的)이 없어서 함부로 사사
로이 하여 혹 허무로써 지를 삼기도 하고, 적멸로써 지를 삼기도 하였
다. 이와 같은 자는 비록 가(家)를 가지런히 하고 국(國)을 다스리려 해도
그렇게 할 수 있겠는가? 이것이 바로 우리 공자께서 '선치기지(先致其
知)' 다음에 반드시 '치지재격물(致知在格物)' 5자로써 결론을 지으신 까
닭이다. 격물치지는 선악의 기미를 분변하는 것이다.

大哉 格致之功用也 爲人君 格致止於仁 爲人臣 格致止於敬 爲人子 格致
止於孝 爲人父 格致止於慈 與國人交 格致止於信 格致於萬物 則可止於萬
物之極處 格致於天地 則可止於天地之極處 所謂極處者 卽理也 理之所在
在在可見 而善惡吉凶之歸 明矣 善惡之幾 看得分明 有如足蹈之辨水陸 目
睹之辨黑白 則意豈有不誠耶 以是爲心而心正 以是爲身而身修 以是爲家而
家齊 以是爲國而國治 以是爲天下而天下平 此德之體用 於是而明之盡矣

위대하구나, 격물치지의 공용이여. 임금이 된 자는 격물치지하여 인
(仁)에 그치고, 신하가 된 자는 격물치지하여 경(敬)에 그치고, 자식이
된 자는 격물치지하여 효(孝)에 그치고, 아비가 된 자는 격물치지하여
자(慈)에 그치고, 나라 사람들과 교유할 적에는 격물치지하여 신(信)에

그친다. 만물을 격물치지하면 만물의 극처에 그칠 수 있고, 천지를 격물치지하면 천지의 극처에 그칠 수 있다. 이른바 극처란 곧 리(理)이다. 리가 소재한 것은 곳곳에서 발견할 수 있으니, 선악·길흉의 귀추가 분명하다. 선악의 기미는 보는 것이 분명해야 하니, 발이 물과 땅을 밟는 것을 분변하는 것처럼, 또는 눈이 흑과 백을 분변하는 것처럼 분명함이 있으면, 의(意)가 어찌 선으로 가득차지 않을 수 있겠는가. 이로써 심(心)을 삼으면 심이 바르게 되고, 이로써 신(身)을 삼으면 신이 닦여지고, 이로써 가(家)를 삼으면 가가 균평히 다스려지고, 이로써 국(國)을 다스리면 나라가 잘 다스려지고, 이로써 천하(天下)를 다스리면 천하가 평치될 것이다. 이 덕의 체용이 이런 데에서 밝아짐이 극진해진다.

【도표 해설】 이 그림은 『대학장구』 경일장을 도표로 만든 것이다. 이 그림은 삼강령의 명덕·신민·지선만을 취해 중심 개념으로 삼아서 그린 것인데, 그 전의 대학도에서 볼 수 없는 독특한 구조로 되어 있다.

저자는 명덕·신민을 두 축으로 하고, 지선을 하단 중앙에 위치하여 명덕·신민이 지선에 귀결되는 의미를 드러냈다. 그러나 선으로 연결하지 않아 분명치 못한 점이 있다.

명덕·신민을 명과 덕, 신과 민으로 분리하고 그 밑에 팔조목을 분배하였는데, 격·치·성·정·수는 명에, 제·치·평은 신에 배속시켰고, 물·지·의·심·신은 덕에, 가·국·천하는 민에 배속시켰다. 그리고 중앙에 가로와 세로의 선을 그어 연관된 의미를 드러냈는데, 격·치·성·정·수·제·치·평 밑에는 대각선을 그었다. 상호 연관성을 드러내려 한 듯하다.

저자는 격·치·성·정·수·제·치·평을 팔사(八事)로 보고, 물·

지·의·심·신·가·국·천하를 팔물(八物)로 보았다. 팔사·팔물은 종전에 잘 등장하지 않는 새로운 용어이다. 그리고 중앙에 지지(知止)·정(定)·정(靜)·안(安)·려(慮)·득(得)을 표기하고서 우측에 시(始)·종(終)을 표기하였으며, 좌측에는 육절(六節)이라고 하였다. 역시 육절이라는 용어도 종전에 보이지 않는 신조어이다.

이 도표는 종래의 도표와 비교해 볼 때, 그림의 구도가 전혀 다른 점에 독창성이 있다. 또 팔조목을 팔물(八物)과 팔사(八事)로 나누어 세로로 배열하고, 지지(知止) 이하 육사(六事)를 그 밑 중앙에 세로로 배열한 뒤, 중앙 하단에 지선(至善)을 표기한 것도 독특하다.

홍지수(洪智修)의 대학도

【명칭】 대학도설상(大學圖說上)·대학도설하(大學圖說下)

【출전】 『율산집(栗山集)』 권3

【작자】 홍지수(洪智修, 1835~1897) : 자는 이정(而貞), 호는 율산(栗山), 본관은 부계(缶溪)이다. 부친은 홍병하(洪秉夏)이고, 모친은 나주 정씨로 정태진(丁台晉)의 딸이다. 경상도 군위(軍威)에 살았다. 어려서 족형 홍벽수(洪璧修)에게 배웠고, 뒤에 유주목(柳疇睦)에게 배웠으며, 허전(許傳)에게도 학문을 질정하였다.

　저술로는 4권 2책의 『율산집(栗山集)』이 있다. 경학 관계 자료로는 1897년 성균관에서 반포한 조문에 답한 「대학문대(大學問對)」·「중용문대(中庸問對)」와 「대학도설(大學圖說)」 상·하가 있다.

【도표】 대학도설상(大學圖說上)

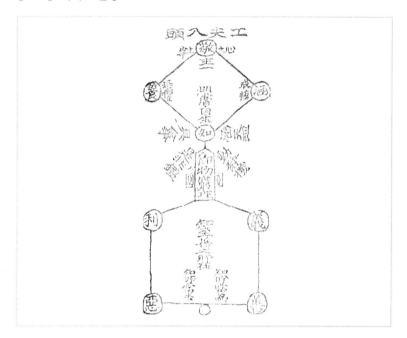

【도설】 所謂致知在格物者 言欲致吾之知 在卽物而窮其理也 蓋人心之靈 莫不有知 而天下之物 莫不有理 惟於理 有未窮 故其知有不盡也 是以 大學 始敎 必使學者 卽凡天下之物 莫不因其已知之理而益窮之 以求至乎其極 至於用力之久而一旦豁然貫通焉 則衆物之表裏精粗 無不到 而吾心之全體 大用 無不明矣 此謂物格 此謂知之至也 右格致章

이른바 ‘앎을 극진히 함이 사물의 이치를 궁구함에 있다.[致知在格物]’ 는 것은, 나의 앎을 극진히 하고자 하면 사물에 나아가 그 이치를 궁구함에 달려 있다는 말이다. 대개 인심의 신령스러움에는 앎이 있지 않음이 없고, 천하의 사물에는 리가 있지 않음이 없다. 오직 그 리에 대해 내가 아직 궁구하지 않음이 있기 때문에 그 앎에 극진하지 못함이 있는 것이다. 그러므로 태학에서 처음 학생들을 가르칠 적에 반드시 학자들로 하여금 모든 천하 사물에 나아가 자기가 이미 알고 있는 이치를 인하여 더욱 그것을 궁구해서 그 지극한 곳에 이르기를 구하지 않음이 없게 하였다. 그리하여 힘을 씀이 오래 되어서 어느 날 환하게 꿰뚫어 통하는 데에 이르게 되면, 모든 사물의 표리(表裏)·정조(精粗)가 나에게 이르지 않음이 없고, 내 마음의 전체(全體)·대용(大用)이 밝아지지 않음이 없게 된다. 이를 일러 '사물의 이치가 나에게 이른다.[物格]'고 하는 것이며, 이것을 일러 '앎이 지극해진다.[知之至]'고 하는 것이다. 이상은 격물치지장(格物致知章)이다.

〔도표 해설〕 이 그림은 격물치지장을 도표로 만든 것이다. 공부의 입두처를 경(敬)으로 보아 상단 중앙에 표기하였는데, 경공부의 방법으로 주일(主一)을 드러냈다. 그 다음 그런 마음으로 함양(涵養)을 해야 함을 드러내기 위해 좌우에 '함(涵)'과 '양(養)'을 나누어 표기하고, 그 옆에 그 공부로 계신(戒愼)·공구(恐懼)를 써 넣었다. 이를 통해 명려(明慮)가 저절로 지(知)를 생겨나게 한다는 점을 표기하여 '지(知)'를 중앙의 원 속에 써 넣었다. 그리고 좌우에는 '함천리(涵天理)'·'구인사(具人事)'를 써 넣었다. 그 밑에는 지(知)를 통해 즉물궁리(卽物窮理)하는 것을 드러냈다. 옆에는 '동정기(動靜機)'와 '시비감(是非鑑)'을 표기하였으며, 분명하게 해야 한다는 뜻도 곁들였다. 또 그 밑에 즉물궁리를 통해 의(義)·선(善)과 이(利)·악(惡)을 분명히 하여, '지선(至善)이 있는 바를 아는 점'을 그려 넣었다.
　이 그림은 함양공부를 먼저 전제한 뒤에 즉물궁리를 드러냄으로써 조선시대 도학자들의 심성수양에 관한 근본정신을 표현한 것에 의미가 있다.

[도표] 대학도설하(大學圖說下)

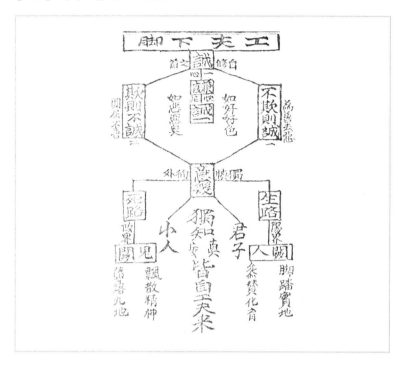

[도설] 所謂誠其意者 毋自欺也 如惡惡臭 如好好色 此之謂自謙 故君子 必愼其獨也 ○小人閒居 爲不善 無所不至 見君子而後 厭然掩其不善 而著 其善 人之視己 如見其肺肝然 則何益矣 此謂誠於中形於外 故君子 必愼其 獨也 右誠意章

　이른바 '싹튼 생각을 선으로 가득 차게 한다.[誠其意]'는 것은, 스스로 자신을 속이지 마는 것이다. 악을 미워하기를 악취를 싫어하는 것처럼 하며, 선을 좋아하기를 아름다운 이성을 좋아하는 것처럼 하는 것, 이 것을 일러 '스스로 만족함[自謙]'이라 한다. 그러므로 군자는 반드시 자 기 혼자만 아는 생각을 삼간다. ○소인이 혼자 거처할 적에는 불선한 짓을 하여 어느 곳인들 이르지 않는 곳이 없다가, 군자를 만나게 되면 슬그머니 자기의 불선함을 숨기고 선을 드러낸다. 그러니 남들이 자기를 볼 적에 마치 자기의 폐와 간을 들여다보는 것처럼 느껴질 것이다. 그러면 무슨 유익함이 있겠는가? 이것을 일러 '마음속에 꽉 차면 밖으로 드러난다.'고 하는 것이다. 그러므로 군자는 반드시 자기 혼자만 아는 생각을 삼간다. 이는 성의장(誠意章)이다.

　謹按 此章(誠意)之指 必承上章(致知)而通考之 然後有以見其用力之始終 今手畫成圖 以爲觀省之資

　삼가 살펴보건대, 이 장(성의장)의 뜻은 반드시 위 장(격물치지장)을 이어 통찰한 뒤에야 그 힘을 쓰는 처음과 끝을 봄이 있을 것이다. 지금 손수 그림을 그려 살펴볼 자료로 삼는다.

【도표 해설】 이 그림은 성의장을 도표로 만든 것이다. 상단 중앙에 자수(自修)의 처음인 성의(誠意)를 강조하여 '성(誠)'을 드러냈다. 그 밑에는 '자겸(自謙)'의 겸(謙) 자를 쓰고, 다시 밑에 성일(誠一)을 써 넣었다. 그리고 좌우는 자신을 속이지 않으면 성(誠)하고, 자신을 속이면 불성(不誠)하다는 점을 강조해 표기하였다.

　그 밑에는 양쪽을 하나로 합해 '성의(誠意)'의 의(意)와 그 생각의 기미를 의미하는 기(幾) 자를 합해서 써 넣었다. 그리고 다시 양쪽으로 나누어 생로(生路)·사로(死路)를 구분하고, 생로는 양의 경계로 인간이 되는 관문이며, 사로는 음의 경계로 귀신이 되는 관문임을 드러냈다. 가운데는 군자와 소인으로 양분하여 군자는 생로에, 소인은 사로에 가까움을 나타냈다.

강병주(姜柄周)의 대학도

【**명칭**】 대학경일장도(大學經一章圖)·전십장도(傳十章圖)

【**출전**】『두산거사문집(斗山居士文集)』 권3

【**작자**】 강병주(姜柄周, 1839-1909) : 자는 학수(學叟), 호는 옥촌(玉邨)·두산(斗山), 본관은 진양이다. 강민첨의 후손으로 부친은 강지준(姜之濬)이고, 모친은 진양 하씨로 하시원(河始元)의 딸이다. 1839년 경상도 곤양(昆陽) 옥산리(玉山里)에서 출생하였다. 어려서 하달홍(河達弘)에게 배운 뒤, 19세 때 한양에 살고 있던 허전(許傳)의 문하에 나아가 수학하였다. 당시 대학도·중용도·진학차제도 등을 가지고 가서 질정하였다. 평생 학문 연구와 후진 양성에 노력하였다.

저술로는 7권 2책의『두사거사문집(斗山居士文集)』이 있다. 경학 관계 자료로는 문집 잡저에 실린「대학경일장도(大學經一章圖)」·「전십장도(傳十章圖)」·「중용육대절도(中庸六大節圖)」·「진학차제도(進學次第圖)」·「성현언지도(聖賢言志圖)」·「인지도(仁知圖)」·「부동심도(不動心圖)」·「동명도(東銘圖)」·「계사제일장도(繫辭第一章圖)」·「인륜일상통오상도(人倫日常通五常圖)」 등이 있다.

【도표】 대학경일장도(大學經一章圖)

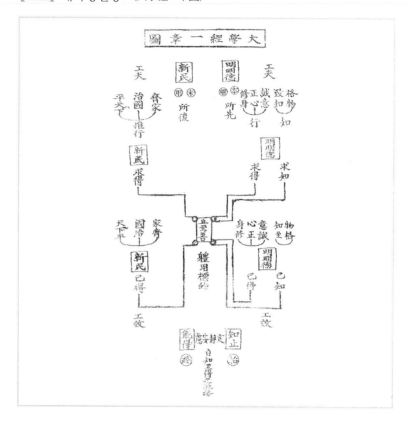

【도표 해설】 이 도표는 『대학장구』를 준거로 하여 그린 그림이다. 상단에 삼강령의 명명덕·신민 및 그에 해당하는 팔조목의 공부를 먼저 제시하였다. 그리고 그 밑에는 명명덕·신민을 구해 지어지선의 경지에 이르는 것을 나타냈다. 이 도표의 특징은 삼강령의 명명덕·신민 및 그에 해당하는 팔조목을 두 축으로 하여 상단에 표기하고, 그것들이 모두 지어지선으로 귀결되어야 함을 드러내 지어지선을 중앙 가운데 위치시킨 데 있다.

지어지선 밑에는 명명덕·신민 및 그에 해당하는 팔조목의 공효를 두 축으로 나누어 표기하였다. 그리고 하단에는 지지(知止)로부터 능득(能得)에 이르는 맥락을 표기해 독립시켜 놓았다.

이 그림의 특징은 지지로부터 능득에 이르는 것을 삼강령의 공부 및 공효와 별개로 독립시켜 그렸다는 데 있다. 이는 권근·이황 이래 여러 학자들이 고심한 것인데, 지어지선과 연관시키지 않은 것이 독특하다. 다만 이에 대한 명확한 해설이 없어 아쉬움으로 남는다.

【도표】 전십장도(傳十章圖)

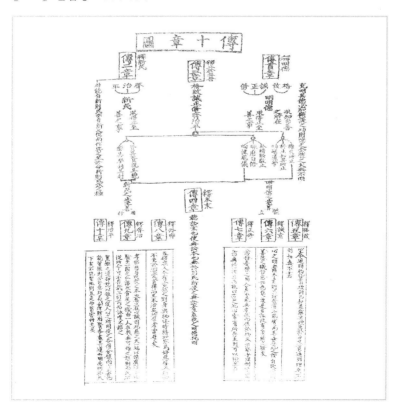

〖**도표 해설**〗이 도표는『대학장구』전십장의 맥락을 한 장의 도표로 그린 것이다. 전 제3장 지어지선장을 중앙에 배치하고 제1장 명명덕전과 제2장 신민전을 좌우에 배치하고 있으며, 전 제4장 본말장을 중앙 하단에 배치한 것이 이채롭다. 또한 전 제5장부터 제7장까지의 명명덕에 속한 부분은 오른쪽에 배열하고, 전 제8장부터 제10장까지의 신민에 해당하는 부분은 왼쪽에 나누어 배치하고 있다.

　역대로 전십장을 한 장의 도표로 그린 그림은 찾아보기 힘든데, 이 그림은 10장의 맥락을 한 장의 도표로 그렸다는 데 의미가 있다.

이명익(李明翊)의 대학도

【명칭】 정지의려도설(情志意慮圖說)

【출전】 『물헌집(勿軒集)』잡저

【작자】 이명익(李明翊, 1848-1903) : 자는 경설(景卨), 호는 물헌(勿軒), 본관은 전주(全州)이다. 부친은 이용화(李容和)이고, 모친은 진주 강씨로 강저(姜著)의 딸이다. 1848년 충청도 해미현(海美縣) 고자천리(高自川里)에서 출생하였다. 경사(經史)와 제자백가를 두루 섭렵하였다. 1888년 종친부 참봉에 임명되었으나 나아가지 않았다. 1891년 생원시에 합격하였다. 평생 학문연구와 후진양성에 노력하였다.

　저술로는 6권 3책의 『물헌집(勿軒集)』이 있다. 경학 관계 자료로는 문집 잡저에 실린 「대학전지십장강설(大學傳之十章講說)」·「중용해통도(中庸解通圖)」·「중용사변(中庸思辨)」·「상서사변(尙書思辨)」 등이 있다. 이외에도 「정지의려도설병도(情志意慮圖說并圖)」·「충서설(忠恕說)」·「홍범오미설(洪範五味說)」 등이 있다.

【도표】 정지의려도설(情志意慮圖說)

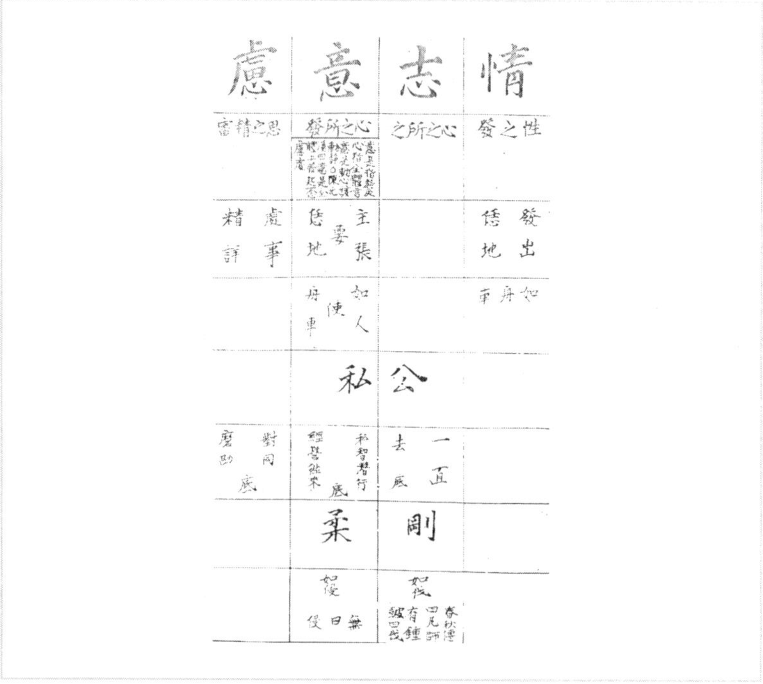

慮	意	志	情
當精之思	發所之心	之所之心	發之性
精評 虛事	陞地 主張 要地		悟地 發出
	如人 毋使重		如舟車
	私	公	
對同底 廛卽	綱常依來 理智智行	去底 一直	
	柔	剛	
慢 侵日無		裂 綱有種	

【도설】 右圖 意圈下第一層 與情志慮對寘 以明元初來歷與各位 第二層 與情對寘 以明意之作用本來如此 而類推及於慮 參附並列 第三層 以申明上層之義 第四層 與志對置 以明主理主氣之不同 第五層 以明其面貌情狀之不同 而並及於慮 第六層以下 申明上二層之義 皆引用朱子說 不敢增一字

이 그림은 '의권(意圈)' 아래 제1층은 정(情)·지(志)·려(慮)와 대치시켜 맨 처음의 내력과 각각의 위치를 밝힌 것이다. 제2층은 정(情)과 대치시켜 의(意)의 작용이 본래 이와 같음을 밝힌 것인데, 유추하여 려(慮)

에까지 미쳐 참고로 나란히 배열한 것이다. 제3층은 위 층의 뜻을 거듭 밝힌 것이다. 제4층은 지(志)와 대치시켜 주리(主理)·주기(主氣)의 다름을 밝힌 것이다. 제5층은 그 면모(面貌)와 정상(情狀)이 다르다는 점을 밝힌 것인데, 아울러 려(慮)에까지 미쳤다. 제6층 이하는 위의 두 층의 뜻을 거듭 밝힌 것이다. 모두 주자의 설을 인용하고서 감히 한 자도 더하지 않았다.

日念日意日慮 均是思也 而就其中細分 則思念相近 意慮相近 蓋思是統領底 念是思之著緊底 意是思之委曲底 慮是思之精審底 今此圖中 意曰心之所發 慮曰思之精審 蓋對舉而互足也 自意而視慮 則慮亦心之所發也 自慮而視意 則意是思之委曲 可見也

념(念)·의(意)·려(慮)는 모두 생각하는[思] 것이다. 그런데 그 속에 나아가 세분하면 사·념이 서로 가깝고, 의·려가 서로 가깝다. 대체로 사(思)는 통합하여 거느리는 것이고, 념(念)은 생각을 단단히 붙드는 것이고, 의(意)는 생각이 곡진한 것이고, 려(慮)는 생각이 정밀하고 자세한 것이다. 지금 이 그림 속에서 의를 '마음이 발한 것[心之所發]'이라 하고, 려를 '생각이 정밀하고 자세한 것[思之精審]'이라 하였는데, 이는 대체로 상대적으로 거론하면서 서로 연관시킨 것이다. 의로부터 려를 보면 려 또한 마음이 발한 것이고, 려로부터 의를 보면 의는 마음이 곡진한 것임을 알 수 있다.

退溪答人書曰 志意二字 道理元來不相統屬 不相首尾 何可分先後耶 或先或後 當隨事各作一道理看

퇴계가 어떤 사람에게 답한 편지에 "지(志)·의(意) 2자는 도리가 원래 서로 통속(統屬)되지 않고, 서로 수미(首尾)가 되지 않으니, 어찌 선후를 나눌 수 있겠는가? 혹 앞서기도 하고 혹 뒤따르기도 하니, 마땅히 일에 따라 각각 하나의 도리가 되는 것으로 보아야 하네."[1]라고 하였다.

竊謂志意二物 固皆心之用 而志則占得理强 意則占得氣强 蓋嘗論之 一直去底 不撓不奪 如針之指南 如矢之趣鵠者 志也 而非見理分明者 不能也 此非占得理字强也乎 主張要恁地 經營往來 一直一横 如算子相似者 意也 而非氣則無以主張也 此非占得氣字强也乎 於是焉 一私 – 主氣故私 – 一公 – 主理故公 – 一剛一柔 而面貌情狀 迥然不同矣

삼가 생각해 보건대, 지(志)·의(意) 두 가지는 본디 모두 마음의 작용인데, 지는 점유한 것이 리(理)가 강하고, 의는 점유한 것이 기(氣)가 강하다. 대개 일찍이 논하기를, 한길로 곧게 가서 꺾이지 않고 빼앗기지 않아 마치 나침반의 자침이 남쪽을 가리키고 화살이 과녁의 정곡을 향하는 것과 같은 것은 지(志)이다. 이치를 보는 것이 분명한 자가 아니면 불가능하니, 이것이 바로 리를 점유한 것이 강하기 때문이 아니겠는가? 주장이 그러기를 바라면서 경영하고 왕래하기를 한 번은 세로로 한 번은 가로로 해서, 마치 주판과 서로 닮은 것은 의(意)이다. 그런데 기가 아니면 주장할 방법이 없으니, 이는 기를 점유한 것이 강하기 때문이 아니겠는가? 이에 한 번은 사사로이 하고 – 기를 위주로 하기 때문에 사사롭다. – 한 번은 공평하게 하며 – 리를 위주로 하기 때문에 공평하다. – 한 번은 강경하게 하고 한 번은 부드럽게 하여 면모와 정상이 아득히 같지 않다.

---

1 이는 이황(李滉)의 『퇴계집』 권26 「답정자중(答鄭子中)」에 보인다.

雖然 夫所謂私者 亦以其屬於氣分而云爾 非謂有意之初 便有私智潛行 營營濟私也 若然者 古人其必曰克意 而必不曰誠意 其必曰隨所志向 無非 至理 而必不曰隨所意欲 無非至理也 稽之經傳 豈其然乎 但此終是占得氣 分 故其行有善有不善 或乃至有私智之潛行 此聖人之絶四所以先之以意也 此又指言之不同也

비록 그렇지만 이른바 '사사로이 한다.[私]'는 것은 또한 그것이 기(氣) 에 속하여서 그렇게 말한 것이지, 의(意)가 처음 생길 때 바로 사사로운 지혜가 몰래 행해져서 애써 사욕을 이루고자 하는 것을 말하는 것은 아니다. 만약 그렇다면, 고인은 반드시 '의를 이긴다.[克意]'고 말했지 '의를 가득 채운다.[誠意]'고 말하지 않았을 것이며, 반드시 '지가 향하는 바를 따르되 지극한 도리가 아님이 없다.'고 말했지 '의가 하고자 하는 바를 따르되 지극한 도리가 아님이 없다.'[2]고 말하지 않았을 것이다. 경전을 상고해 보면 어찌 그러하지 않겠는가? 다만 이것은 끝내 기를 점유한 부분이기 때문에 그 행(行)에 선이 있고 불선이 있어서 혹 사사 로운 지혜가 몰래 행해지는 데 이르게 되기도 하는 것이니, 이것이 공자 께서 네 가지를 끊음[3]에 있어 의(意)를 제일 먼저 말씀하신 까닭이다. 이는 또한 가리켜 말하는 것이 같지 않다.

退溪說 自二字道理元來不相統屬 至何可分先後 竊謂志是心之向之勇決 處 意是心之發之委曲處 工夫下手 各有收當 不成說向必勇決 然後發之方 委曲 亦不成說發必委曲 然後向之方勇決 發與向 俱是此心起出一念處 而

---

2 이는 주희의『논어집주』「위정」'子曰 吾十有五而志于學' 아래의 주에 "胡氏曰 聖人之 敎亦多術 …… 隨所意欲 莫非至理"라고 한 것을 가리킨다.
3 이는 『논어』「자한」에 "子絶四 毋意 毋必 毋固 毋我"라고 한 것을 가리킨다.

時節相並 路脈各異 宜無先後之可言

　퇴계의 설에서 '두 자는 도리가 원래 서로 통속하지 않는다.'로부터 '어찌 선후로 나눌 수 있겠는가.'까지를 가만히 생각해 보면, 지(志)는 마음의 향함이 용감하고 결연한 것이고, 의(意)는 마음의 발함이 곡진한 것이다. 공부에 착수할 적에는 각각 마땅한 바가 있으니, '마음의 향함이 반드시 용감하고 결연한 뒤에라야 발함이 바야흐로 곡진하게 된다.'고 말할 수 없고, 또한 '마음의 발함이 곡진한 뒤에라야 향함이 바야흐로 용감하고 결연하게 된다.'고도 말할 수 없다. 마음이 발하고 향하는 것은 모두 이 마음이 한 생각을 일으켜 내는 것으로, 시기는 서로 비슷하나 갈 길은 각각 다르니, 의당 선후로써 말할 수 있는 점이 없다.

　自或先或後 止各作一道理看 論語曰 十五而志學 七十從心所欲意 此似乎志先意後 而實非有先後也 志學自志學時節 從心所欲 自從心所欲地位 大學曰 知止而後有定－志－其下曰 知至而後意誠 知至較精於知止 則有似乎此先彼後也 而亦非有先後也 有定是知止之效驗 誠意是致知後工夫 不可謂兩相統屬 只合各作一道理看

　또 퇴계의 설에 '혹 앞서기도 하고 혹 뒤따르기도 하니'로부터 '각각 하나의 도리로 보아야 하네.'까지를 살펴보면, 『논어』에 "15세에 학문에 뜻을 두고, 70세에 마음이 하고자 하는 바를 따른다."[4]라고 하였는데, 이는 지(志)가 먼저고 의(意)가 나중인 것 같지만 실제로 선후가 있는 것이 아니다. '학문에 뜻을 두는 것'은 학문에 뜻을 두는 시기이고, '마음이 하고자 하는 바를 따르는 것'은 마음이 하고자 하는 바를 따르는 지위이다.

4　이는 『논어』 「위정」에 보인다.

『대학』에서는 "그칠 바를 안 뒤에 정함이 있다."[5] – 지(志)이다. – 고 하고, 그 아래에 "앎이 지극해진 뒤에 생각이 선으로 가득 차게 된다."[6]고 하였다. '앎이 지극해지는 것[知至]'은 '그칠 바를 아는 것[知止]'보다 비교적 정밀하니, 이것을 먼저하고 저것을 나중에 하는 듯한 점이 있지만, 또한 선후가 있는 것이 아니다. '정함이 있다.[有定]'는 것은 그칠 바를 아는 것[知止]의 효험이고, 성의(誠意)는 앎을 극진히 한 뒤의 공부이니, 두 가지가 서로 통속된다고 말할 수 없다. 단지 각각 하나의 도리가 되는 것으로 보는 것이 합당하다.

[도표 해설] 이 도표는 마음의 작용을 뜻하는 정(情)·지(志)·의(意)·려(慮)를 상호 대조적으로 드러내기 위해 만든 것이다. 저자가 위의 설에서 말하고 있듯이, 의(意)를 중심에 두고 말하고 있다. 그것은 『대학』의 성의(誠意)와 관련된 해석을 하고 있기 때문이다. 내용은 모두 주희의 설에 근거하고 있어 독자적으로 발명한 것은 드러나지 않는다.

---

5 이는 『대학장구』 경일장에 보인다.
6 이는 『대학장구』 경일장에 보인다.

김재로(金載璐)의 대학도

【명칭】 대학도(大學圖)

【출전】 『백우집(白愚集)』 권4

【작자】 김재로(金載璐, 1850~1928) : 자는 성석(聖錫), 호는 백우(白愚), 본관은 의성(義城)이다. 부친은 김우한(金遇翰)이고, 모친은 흥해 배씨 (興海裵氏)로 배현린(裵顯麟)의 딸이다. 경상도 봉화(奉化) 출신으로, 김 흥락(金興洛)의 문하에서 수학하였다. 평생 경학과 성리학에 전념하 였다.

저술로는 8권 4책의 『백우집(白愚集)』이 있다. 경학 관계 자료로는 문 집 잡저에 실린 「대학의론(大學疑論)」·「대학도(大學圖)」·「대학의변(大學 疑辨)」·「중용의변(中庸疑辨)」·「중용도(中庸圖)」·「독중용대강설(讀中庸大 綱說)」·「용학문답(庸學問答)」·「홍범구주석의(洪範九疇釋義)」와 「선후천 총론(先後天總論)」 외 4조 및 「역학삼천도(易學三天圖)」 외 4도(圖)가 있다.

[도표] 대학도(大學圖)

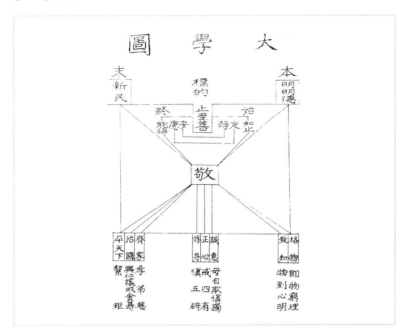

[도설] 大學者 大人之學也 盖吾人爲學之道 不過修己治人 斯二者也 旣
修己治人 則要當以止至善爲標的 故首揭明德新民於左右 以止至善居中 而
爲歸趣也 先明己德 故明德爲本 後以新民 故新民爲末 將明德新民止於至
善 不可徒爲 而必有所由致之道 故知止能得居三者之間 以明知所止於修己
治人之道 能有得於修己治人之事 而定靜安慮 又自知止至能得之階梯也 故
又揷入四者於知止能得之間 知止爲始 則明德新民 求知至善之所在 而爲工
夫之始 能得爲終 則明德新民 皆得止於至善之極致 而爲功效之終 故書始
終於知止能得之上 此上半圖之義也

　대학(大學)은 대인의 학문이다. 대개 인간이 학문을 하는 도는 수기·
치인에 불과하니, 이 두 가지뿐이다. 자신을 수양하고 남을 다스리게 되면 마땅히 지어지선으로 표적을 삼아야 한다. 그러므로 첫머리에 명덕(明德)과 신민(新民)을 좌우에 게시하고, 지지선(止至善)을 중앙에 두어 귀취가 되게 하였다. 먼저 나의 덕을 밝히므로 명덕이 본이 되고, 그 뒤에 백성을 새롭게 하기 때문에 신민이 말이 된다.

명덕과 신민이 지선의 경지에 이르기 위해서는 단지 그것을 해서는 불가하고 반드시 그것을 말미암아 극진히 하는 도리를 가져야 한다. 그러므로 지지(知止)와 능득(能得)을 명명덕·신민·지지선 삼강령의 사이에 두어서 수기치인의 도에 그칠 바를 안다는 점과 수기치인의 일을 능히 터득함이 있어야 한다는 점을 밝혔다. 그리고 정(定)·정(靜)·안(安)·려(慮)는 또 지지(知止)로부터 능득(能得)에 이르는 계단이므로 지지·능득의 사이에 이 네 가지를 삽입했다. 지지가 시(始)가 되는 것은 명덕·신민이 지선이 있는 바를 알기를 구하여 공부의 시작이 되는 것이다. 능득이 종(終)이 되는 것은 명덕·신민이 모두 지선의 극치에서 그쳐서 공효의 끝이 되는 것이다. 그러므로 시·종을 지지·능득의 위에 썼다. 이것이 도표 상반의 뜻이다.

修身以上 明明德之事也 齊家以下 新民之事也 格物致知 所以求知至善之所在 而爲八目之頭腦 故不能無別 而各以類分段於下 此下半圖之義也

수신 이상은 명명덕의 일이고, 제가 이하는 신민의 일이다. 격물치지는 지선이 있는 바를 알기를 구하는 것으로, 팔조목의 두뇌가 된다. 그러므로 분별이 없을 수 없어 각기 유형별로 아래에 단락을 나누었다. 이것이 도표 아래 하반의 뜻이다.

朱夫子或問曰 爲大學者 不由乎敬 無以開發聰明 - 格致 - 進德 - 誠正 -

修業 - 齊治平 - 而致明德新民之功也　卽敬之一字　聖學所以成始成終者也
故書敬字於圖中　以明上下左右之無處不用功

　　주선생의『대학혹문』에 말하기를 "『대학』을 공부하는 사람이 경(敬)
을 말미암지 않으면 총명(聰明) - 격물·치지 - ·진덕(進德) - 성의·정심 -
·수업(修業) - 제가·치국·평천하 - 을 개발하여 명명덕·신민의 공을
이룩할 길이 없다."고 하고, 또 "'경' 한 자는 성학(聖學)의 처음부터 끝까
지를 이룩하는 것이다."라고 하였다.[1] 그러므로 '경' 자를 도표 중앙에
써서 상하·좌우 어느 곳인들 이를 통해 공부를 하지 않음이 없다는
뜻을 밝혔다.

凡一日之間　大小之[2]事　只道我合理做去　而三綱八條階級不錯　而知行并
進　莫不以敬爲始終　明德者　敬吾德也　新民者　敬吾民也　止至善者　敬吾善也
格致者　敬吾之物與知也　誠正者　敬吾之意與心也　修齊者　敬吾之身與家也
治平者　敬吾之國與天下也　居中敬　上徹明新止　定靜安慮　爲成始之要　非謂
三綱之中　無成終之要也　下徹格致誠正修齊治平　爲成終之要　非謂八條之中
無成始之要也

　　무릇 하루 사이의 크고 작은 일은 내가 이치에 합당하게 해나가는
것을 말할 따름이다. 삼강령·팔조목의 단계가 어긋나지 않고 지·행을
아울러 진행하는 데에는, 경(敬)으로써 시종을 삼지 않음이 없다. 그러
니 명덕은 나의 덕을 공경히 하는 것이고, 신민은 나의 백성들을 공경히
하는 것이고, 지어지선은 나의 선을 공경히 하는 것이다. 격물·치지는
내가 접하는 사물과 앎을 공경히 하는 것이고, 성의·정심은 나의 생각

1 이 두 구절은 주희의『대학혹문』첫머리「총론」에 보인다.
2 원문에는 '大' 자로 되어 있는데, 이는 '之' 자의 오자인 듯하다.

과 마음을 공경히 하는 것이고, 수신·제가는 나의 몸과 집안을 공경히 하는 것이고, 치국·평천하는 나의 나라와 천하를 공경히 하는 것이다. 도표 중앙에 둔 '경(敬)' 자는 위로 명명덕·신민·지어지선 및 정(定)· 정(靜)·안(安)·려(慮)를 관통하여 처음을 완성하는 요체가 되니, 삼강령 가운데 끝을 완성하는 요체가 없다고 말할 수 없다. 또 이 '경' 자는 아래로 격물·치지·성의·정심·수신·제가·치국·평천하를 관통하여 끝을 이룩하는 요체가 되니, 팔조목 가운데 처음을 완성하는 요체가 없다고 말할 수 없다.

盖嘗論之 德者 人之得於天 而萬理咸備 然有時爲形氣所拘 物欲之所蔽 介然之頃 一有覺焉 則其本體之明 又自若也 君子必因其已明者 以啓明之之端 此所謂明明德也 旣明我德 又推以及人 人之所具 不異於我 是人我同德之證也 故君子能明明德於天下 而不過因其固有者 以裁之 又何艱難阻絶之別樣施措者哉 務以革其舊染之汚 而德被天下 此所謂新民也

　대개 내가 일찍이 이 점에 대해 논해 보았다. 덕은 사람이 하늘에서 얻은 것으로, 온갖 이치를 다 갖추고 있다. 그러나 때로 형기(形氣)에 구애되고, 물욕(物欲)에 가려진다. 그러나 잠깐 사이에 한번이라도 그것을 깨닫게 되면, 그 본체의 밝음은 또한 저절로 처음처럼 된다. 따라서 군자는 반드시 이미 밝은 것을 인하여 그것을 밝히는 단서를 여니, 이것이 이른바 명명덕이라는 것이다. 나의 덕을 밝히고 나면, 또한 미루어 남에게 미쳐야 한다. 남이 갖추고 있는 본성도 나와 다르지 않다. 이는 남과 내가 덕을 함께 한다는 증거이다. 그러므로 군자가 능히 천하 사람들로 하여금 그들의 명덕을 밝히게 하지만, 실상은 그들이 본디 소유한 것을 인하고 그것을 재단하게 하는 데 불과하다. 그러니 또한 어찌 매우 어렵고 특이한 별난 조처를 하는 것이겠는가. 힘써 자기의 예전 오염되었던 더러운 것을 제거하여 그 덕이 천하 사람들에게 전해지는 것이니, 이것이 이른바 신민이라는 것이다.

旣自明以新民 則不可苟且小成 而必求止乎至善之所在 是則又所謂止於至善也 天下無理外之物 物各有理 而理本一原也 理到那邊爲那理 理到這邊爲這理 某不用假借於公 公不用求於某 隨物充周 無有欠剩焉 父慈子孝 父子物而慈孝理也 手恭足重 手足物而恭重理也 草木有遂成之理 家國有齊治之理 推以極之 天地之所以高深 鬼神之所以幽藏 無所逃於理之一字也 是類莫不窮究 然後知之 人處兩間 具是理於一心 天下雖大 而吾心之體無不該 萬物雖多 而吾心之用 無不貫 苟求其故 則在物皆然 況於人之爲人道者乎 是爲學入德之初 格致所以居先也

자신의 덕을 스스로 밝히고 백성들을 새롭게 변화시켰으면, 구차하게 작게 성공해서는 안 된다. 반드시 지극한 선이 있는 데에 이르러 머물기를 구해야 한다. 이것이 또한 이른바 지어지선이라는 것이다. 천하에는 이치 밖의 사물이 없다. 사물에는 각기 리가 있는데, 리는 본래 일원(一原)이다. 그런데 리가 이쪽으로 오면 이 리가 되고, 리가 저쪽으로 가면 저 리가 된다. 아무개는 공에게 빌리지 않고, 공은 아무개에게 구하지 않는다. 사물에 따라 충만하게 두루 퍼져 흠이나 남음이 없다. 아비는 자애하고 자식은 효도하니, 아비와 자식은 물(物)이고, 자애와 효도는 리다. 손은 공손하고 발은 장중하게 하니, 손과 발은 물이고 공손하고 장중하게 하는 것은 리다. 초목은 이루어지는 리가 있고, 집안과 나라에는 가지런히 하고 다스리는 리가 있다.

이를 미루어 끝까지 하면, 천지가 높고 깊으며 귀신이 깊숙이 깃들어 있는 이치가 이 리 한 자에서 벗어나지 않는다. 이와 같이 궁구하지 않음이 없은 뒤에 리를 알게 된다. 인간은 천지 사이에 처해 있는데, 일심에 이 리를 갖추고 있다. 천하가 아무리 커도 우리 마음의 본체는 그것을 다 갖추고 있으며, 만물이 아무리 많아도 우리 마음의 작용은 그것을 꿰뚫지 않음이 없다. 그 이유를 따져보면 사물에 있는 것은 모두 그러하다. 하물며 사람이 인도를 행하는 데 있어서랴. 이는 학문을 하여 덕으로 들어가는 초입으로, 격물치지가 맨 앞에 있는 이유이다.

程子曰 入道莫如敬 未有能致知而不在敬者 又曰 如欲爲孝 則當知所以爲孝之道 如何而爲奉養之宜 如何而爲溫凊之節 又曰 或讀書講明道義 或論古今人物而別其是非 或應接事物而處其當否 皆窮理也 然則格致之道 不一而隨時隨事 未嘗離乎是 何可瞢然從道 雜然不擇也耶

정자(程子)는 말씀하기를 "도에 들어가는 데에는 경(敬)만 한 것이 없다. 능히 앎을 극진히 하면서도 마음이 경에 있지 않은 사람은 없다."[3]고 하였고, 또 말씀하기를 "효도를 하려고 하면 효도하는 바의 방법으로 어떻게 해야 봉양의 합당한 것이 되며, 어떻게 해야 따뜻하게 해드리고 시원하게 해드리는 절도가 되는지를 알아야 한다."[4]고 하였으며, 또 말씀하기를 "혹 독서를 하여 도의를 강명하기도 하고, 혹 고금의 인물을 논하며 그 시비를 논변하기도 하며, 혹 사물을 응접하면서 그 합당한 데에 처하는 것이 모두 궁리이다."[5]라고 하였다. 그렇다면 격물치지의 도는 한 가지가 아니어서 때에 따라 일에 따라 이런 데에서 벗어난 적이 없다. 어찌 멍하니 도를 따르고 뒤섞여 선택하지 않을 수 있겠는가.

---

3 이 말은 『이정유서(二程遺書)』 권3 및 『대학혹문』에 보인다.
4 이 말은 『대학혹문』에 보인다.
5 이 말은 『대학혹문』에 보인다.

其外次第工夫 在格致以後事 然至於日常遵行之事 不待致知而有不可暫
廢者 朱子答吳晦叔書曰 大學之道 雖以格物致知爲用力之始 然非謂初不極
涵養踐履 而直從事於此也 又非謂物未格知未至 則意可以不誠 心可以不正
身可以不修 家可以不齊 但以爲必知之至 然後所以治[6]人治己者 始有以盡
其道耳 若曰必俟知至而後 可行 則夫事親從兄 承上接下 乃人生之所不能
一日廢者 豈可謂吾知未知[7]而暫輟 以俟其知[8]而後行哉 此入學之初 豫先講
討者也

그 외 차례의 공부는 격물치지 이후의 일에 달려 있다. 그러나 일상에
서 준행해야 할 일에 이르러서는 앎을 극진히 하기를 기다리지 않고서
도 잠시도 폐할 수 없는 점이 있다. 주자가 오회숙(吳晦叔)에게 답한
편지에서 "대학의 도는 비록 격물치지로 노력을 하는 처음을 삼았지만,
애초 함양하고 실천하는 일을 극진히 하지 않고서 곧바로 이 격물치지
에 종사하라는 말은 아니다. 이는 또 사물의 이치가 이르지 않아 앎이
지극해지지 않았을 적에는 의(意)를 선으로 가득 차게 할 수 없고, 심(心)
을 바르게 할 수 없고, 신(身)을 닦을 수 없고, 가(家)를 균평히 다스릴
수 없다는 것이 아니다. 반드시 앎이 지극해진 뒤에라야 수기·치인하
는 데 비로소 그 도를 극진히 함이 있게 된다고 말한 것일 뿐이다. 만약
'반드시 앎이 지극해지기를 기다린 뒤에야 행할 수 있다.'고 한다면 어
버이를 섬기고 형을 따르며 윗사람을 받들고 아랫사람을 접하는 것은
사람이 살아가면서 하루도 폐지할 수 없는 것들이니, 어찌 나의 앎이
지극하지 않다고 해서 잠시 그만두었다가 앎이 지극해진 뒤에 행하는

---

6 治 : 원문의 '治'는 '修'의 오자이다.
7 知 : 원문의 '知'는 '至'의 오자이다.
8 知 : 원문의 '知'는 '至'의 오자이다.

것을 말할 수 있겠는가.”[9]라고 하였다. 이 점이 학문에 들어가는 초입에
미리 강론해야 할 것이다.

至於誠意 則自修之首也 與格致相爲明善誠身之要 誠身 尊德性也 明善
道問學也 兩者如車輪鳥翼 不可廢一 然以其行之序 則又先致知後誠意 程
子所謂苟無聖人之聰明睿智 而徒欲勉焉 以踐其行事之跡 則安能如彼之動
容周旋 無不中禮也哉者 此也

성의에 이르면 자수(自修)의 첫머리이다. 성의는 격물치지와 서로 명
선(明善) · 성신(誠身)의 요체가 된다. 성신은 존덕성이고, 명선은 도문학
이다. 이 둘은 수레의 두 바퀴, 또는 새의 두 날개와 같아서 어느 하나도
폐할 수 없다. 그러나 그것이 행하는 순서로써 말하면, 또한 치지(致知)
를 먼저하고 성의를 뒤로 한다. 정자(程子)가 이른바 “성인의 총명예지가
없이 그것을 힘쓰려고만 하여 성인들의 일을 행한 자취를 따라가기만
하면 어찌 능히 그분들이 움직이고 주선할 적에 예에 맞지 않음이 없었
던 것처럼 할 수 있겠는가.”[10]라고 한 것이 그런 것이다.

彼老子象山之學 專事德性 而遺却致知一邊 終歸陂淫不正之蔽 此又學
者之所當深察者也 知果至而意果誠 由是而往 則心欲其正 而無一念之或偏
身欲其修 而無一毫之或僞 四有五僻之病 自然消去 無不歸宿於中正矣 次
而及於家 則有父母妻孥焉 必先之以孝弟慈 何患家之不齊 又次而及於國
天下 則國天下不異於家 而興仁讓 戒貪暴 用絜矩 卽其治平之方法也 此所
謂明明德於天下而新民之極致也 聖人之德業 至此 無復加 而其用功 則又
不外乎敬之一字也

---

9 이는 주희의 『회암집』 권42 및 『민중이학연원고(閩中理學淵源考)』 권16에 보인다.
10 이 말은 『대학혹문』에 보인다.

저 노자(老子)·육상산(陸象山)의 학문은 오로지 존덕성만을 일삼고 도리어 치지(致知) 한 방면을 버려서 끝내 험하고 넘치고 바르지 못한 폐단으로 빠졌다. 이 또한 학자들이 깊이 성찰해야 할 바이다. 앎이 과연 지극해지고 생각이 과연 선으로 가득 차게 되어 이를 말미암아 갈 경우, 마음이 바르고자 하면 한 생각도 치우침이 없고, 몸이 닦고자 하면 털끝만큼도 거짓이 없고, 사유(四有)·오벽(五僻)의 병폐가 자연히 사라져서 중정(中正)한 데로 귀결되지 않음이 없을 것이다. 그런 다음 집안에 미치면 부모와 처자식이 있게 된다. 반드시 효제자(孝弟慈)로써 그들을 먼저 가지런히 하면, 어찌 집안이 균평히 다스려지지 않을 것을 걱정하겠는가. 또 그런 다음 나라와 천하에 미치면, 나라와 천하는 집안과 다르지 않아 인(仁)·양(讓)을 흥기하고, 탐학·포학을 경계하며, 혈구(絜矩)를 쓸 것이다. 그것이 곧 나라를 다스리고 천하를 평치하는 방법이다. 이것이 이른바 천하 사람들에게 그들의 명덕을 밝히게 하여 백성을 새롭게 하는 극치이다. 성인의 덕업이 이에 이르면 더할 것이 없게 된다. 그런데 그 노력을 기울임은 경(敬) 한 자에서 벗어나지 않는다.

【도표 해설】 이 그림은 삼강령·팔조목 및 육사(六事)를 주희의 설에 의거하면서도 저자의 견해에 따라 만든 것이다. 상단 좌우에 명명덕·신민을 배열하여 본·말로 삼았다. 조금 밑의 중앙에 명명덕·신민의 표적에 해당하는 지어지선을 써 넣었다. 그리고 그 옆에 지지(知止)로부터 능득(能得)에 이르는 육사를 표기하여 지어지선에 이르는 공효의 시·종임을 드러냈다.

지어지선 밑의 도표 중앙에는 '경(敬)' 자를 써 넣어 『대학』의 대지가 경임을 밝혔다. 그런데 명명덕·신민은 물론, 지지·능득을 모두 이 '경'

자에 선으로 연결시켰다.

'경' 자 밑에는 격물·치지의 '지(知)', 성의·정심·수신의 '행(行)', 제가·치국·평천하의 '추행(推行)'을 구별해 써 넣고 '경' 자로부터 모두 선으로 연결하였다. 팔조목의 밑에는 저자의 견해를 드러내는 요지를 써 넣었는데, 격물은 '즉물궁리(卽物窮理)'를, 치지는 사물의 이치가 내게 이르러 마음이 밝아진 것이라는 '물도심명(物到心明)'을 표기하였고, 성의 밑에는 '무자기(毋自欺)·신독(愼獨)'을, 정심 밑에는 '계사유(戒四有)'를, 수신 밑에는 '신오벽(愼五僻)'을, 제가 밑에는 '효제자(孝弟慈)'를, 치국 밑에는 '흥인양(興仁讓)·계탐포(戒貪暴)'를, 평천하 밑에는 '혈구(絜矩)'를 써 넣었다.

이 그림의 특징은 '경(敬)' 자를 특별히 강조하고 있다는 점, 팔조목을 셋으로 확연히 구분했다는 점, 팔조목의 요지를 자신의 견해로 드러냈다는 점 등이다. 그러나 전체적으로 주희의 설에 근거한 것이기 때문에 저자의 특별한 주장은 찾아보기 어렵다.

정호용(鄭灝鎔)의 대학도

【명칭】 대학도(大學圖)〈강목도(綱目圖)·기질도(氣質圖)〉

【출전】 『죽일집(竹逸集)』 권2

【작자】 정호용(鄭灝鎔, 1855-1935) : 자는 근여(謹汝), 호는 죽일(竹逸), 본관은 영일(迎日)이다. 부친은 정삼기(鄭三基)이고, 모친은 선산 임씨(善山林氏)로 임팔룡(林八龍)의 딸이다. 경상도 고성현 저산리(猪山里)에 살았다. 어려서부터 학문에 힘써 성리학에 전념하였고, 『소학』을 학문의 출발점으로 삼았다. 과거에 뜻을 두지 않고 평생 육경에 침잠하였으며, 남명(南冥) 조식(曺植)을 사모하여 사숙하였다. 이병태(李秉太)·정재규(鄭載圭)·최우순(崔宇淳)·최필학(崔必鶴)·제경근(諸慶根) 등과 교유하였다.

저술로는 6권 3책의 『죽일집(竹逸集)』이 있다. 경학 관계 자료로는 사서문답(四書問答)에 실린 「대학」〈대학도(大學圖)·대학도후설(大學圖後說)〉·「중용」〈중용도(中庸圖)·중용도후설(中庸圖後說)〉·「논어」·「맹자」 및 삼경총의(三經總義)에 실린 『시경』에 관한 「풍아송정변입시입종설(風雅頌正變入始入終說)」, 『서경』에 관한 「홍범해(洪範解)」·「육체편(六體篇)」·「기윤해(朞閏解)」·「선기옥형해(璿璣玉衡解)」, 『주역』에 관한 「하도천간도(河圖天干圖)」·「하도지지도(河圖地支圖)」·「하도간지도(河圖干支圖)」

·「낙서천간도(洛書天干圖)」·「낙서지지도(洛書地支圖)」·「낙서간지도(洛
書干支圖)」·「후천팔괘도(後天八卦圖)」·「선천팔괘도(先天八卦圖)」·「후천
괘시서도(後天卦時序圖)」·「선천괘절기도(先天卦節氣圖)」·「육십사괘원천
도(六十四卦圓天圖)」·「육십사괘방지도(六十四卦方地圖)」·「팔괘지상(八卦
之象)」·「육효지의(六爻之義)」 등이 있다.

【도표】 대학도(大學圖)〈강목도(綱目圖)〉

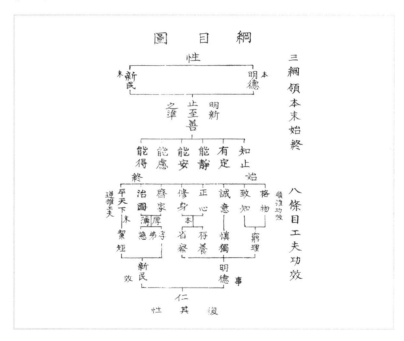

【도표 해설】 이 대학도는 강목도(綱目圖)·기질도(氣質圖) 둘로 되어 있
다. 강목도는 삼강령·팔조목의 요지를 도표로 만든 것이다. 상단 우측
에는 삼강령의 본말·시종에 대해 드러낸다는 의미를 써 넣었고, 하단
우측에도 팔조목의 공부·공효에 대해 드러낸다는 점을 밝혔다.

상단 중앙에 '성(性)' 자를 쓴 것이 다른 대학도와 다르다. 명명덕·신민을 좌우에 배열하고 하단 중앙에 지어지선을 쓴 것은 조선후기의 일반적인 경향을 그대로 반영한 것이다. 또한 지어지선 밑에 육사(六事)를 차례로 쓰고 시·종으로 표기한 것도 별다른 특색이 없다.

팔조목은 격물·치지를 묶어 '궁리(窮理)'라고 한 것, 성의의 핵심을 '신독(愼獨)'으로 뽑은 것, 정심·수신을 한데 묶어 '본(本)'이라 표기한 것, 평천하를 '말(末)'로 본 것, 제가·치국을 묶고 그 밑에 경일장의 '후박(厚薄)'을 써 넣은 것, 그리고 하단 중앙에 '인(仁)' 자를 쓰고 그 밑에 '복기성(復其性)'이라 표기하여 상하로 성(性)을 부각시킨 것 등이 저자의 독자적인 견해이다.

【도표】 대학도(大學圖)〈기질도(氣質圖)〉

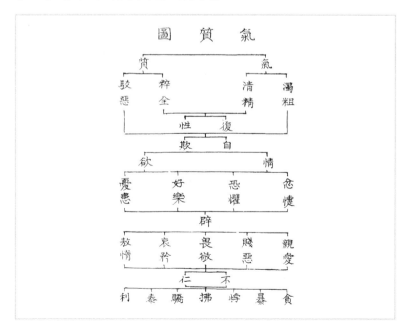

[도설] 대학도설후(大學圖說後)

　大學敎人復性之法 故經一章 先言明明德爲本 次言新民爲末 次言止至
善爲本末之準 是三綱領之義也 以知止爲始 而能得爲終 使學者 得止至善
之義也 陳八條目 而先言逆推工夫 示知行之驗 後言順推功效 示得止之序
也 修身爲本 而平天下爲末者 言正己而後治人也 以家爲所厚 而以國爲所
薄者 明先家而後國也

　『대학』은 사람을 가르쳐서 본성을 회복시키는 법이다. 그러므로 경일
장에서 먼저 명명덕이 본(本)이 됨을 말했고, 다음으로 신민이 말(末)이
됨을 말했고, 다음으로 지어지선이 본말의 준적(準的)이 됨을 말했으니,
이것이 삼강령의 뜻이다. 지지(知止)를 시작으로 삼고 능득(能得)을 끝으
로 삼은 것은, 학자들로 하여금 지어지선의 뜻을 얻게 한 것이다. 그
다음 팔조목을 펼쳐 먼저 역추공부(逆推工夫)를 말해서 지·행의 효험을
드러낸 뒤, 순추공효(順推功效)를 말해서 그칠 바를 얻는 차례를 드러내
었다. 수신(修身)이 본이 되고 평천하(平天下)가 말이 되는 것은 자기를
바르게 한 후에 남을 다스리는 것을 말한 것이다. 집안사람들을 후하게
할 대상으로 삼고, 나라 사람들을 박하게 할 바로 삼은 것은, 집안사람
들을 먼저 가지런히 한 뒤에 나라 사람들을 다스려야 함을 밝힌 것이다.

　傳十章 蓋曾子述孔子之言而釋其義 故前四章 統論綱領旨趣 而先釋三
綱領 次釋本末 以結之 後六章 細論條目工夫 則格物致知 窮理之事也 誠意
愼獨之事也 正心修身 存養省察之事也 齊家治國 孝悌慈之效也 平天下 絜
矩之效也 蓋格致誠正修者 明德之事也 齊治平者 新民之事也 平天下章 仁
一字 是能得止至善 而盡其性者也 蓋學者於道 但知而未能行 則書自書 我
自我 何益之有 愚於是書 妄以己意 逐章分釋 極知僭踰 然大凡天下之義理

不講則不明 覽者或有 以恕之也

　전문 10장은 증자가 공자의 말씀을 기술하면서 그 뜻을 풀이한 것인 듯하다. 그러므로 앞의 4장은 삼강령의 지취(旨趣)를 통론한 것으로, 먼저 삼강령을 풀이하고, 다음으로 본말을 풀이하여 결론을 지었다. 뒤의 6장은 팔조목의 공부를 세론(細論)한 것으로, 격물·치지는 이치를 궁구하는 일이고, 성의는 신독(愼獨)하는 일이고, 정심·수신은 존양(存養)·성찰(省察)하는 일이고, 제가·치국은 효(孝)·제(悌)·자(慈)의 공효이고, 평천하는 혈구(絜矩)의 공효이다.

　대개 격물·치지·성의·정심·수신은 명명덕의 일이고, 제가·치국·평천하는 신민의 일이다. 평천하장의 '인(仁)' 한 자는 능히 지극한 선에 머물게 됨을 얻어서 자기의 본성을 극진히 하는 것이다. 대체로 배우는 자가 도에 있어서 알기만 하고 능히 실천하지 못하면 책은 책대로 나는 나대로 따로 하게 되니, 무슨 유익함이 있겠는가. 내가 이 책에 대해서 망령되게 나의 의견으로 각 장마다 분석하였으니, 분수에 넘치는 일임을 잘 안다. 그러나 대체로 천하의 의리는 강명하지 않으면 밝아지지 않으니, 이 글을 읽는 사람들은 의혹이 있더라도 너그럽게 여기길 바란다.

【도표 해설】 이 「대학도-기질도」는 사람이 타고난 기품에는 청탁수박(淸濁粹駁)이 있다는 주희의 설에 근거하여, 기(氣)와 질(質)로 나누어 상단에 표기한 뒤, 기는 청정(淸精)과 탁조(濁粗)로, 질은 수전(粹全)과 박악(駁惡)으로 나누어 구별하고서 청정·수전을 부여 받은 사람은 본성을 회복하지만, 탁조·박악을 부여 받은 사람은 자기(自欺)를 하게 되어 정(情)과 욕(欲)에 분치(忿懥)·공구(恐懼)·호요(好樂)·우환(憂患)의 사

유(四有)의 마음이 생기게 되고, 또 편벽되어 친애(親愛)·천오(賤惡)·외
경(畏敬)·애긍(哀矜)·오타(敖惰)의 오벽(五僻)의 마음이 생겨서 불인(不
仁)하게 되어, 탐(貪)·포(暴)·패(悖)·불(拂)·교(驕)·태(泰)·이(利)를
따르게 된다는 점을 드러낸 것이다.

　　자기(自欺)는 성의장을 말하고, 사유(四有)는 정심장을 말하고, 오벽
(五僻)은 수신장을 말하며, 하단은 전문 제9장·제10장에 나오는 것들이
다. 이는『대학』의 성의·정심·수신을 중심으로 마음을 수양하는 문제
를 성리학의 기질(氣質)과 연관시켜 도표로 그린 독특한 그림이다.

김병종(金秉宗)의 대학도

【**명칭**】 제삼대학경일장도(第三大學經一章圖)

【**출전**】 『수산집(秀山集)』 권5

【**작자**】 김병종(金秉宗, 1871-1931) : 자는 한우(翰于), 호는 경암(警庵)·
수산(秀山), 본관은 의성(義城)이다. 부친은 김정락(金程洛)이고, 모친은
영양 남씨(英陽南氏)로 남유진(南有鎭)의 딸이다. 1871년 경상도 안동부
임동면(臨東面) 지례(知禮)에서 출생하였다. 어려서 종증조 김상수(金常
壽)에게 배웠고, 뒤에 족숙 김시락(金時洛)과 김흥락(金興洛)의 문하에 나
아가 수학하였다. 예학에 밝았다. 산수 유람을 좋아하여 명승을 두루
찾아다녔는데, 금강산을 유람하다가 1931년 졸하였다.

저술로는 9권 5책의 『수산집(秀山集)』과 『학림통록(學林通錄)』·『문소
가례(聞韶家禮)』 등이 있다. 경학 관계 자료로는 문집 잡저에 실린 「대학
연의차록(大學衍義箚錄)」과 「성학속도(聖學續圖)」에 실린 「제삼대학경일
장도 대학경일장(第三大學經一章圖 大學經一章)」·「제사중용도 중용편제(第
四中庸圖 中庸篇題)」·「중용편제(中庸篇題)」·「제오향당편도 향당편편제
(第五鄕黨篇圖 鄕黨篇篇題)」·「제팔사물잠도 사물잠(第八四勿箴圖 四勿箴)」
과 독서만록(讀書漫錄)에 실린 「논어」·「맹자」·「시전」·「서전」·「예기」
·「춘추」 등이 있다.

【도표】 제삼대학경일장도(第三大學經一章圖)

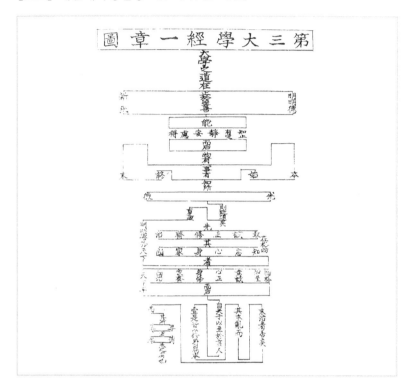

【도설】 大學經一章 乃傳十章之根本 而經之中 又自相總會 自相關鎖 第一節三句 卽所謂綱領 而統夫八條目者也 知止以下五者 是功效次第 而其下文 乃所以結上節之意 第二節八句 卽所謂條目 而屬於三綱領者也 上文六箇先字 是逆推而工夫也 下文七箇后字 是順推而功效也 其下兩節 又所以先就工夫中 拈出修身 而正結之 後就功效中 拈出身與家 而反結之也 今又排列爲圖 以與小學題辭相對云

이『대학』경일장은 전문 10장의 근본으로, 경문 속에 또 절로 한데 모이기도 하고 닫아 잠그기도 한다. 경문 제1절의 3구는 이른바 삼강령

으로, 팔조목을 통솔하는 것이다. 지지(知止) 이하 다섯 가지 일¹은 공효
의 순서이고, 그 아래 문장은 윗 절의 뜻을 맺는 것이다. 제2절의 8구는
이른바 팔조목으로, 삼강령에 소속되는 것이다. 위의 6개 '선(先)' 자는
역추(逆推)한 것으로 공부이다. 아래의 7개 '후(后)' 자는 순추(順推)한
것으로 공효이다. 그 아래 2절은 우선 공부 가운데서 '수신'을 뽑아 바르
게 맺은 후 공효 가운데서 '신(身)'·'가(家)'를 뽑아 돌이켜 맺은 것이다.
지금 이를 배열하여 그림을 만들어 「소학제사(小學題辭)」와 상대가 되게
하였다.

【도표 해설】 이 도표는 저자가 이황의 「성학십도」를 본받아 그린 「성
학속도(聖學續圖)」의 제3도 대학도로 경일장의 요지를 도표로 그린 것
이다.

삼강령을 상단에 나란히 쓰되 지어지선을 중앙에 둔 것이 독특하
다. 그리고 그 밑에 육사(六事)를 연결해 놓았다. 다시 그 밑에 경일장
제3절의 요지인 본말·시종을 드러냈고, 그 밑에 팔조목의 역추공부
와 순추공효를 차례로 드러냈으며, 마지막에는 경일장 제6절·제7절
을 선으로 연결해 그려 넣었다.

이 그림은 지어지선을 삼강령의 중앙에 나란히 배열한 것이 특징이
다. 그 외는 모두 주희의 설에 근거한 것으로 별다른 특징이 없다.

---

1 다섯 가지 일 : 경문 제2절에 보이는 정(定)·정(靜)·안(安)·려(慮)·득(得)을 가리
   킨다.

설태희(薛泰熙)의 대학도

【명칭】 체용극칙도설(體用極則圖說)·팔차서구별도설(八次序區別圖說)

【출전】 『대학신강의(大學新講義)』

【작자】 설태희(薛泰熙, 1875-1940) : 1875년 함경남도 단천에서 출생하였다. 호는 오촌(梧村)이며, 소오(小梧) 설의식(薛義植, 1901-1954)의 부친이다. 어려서 서당에 들어가 한문을 배웠다. 12세 때 양친을 잃고 친척집에서 성장하였으며, 약업에 종사하였다. 1906년 대한자강회(大韓自强會) 설립에 참여하였다. 1908년부터 갑산군수(甲山郡守)·영흥군수(永興郡守)를 역임했다. 일본이 나라를 빼앗자 관직을 사임하고 유학 연구에 몰두하여 「이기변(理氣辯)」·「태극변(太極辯)」·『대학신강의(大學新講義)』·『학림소변(學林小辯)』 등을 저술하였다. 설태희의 학문 연구는 성리학 비판과 유교 개혁에 초점이 맞추어졌다. 그래서 그를 개신유학자라 부른다. 『대학신강의』에 농암 김창협의 설을 인용한 것이 종종 보이는 바, 함경도에 뿌리를 내린 농암 계열의 학맥을 계승한 것으로 보인다.

설태희는 이준 열사 등과 함께 함경도 애국계몽단체인 한북흥학회(漢北興學會)를 조직하여 활동하였고, 조선물산장려운동 및 소비조합 설립 운동을 통해 점진적으로 사회를 개조해야 한다고 주장하였다.

『대학신강의』는 1권 1책 분량으로, 그의 아들이 연활자로 간행한 것인데, 현재 국립중앙도서관에 소장되어 있다.(古朝09-가14)

【도표】 체용극칙도(體用極則圖)

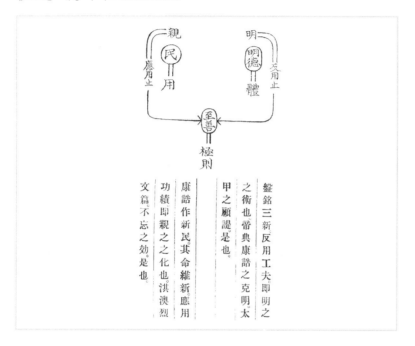

【도설】 盤銘三新 反用工夫 卽明之之術也 帝典康誥之克明 太甲之顧諟 是也 康誥作新民 其命維新 應用功績 卽親之之化也 淇澳烈文篇 不忘之效 是也 此之謂君子無所不用其極也

탕지반명(湯之盤銘)의 세 '신(新)' 자는 반용공부(反用工夫)니, 곧 그것을 밝히는 술법으로, 「제전(帝典)」·「강고(康誥)」의 '극명(克明)'과 「태갑 (太甲)」의 '고시(顧諟)'가 그것이다. 「강고」의 '작신민(作新民)'과 『시경』 의 '기명유신(其命維新)'은 응용공적(應用功績)이니, 곧 그것을 친히 하는 교화로, 『시경』「기욱(淇澳)」·「열문(烈文)」의 백성들이 그를 잊지 못하는 효험이 그것이다. 이것을 일러 '군자는 어느 곳인들 그 지극함을 쓰지 않음이 없다.'고 하는 것이다.

明德者 良知 素仁 兼其義也 設之則其爲物 如明鏡照物 應物無僞 隨現照之 照則通 通則親矣 蔽卽塞 塞則疎矣 親疎通塞 乃是仁不仁之標幟 則苟有明明德 而其用之不親者 無矣 民者 衆庶之義 卽人與事物 代表之言也 至善者 正心處也 此心之格于物 而了致誠正時 修身作矣 而齊治平推矣 故謂之正心 至善 本體 卽厥中 是也

명덕은 양지(良知)와 소인(素仁)이 그 뜻을 겸한다. 그것을 베풀면 밝은 거울이 사물을 비추는 것과 같아 물체에 조응하여 거짓이 없고, 나타나는 바를 따라 그것을 비춘다. 비추면 통하고, 통하면 친하게 된다. 가려지는 것은 곧 막히는 것이니, 막히면 소원하게 된다. 친하고 소원함과 통하고 막힘이 바로 인(仁)·불인(不仁)의 표식이니, 명덕을 밝힘이 있는데도 그 쓰임이 친하지 않는 경우는 없다. 민(民)은 많다는 뜻이니, 곧 사람과 사물이 대표적인 말이다. 지선(至善)은 정심처(正心處)이다. 이 마음이 사물에 나아가 치지(致知)·성의(誠意)·정심(正心)을 완료한 시점에 수신(修身)이 일어나고, 제가·치국·평천하가 미루어 행해진다. 그러므로 정심이라고 하는 것이다. 지선은 본체로, 곧 '윤집궐중(允執厥中)'의 '궐중'이 그것이다.

或問曰 盤銘三新 旣云反用工夫 則周政二新 亦是政化所及 而自新推新之功 說不出五新字範圍也 且以治化上用力言之 在位臨民之道 但以親爲主則不無牽愛蔽寵之嫌 而不若使之去其舊染之汚 以作自新之民 故伊川據此

五新字 而以親作新 似無差誤也 又金農巖所辯曰 親者 養也 新者 敎也 論
二字輕重 敎該養而養不該敎云云 是說亦近理 何如

혹자가 묻기를 "탕지반명의 세 '신(新)' 자에 대해 이미 반용공부라
하였습니다. 주(周)나라 정사를 말한 「강고」의 '작신민(作新民)'과 『시
경』의 '기명유신(其命維新)'도 정치교화가 미친 바로서, 자신(自新)과 추
신(推新)[1]의 공력은 그 설이 다섯 자의 '신(新)' 자 범위에서 벗어나지
않습니다. 또한 정치교화의 측면에서 용력(用力)으로 말한다면 재위자
가 백성들에게 임하는 도는 단지 친(親)으로써 주를 삼으니, 자애에 끌
리고 총애에 가려질 혐의가 없지 않습니다. 그러니 그것은 그들로 하
여금 예전에 물든 더러운 습관을 제거하여 스스로 새로워지는 백성이
되게 하는 것만 못합니다. 그러므로 정이천(程伊川:程頤)은 이 다섯 자
의 '신(新)' 자에 의거하여 삼강령의 '친민(親民)'의 '친(親)'을 '신(新)'으
로 여겼으니, 착오가 없는 듯합니다. 또한 김농암(金農巖)[2]이 논변한
설에 '친(親)은 기른다[養]는 뜻이고, 신(新)은 가르친다[敎]는 뜻이다.
이 두 자의 경중을 논하면 교(敎) 자는 양(養) 자를 포함하지만, 양(養)
자는 교(敎) 자를 포함하지 않는다.'고 하였습니다. 이 설이 또한 이치
에 가까운 듯하니, 어떻습니까?"라고 하였다.

著者曰 親字義 愛也 近也 新字義 初也 鮮也 革舊也 今假革一弊 而欲新
之 則其心必先惻怛乎舊弊之爲瘼 而用革之術矣 此非用親而爲新者耶 尙
復有以新該親之惑乎 設以敎養二字 比之輕重 對父兄 聞奉養之爲孝悌 未

1 자신(自新)과 추신(推新) : 자신은 『대학장구』 전 제2장 제1절의 탕지반명을 말하고,
  추신은 제2절과 제3절의 민신(民新)·국신(國新)을 말한다.
2 김농암(金農巖) : 조선 중기 문인 학자인 농암(農巖) 김창협(金昌協, 1651-1708)을 말함.

聞敎導之爲孝悌 大禹謨曰 德惟善政 政在養民 尙復有以敎該養之惑乎 況
其親字 非可以養字比者乎 蓋親天親地親人親物 其體與天地同類 而其用與
天地同道也 所以與天地參而贊其化育也 何得區區小小輕重比附耶 此等偏
見 滔滔以蔽聖學者 久矣 證諸六經 在易乾之文言曰 本乎天者 親上 本乎地
者 親下 所以天與火同人 而象有君子以類族辨物之解 地上有水比 而象有
先王以建邦設都以親諸侯之釋 周禮大宗伯曰 以賓禮親萬邦 樂記曰 合父子
君臣附親萬民 堯典曰 克明峻德 以親九族 舜典曰 帝曰 契 百姓不親 五品
不遜 汝作司徒 敬敷五敎 五子之歌曰 民可近 不可下 大戴禮主言孔子答曾
子問曰 吾語汝道者 所以明德也 德者 所以尊道也 是故非德不尊 非道不明
又曰 上之親下也 如腹心 則下之親上也 如保子之見慈母也 上下之相親 如
此 然後令則從 施則行 其諸五倫中 義別序信 皆親一字分說也 凡應事接物
之道理 皆是用親一味也 故體明德而用親者 於天地 則是自然之理也 於人
則是本能之性也 不可以私意小智能使之左右者也

저자는 다음과 같이 답하였다.

"'친(親)' 자의 뜻은 사랑한다[愛]·가깝다[近]는 것이며, '신(新)' 자의
뜻은 처음[初]·신선하다[鮮]는 것이니, 예전의 오염을 혁신한다는 말입
니다. 가령 한 가지 폐단을 혁신하여 새롭게 하고자 하면, 그 마음은
반드시 예전의 폐단이 병폐가 된 것을 먼저 슬퍼하고서 혁신의 방법을
쓰는 것입니다. 이것이 친(親)을 써서 신(新)을 하는 것이 아니겠습니까?
그렇지만 오히려 '신(新)' 자로써 '친(親)' 자를 포함하는 의혹이 있습니
다. 설령 '교(敎)'·'양(養)' 2자로써 경중을 비교하면, 부형(父兄)에 대해
봉양하는 것이 효제(孝悌)가 된다는 말은 들어보았지만, 교도(敎導)가
효제가 된다는 말은 들어보지 못했습니다. 『서경』「대우모(大禹謨)」에
'덕은 오직 정치를 선하게 하고 정치는 백성을 기르는 데 있다.'고 하였

으니, 오히려 교(敎)로써 양(養)을 포함하는 의혹이 있습니다. 더구나
그 '친(親)' 자는 '양(養)' 자로써 비교할 수 있는 것이 아닌 데 있어서이겠
습니까? 대개 친천(親天)·친지(親地)·친인(親人)·친물(親物)은, 그 본
체는 천지와 유형을 같이하고, 그 작용은 천지와 도를 같이합니다. 그
러므로 '천지와 더불어 참여해 셋이 되어 그 화육(化育)을 돕는다.'³고
한 것이니, 어찌 구구하고 소소하게 경중을 비교할 수 있겠습니까?
　이러한 편견이 도도하게 성학(聖學)을 가려버린 지 오래되었습니다.
육경에서 증험해 보면 다음과 같습니다. 『주역』 건괘(乾卦) 문언(文言)에
'하늘에 근본한 자는 위에 친하고, 땅에 근본한 자는 아래에 친한다.'고
하였습니다. 그러므로 천(天)과 화(火)가 합한 것이 동인괘(同人卦)인데,
이 괘의 상사(象辭)에 '군자는 이 괘의 상을 써서 족속을 같이 하고 사물
을 분변한다.'는 해석이 있습니다. 또 수(水)와 지(地)가 합한 것이 비괘
(比卦)인데, 이 괘의 상사에 '선왕이 이 괘의 상을 써서 나라를 세우고
수도를 개설하며 제후를 친히 한다.'⁴는 해석이 있습니다. 또 『주례』
「대종백(大宗伯)」에는 '빈례(賓禮)로써 만방을 친히 한다.'고 하였고, 『예
기』 「악기(樂記)」에는 '부자와 군신을 합하여 만민에 붙여 친히 한다.'고
하였고, 『서경』 「요전(堯典)」에는 '능히 큰 덕을 밝혀 구족을 친히 한다.'
고 하였고, 「순전(舜典)」에는 '순임금이 말씀하시기를, 설(契)아, 백성이
친히 하지 않고 오품(五品)⁵이 순조롭지 않다. 네가 사도(司徒)가 되었으
니, 공경히 오교(五敎)를 펴되 〈관대하게 하거라.〉'라고 하였고, 「오자
지가(五子之歌)」에는 '백성은 가까이 해야지, 낮추어 보아서는 안 된다.'

3　이는 『중용장구』 제22장에 보이는 말이다.
4　이는 비괘(比卦) 상사(象辭)에 보이는 말인데, 『주역』에는 '先王 以 建萬國 親諸侯'로
　되어 있다.
5　오품(五品) : 부자·군신·부부·장유·붕우 다섯 가지 명위(名位)의 등급을 말함.

고 하였고, 『대대례(大戴禮)』「주언(主言)」에서는 공자가 증자의 질문에
답하여 말씀하시기를 '내가 너에게 도를 말하는 것은 덕을 밝히는 것이
다. 그리고 덕은 도를 높이는 것이다. 그러므로 덕이 아니면 높지 않고,
도가 아니면 밝지 않은 것이다.'라고 하였고, 또 말씀하시기를 '윗사람
이 아랫사람을 친히 하는 것이 복심(腹心)과 같으면 아랫사람이 윗사람
을 친히 하는 것은 보호 받는 자식이 자애로운 어머니를 보는 것과 같
다. 상하가 서로 친함이 이와 같은 뒤에야 윗사람이 명령을 내리면 아랫
사람이 따르고, 윗사람이 어떤 일을 시행하면 아랫사람들이 행하는 것
이다.'라고 하였습니다. 그러니 오륜 가운데 군신유의·부부유별·장
유유서·붕우유신도 모두 부자유친의 '친(親)' 한 자에서 분화된 설인
듯합니다.

무릇 응사접물하는 도리는 모두 이 '친(親)' 자를 써야 의미를 하나로
할 수 있습니다. 그러므로 명덕을 본체로 하고 친(親)을 작용으로 한
것입니다. 천지에 있어서는 이것이 자연의 이치이고, 사람에게 있어서
는 이것이 본능의 본성입니다. 그러니 사사로운 의견이나 작은 지혜로
써 능히 이리저리 해석해서는 불가합니다.”

又問曰 然而明明德親民之實證 皆在五帝三王 則大學之道 求其政治上
在位者外 似難徵其功也 何如

또 혹자가 묻기를 “그러나 명명덕·친민의 실증은 모두 오제(五帝)·
삼왕(三王)에 있으니, 대학의 도는 정치적인 측면에서 지위에 있는 자에
게서 구하는 것 외에는 그 공효를 징험하기 어려울 듯합니다. 어떻게
생각하십니까?”라고 하였다.

日 不是 尙用力于自心體認之 故一向糢糊 如是也 若有河漢洋洋 力能浮
巨舶 則水者 謂之有力之物 有細川 力不能轉拳石 則水者 謂之無力之物者
可乎 同一之水 而殊其分量之多寡而已 帝王庶民 同一其性 而其人之用力
有無 其位之階級尊卑 自有事功之廣狹差等而已 其理 則原是同也 顔子所
謂舜何人 予何人 是也 然而聖人以斯道詔後世也 引五帝三王之事而實其證
者 爲示此道之篤恭而天下平底功能也 表面上 似是專言政治 然其道不特其
得位 然後行也 故經曰 自天子 以至於庶人 壹是皆以修身爲本 何等明白 何
等簡易乎

저자는 답하기를 "옳지 않습니다. 오히려 스스로의 마음으로 그 점을 체인하는 데 힘을 써야 하기 때문에 한결같이 이처럼 모호한 것입니다. 그 힘이 능히 큰 배를 뜨게 할 수 있는 넓고 넓은 황하·한수(漢水) 같은 물이 있다면 그 물은 힘이 있는 물체라고 말할 것입니다만, 그 힘이 주먹만한 돌도 굴릴 수 없는 작은 시내라면 그 물은 힘이 없는 물체라고 말하는 것이 옳겠습니까? 이는 동일한 물인데 그 분량의 많고 적음이 다를 뿐입니다. 제왕과 서민은 그 본성이 동일합니다만, 그들의 용력(用力)에 유무가 있고, 그들의 지위에 계급과 존비가 있어서 저절로 사공(事功)이 넓고 좁은 차등이 있을 따름입니다. 그 이치는 원래 동일합니다. 안자(顔子:顔回)가 이른바 '순임금은 어떤 사람이며, 나는 어떤 사람인가?'[6]라고 한 말이 바로 그것입니다.

그러나 성인은 이 도를 가지고 후세 사람들을 교화시킨 분입니다. 오제·삼왕의 일을 인용해 그 증거를 실증한 것이 이 도가 공손함을 돈독히 하여 천하가 평치되었다[篤恭而天下平][7]는 공능(功能)을 보인 것이

6 이 문구는 『맹자』「등문공 상」에 보인다.
7 이 문구는 『중용장구』 제33장에 보인다.

됩니다. 표면상으로는 오로지 정치를 말한 듯하지만, 그 도는 그가 지위를 얻은 뒤에 행하는 것일 뿐만이 아닙니다. 그러므로『대학』경문에 '천자로부터 서인에 이르기까지 일체 모두 수신으로 근본을 삼는다.'고 한 것이니, 얼마나 명백하고 얼마나 간결하고 쉬운 말입니까?"라고 하였다.

【도표 해설】 이 도표는 정이와 주희가 친민(親民)을 신민(新民)으로 바꾸어 해석한 설을 따르지 않고, 친민으로 해석하면서 '친(親)' 자의 의미가 '신(新)' 자보다 더 포괄적인 점을 집중 조명하는 논지를 전개하는 바탕 위에서 그려진 것이다.

도표는 비교적 간결하지만, 명명덕과 친민을 두 축으로 하여 명명덕을 본체로, 친민을 작용으로 보고서 명명덕의 반용공부(反用工夫)와 친민의 응용공적(應用功績)을 통해 지선(至善)의 경지에 이르는 것을 드러내고 있다. 그리고 지선을 인간의 표준으로 보아 극칙(極則)으로 표기하고 있다. 명명덕에 속한 다섯 조목을 반용의 공부로 본 점, 친민에 속한 세 조목을 응용의 공적으로 본 점이 이 도표의 특징이며, 저자의 독창적인 설을 단적으로 드러내준다.

【도표】 팔차서구별도(八次序區別圖)

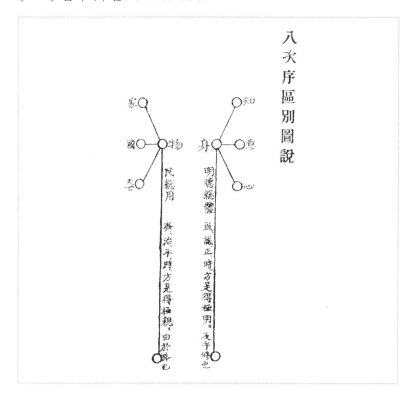

【도설】 此之謂自天子 以至於庶人 壹是皆以修身爲本也

　　이는 '천자로부터 서인에 이르기까지 일체 모두 수신으로 근본을 삼
는다.'는 것을 말한 것이다.

　　身者 視聽臭味觸五官之總名 卽人身全體之謂也 物者 我外一般之謂也
玆有父身一個 對子行慈愛之道 則子爲物也 子身一個 對父行奉養之道 則
父爲物也 然而大學格致之本義 其用法條理 須要得知行合一也 不是則支離
汗漫 不復見得誠意之實矣 假令以父對其子 而憫其愚 則使之讀書 憫其粗

率 則使之習禮矣 憫其愚與粗率者 自是慈愛中所感覺而發憫者矣 知此爲憫
故卽使之讀書習禮也 卽使之讀書習禮者 是知此之意誠矣 此意正矣 此誠正
矣 而此身修矣 此身修之 而方是父慈之道成也 以子對其父 而恐或違令 則
以之養志 恐或未豫 則以之定省矣 恐其違令與未豫者 自是奉養中所感覺而
生恐者矣 知此爲恐 故卽以養志定省也 卽以之養志定省者 是知此之意誠矣
此意誠矣 而此心正矣 此心正矣 而此身修矣 此身修之 而方是子孝之道成
也 然而致其知 而有未行者 此則懈怠所以暴棄者矣 故傳曰 如惡惡臭 如好
好色之喻 正謂此知行上用工也 實其知 如好好色 懲其蔽 如惡惡臭 則其意
必誠 毋自欺矣 此所謂知行合一也 凡事凡物之能成就者 莫不由致此知 誠
此意 則其所以齊治平者 安有不由其篤恭乎 若將不告了格一物 致一知 實
之之工 而就諸事事物物上 求知求行 則其與知行合一 相距遠 而大學格致
之功 幾乎無徵矣

신(身)은 보고 듣고 냄새 맡고 맛보고 촉감하는 다섯 감각기관을 총칭
하는 명칭이니, 곧 사람의 몸 전체를 말하는 것이다. 물(物)은 나 이외의
모든 것을 말하는 것이다. 여기에 아비라는 한 존재가 있다고 하자.
그가 자식에 대해 자애의 도리를 행하면 자식은 물(物)이 된다. 또 자식
이라는 존재가 아비에 대해 봉양의 도리를 행하면 아비는 물이 된다.
그러나 『대학』의 격물치지의 본뜻은 그 용법과 조리가 모름지기 지행합
일을 다 포함해야 한다. 그렇지 않으면 지리하고 범범하여 다시는 성의
의 실체를 볼 수가 없다. 가령 아비로서 자기 자식을 대할 때 자식의
어리석음을 걱정한다면 자식으로 하여금 독서를 하게 해야 하며, 자식
의 행실이 거친 점을 걱정한다면 자식으로 하여금 예를 익히게 해야
한다. 자기 자식이 어리석고 행실이 거친 것을 걱정하는 것은 부모의
자애로운 마음속에서 느끼고 깨달아 걱정을 하는 것이다. 이를 알고

걱정을 하기 때문에 자식으로 하여금 독서를 하게 하고 예를 익히게 하는 것이다. 그러니 독서하고 예를 익히게 하는 것은 이를 아는 생각이 정성스러워진 것이다. 이 생각이 바르고 이 정성이 바르게 되면 이 몸이 닦여진다. 이 몸이 그 점을 닦으면 바야흐로 아비로서 자애하는 도리가 완성된다.

자식으로서 아비를 대할 적에 명령을 어길까 두려워하면 그런 마음으로 자신의 의지를 기르게 되고, 아비의 마음을 기쁘게 해드리지 못할까 두려워하면 그것으로써 혼정신정(昏定晨省)을 하게 된다. 그 명령을 어길까 두려워하고 기쁘게 해드리지 못할까 두려워하는 것은 봉양하는 가운데 느끼고 깨달아서 두려움이 생기는 것이다. 이를 알면 두려워하게 된다. 그러므로 곧 그로써 의지를 기르고 혼정신성하게 된다. 그런 마음으로 의지를 기르고 혼정신성하는 것이 곧 이를 아는 생각이 정성스러워진 것이다. 이 생각이 정성스러워지면 이 마음이 바르게 된다. 이 마음이 바르게 되면 이 몸이 닦여진다. 이 몸이 그 점을 닦으면 바야흐로 자식으로서 효도하는 도리가 완성된다.

그러나 그 앎을 극진히 하면서도 실행하지 못하는 점이 있는 것은 게을러서 자포자기하기 때문이다. 그러므로 『대학장구』 전문에 '악을 미워하기를 악취를 싫어하듯이 하고, 선을 좋아하기를 아름다운 이성을 좋아하듯이 하라.'는 비유를 말한 것이니, 바로 이는 지(知)・행(行) 위에서 공부를 해야 함을 말한 것이다. 그 앎을 성실하게 하기를 아름다운 이성을 좋아하듯이 하고, 그 폐단을 징창하기를 악취를 싫어하듯이 하면 그 생각이 반드시 성실해져서 자신을 속이는 일이 없을 것이니, 이것이 이른바 지행합일이라는 것이다.

모든 사물이 능히 성취되는 것은 이 앎을 극진히 함을 말미암지 않음이 없다. 이 생각을 성실히 하면 제가·치국·평천하하는 것에 어찌 공손함을 돈독히 함을 말미암지 않음이 있겠는가? 만약 한 사물에 나아가 한 가지 앎을 극진히 하여 그 생각을 성실히 하는 공부를 완료하지 않고서 사사물물에 나아가 앎을 구하고 실행을 구한다면 그것은 지행합일과 거리가 멀 것이다. 그러니 『대학』의 격물치지의 공효는 거의 징험함이 없는 데 가까울 것이다.

或問曰 朱子補說曰 言欲致吾之知 在卽物而窮其理也 惟於理 有未窮 故其知有不盡也 是以 大學始敎 必使學者卽凡天下之物 莫不因其已知之理而益窮之 以求至乎其極 至於用力之久 而一朝豁然貫通焉 則衆物之表裏精粗 無不到 而吾心之全體大用 無不明矣 此說之要 久當究天下萬物之理而蓄積我知識 然後始得一朝豁然貫通 而可能格致云 貴說則須要格一物致一知 告了一段可也 又最喫緊道知行合一之要 兩說相遠 何如

혹자가 질문하기를 "주자가 보망(補亡)한 설에 '말하자면, 나의 앎을 극진히 하고자 하면 사물에 나아가 그 이치를 궁구하는 데 달려있다. 오직 이치에 대해 우리가 아직 궁구하지 않은 바가 있기 때문에 그 앎에 극진하지 않은 점이 있는 것이다. 그러므로 대학에서 처음 가르칠 적에 반드시 학자들로 하여금 모든 천하의 사물에 나아가 자기가 이미 알고 있는 이치를 인해 더욱 궁구하여 그 지극한 경지에 이르길 구하지 않음이 없게 하였다. 이에 힘쓰기를 오래하여 하루아침 환히 이치를 꿰뚫어 아는 데 이르면 모든 사물의 표리(表裏)·정조(精粗)가 나에게 이르지 않음이 없게 되고, 내 마음의 전체(全體)·대용(大用)이 밝아지지 않음이 없게 될 것이다.'라고 하였습니다. 이 설의 요점은 오래도록 천하 만물의 이치를 궁구하여 나의 지식을 축적한 뒤에라야 비로소 하루아침 환히 이치를 관통하게 되어 능히 격물치지를 할 수 있다는 말입니다. 그런데 귀하의 설은 모름지기 한 사물의 이치에 나아가 한 가지 앎을 극진히 하여 한 단락을 완료하길 구하는 것이 옳다는 것입니다. 또 지행합일의 중요성을 매우 강조해 말씀하였습니다. 귀하의 설은 주자의 설과 서로 거리가 머니, 어찌 생각하십니까?"라고 하였다.

著者曰 然故 此書之作 萬不得已出矣 然故 余謂之知我罪我 唯在斯學之闡明與否耳 然故 時儒謂我背程朱也 盖伊川之誤新字 晦庵之疑知字者 皆由於重用而輕體 緊乎外而歇乎內故也 夫體用道理 原是一般 而須要其先後本末而已 不須要其輕重緊歇也 設以輕重緊歇言之 物之爲言者 出於我 而無我則不可以言物矣 重在我而輕在物 緊在內而歇在外也 以聲色言之 寓我目而始能辨色 屬我耳而始能知聲 若無此目此耳 則聲色者 安得以爲說乎 致知在格物爲言者 不格物則我知無可致處也 不致此知 意獨據何以誠乎 所以辨物在求我心理 不在物上窮理也 故謂之格一物 致一知 誠一意 正一心 而方是得此身修之焉 孝悌忠信利物幹事 許多作爲 莫不個個 告了一段成矣 若此說不是 則今日致孝悌之知而蓄之 明日致忠信之知而蓄之 又明日致利物幹事之知而蓄之 如是而蓄一年 然後久當見一朝豁然貫通之時 而始能得行孝悌忠信利物幹事之道 可乎 可謂語不成說 而捕風捉影也

저자는 이에 대해 다음과 같이 답하였다.

"그렇기 때문에 내가 이 책을 지은 것은 참으로 어쩔 수 없는 데서 나온 것입니다. 그렇기 때문에 내가 '나를 알아줄 것도 나를 죄줄 것도 오직 이 학문을 천명하느냐 그렇지 못하느냐에 달려있다.'고 말하는 것입니다. 그렇기 때문에 당시 유학자들이 '내가 정자와 주자를 저버렸다.'고 말하는 것입니다.

　대개 '친(親)' 자에 대해 정이천이 '신(新)' 자의 오자로 보고, 주회암(朱晦庵:朱熹)이 '지(知)' 자가 아닐까 의심한 것은 모두 용(用)을 중시하고 체(體)를 경시하며, 밖을 긴요하게 여기고 안을 소홀하게 여겼기 때문입니다. 무릇 체용의 도리는 원래 같은 것이니, 그 선후와 본말을 구할 뿐, 그 경중과 긴헐(緊歇)은 따질 필요가 없습니다. 설령 경중과 긴헐로 말하더라도 '물(物)'이라는 것은 나에게서 나오는 것이어서 내가 없으면 나에게서 나오지 않으니, 내가 없으면 물을 말할 수 없습니다. 중점이 나에게 있고 가벼운 점은 물에 있으며, 긴요한 점이 안에 있고 소홀한 점은 밖에 있습니다. 성색(聲色)으로써 말하자면, 나의 눈에 닿아야 비로소 색을 분별할 수 있고, 나의 귀에 접해야 비로소 소리를 알 수 있습니다. 만약 이 눈과 귀가 없다면 소리와 색깔이 어찌 설이 될 수 있겠습니까?

　'치지(致知)가 격물(格物)에 있다.'고 말하는 것은, 물에 나아가지 않으면 나의 앎을 극진히 할 곳이 없기 때문입니다. 이 앎을 극진히 하지 않으면 의(意)가 유독 어디에 근거해 성실해질 수 있겠습니까? 그러므로 사물을 분변하는 것은 내 마음의 이치를 구하는 데 달려있지, 사물 위에서 이치를 궁구하는 데 달려있지 않은 것입니다. 그러므로 한 사물에 나아가 한 가지 앎을 극진히 하고, 한 생각을 성실히 하여 한 마음을 바르게 해야 바야흐로 이 몸이 닦여질 수 있다고 말하는 것입니다.

　효제(孝悌)·충신(忠信)·이물(利物)·간사(幹事) 등 허다한 행위는 개개의 것 아닌 것이 없으니, 한 단락을 완료해야 완성되는 것입니다. 만약 이 설이 옳지 않다면, 오늘 효제의 앎을 극진히 하여 축적하고, 내일 충신의 앎을 극진히 하여 축적하고, 또 그 다음날 이물·간사의 앎을 극진히 하여 축적해서, 이와 같이 1년을 축적한 뒤에 오랜 시간이 지나 하루아침에 환히 관통하는 때를 보아야 비로소 효제·충신·이물·간사의 도리를 터득하고 행할 수 있다고 하는 것이 옳겠습니까? 이는 어불성설로 바람을 잡고 그림자를 잡는 허황된 설이라 할 수 있습니다.

噫 儒學之所可貴者 以其實踐 而人之所宗儒學者 亦以其實道之可踐履也 人將以彼汗漫無稽之說 務欲節辯而挾勝 則吾恐其所勝 未有不自招其窮也 盖孝悌忠信利物幹事等事 皆人生日用彝倫中事 而此等事 要久當見一朝豁然貫通 然後行之 則其所以日用之意義 在何耶 言必稱日用彝倫 而推諉於久當見 則此豈非自招其窮之失歟 盖貫通者 非不有之 而吾於鳶飛魚躍等事 則喩之 其以念頭閃忽者 知以豁然貫通者 則所不喩矣 大抵此等豁然 有之 何益於吾人日用彝倫中事歟 此所謂汗漫支離 使後學 不得要領 而終歲懷疑 甚至厭此而就彼 其不活潑不實用 孰有甚於此哉 且一朝豁然貫通 則無復蒙蔽之憂乎

아! 유학에서 귀히 여길 수 있는 것은 그것이 실천할 수 있기 때문이며, 사람들이 유학을 으뜸으로 여기는 것도 그 실제의 도리를 실천할 수 있기 때문입니다. 사람들이 저 한만하고 상고할 수 없는 설을 가지고 수식하고 변론하며 근거하여 이기기를 힘쓴다면, 나는 그들이 이기는 바가 스스로 자신의 곤궁함을 초래하지 않음이 없을까 염려스럽습니다.

대개 효제·충신·이물·간사 등의 일은 모두 사람이 일상생활 속에서 행하는 떳떳한 인륜의 일입니다. 그런데 이런 일이 오랫동안 노력해서 하루아침 환히 관통하는 경지를 본 뒤에야 행할 수 있기를 구하면, 그들이 일상생활 속에서 적용하는 의의가 어디에 있겠습니까? 말을 하면 반드시 일상생활 속의 떳떳한 인륜이라 하면서, 오랫동안 노력해서 그 이치를 꿰뚫어 보아야 한다는 데로 미루어 돌리면, 이 어찌 자신의 곤궁함을 스스로 초래하는 잘못이 아니겠습니까?

대개 관통(貫通)이란 그런 경지가 없는 것은 아닙니다. 우리가 '솔개가 날아서 하늘에 이르고 물고기가 연못에서 뛰어 논다.'고 하는 등의 일에서는 그 점을 비유할 수 있습니다. 그러나 머릿속에 문득 스치는 것을 가지고 활연관통이라고 하는 것은 비유할 수 없는 것입니다. 대저 이런 활연관통이 있다고 하더라도, 우리들 일상생활 속의 떳떳한 인륜의 일에 무엇이 유익하겠습니까? 이것이 이른바 한만하고 지리하여 후학들로 하여금 요령을 얻지 못하게 해서 죽을 때까지 회의하게 하고 심지어 이에 싫증을 느껴 다른 데로 나아가게 한다는 것입니다. 그 활발하게 살아 있지도 않고 실용할 수도 없는 점이 무엇이 이보다 더 심한 것이 있겠습니까? 또한 하루아침 환히 관통하면 다시는 가려지는 근심이 없습니까?

蓋心者 操則存 捨則亡 雖曰得個豁然之時 斯須又復蒙蔽 何 孔子許仁者 只是顏淵 而僅不過三月不違 孟子曰 學問之道 無他 求其放心而已 據於聖訓 證乎凡心 以一朝豁然 作進學之極度限界 則實鄙人之大惑也 其所以因其已知之理而益窮之 以求至乎其極 乃是引其溫故知新之戒 然此則一般工夫進程上用力之訓也 非感物卽應之知之論也 更欲明說此知字義 其最元始則生而卽知飢飽之知也 最終則將死知其善可行之知也 就活用上言之 則好而知其惡 惡而知其美之知也 此謂正感所覺 卽良知之知也 然則大學致知之知 驗知 可乎 感知 可乎 鄙之解說 如斯而足矣 問者 亦須自求心上體認也

대개 심(心)은 잡으면 보존되고 놓아두면 도망을 갑니다. 비록 한때 활연관통할 때를 얻더라도 잠시 후 또 다시 가려지면 어찌합니까? 공자께서 인(仁)을 허여한 사람으로는 안연(顏淵)뿐입니다. 그런데 그것은 단지 '석달 동안 인을 어기지 않았다.[三月不違仁]'는 데 불과할 따름입니다. 맹자께서도 '학문의 도는 다른 길이 없다. 자신의 놓아버린 마음을 구하는 것일 뿐이다.'라고 하였습니다. 이런 성현의 말씀에 의거하면 모든 사람의 마음을 증명할 수 있습니다. 하루아침에 활연관통한다는 것으로써 학문에 진보하는 극도의 한계를 삼는다면 실로 비루한 사람은 크게 의혹할 것입니다. '자기가 이미 알고 있는 이치를 인하여 더욱 이치를 궁구해서 그 지극한 경지에 이르길 구해야 한다.'고 한 주자의 설은 곧 온고지신의 훈계를 인용한 것입니다. 그러나 온고지신의 훈계는 일반적인 공부의 과정에서 힘을 쓰는 가르침이지, 사물에 감응하여 즉시 응하는 앎을 논한 것은 아닙니다.

다시 분명하게 이 '지(知)' 자의 뜻을 말하고자 합니다. 가장 원시적인 뜻은 '태어나면서 곧 배고프고 배부름을 안다.'고 할 때의 앎이며, 가장 최종적인 뜻은 '장차 죽으려 할 때는 그 선이 행할 만하다는 것을 안다.'고 할 때의 앎입니다. 그리고 활용하는 측면에 나아가 말하자면, '좋아하되 그 사람의 악을 알고, 미워하되 그 사람의 아름다운 점을 안다.'고 할 때의 앎입니다. 이것을 느껴 깨닫는 바를 바르게 한다는 것이니, 곧 양지(良知)의 앎입니다. 그렇다면 『대학』의 치지(致知)의 지(知)는 경험적으로 아는 것이라 하는 것이 옳겠습니까, 아니면 느껴서 아는 것이라 하는 것이 옳겠습니까? 저의 해설은 이와 같은 내용으로 충분합니다. 질문하신 분도 마음으로 체인하길 구해야 할 것입니다."

【도표 해설】 이 「팔차서구별도」는 팔조목을 수신(修身)의 신(身)과 격

물(格物)의 물(物)을 인식 주체인 내 몸과 인식 대상인 물로 나누고, 신(身)에 치지(致知)·성의(誠意)·정심(正心)을, 물에 제가(齊家)·치국(治國)·평천하(平天下)를 배치하여 두 축으로 그린 그림이다.

신(身)은 명덕의 총체(總體)로 보고, 물(物)은 민(民)의 총용(總用)으로 본 것이 특징이다. 그리고 치지·성의·정심할 때 바야흐로 극명(極明)을 얻는 것은 수신에 반용(反用)하는 것으로, 제가·치국·평천하할 때 바야흐로 극친(極親)을 얻는 것은 격물에서 말미암는 것으로 본 것도 저자의 독창적인 해석이다.

도설에 보이듯, 저자는 천자로부터 서인에 이르기까지 모두 수신으로 근본으로 삼는다는 경문을 자신의 『대학』 해석의 준거로 삼고 있다. 그리하여 수신의 신(身)을 신체의 감각기관을 총칭하는 이름으로 보아 인간의 신체 전체를 가리키는 것으로 보고 있으며, 격물의 물(物)은 내 몸 밖의 일체를 가리키는 것으로 보고 있다. 또한 격물치지의 본의를 지행합일의 관점에서 파악하면서, 주희가 격물치지장(보망장)에서 '이미 알고 있는 이치를 인하여 더욱 궁구해 그 지극한 경지에 이르기를 구해서, 그런 공부가 오랫동안 누적되어 어느 날 문득 활연관통하는 경지에 이른다.'는 뜻으로 해석한 설을 반박하고, 하나의 사물에 나아가 하나의 앎을 완성하여 일상생활 속에서 활용하고 실용하는 것으로 해석하였다.

저자는 주희의 격물치지에 대한 설을 비판하면서 치지(致知)의 지(知)는 경험을 통해 아는 것이 아니라, 마음으로 느껴서 깨닫는 것이라 주장하였다. 그리고 이를 양지(良知)라고 하였다. 저자의 격물치지에 대한 해석은 양명학적 해석에 근거하여 양지와 지행합일을 준거로 해석하고 있는 것이 특징이다.

김황(金榥)의 대학도

【명칭】 제구대학도(第九大學圖)・대학경전신도(大學經傳新圖)

【출전】 『중재집(重齋集)』 권43

【작자】 김황(金榥, 1896-1978) : 일명 우림(佑林)이라고도 한다. 자는 이회(而晦), 호는 중재(重齋), 본관은 의성(義城)이다. 김우옹(金宇顒)의 후손으로 부친은 김극영(金克永)이고, 모친은 청송 심씨(靑松沈氏)로 심귀택(沈龜澤)의 딸이다. 1896년 경상도 의령군 궁유면 어촌리(漁村里)에서 출생하였다. 1910년 나라가 망하자 합천 황매산 서쪽 만암(晩巖)이라는 깊은 산골로 이사하여 학문에 전념하였다. 17세 때부터 곽종석(郭鍾錫)의 문하에 나아가 수학하였다. 1919년 김창숙(金昌淑)을 만나 파리강화회의에 파리장서를 보내기로 결의하고, 산청・삼가・진주 등의 유림의 서명을 받아 김창숙과 함께 상해로 떠났다가 발각되어 옥고를 치렀다. 그 뒤 제2차 유림단사건 때도 체포되어 9개월의 옥고를 치렀다. 1928년 산청군 신등면 평지리 내당촌으로 이사하여 강학을 시작하였다.

저술로는 시문집 『익붕당총초(益朋堂叢抄)』와 『동사략(東史略)』・『역년도첩록(歷年圖捷錄)』・『독립제강(獨立提綱)』・『환영대조(寰瀛對照)』 등이 있는데, 1989년 문인들이 중심이 되어 이를 합간해 12책의 『중재집

(重齋集)』을 간행하였다. 경학 관계 자료로는 「쇄기(鎖記)」에 실린 「대학
사역(大學私繹)」·「중용추역(中庸追繹)」·「논어존의(論語存疑)」·「맹자부
연(孟子附演)」·「시경여의(詩經餘義)」·「상서구독(尚書舊讀)」·「주역소차
(周易小箚)」·「예기기의(禮記記疑)」·「춘추전언(春秋謏言)」 등과 『효경장
구』·『사례수용(四禮受用)』 등이 있다. 또한 각 경전의 내용을 함축적으로
요약한 「경학십도(經學十圖)」가 있는데, 주역도·서도·시도·춘추도·
예도·논어도·맹자도·중용도·대학도·소학도로 되어 있다. 그리고
그 뒤에 「대학경전신도(大學經傳新圖)」가 들어 있다.

[도표] 제구대학도(第九大學圖)

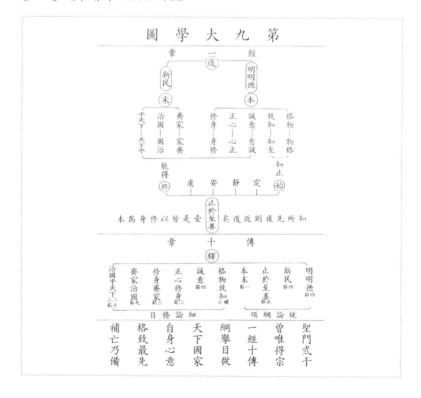

〖도표 해설〗이 「제구대학도」는 「경전십도부찬(經傳十圖附贊)」의 아홉 번째 도표이다. 이 도표는 경일장과 전십장을 상하로 나누어 그린 것인데, 경일장을 그린 그림은 위에 명명덕·신민을 본말로 보아 두 축으로 배치하고, 그 밑에 팔조목을 나누어 분속시켰으며, 그 아래 다시 팔조목의 격물(格物)·치지(致知) 밑에 지지(知止)를 써 넣어 시(始)로 보고, 그 다음 육사(六事)의 정(定)·정(靜)·안(安)·려(慮)를 차례로 쓰고 팔조목의 성의(誠意)로부터 평천하(平天下)에 이르기까지를 선으로 묶고서 그 밑에 능득(能得)을 표기하여 팔조목을 육사와 유기적으로 연결시켰다. 이 점이 이 도표에서 돋보이는 점이며, 저자가 역대의 설을 참고하여 하나로 통일시키려 고심한 흔적을 보여준다. 그리고 육사를 하나로 묶은 뒤, 그 밑에 삼강령의 하나인 지어지선(止於至善)을 써 넣었다.

아래 전십장도는 경전을 해석한 것이라는 뜻에서 '석(釋)'자를 맨 위의 동그라미 속에 넣었다. 그리고 삼강령·본말·팔조목을 차례로 배열하였는데, 주희의 해석을 그대로 따른 것이다. 다만 삼강령과 본말을 해석한 전 밑에는 선으로 묶어 강령을 통론(統論)한 것이라 표기하고, 팔조목을 해석한 전 밑에는 선으로 묶어 조목을 통론한 것이라 표기한 것이 저자의 견해를 반영한 것이다.

하단에는 부록으로 붙인 찬(贊)이 있는데 이를 풀이하면 다음과 같다.

성인 공자의 문하에 삼천 명의 제자 있었는데,	聖門三千
오직 증자께서 그 종지를 얻으셨네.	曾唯得宗
경일장에 전십장으로 된 대학,	一經十傳
강령을 들면 조목이 따르네.	綱擧目從
천하와 국가를 다스림은,	天下國家

생각과 마음과 몸으로부터 비롯되네.　　　自身心意

그런데 격물치지가 가장 먼저기 때문에,　　格致最先

주자께서 보망장에 갖추어 두셨네.　　　　補亡乃備

【도표】대학경전신도(大學經傳新圖)

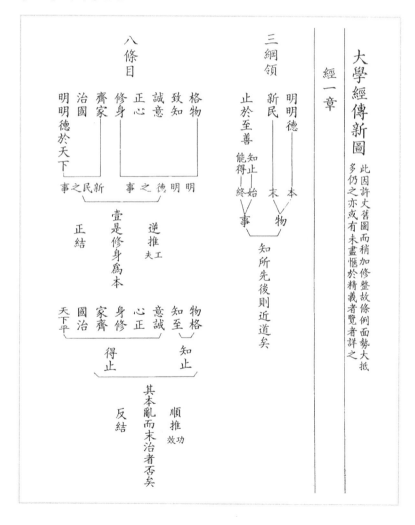

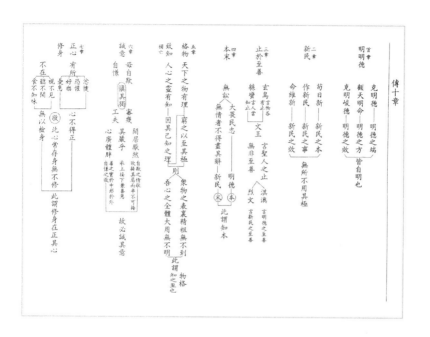

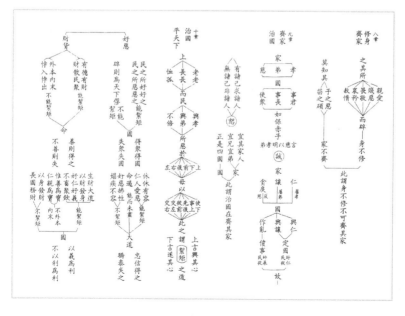

【도표 해설】이 도표는 모두 5장으로 되어 있는데, 위에서는 보기에 편리하도록 이를 합해 3장으로 제시하였다. 도설은 없다. 이 도표는 저자가 제목 밑에서 밝히고 있듯이, 인근의 선배 허유(許愈, 1833-1904)의 대학도를 약간 수정한 것이다. 허유는 삼가에 살던 대유로 이진상(李震相)의 문인이며, 저자의 스승인 곽종석(郭鍾錫)과 경학 및 성리학에 대해 여러 차례 논쟁을 한 학자이다. 그런데 유감스럽게도 허유가 지은 대학도는 지금 그의 문집 『후산집(后山集)』에 전하지 않는다. 다행히 저자가 허유의 대학도에 약간의 수정을 가하면서 조례(條例)와 면세(面勢)를 대부분 그대로 따랐다고 하였기 때문에, 저자의 대학도를 통해 허유의 대학도를 추급해 볼 수 있다.

이「대학경전신도」는 경일장과 전십장을 나누어 그렸다. 경일장도를 보면 또 삼강령과 팔조목을 나누어 그렸는데, 삼강령도는 주희의 설에 따라 그대로 그린 것을 알 수 있다. 팔조목도는 역추공부를 상단에 배열하고, 순추공효를 하단에 배열하였는데, 순추공부 밑에 지지(知止)로부터 능득(能得)에 이르는 육사(六事)를 지(知)·행(行)에 나누어 배열하였다. 이는 전대의 도표에서 육사를 팔조목과 연결시키지 못하고 따로 그린 것에 문제점을 발견하고 이를 개선한 것이라 하겠다.

전십장도는 장별로 나누어 그렸다. 대체로 주희의 설을 따라 그린 것이지만, 간혹 미묘한 문제에 있어서 저자의 견해를 드러낸 것을 발견할 수 있다. 전 제4장도를 보면, 무송(無訟)을 상단에 두고, 그 밑에 대외민지(大畏民志)와 무정자부득진기사(無情者不得盡其辭)를 두 축으로 나눈 뒤, 다시 그 아래 명덕과 신민을 연결시켜 본말로 나누어 그리고 있다. 이 역시 저자가 전대 해석의 문제점 및 전 제4장에 담긴 미묘한 의미를 명확하게 그려내려고 노력한 점을 읽을 수 있다.

 전 제7장과 전 제8장을 그린 그림에서도 종래에 볼 수 없는 저자의 의도를 발견할 수 있다. 전 제7장도는 사유소(四有所)와 심부재(心不在)를 둘로 나누어 그린 점이 돋보이며, 전 제8장도도 오벽(五僻)과 막지기자(莫知其子) 이하를 둘로 나누어 신불수(身不修)와 가부제(家不齊)로 나누어 본 것이 돋보인다.

 이 「대학경전신도」는 역대의 문제점을 인지하고 이를 개선하는 차원에서 그렸다는 점에서 그 의의를 찾을 수 있으며, 대학의 경일장과 전십장의 요지를 일목요연하게 전체적으로 드러냈다는 점에 의의를 부여할 수 있다.

미상(未詳)의 대학도

【**명칭**】 대학장도(大學章圖)(총 28개도)

【**출전**】 『대학장도(大學章圖)』

【**작자**】 미상

【도표】 제1도(三綱領圖)

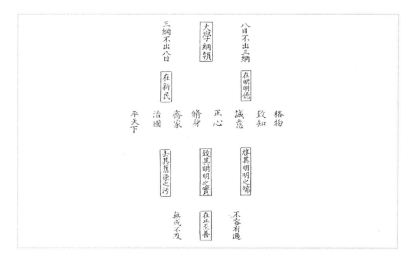

【도표 해설】 미상인의 「대학장도」는 주희의 『대학장구』의 의거하여 장별로 또는 한 장 안에서도 여러 개의 주제별로 나누어 28개로 그린 도표이다. 본래 각각의 이름을 붙이지 않았기 때문에 편의상 제1도・제2도 등으로 이름을 붙이고, 괄호 속에 그 그림이 무엇을 대상으로 했는지를 적어 넣었다.

우선 제1도는 삼강령을 그린 것이다. 명명덕・신민을 상단에 좌우 배치하고 지어지선을 하단 중앙에 배치한 데서 저자의 의도를 읽을 수 있다. 중간에는 팔조목을 차례로 써 넣었고, 그 밑에 격물・치지는 그가 명덕을 밝히는 단서를 열어주는 것, 성의・정심・수신은 그가 명덕을 밝히는 실상을 극진히 하는 것, 제가・치국・평천하는 예전에 물든 더러움을 제거하는 것으로 보았다.

제1도는 원나라 때 학자 정복심(程復心)의 『사서장도(四書章圖)』에 보이는 도표와 동일하다. 따라서 저자의 그림이 아니라 정복심의 그림이다.

【도표】 제2도(三綱領圖)

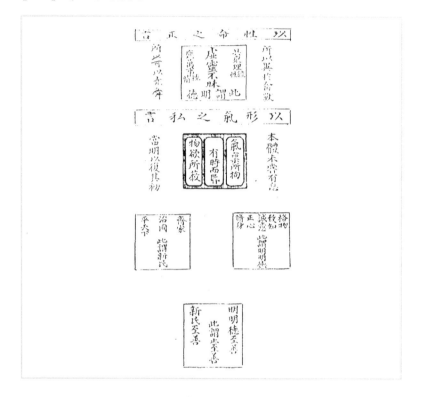

【도표 해설】 제2도도 삼강령을 드러낸 그림이다. 다만 그림 상단에는 명덕의 허령불매한 점에 대해 드러내고, 그 밑에는 형기(形氣)의 사사로움으로 인하여 기품에 구애되거나 물욕에 가려져 명덕이 밝지 못한 점을 드러냈다. 그리고 대학의 공부를 통해 명덕을 다시 회복하여 명명덕·신민이 모두 지어지선하는 것을 드러냈다. 이는 명명덕에 대한 주희의 해석에 의거해 그린 것이다.

이 제2도는 정복심의 『사서장도』에 보이지 않는 것으로 보아, 저자가 독자적으로 그린 것이다.

【도표】제3도(六事圖)

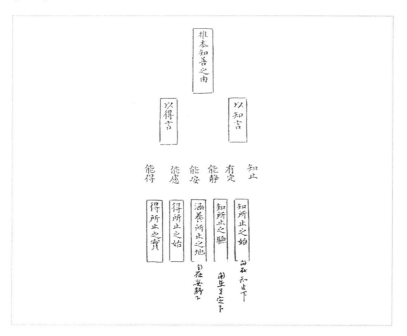

【도표 해설】이 그림은『대학장구』경일장 제2절의 지지(知止) 이하 여섯 가지 일을 드러낸 것이다. 상단에 '지선(至善)이 연유하는 바를 미루어 근본한다.'는 말을 써 넣고, 그 밑에 지(知)로 말할 경우와 득(得)으로 말한 경우를 나누어 배치한 뒤, 그 밑에 육사를 차례로 기록하였다. 그리고 하단에는 지지(知止) 밑에는 '지소지지시(知所止之始)'를, 유정(有定) 밑에는 '지소지지험(知所止之驗)'을, 능정(能靜)·능안(能安) 밑에는 '함양소지지지(涵養所止之地)'를, 능려(能慮) 밑에는 '득소지지시(得所止之始)'를, 능득(能得) 밑에는 '득소지지실(得所止之實)'을 써 넣었다.

이 제3도는 정복심의『사서장도』에 보인다. 다만 하단에 저자가 몇 글자를 첨입해 넣은 것이 다르다.

【도표】 제4도(本末終始先後圖)

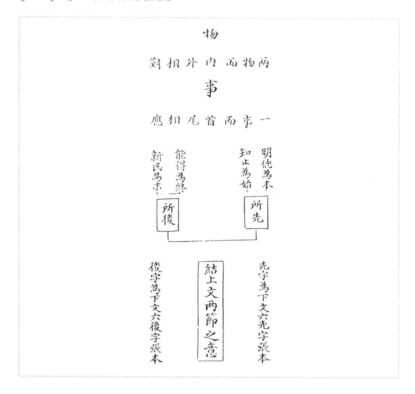

【도표 해설】 이 그림은 『대학장구』 경일장 제3절을 도표로 만든 것이다. 상단에 물(物)·사(事)를 써 넣고 그 밑에 명덕이 본이고, 신민이 말이며, 지지(知止)가 시이고, 능득(能得)이 종임을 드러낸 뒤, '소선(所先)'과 '소후(所後)'를 네모 권역에 넣어 강조했다. 그리고 이 둘을 선으로 연결해 하나로 합해서 '위의 2절의 내용을 결론지은 것이다'라는 주희의 해석을 네모 속에 써 넣었다.

이 제4도는 『사서장도』에 보이는 정복심의 그림을 그대로 옮겨 놓은 것이다.

[도표] 제5도(逆推工夫圖)

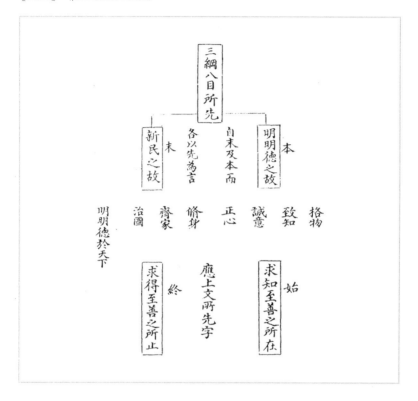

[도표 해설] 제5도는 『대학장구』 경일장 제4절의 역추공부를 그린 것이다. 상단에 '삼강령·팔조목의 먼저 할 바'를 표기한 뒤, 명명덕의 일과 신민의 일을 두 축으로 하고 그 밑에 팔조목을 배열하였다. 다만 말로부터 본으로 소급할 경우에는 각기 먼저 할 바로 말한다는 점을 드러내고, 그런 의미에서 '명명덕어천하(明明德於天下)'를 옆에 써 넣었다.

이 제5도는 『사서장도』에 보이는 정복심의 그림을 그대로 옮겨 놓은 것이다.

【도표】 제6도(順推功效圖)

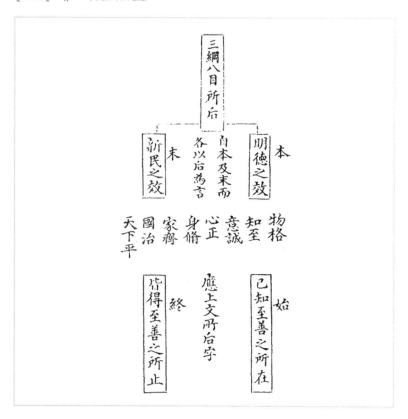

【도표 해설】 이 제6도는 『대학장구』 경일장 제5절을 그린 것이다. 이 그림은 '삼강령·팔조목의 뒤에 할 바'를 중심에 두고 명명덕의 일과 신민의 일을 양축으로 배열한 뒤, 팔조목을 그 밑에 배열하였는데, 본으로부터 말로 언급할 경우에는 각기 뒤에 할 바로써 말한다는 점을 써 넣었다.

이 제6도도 『사서장도』에 보이는 정복심의 그림을 그대로 옮겨 놓은 것이다.

【도표】 제7도(本末厚薄圖)

【도표 해설】 이 제7도는 『대학장구』 경일장 제6절·제7절을 그린 것이다. 상단 중앙에 '팔조본말후박(八條本末厚薄)'을 표기하였고, 그 밑에 수신으로 본(本)을 삼고 제가로 후(厚)를 삼는다는 뜻을 써 넣었다. 이는 주희의 주석을 따른 것이다.

 이 제7도도 『사서장도』의 정복심의 그림을 그대로 옮겨 놓은 것이다.

【도표】 제8도(綱領八條目合一圖)

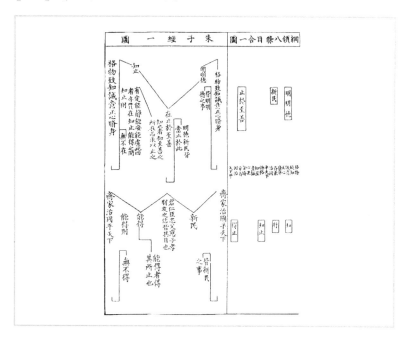

【도표 해설】 제8도는 삼강령과 팔조목을 합해 하나로 그린 것이다. 상단에 삼강령을 우측에서부터 차례로 나란히 표기하였다. 그 밑에 팔조목의 공부와 공효를 나란히 표기하였다. 하단에는 '평천하'를 우측에 써 넣었는데, 그 의미가 분명치 않다. 그 옆에는 명명덕·신민에 해당하는 지·행을 써 넣었는데, 역시 경계가 분명치 않다. 또 그 옆에는 지지(知止)·득지(得止)를 써 넣었는데, 이는 지어지선과 연관하여 지지로부터 능득에 이르는 육사(六事)를 드러낸 것이다. 이 제8도 옆에는 『주자어류』에 실린 주희의 「대학도」를 그대로 그려 넣었다.

이 제8도는 정복심의 『사서장도』에 보이지 않는 것으로 보아, 저자가 독자적으로 그린 것이다.

【도표】 제9도(明明德傳圖)

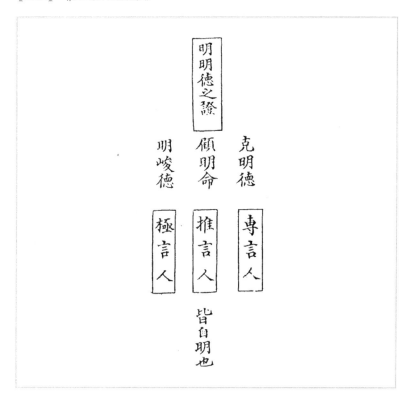

【도표 해설】 제9도는『대학장구』전문 제1장 명명덕을 해석한 것을 그린 것이다. 상단에 명명덕의 증거로『서경』에 보이는 '극명덕(克明德)'·'고명명(顧明命)'·'명준덕(明峻德)'을 써 넣었다. 그 밑에는 각각 사람들은 모두 스스로 명덕을 밝혀야 한다는 점을 말한 것, 사람들은 모두 스스로 명덕을 밝혀야 함을 미루어 말한 것, 사람들은 모두 스스로 명덕을 밝혀야 함을 극언한 것 등으로 요지를 정리하였다.

이 제9도도 정복심의『사서장도』에 보인다.

【도표】 제10도(新民傳圖)

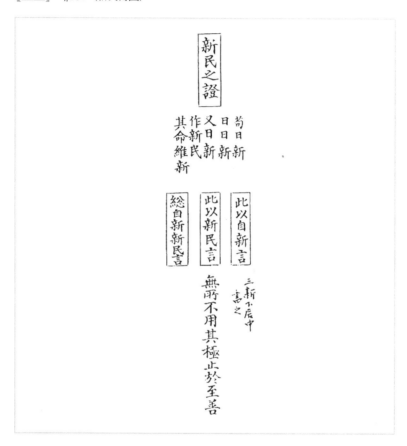

【도표 해설】 제10도는『대학장구』전 제2장 신민전을 그린 것이다. 상단에 신민의 증거가 되는 다섯 구절을 열거하였고, 그 밑에 자신(自新)으로 말한 것, 신민(新民)으로 말한 것, 자신·신민을 총괄해서 말한 것으로 그 의미를 파악하였다.

이 제10도도 정복심의『사서장도』에 보인다. 다만 하단 우측에 저자가 '삼신하거중서지(三新下居中書之)' 7자를 첨입하였다.

【도표】 제11도(止於至善傳圖)

【도표 해설】 이 제11도는 『대학장구』 전 제3장 지어지선을 해석한 것
을 그린 것이다. 상단에 지어지선의 증거로 민지방기(民止邦畿)·조지
구우(鳥止丘隅)·집희경지(緝熙敬止)·군지어인(君止於仁)·신지어충(臣止
於忠)·자지어효(子止於孝)·부지어자(父止於慈)·교지어신(交止於信)을
써 넣었다. 그리고 하단에는 이 팔조를 물각유지지처(物各有止之處)·
인소당지지본(人所當止之本)·인소당지지목(人所當止之目)으로 묶어 표
기하였다.

　이 제11도도 정복심의 『사서장도』에 보인다.

【도표】 제12도(明明德之止於至善圖)

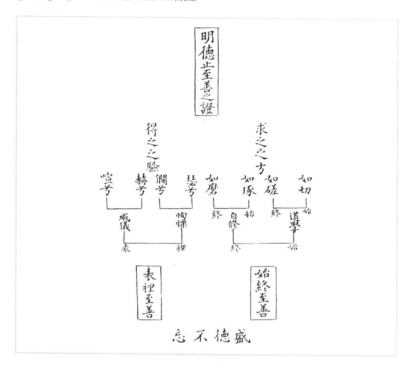

【도표 해설】 이 제12도는『대학장구』전 제3장 제4절의 명명덕이 지선의 경지에 이른 내용을 그린 것이다. 저자는 여절여차(如切如磋)를 도학(道學)으로, 여탁여마(如琢如磨)를 자수(自修)로 보고 그것을 '구지지방(求之之方)'으로 표기하였으며, 슬혜한혜(瑟兮僩兮)를 준율(恂慄)로, 혁혜훤혜(赫兮喧兮)를 위의(威儀)로 보아 '득지지험(得之之驗)'으로 표기하였다. 그리고 도학을 시(始), 자수를 종(終)으로 보아 시종지선(始終至善)으로, 준율을 리(裏), 위의를 표(表)로 보아 표리지선(表裏至善)으로 표기하였다.

이 제12도도 정복심의『사서장도』에 보인다.

【도표】 제13도(新民之止於至善圖)

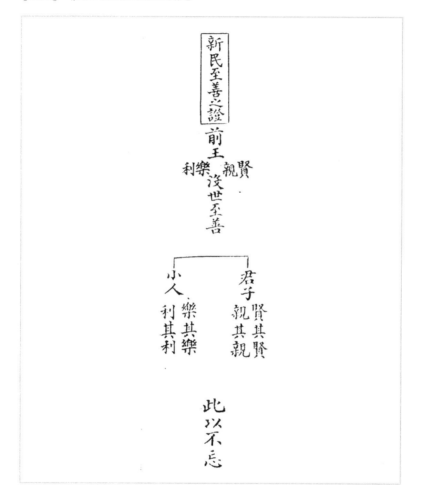

【도표 해설】 이 제13도는『대학장구』전 제3장 제5절의 신민이 지선의
경지에 이른 내용을 그린 것이다. 상단에 신민이 지어지선한 증거라
표기하였고, 그 밑에 관련 내용을 써 넣었다.

　이 제13도도 정복심의『사서장도』에 보인다.

【도표】 제14도(本末傳圖)

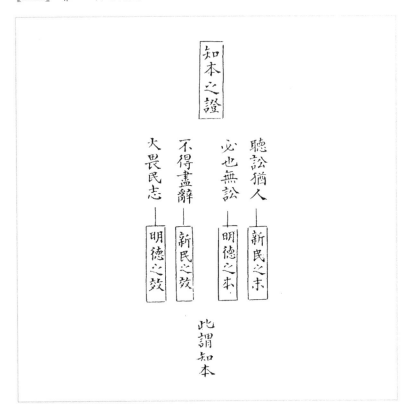

【도표 해설】 이 제14도는『대학장구』전 제4장 본말을 해석한 내용을 그린 것이다. 상단에 '지본지증(知本之證)'이라 쓰고, '청송유인(聽訟猶人)' 밑에 '신민지말(新民之末)'을, '필야무송(必也無訟)' 밑에 '명덕지본(明德之本)'을, '부득진사(不得盡辭)' 밑에 '신민지효(新民之效)'를, '대외민지(大畏民志)' 밑에 '명덕지효(明德之效)'를 써 넣어 각 구에 대해 그 의미를 명확히 드러냈다.

이 제14도도 정복심의『사서장도』에 보인다.

【도표】 제15도(致知格物傳圖)

【도표 해설】 이 그림은 격물치지의 뜻을 주희의 설에 의거해 그린 것이다. 상단 중앙에 '치지격물지의(致知格物之義)'라고 표기하고 좌우에 "치지는 몽각관(夢覺關)이다. 이 관문을 지나면 지각이 있게 되고, 이 관문을 지나지 못하면 혼몽하게 된다. 격물은 영세하게 말한 것이고, 치지는 전체에 나아가 말한 것이다."라는 뜻을 써 넣었다. 그 밑에는 이 내용과 관련하여 고유(固有)로써 말한 것, 이품(異稟)으로써 말한 것, 용력(用力)으로써 말한 것, 관통(貫通)으로써 말한 것 등을 표기해 놓았으며, 그 밑에는 심리지전(心理之全), 심리지폐(心理之蔽), 치격지요(致格之要), 치격지효(致格之效)를 써 넣었다. 하단에는 존심과 궁리의 상호 연관성을 적어 놓았다.

이 제15도도 정복심의 『사서장도』에 보인다.

【도표】 제16도(致知格物圖)

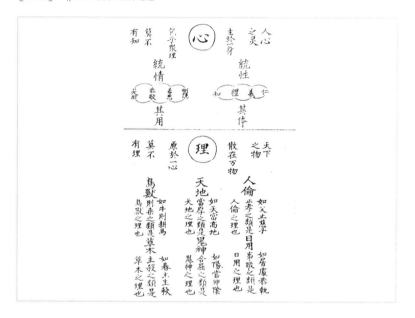

【도표 해설】 이 그림도 앞의 제15도와 마찬가지로 '치지재격물(致知在格物)'을 도표로 그린 것이다. 다만 이 그림은 앞의 그림과는 달리 『대학장구』의 격물치지설에 의거하지 않고, 사람의 마음과 사물의 리(理)를 두 개의 큰 소재로 삼아 상단에는 심(心)이 통성(統性)·통정(統情)하는 점을 그렸고, 하단은 리의 구체적인 내용으로 인륜(人倫)·일용(日用)·천지(天地)·귀신(鬼神)·조수(鳥獸)·초목(草木)을 적어 넣었다.

　이 그림은 리가 만물에 산재해 있지만 인간의 일심(一心)에 근원한다는 점, 심이 일신을 주재할 뿐만 아니라 중리(衆理)를 포괄한다는 점 등을 중심으로 격물치지의 의미를 드러낸 것이다.

　이 제16도는 정복심의 『사서장도』에 보이지 않는다. 저자가 독자적으로 그린 것이다.

【도표】 제17도(誠意章圖)

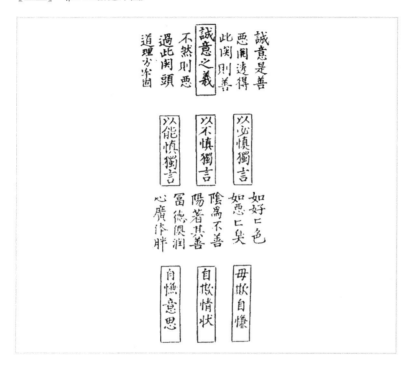

【도표 해설】 이 그림은 『대학장구』전 제6장 성의장의 내용을 도표로
그린 것이다. 상단에 성의(誠意)의 뜻을 설명하면서 "성의는 선악관(善惡
關)으로 이 관문을 지나가면 선이 되고, 그렇지 못하면 악이 된다. 이
관문의 입구를 지나면 도리가 바야흐로 견고해진다."고 하였다.

그 밑에는 성의장의 내용을 필신독(必愼獨)으로 말한 점, 불신독(不愼獨)
으로 말한 점, 능신독(能愼獨)으로 말한 점 등으로 나누고, 그 밑에 각각
무기자겸(毋欺自慊)·자기정상(自欺情狀)·자겸의사(自慊意思)라고 표기하
였다.

이 제17도도 정복심의 『사서장도』에 보인다.

【도표】 제18도(誠意之學圖)

【도표 해설】 제18도는 전 제6장 성의의 학을 『중용』과 연관해서 그린 것이다. 상단에는 『대학』의 치지(致知)와 『중용』의 명선(明善)을 나란히 표기하여 그것이 성의 이상의 공부 및 성신 이상의 공부임을 드러냈다. 그 밑에는 중앙에 '성(誠)' 자를 원 속에 써 넣고 주변에 신독(愼獨)·고집(固執)·무기자겸(毋欺自慊)·독행불조(篤行不措)를 표기하였다. 그리고 우측에는 『대학』의 성의를, 좌측에는 『중용』의 성신을 드러내는 말을 네모 권역 속에 써 넣었다. 하단에는 『대학』 성의 이하의 공부와 『중용』 성신 이하의 공부에 관해 위에서부터 차례로 써 넣었다. 이 그림은 『대학』의 '성의(誠意)'의 성(誠)을 『중용』의 '성신(誠身)'의 성(誠)과 상호 연관시켜 해석하면서 도표로 만들었다는 데 의미가 있다.

이 제18도는 정복심의 『사서장도』에 보이지 않는 것으로, 저자가 독자적으로 그린 것이다.

【**도표**】 제19도(正心修身章圖)

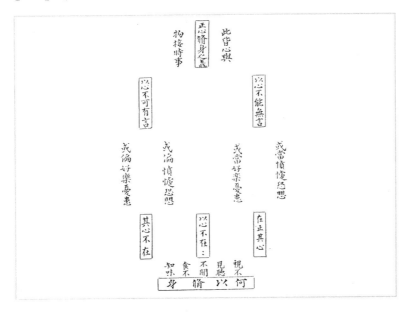

【**도표 해설**】 제19도 정심수신도는 전 제7장 정심수신을 도표로 만든 것이다. 상단에 정심수신의 뜻은 마음이 사물과 접할 때의 일이라는 점을 써 넣었고, 그 밑에는 좌우로 심불능무(心不能無)로써 말한 점, 심불가유(心不可有)로써 말한 점으로 나누어 표기하고, 그 밑에 분치(忿懥)·공구(恐懼)·호요(好樂)·우환(憂患) 등을 만났을 때와 그런 마음으로 치우쳤을 때를 표기하였다.

하단에는 재정기심(在正其心)·기심부재(其心不在)를 네모 권역 속에 나누어 표기하고, 중앙에는 심이 거기에 있지 않으면 보아도 보이지 않고, 들어도 들리지 않고, 음식을 먹어도 그 맛을 모른다는 내용을 써서 수신할 수 없음을 드러냈다.

이 제19도도 정복심의 『사서장도』에 보인다.

【도표】 제20도(修身齊家章圖)

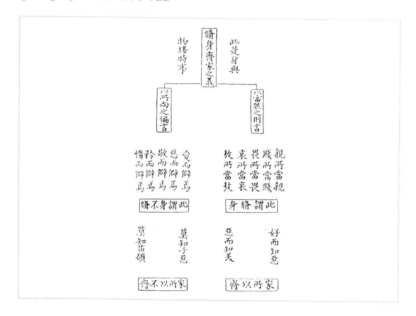

【도표 해설】 이 제20도 수신제가도는 전 제8장 수신제가를 도표로 그린 것이다. 수신제가의 의미를 저자는 신(身)과 물(物)이 접촉할 때의 일로 본다는 점을 상단에 써 넣었다. 그리고 좌우에 당연의 법칙으로 말할 때와 향하는 바가 편벽됨으로 말할 때를 나누어 표기하였다. 하단에는 당연한 법칙으로 말할 때의 친(親)·천(賤)·외(畏)·애(哀)·오(敖)에 치우치지 않음을 우측에, 향하는 바가 치우쳤을 때의 애(愛)·오(惡)·경(敬)·긍(矜)·타(惰)의 다섯 가지 치우침을 좌측에 표기하였다. 우측은 수신, 좌측은 수신을 하지 못함을 드러낸 것이다. 그리고 하단에 우측은 집안이 가지런해지는 까닭을, 좌측에는 집안이 가지런해지지 않는 까닭을 드러냈다.

　이 제20도도 정복심의 『사서장도』에 보인다.

【**도표**】 제21도(齊家治國章圖)

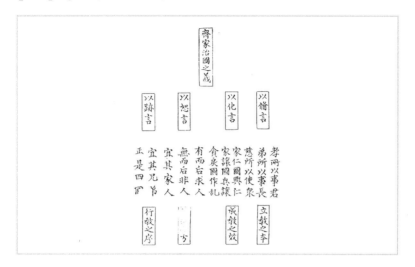

【**도표 해설**】 이 제21도는 전 제9장 제가치국을 도표로 그린 것이다. 이 그림도 상단에 제가치국의 의미를 드러냈는데, 수신으로 말한 점, 교화로 말한 점, 서(恕)로 말한 점, 적(跡)으로 말한 점 등 네 가지로 분류했다. 그 밑에 수신으로 말한 점에는 효(孝)·제(弟)·자(慈)를, 교화로 말한 점에는 인(仁)·양(讓)·탐려(貪戾)를, 서(恕)로 말한 점에는 자신에게 악이 없게 된 뒤에 남을 비난할 수 있다는 내용과 그 집안사람들에게 적합한 인물이라고 한 것을, 적(跡)으로 말한 점에는 그의 형제에게 적합한 인물이라 한 것과 사방의 나라를 바르게 한다고 한 것을 써 넣었다. 그리고 하단에 위의 네 가지로 분류한 것과 연관하여 수신으로 말한 것은 입교지본(立敎之本)으로, 교화로 말한 것은 성교지효(成敎之效)로, 서로 말한 것에는 시교지방(施敎之方)으로, 적으로 말한 것에는 행교지서(行敎之序)로 보는 견해를 적어 넣었다.

이 제21도도 정복심의 『사서장도』에 보인다.

【도표】 제22도(絜矩圖)

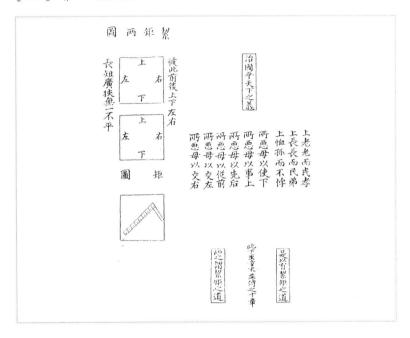

【도표 해설】 이 제22도는 전 제10장 제1절과 제2절의 요지를 뽑아 도표로 그린 것이다. 이 그림은 우측 상단에 치국평천하의 의미로 제1절의 효·제·자와 제2절의 혈구지도를 해석한 여섯 가지를 적어 놓았다. 그리고 하단에는 제1절과 제2절의 '혈구(絜矩)'를 말한 결어를 써 넣었다. 좌측의 그림은 혈구에 대한 내용을 그린 것인데, 구도(矩圖)를 밑에 별도로 그려 넣었고, 상단에는 전후·상하·좌우·장단·광협을 어느 하나도 공평하게 하지 않음이 없다는 의미를 써 넣었다.

이 제22도 중 우측 그림은 정복심의『사서장도』에 보인다. 그러나 좌측 그림은『사서장도』에 보이지 않는다. 따라서 저자가 독자적으로 그린 그림으로 보인다. 좌측 그림에는 하단에 '구도(矩圖)'를 첨부해 놓았다.

〖도표〗 제23도(能絜矩不能絜矩圖)

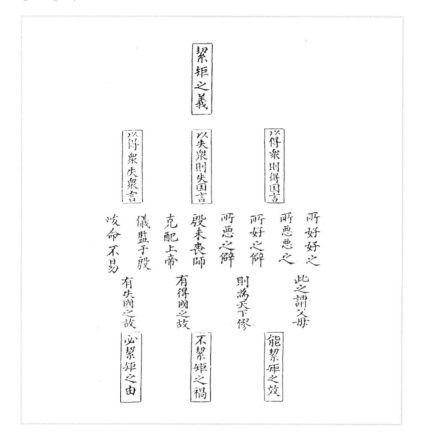

〖도표 해설〗 이 제23도는 전 제10장의 내용 중 '능혈구(能絜矩)'와 '불능혈구(不能絜矩)'를 둘로 나누어 도표로 그린 것이다. 하단에 세 가지로 나누어 놓았는데, 능히 혈구했을 때의 효과, 능히 혈구하지 못했을 때의 화(禍), 그리고 반드시 혈구를 말미암아야 한다는 점 등으로 구별하였다.

이 제23도도 정복심의 『사서장도』에 보인다.

【도표】 제24도(理財絜矩之義圖)

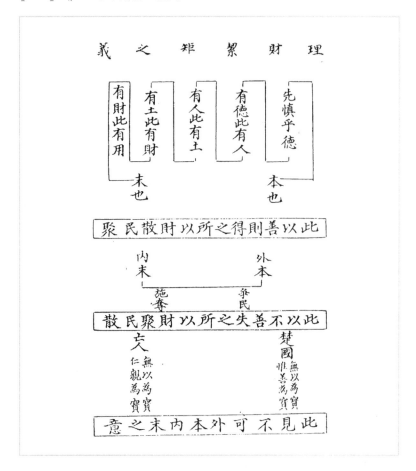

【도표 해설】 이 제24도는 전 제10장 '선신호덕(先愼乎德)' 이하 덕과 재물을 말한 내용을 본말로 나누어 도표로 만든 것이다. 즉 전 제10장 제6절부터 제13절까지 한 단락으로 묶어 그 요지를 파악하였다. 이 그림은 '이재혈구(理財絜矩)'로 제목을 붙인 것이 돋보인다.

이 제24도도 정복심의 『사서장도』에 보인다.

【도표】 제25도(用人絜矩之道圖)

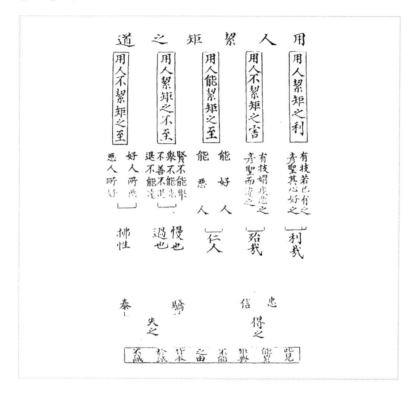

【도표 해설】 이 제25도는 전 제10장 제14절부터 제18절까지를 하나로 묶어 도표로 그린 것이다. 상단에는 용인혈구지리(用人絜矩之利)·용인불혈구지해(用人不絜矩之害)·용인능혈구지지(用人能絜矩之至)·용인혈구지부지(用人絜矩之不至)·용인불혈구지지(用人不絜矩之至) 등 다섯 가지로 나누어 구별하였고, 하단에는 충신(忠信)으로 그것을 얻고 교태(驕泰)로 그것을 잃는다는 점을 드러냈다. 또한 이는 '능혈구'와 '불능혈구'가 모두 성(誠)·불성(不誠)에 근본하는 것임을 드러낸 것이라 하였다. 이 제25도도 정복심의 『사서장도』에 보인다.

【도표】 제26도(理財用人絜矩之通義圖)

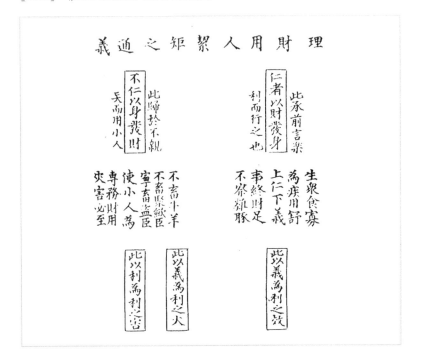

【도표 해설】 이 제26도는 전 제10장의 리재(理財)·용인(用人)의 혈구(絜矩)를 하나로 묶어 통합해서 그린 것이다. 상단에 좌우로 인자이재발신(仁者以財發身)과 불인이신발재(不仁以身發財)를 두 축으로 삼고, 그 옆에 용인을 잘한 경우와 그렇지 못한 경우를 표기하였다. 중간에는 리재(理財)에 관한 문구를 간추려 표기하였고, 하단 우측에는 의(義)로 이로움을 삼는 효과를, 좌측에는 의(義)로 이로움을 삼는 점과 이(利)로 이로움을 삼는 해를 나란히 표기하였다. 이 그림은 앞에서 언급한 이재혈구와 용인혈구를 통합해 그린 것이다.

이 제26도도 정복심의 『사서장도』에 보인다.

【도표】 제27도(論天地理氣流行圖)

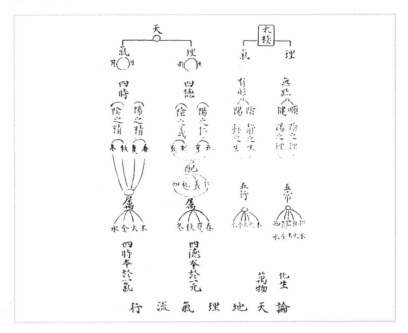

【도표 해설】 이 제27도는 천지의 리기(理氣)가 유행하는 것을 그린 것이다. 이 그림을 여기에 둔 것은 뒤의 제28도와 함께 격물치지의 의미가 궁리라는 점을 강조하기 위해서이다. 천하의 리를 다 궁구해야 하기 때문에 그 근원적인 리를 성리학적 사유와 연관해 드러낸 것이다.

우측에는 태극(太極)의 리기를 그리고, 그 밑에 오상(五常)·오행(五行)을 써 넣었다. 좌측은 천(天)의 리기를 그리고, 그 밑에 사덕(四德)·사시(四時)를 그렸다. 이 그림은 성리학에서 태극·천의 근원으로부터 만물을 화생하는 이치를 자연과 인간의 관점으로 나누어 그린 것이다.

이 제27도는 정복심의 『사서장도』에 보이지 않는 저자의 독자적인 그림이다.

【도표】 제28도(致知格物圖)

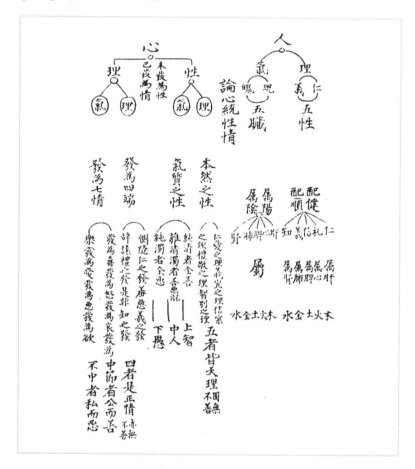

【도표 해설】 이 제28도는 위의 제27도와 연관해서 그린 것으로, 인간을 중심으로 하면서 심성정(心性情) 위주로 그린 것이다. 이 그림의 제목을 '치지격물도'라고 굳이 붙인 것은 뒤에 "치지격물은 이 리를 궁구하는 것이다."라는 말이 있기 때문이다.

우측 그림은 사람의 리기를 분석해 그린 것이다. 좌측 그림은 심(心)

을 중심에 두고, 성(性)과 정(情)[1]으로 나누어 각각의 리기를 드러낸
뒤, 그것을 본연지성·기질지성 및 사단·칠정으로 나누어 그린 것이
다. 격물치지의 내용이 성리학에서는 성정(性情)·사칠(四七)에 관한
문제였기 때문에 이런 이치를 궁구하는 것이 격물치지임을 드러낸 것
으로 보인다.

　이 제28도는 정복심의 『사서장도』에 보이지 않는 저자의 독자적인
그림이다.

1　도표의 성(性)과 상대적으로 쓴 리(理) 자는 정(情)의 오자인 듯하다.

▌**최석기** 崔錫起

성균관대학교 한문교육과 졸업. 동 대학교 문학박사.
한국고전번역원 연수부, 상임연구원 수료.
한국고전번역원 전문위원 역임
경상대학교 한문학과 교수(1989~현재)
주요 저술로는 『성호 이익의 시경학』, 『한국경학가사전』, 『조선시대 대학장구 개정과 그에 관한 논변』, 『남명과 지리산』, 『선인들의 지리산 유람록』 등이 있다.

▌**강현진** 姜顯陳

경상대학교 한문학과 졸업. 동 대학교 박사과정 수료.
논문으로 「간재 이덕홍의 『대학』 해석 연구」가 있으며, 『남명 조식의 문인들』, 『선인들의 지리산 유람록』 등의 공역서가 있다.

조선시대 大學圖說

2012년 7월 31일 초판 1쇄 펴냄

지은이 최석기, 강현진
펴낸이 김흥국
펴낸곳 도서출판 보고사

책임편집 이유나
표지디자인 윤인희

등록 1990년 12월 13일 제6-0429호
주소 서울특별시 성북구 보문동7가 11번지 2층
전화 922-5120~1(편집), 922-2246(영업)
팩스 922-6990
메일 kanapub3@chol.com
http://www.bogosabooks.co.kr

ISBN 978-89-8433-212-6 93140
ⓒ 최석기, 강현진 2012

정가 35,000원